Claus-Peter Lieckfeld/Veronika Straaß

Mythos Vogel

Geschichte • Legenden • 40 Vogelporträts

blv

Etwas persönliche Mythologie

Der Mensch sucht gern Wurzeln. Vorzugsweise die eigenen. Wenn ich die Keimformen meiner* Vogel-Liebe betrachten will, muss ich in das Heidedorf Hanstedt zu dem Sechsjährigen zurückkehren, der Mitte der Fünfziger auf dem Schoß von Opa Otto ein ganzes Prachtbuch voller Vögel fehlerfrei hersagen konnte. Nichts Besonderes. Nur die alte Wunderkind-Nummer, die keine ist. Mit sechs hat fast jeder Mensch dieses Kindergedächtnis mit seiner frappanten Merkfähigkeit. Sie schwindet in dem Maße, wie man das Abstrahieren und Systematisieren lernt.

Das Buch – ich habe es noch, und es gehört in die Abteilung »persönliche Mythologie« – heißt: »Dr. G.H. von Schuberts Naturgeschichte der Vögel für Schule und Haus«; verlegt 1886. In diesem »Hausschatz« mit seinen nicht immer sehr naturgetreuen, aber ungemein seelenvollen Vogelgestalten habe ich gewühlt, gelebt, geträumt wie nie wieder danach zwischen zwei Buchdeckeln.

Drei Jahrzehnte später, in den Achtzigern, sah ich in Wien Filmdokumente aus dem Leben von Konrad Lorenz. Eine Szene zeigte den Vater der Verhaltensforschung, wie er sich über ein Buch – *mein* Buch! – beugte und davon sprach, wie sehr ihn die Schubert'schen Vogelgestalten geprägt hätten – in seinen Kindertagen.

Und es waren Lorenz und im unmittelbaren Erleben Horst Stern, die für mich vorlebten, dass man seinen Forschungsgegenstand lieben kann, dass emotionale Bindungen an Gänsekinder, an Dohlen und Kakadus, an Pferde, Bienen und Käfighühner keinesfalls in süßlichen, klebrigen Tierkitsch münden müssen, kurzum: dass die Liebe zu Tieren nicht notwendigerweise die analytische Sehachse verbiegt.

Das Standardwerk »Die Vögel im Volksglauben« von Ernst und Luise Gattiker, Aula-Verlag, Wiesbaden, war wichtigste Inspiration und eine ergiebige Quelle dieses Buches. Wer noch systematischer in den Wurzelgrund der Vogelmythen eintauchen will, als es die vorliegende Zusammenstellung erlaubt, dem sei Gattikers 590-Seiten-Klassiker empfohlen.

Claus-Peter Lieckfeld
Windach, Juni 2002

* In diesem Buch, das zwei Autoren benennt, begegnet Ihnen bisweilen ein *Ich;* ich habe dies Buch geschrieben, mich aber erheblich auf Recherchen, Rat und Korrekturen meiner Frau, Veronika Straaß, gestützt.

Die von Schubert'schen Vogelgestalten – nicht immer exakt nach dem Leben, aber stets voller Leben. Von links nach rechts: Marabu, Weißstorch, Purpurreiher, Schwarzstorch, Purpurreiher, Schwarzstorch und (fliegend) Graureiher

e
c
b
f

»Mit zunehmender Erkenntnis
werden die Tiere den Menschen
immer näher sein.
Wenn sie dann wieder so nahe sind
wie in den ältesten Mythen,
wird es kaum mehr Tiere geben.«

ELIAS CANETTI, DIE PROVINZ DES MENSCHEN

Einführung

Vogelporträts

Anhang

Mythos vom Paradies

Im Mai 2000 hatte ich das Glück, mit einer Gruppe von US-Birdwatchern (Vogelbeobachtern) durch das Vogelparadies Kuba zu streifen. Der Reisegruppe ging es vor allem um gut zwei Dutzend »Endemiten« – also um Vögel, die einzig und allein auf der großen Karibikinsel vorkommen, um Kuba-Trogon, Zapata-Zaunkönig, Gelbkopf-Grasmücke, Bienenelfe, Vierfarbentodi und andere.

Journalistisch gesehen stellte sich mir die Frage, warum Menschen Zigtausende an Flugmeilen bezahlen, um überall auf der Welt ihre privaten Vogelarten-Listen zu komplettieren. Ein erfülltes Birdwatcher-Leben, so lernte ich, beginne jenseits der Dreitausendfünfhunderter-Marke. Wer rund ein Drittel der 9000–10 000 Vogelarten dieser Welt gesehen hat, darf sich zu den »Top-Scorern« zählen.

So etwas reizt ... ganz besonders den mitreisenden Journalisten zur Satire. Kann denn Vögel-Abhaken (im Englischen Birder-Slang: »to tick them«) eine befriedigende Freizeitbeschäftigung sein? Ich bemühte mich damals eine Weile, im Gespräch mit den meist älteren US-Birdern hervorzukitzeln, was denn eigentlich den Kick ausmacht: »What makes them tick?« Schließlich sagte es Ron aus Arizona, 72, in drei kurzen Worten: »I love them.« Dieses neun Buchstaben verboten es, eine Satire zu schreiben. Über Liebe witzelt man nicht.

Ron hat Recht. Vögel sind überaus liebenswerte Gestalten. Fische sind ohne Zweifel faszinierend, Insekten ein Kosmos, der einen schwindelig macht, Säugetiere ... na sowieso, besonders die pelzigen, kuscheligen. Und während ich diese Zeilen schreibe, bin ich noch ganz erfüllt von der Faszination, die madagassische Chamäleons auf mich ausgeübt haben.

Aber trotz starker Konkurrenz: Vögel scheinen, was ihre direkte Flugverbindung in unser Herz, in unser Unterbewusstsein anbelangt, eine Sonderstellung einzunehmen. Sie machen uns Flügellose beschwingt.

Und sie inspirierten die großen Inspiratoren. Peter Goodfellow schreibt in seinem Buch »Shakespeare's Birds«: Der Meister »erwähnt in seinen Schriften fünfzig Vögel, darunter so exotische Arten wie Pfau, Geier, Strauß, Papagei, den Vogel Phoenix und den Truthahn. Außerdem ein paar vage Angaben wie Fink, Wasservogel und Taube. (...) Eindrucksvoll für einen Mann, der ja Poet, Stückeschreiber und kein Naturforscher war. Er beobachtete die Vögel genau, und wenn er sie in seine Stücke einbaute, erinnerte er sich präzise an Details.«

Viele Heilige hatten einen Vogel

Wer auf einem alten, frommen Kalender für den 1. Februar eine Ente abgebildet findet oder für den 13. November einen Greif, mag sich fragen, ob dahinter mehr steckt als ein illustrativer Einfall aus längst vergangenen Tagen. Einer Zusammenstellung von Karl Veitschegger entnehmen wir, dass Heilige sich häufig von ihren Lieblingstieren vertreten ließen, darunter viele Vögel.

Adler: Evangelist Johannes (27.12); Medard (8.6.); Priska von Rom (18.1.); Theoderich (Dietrich) von Mont d'Or (1.7.); Vitus (15.6.)
Ente: Brigida von Meath (1.2.) – die heftig christianisierte Gestalt der wilden, ausschweifenden Imboc, die im vorchristlichen Irland an ihrem Namenstag, ebenfalls 1.2., freie Liebe zuließ.
Falke: Bavo (Allowin) (1.10.); Jeron (17.8.)
Gans: Brigida (siehe Ente, man differenzierte damals wohl noch nicht so genau); Martin v. Tours / Heiliger Martin (11.11.)
Greif: Himer (13.11.)
Lerche: Coleta Bopillet (6.3.)
Nachtigall: Rosa von Lima (23.8.)
Rabe: Benedikt von Nursia (11.7.); Idda von Toggenburg (3.11.); Meinrad (21.1.); Paulus von Thebais (10.1.)
Taube: David von Menevia (1.3.); Dominikus (8.8.); Eduard der Bekenner (13.10.); Fabian (20.1.); Gregor der Große (3.9.); Gregor von Nazianz (2.1.); Julia von Karthago (22.5.); Joachim, Vater Mariens (26.7.); Johanna Maria Bonomo (22.2.); Johannes Chrysostomus (13.9.); Konstantina (18.2.); Kreszentia Höß (5.4.); Kunibert (12.11.); Mechthild von Hackeborn (19.11.); Medard (8.6.); Noah, Oda von Braband (27.11.); Paulinus von Trier (31.8.); Polykarp (23.2.); Regina von Burgund (7.9.); Remigius (1.10.); Scholastika (10.2.); Severus (1.2.); Theresia von Avila (15.10); Thomas von Aquin (28.1.); Papst Zacharias (15.3.)
Wildgans: Amalberg (8.7.); Liudger (26.3.)

Johannes der Evangelist mit seinem Wappenvogel, dem Adler. Illustration aus dem Lindisfarne-Evangeliar, geschrieben und illustriert von Bischof Eadfrith.

Über weite Strecken der Kulturgeschichte ging es indes weniger um Einzelheiten als vielmehr um den Vogel an sich, den Vogel als Bedeutungsträger. Gertrud Roth-Bojadzhiev notiert zu frühchristlichen und hochmittelalterlichen Vogeldarstellungen: »Alle Kunstäußerungen begleitend muss die Vorstellung vom Seelenvogel und die Austauschbarkeit von Vogel und Engel angenommen werden, wobei innerhalb der christlichen Kunst schwer zu entscheiden ist, ob die Seele in Vogelgestalt allgemein die Seele oder nur die erlöste Seele repräsentiert.«

Demnach wären Vögel so etwas wie Chiffren für die Unsterblichkeit der Seele oder auch Verkörperungen der Engel. Sie sind in besonderer Weise dem Göttlichen nahe (siehe auch die Kapitel: Distelfink und Nachtigall), ein Eindruck, der sich für den Gläubigen auch akustisch verstärkt: Vogelgesang als Gotteslob ist eine Metapher, die sich aus den Anfängen der deutschen Sprache, mit heftigen Ausschlägen und Trillern in der Romantik, bis fast in die Gegenwart durchzieht.

In einer »Rosengertlin« betitelten Frömmigkeitsdichtung aus dem 15. Jahrhundert heißt es in neuhochdeutscher Übertragung:

Auch singen wohl vieltausend edle Vögel
so süß, wohl Tag und Nacht,
im edel geschmückten Gärtlein.
Das sind die lieben, heiligen Engel
die ehrwürdig singen – bei Tag
und Nacht.

Die Vögel als Paradiesvögel, als Engel, die im Gottesgarten singen. Keine andere Tiergruppe wurde im Christentum so pauschal angehimmelt und in den Stand der Heiligkeit erhoben.

Sie sind tief gefallen diese Engel, möchte man meinen, wenn man sich heute die Rote Liste der bedrohten Vogelarten anschaut. Gott ist eine Kannbestimmung, und sein Name wird in mörderischer Anmaßung als Deckblatt für politische Verbrechen missbraucht. Seinen Engeln bricht man die Flügel in toskanischen Netzen. Oder vertreibt sie aus ihren letzten Paradiesgärten.

Im Vogelparadies Kuba erzählte mir Ron aus Arizona von seiner Lichtgestalt, Phoebe Schnetzinger, der Birder-Weltmeisterin aller Zeiten, dem einzigen Menschen, der nachweislich über 9000 Vogelarten der Erde in Freiheit gesehen hat. »Our beloved Phoebe«, sagte Ron, hätte noch kurz vor ihrem Tod (Autounfall 1999 während einer Birder-Tour durch Madagaskar) geschrieben, die Paradiestür stünde gerade noch einen Spalt breit offen. Noch gebe es um die 10000 Vogelarten weltweit, und noch seien Transkontinental-Flüge bezahlbar.

Aber die Tür schließt sich gerade. Fast lautlos. Zu leise, als dass es welterschütternde Aufschreie gäbe.

Der rätselhafte Urvogel

Die berühmte Frage, wer denn eher da war, Henne oder Ei, ist geklärt. Das Ei. Die Echsen des Jura legten schon seit zigmillionen Jahren Eier, bevor die ersten Vögel zaghafte Flugversuche unternahmen. Und wenn schon mal gesichert war, dass die Vögel das Eierlegen von voluminösen Landtieren übernommen haben, lag ja – zumindest theoretisch – die Vermutung nahe, dass auch sonst gemeinsame Wurzeln beider Tiergruppen in der Erdgeschichte stecken. Heute weiß man natürlich, dass dem so ist.

Und doch, geht man vom optischen Eindruck aus, scheint es aberwitzig, an Dinosaurier zu denken, etwa wenn man auf Zentral-Kuba sein Spektiv auf eine Bienenelfe richtet, einen Kolibri, den kleinsten und filigransten Vogel der Welt. Und noch der größte Gegenwartsvogel der Erde, der Afrikanische Strauß – dessen Rennhaltung immerhin etwas an den Stil der kreidezeitlichen Rennechsen erinnern mag – lässt absurd erscheinen, was inzwischen gesichertes Wissen ist: Alles, was Federn hat, stammt von längst ausgestorbenen Schuppenechsen ab. Oder, wie es Urvogel-Experte Dr. Peter Wellnhofer (seiner Darstellung folgt dieses Kapitel) pointiert formuliert: »Archaeopteryx – ein Bindeglied zwischen Saurier und Vögeln? Dieser Gedanke hat zweifellos auch einen reizvollen Aspekt, nämlich den, dass die Dinosaurier gar nicht ausgestorben sind. Ihre Nachkommen leben noch heute und fliegen über unsere Köpfe hinweg.«

Die Wissenschaft kann seit rund 150 Jahren zum Thema Entstehungsgeschichte der Vögel plastisch argumentieren – halbplastisch, möchte man sagen, wenn man sich die betörend schönen Halbreliefs von Archaeopteryx, dem Urvogel, anschaut. Alle bisher gefundenen und präparierten Exemplare stammen aus den Solnhofener Plattenkalken (Altmühltal/Bayern), einem vor 150 Millionen Jahren verlandeten tropischen Schelfmeer.

Was bisher aus den Knochenorakeln gelesen wurde, bewerten die Experten von der Bayerischen Staatssammlung für Paläontologie und Historische Geologie bündig: »Bei genauerer Untersuchung [ergibt sich], dass nur ganz wenige Merkmale ausschließlich vogelartig sind. Die überwiegende Anzahl von Kennzeichen ist ausgesprochen reptilhaft: [...] Zähne im Ober- und Unterkiefer, ein kleiner Gehirnschädel, ein langer echsenartiger Wirbelschwanz, drei frei bewegliche lange Finger mit scharfen Krallen. [...] Die Mittelfußknochen sind nicht zu einem Laufknochen wie bei den heutigen Vögeln verschmolzen ...«

Demgegenüber fallen die eindeutigen Vogel-Indizien spärlich aus. Das so genannte Gabelbein, ein kleiner Knochen im Brust-Schulter-Bereich, und Federabdrücke, die sich mehr oder minder deutlich im Stein verewigt haben. Es gibt außer Vögeln keine Federn tragende Tiergruppe.

Und eine Feder stand sinnigerweise auch am Anfang der größten Er-

Die Urvögel, allesamt »deutsch« und in einem Steinbruch bei Solnhofen für die Ewigkeit präpariert, waren anfangs sehr flüchtig; sie folgten den Meistbietenden ins Ausland. Das so genannte Berliner Exemplar von 1876 (Fundjahr) blieb im Land.

folgsgeschichte der Paläontologie. Im Jahr 1860 entdeckten Steinbrucharbeiter in einem Gemeindebetrieb von Solnhofen den Abdruck einer kleinen Vogelfeder. Sie gleicht heutigen bis ins Detail, muss aber – man kennt ja die Entstehungszeit der Schieferformationen – 150 Millionen Jahre alt sein. Das war rund doppelt so alt, wie man zum Zeitpunkt der Entdeckung für die Existenz von Vögeln angenommen hatte. Der Fund war so sensationell, dass allenthalben an Fälschung gedacht wurde, eine Unterstellung, die mit Akribie zurückgewiesen wurde.

Doch die Feder war gewissermaßen nur der Auftakt zur nachfolgenden Weltsensation. Ein Jahr später entdeckte man im Ottmann'schen Steinbruch das versteinerte Gerippe eines kleinen Wirbeltieres. Es glich den zahllosen Kleinsaurier-Skeletten, die man schon geborgen hatte, aber die deutlichen Federabdrücke ließen an einen Vogel denken.

Manchmal scheint es, als locke eine besonders kühne Theorie ihre Beweise hervor. Darwins Publikation über die Entstehung der Arten war gerade 2 Jahre auf dem Markt, als der Fund aus Süddeutschland das lieferte, was Darwin-Kritiker am Gedankengebäude des großen Briten vor allem vermissten: Übergangsformen. Es müsse doch Zwischenformen geben, so der wissenschaftliche Haupteinwand gegen Wallaces und Darwins Behauptung, dass neue Arten aus schon bestehenden hervorgegangen waren – lebensfähige Übergänge, in denen sich noch das Alte und schon das Neue findet. Genau das ließ sich aufs Schönste am versteinerten Saurier/Vogel-Skelett nachvollziehen.

Wenn man es denn wollte. Münchens Professor Andreas Wagner, der sich mit Arbeiten über versteinerte Solnhofener Fische und Saurier einen Namen gemacht hatte, sah das anders. Am 9. 11. 1861 berichtete er der Bayerischen Akademie der Wissenschaft »über ein neues, angeblich mit Vogelfedern versehenes Reptil«, das keinesfalls – wie es Anhänger der »fantastischen Träumereien« des Herrn Darwin gern sähen – eine

»Zwischenstufe« sei, sondern ein Saurier. So ganz hundertprozentig sicher war sich der strikte Anhänger des biblischen Schöpfungssystems aber wohl doch nicht, jedenfalls schlug er den lateinischen Namen Griphosaurus vor: Rätselsaurier.

Ein wenig rätselhaft bleibt auch, ob Wagners Fehleinschätzung dazu beigetragen hat, dass der Vogel schließlich den Bayern ins Britische Naturhistorische Museum entfleuchen konnte, oder ob es einfach nur eine Frage des Kaufpreises war: 750 englische Pfund waren für damalige Zeiten ein Vermögen. Im Kaufpreis eingeschlossen waren allerdings auch noch andere wertvolle Sammlerstücke des Besitzers, Karl Häberlein.

Allerdings wurde die Ikone der Evolutionstheorie – heute ist der Urvogel der wertvollste Besitz des British Museum – auch im Geburtsland der Evolutionstheorie erst einmal offiziell verkannt. Der Direktor der Institution, Sir Richard Owen, auch er wie sein bayerischer Kollege Wagner ein strikter Anti-Darwinist, trat 1863 mit einem Untersuchungsergebnis an die Öffentlichkeit, in dem er das Tier zu einem altertümlichen Vogel banalisierte. Zu einem Vogel ohne Wenn und Aber. Das offensichtlich Saurierhafte schien Owen so wenig zu irritieren wie kurz zuvor das Vogelhafte seinen bayerischen Kollegen.

13 Jahre nach Owens fulminantem Fehlurteil, 1876, wurde der zweite Urvogel im Altmühltal zu Tage gefördert. Ein Exemplar, das den ersten Fund an ästhetischem Reiz und wissenschaftlichem Wert noch überflügelte. Etwas, das auch dem Laien sofort ins Auge sprang, war der deutlich abgebildete Vogelkopf – in dramatischer Gebärde nach hinten gebogen. Eine Haltung, die man auch bei anderen Vogelversteinerungen beobachten kann. Peter Wellnhofer gibt die physiologische Erklärung des Phänomens: »Es ist eine Eigentümlichkeit, dass bei Vogelleichen sich der Hals mit dem Kopf rückwärts krümmt. Dies hängt damit zusammen, dass beim Erschlaffen oder beim Verwesen der Halsmuskeln die starken elastischen Bänder an der Rückseite den Hals nach hinten ziehen. Dieser Bänderzug nach Ausschaltung der Muskelspannung ist auch der Grund dafür, dass ein großer Teil der Vögel im Schlaf den Kopf unter die Schulterfedern steckt.« Dasselbe Verrenkungsphänomen findet sich auch bei Flugsaurier-Skeletten.

Und einige Verrenkungen waren auch notwendig, um diesen Vogel daran zu hindern, ebenfalls dem Zug des großen Geldes ins Ausland zu folgen. Der Industrielle Werner von Siemens bürgte für 20 000 Mark, bis der preußische Kulturminister für die Kaufsumme gutsagen konnte. Eine Initiative, die der Berliner Paläontologe Wilhelm Dames auf Ewigkeiten bedankt wissen wollte, indem er für das »Berliner Exemplar« (man hielt es fälschlich für eine andere Art als das »Londoner«) den Namen Archaeopteryx simensi vorschlug. Immerhin hatte der Großindustrielle die Kostbarkeit, wenn schon nicht für Bayern, so doch für Deutschland gerettet.

Fund drei aus dem Jahre 1956, das so genannte Maxberg-Exemplar (es wurde üblich, die Objekte nach ihren Aufbewahrungsorten zu benennen), ließ ganze 80 Jahre auf sich warten und gilt seit 1991, dem Todesjahr seines Privatbesitzers, als verschollen.

Fund vier könnte eigentlich Anspruch auf den ersten Platz erheben. Der berühmte US-Saurierexperte John H. Olstrom entdeckte 1970 in den Beständen des Teyler-Museums (Haarlem/Holland) eine Versteinerung, die 1855 aus dem Altmühltal geborgen und als Flugsaurier beschrieben wurde. Tatsächlich handelte es sich, wie Olstrom erkannte, um ein Archaeopteryx-Exemplar, das 6 Jahre vor der vermeintlichen Nummer eins ans Tageslicht gekommen war und dann 8 Jahrzehnte um sein Erstgeburtsrecht betrogen wurde. Ein Wimpernschlag, gemessen an seinen 150 Millionen Jahren.

Auch alle weiteren Funde, 1973 (das Eichstätter Exemplar) und 1985 (das Solnhofer Exemplar), brachten wissenschaftlichen Erkenntnisgewinn; jeweils nach Lage der für die Ewigkeit »balsamierten« Tiere waren verschiedene Körperpartien deutlicher zu erkennen: mal Gelenke, mal die Zähne, Federn oder Greifkrallen. Lehrbuchillustrationen à la natur.

Für orthodox Bibeltreue müssen die Tiere Teufelskreaturen sein; jedes Exemplar ist eine in Stein gesetzte darwinsche Gesetzestafel, die besagt: Die Schöpfung gebiert die Schöpfung. Und zwar immer neu. Der fünfte Schöpfungstag (... und Vögel sollen fliegen auf Erden unter der Feste des Himmels; Moses 1,20) dauert noch an.

Der siebte und vorerst letzte Fund, 1992, steht dem »Londoner Exemplar« an Schönheit in nichts nach und überragt es womöglich an wissenschaftlicher Bedeutung. Das »Münchner Exemplar«, seit 1999 beheimatet in der Bayerischen Staatssammlung für Paläontologie (endlich gelang es, einen der bayerischen Urvögel in bayerischen Staatsbesitz zu bringen!) offenbart dem Betrachter etwas, an dessen Fehlen sich bisher einseitige Annahmen geknüpft hatten: ein Brustbein. Ein vorgewölbter Knochenbug, an dem die starken Vogel-Flugmuskeln ihr Widerlager finden. Die Exemplare eins bis sechs hatten (oder zeigten) keines, und ohne dieses Charakteristikum aller »modernen« Vögel konnte man sich für die Solnhofener Urvögel nur mäßige Flugleistungen vorstellen.

Man weiß es nicht genau, deshalb ist etwas wissenschaftliche Phantasie erlaubt: Wie mögen die ersten Hüpf-Flugversuche der Urvögel wohl ausgesehen haben?

War bisher davon die Rede, dass Archaeopteryxe wohl allenfalls von Bäumen, die sie dank ihrer Krallenhaken erklettern konnten, herabgleiten oder im Notfall einem Verfolger ein paar Meter hoch davonflattern konnten, traut man ihnen, seit Nummer sieben auf den Plan trat, deutlich mehr zu. Wohl nicht die entwickelte Flugartistik ihrer Zeitgenossen, der Flugsaurier, aber doch mehr als nur das flatterige Bemühen unreifer Vorläufer-Modelle.

Das fehlende Brustbein bei eins bis sechs erklärt man – seit Nummer sieben die wissenschaftliche Diskussion beflügelt – mit dem jugendlichen Alter der Verunglückten; die Knorpelstruktur härtet erst bei Altvögeln (wie Nummer sieben) aus. Der Knorpel bei eins bis sechs verweste, ehe er versteinern konnte. Das Münchener Exemplar weicht auch in weiteren anatomischen Details von den anderen ab, weshalb den Experten der neue Artname *Archaeopteryx bavarica* gerechtfertigt erschien.

Wenn nun aber *bavarica* und *lithographica* schon einigermaßen flugtüchtige Vögel waren, wie sahen dann die Vorläufer der Vorläufer aus? Wahrscheinlich waren sie, sehr viel deutlicher als die Solnhofener Vögel, Vor-Läufer im eigentlichen Wortsinne. Laufechsen mit Federn oder Federansätzen. Die Wissenschaftler stellen sich »Proavis« als ein Wesen vor, das Vorteil daraus zog, mit patschenartigen Vorderextremitäten Sprünge abzufedern oder Großinsekten zu schlagen.

Und wozu sollten diese Noch-nicht-Vögel Federn gehabt haben, also die Flugattribute schlechthin?

Als Kälteschutz! Gefieder ist mit das Genialste, was der Natur in puncto Isolation eingefallen ist. Und seit in den Neunzigern des 20. Jahrhunderts in China die Abdrücke befiederter Saurier gefunden wurden, halten es Experten für denkbar, dass diese medienwirksamen Vogelvorfahren gefiederter herumliefen, als uns das die prachtvollen, teils genialen Rekonstruktionszeichnungen sowie Hollywood- und BBC-Computeranimationen bisher vor Augen führten.

Archaeopteryx ist nicht nur Zeuge der Vergangenheit, sondern Zukunftsaufgabe. In einer Festschrift, die die Bayerische Staatssammlung 1999 anlässlich des Erwerbs von Nummer sieben herausgab, heißt es: »Die wissenschaftliche Forschung ... dreht sich heute um Fragen wie: Von welcher reptilischen Stammgruppe kann Archaeopteryx und damit die

Klasse der Vögel abgeleitet werden? Kann er als Vorfahre aller späteren Vögel gelten oder repräsentiert er nur einen Seitenzweig am Vogelstammbaum? Wie und wann ist die hoch komplizierte Struktur der Vogelfeder entstanden, die schon ganz ›modern‹ bei Archaeopteryx entwickelt war …? Waren die Vogelvorfahren Baumbewohner oder bodenbezogene Läufer, und nahm somit der Vogelflug von den Bäumen herab oder vom Boden hinauf seinen Anfang? Wie ging die Evolution der Vögel nach Archaeopteryx weiter …?«

Sie ging weiter, wenn auch nicht immer »the way the crow flies« – nach Krähenart auf dem kürzesten Weg. Als die Saurier Ende der Kreidezeit ausstarben, versuchten nicht nur die Säugetiere, sondern auch die Vögel, die frei werdenden Planstellen zu besetzen. Der Laufvogel *Diatryma* zum Beispiel konnte, was Schreckwirkung anbelangt, durchaus an die jagenden Rennechsen anknüpfen. Er ragte zwei Meter hoch auf, hatte einen kantigen Riesenschädel mit Knochenbrecher-Schnabel und erbeutete in den Ebenen Nordamerikas mittelgroße Säuger und Reptilien. Aber insgesamt und auf lange Sicht konnte diese Entwicklungslinie der Evolution der Säugetier-Konkurrenz nicht standhalten. Vögel, das entschied sich sehr deutlich, hatten ihre Chance in der Luft – Pinguine und ein paar andere bestätigen als Ausnahme die Regel.

Im Pliozän, dem Zeitalter, das vor 13 Millionen Jahren begann und vor 2 Millionen Jahren endete, gab es 11 600 Vogelarten. Heute liegt die Zahl zwischen 9000 und 10 000. Das entspricht 1,2 Prozent der 1 634 000 Arten, die jemals die Erde bevölkert haben sollen. Was immer diese schier unvorstellbare Zahl bedeutet, sie besagt – mit statistischer Wahrscheinlichkeit –, dass die schönsten, größten, schnellsten, lautesten, scharfäugigsten, stimmbegabtesten Vogelarten aller Zeiten ihre jeweilige Irdenzeit wohl schon hinter sich haben.

Vom Mythos bewegt: Ein Pionier der Ornithologie

Es waren über die Jahrhunderte viele, die sich von Vögeln angezogen, fasziniert, verzaubert und schließlich auch wissenschaftlich herausgefordert fühlten. Auch nur die Deutschsprachigen unter ihnen vorzustellen und zu würdigen, erforderte mehr als ein dickes Extra-Buch.

Über den Ersten kann es keinen ernsthaften Zweifel geben. Aber wie in einem beschränkten Einzelkapitel den Fortgang der Forschung bewerten, die vielen »firsts« verlässlich benennen, die dann bei Detailprüfung doch auch ihre Vorläufer hatten? Vor diese Fragen gestellt, entscheiden wir uns für ein »pars pro toto« – konzentrieren uns bewusst auf die Verdienste eines Pioniers. Und vielleicht ist die Bewertung haltbar, dass jener Adam von Pernau, von dem gleich die Rede sein soll, tatsächlich der Vizekaiser unter den vogelwissenschaftlichen Neuland-Eroberern war. Nach einem echten Kaiser.

Am Anfang der quasi-wissenschaftlichen Auseinandersetzung mit Vögeln kann nur »De arte venandi cum avibus« stehen: »Über die Kunst, mit Vögeln zu jagen«, verfasst vom Stauferkaiser Friedrich II., wahrscheinlich zwischen 1241 und 1248. Im Vorwort zur Faksimile-Ausgabe der Akademischen Druck- und Verlagsanstalt Graz/Austria heißt es: »Von Anfang an ging es dem Kaiser um eine exakte und erschöpfende Darlegung seiner Beobachtungen und Experimente, wobei er nach eigenen Worten vor allem darauf bedacht war: ›die Dinge, die sind, darzustellen, wie sie sind‹. Mit diesem Ansatz, der das Wissen nicht von theoretischen Reflexionen, sondern von der eigenen Erfahrung, vom Sehen, abhängig macht, steht Friedrich am Beginn der empirischen Naturwissenschaften.« Und was die Vogelforschung anbelangt, blieb er da auch noch ein paar Jahrhunderte lang ziemlich allein und pionierhaft stehen.

Es war auch 450 Jahre nach Vollendung von »De arte venandi cum avibus« noch keineswegs normal für einen Mann von Bildung und Welt, sich mit der Vogelwelt zu beschäftigen. So leitet Johann Ferdinand Adam von Pernau (1660–1731) sein 1702 erschienenes Buch mit dem wahrhaft barocken Titel (Achtung,

Unterricht/
Was mit dem lieblichen Geschöpff/
denen
Vögeln/
auch ausser den Fang/
Nur durch die Ergründung Deren
Eigenschafften/ und Zahmmachung/
oder anderer
Abrichtung/
Man sich vor Lust und Zeit-Vertreib machen könne:
gestellt;
Durch den Hoch- und Wohlgebohrnen
Hn./Herrn von P. . . . ./ Freyherrn.

Anno 1702.

Das Deckblatt des Pernauschen Vogelbuches von 1702. Es war die fortschrittlichste Naturbeschreibung ihrer Zeit und erreichte bis zum Ende des Jahrhunderts 10 Auflagen.

Luft holen!): »Unterricht, was mit dem lieblichen Geschöpff denen Vögeln auch ausser den Fang nur durch die Ergründung deren Eigenschafften und Zahmmachung oder anderer Abrichtung, was sich vor Lust und Zeit-Vertreib machen könne« mit der Versicherung ein, er habe nicht schon deshalb einen Vogel, weil er über Vögel schreibe. Im Originalton:

> *Je ein anderer der von dieser Materi / wiewohl auf eine andere Weise geschrieben / sich besorget / dass man ihm es übel deuten / und sich verwundern werde / dass er die Zeit nicht auf etwas nützlichers gewendet; also beförchte ich ebenmässig, dass über mich dergleichen Urtheil ergehen / und ich sonderlich bey denen /die mich kennen /deswegen schwerlich Pardon erlangen werden. Ich frage aber alle diejenigen / so mir es übel nehmen / was vor ein Sujet sie dann vor nützlicher halten: Sollte ich vielleicht eine Theologische Controvers vor mich genommen / und dieselbe ausgearbeitet haben ...*

Nachdem sich Pernau so des Langen und Breiten rückversichert und legitimiert hat, geht er systematisch und verblüffend modern zu Werke. Er klassifiziert.

> *Der erste Unterschied der Vögel ist: dass einige ihre Speiß / mit dem Schnabel beissen / und gleichsam käuen; etliche aber verschlücken / und andere / so zu sagen lecken.*
> *Der andere Unterschied: dass einige in dem Wald / die andern auf dem Feld / etliche in Gärten / etliche in Wiesen / und etliche in Städten und Häusern / etlich bey Wassern sich aufhalten.*
> *Der dritte Unterschied ist: dass etliche gar nicht / etliche meistenteils etliche ganz und gar / etliche früh / etliche spat / wegstreichen.*

Es folgen namentliche Zuordnungen und Einordnungen: »... gar nicht hinweg streichen: Die Alster [Elster] / der Emmerling [Goldammer] / der Gimpel / die Krähe / der Krawetsvogel [Wacholderdrossel], welcher vielmehr im Winter kommt ...«. Erkenntnisse, die allesamt von so guter Beobachtung zeugen, dass man sich fragt: War der Mann Pionier und seiner Zeit ganze ein, zwei Forschergenerationen voraus, oder repräsentiert er in etwa den Stand der Ornithologie zu Beginn des 18. Jahrhunderts?

Die Antwort vorweg: Kaum ein Pionier seiner wissenschaftlichen Zunft kann so viele »firsts« für sich beanspruchen wie Pernau, der verschiedene Phänomene der Vogelwelt richtig gedeutet und erklärt hat.

Johann Ferdinand Adam von Pernau war Spross eines Tiroler Adelsgeschlechtes; zehnjährig musste er im Jahr 1670 mit seiner Familie das heimatliche Steinach verlassen und aus Glaubensgründen ins oberpfälzische, evangelische Sulzbach auswandern.

Er studierte und promovierte an der Universität von Altdorf und tat das, was für einen gebildeten, nicht allzu wohlhabenden jungen Adeligen nahe lag: Er erklomm die gehobene Beamtenlaufbahn. 1694 durfte er sich Hofrat bei Herzog Albrecht von Coburg nennen; er rückte alsbald zum fürstlich sächsischen Hof- und Regierungsrat auf und war schließlich herzoglich gothaischer und meiningscher Geheimer Rat. Der Karriere-Politiker heiratete standesgemäß, die Ehe blieb kinderlos.

Nichts in dieser Biographie prädestinierte ihn zum Autor eines Erfolgsbuches, das zwischen 1702 und 1797 zehnmal aufgelegt wurde und – wie Rolf Schlenker von der Vogelwarte Radolfzell schreibt – »Neuland eröffnete, vor allem auch in der Denkweise, die sich nicht nur an Jagd und Fang von Vögeln orientiert. Naturbeobachtung und Fragen des Forschens treten in den Vordergrund.«

Doch bei Pernau war das nicht von Anfang an der Fall. In jüngeren Jahren war er das, was man heute einen Literaturliebhaber nennen würde; er übersetzte Schöngeistiges aus dem Französischen ins Deutsche; mit zwanzig wurde er Mitglied einer literarischen Gesellschaft, deren Mitglieder sich »Pegnitzschäfer« nennen.

Von der Wortkunst führte natürlich kein zwingender Weg zur Ornithologie. Wegweisend war wohl eher Pernaus Privileg, die Sommer außerhalb von Coburg auf dem Land – ab 1704 auf eigenem Gut – verbringen zu können. Die Natur lud zu Studien ein, die ein gebildeter Mann mit ausreichend Freizeit nebenbei betreiben konnte.

Allerdings war das genaue Selber-Hinschauen um die Wende zum 18. Jahrhundert noch keineswegs die übliche Form der Naturkunde. Man bezog sich gern auf große Referenz-Namen. Was die Übergröße unter den Gewährsmännern, Aristoteles (384–322 v. Chr.), gesagt hatte, das galt.

Als Pernau um 1700 an seinem Vogelbuch arbeitete, gab es eigentlich nur ein verlässliches Werk zur Einteilung der Vögel nach Körperform, das des Engländers Francis Willughby (1635–1672); Linnés berühmte »Systema Naturae«, Band 10 (Benennung aller damals bekannten Organismen) erschien nicht mehr zu Pernaus Lebzeiten.

Es war also wenig, worauf sich der Coburger stützen konnte. Eine gute Ausgangslage für Pioniertaten. Pernaus Chronist, Georg Aumann, schreibt: »Man darf ohne Übertreibung aussprechen, dass er der eigentliche Begründer der wissenschaftlich betriebenen biologischen Vogelforschung ist. [...] Von Pernau war es vergönnt, bleibende Grundlagen zu schaffen, indem er nicht nur die Vogelwelt seiner Umgebung [Rosenau] gründlich und mit Überlegung beobachtete, sondern auch viele Vogelarten im Käfig hielt, nur um ihre Eigenschaften und Gewohnheiten besser kennen zu lernen. Es gelang ihm sogar durch vielerlei klug ausgedachte Methoden und mit [...] Geduld die Tiere so weit zu bringen, dass diese den Käfig als ihr Revier betrachteten und stets wieder dorthin zurückkehrten, wenn von Pernau sie zwischendurch für kurze Zeit in die Natur entließ.«

Als der Baron von Pernau auf dem Schlösschen Rosenau, oben rechts im Bild, seine Vogelbeobachtungen machte, dehnte sich nördlich von Coburg noch eine offene, vogelfreundliche Landschaft aus. Pernau, Religionsflüchtling aus Österreich, ist zweifellos ein Pionier der wissenschaftlichen Vogelforschung.

Pernau war auch der Erste, der einen zuverlässigen Kalender aufstellte, dem zu entnehmen war, welche Vögel wann fortzogen und zu welchem Zeitpunkt zurückkehrten. Er übernahm nicht einfach die gängige, einleuchtende Erklärung, die Tiere flögen vor Hunger und Kälte davon, er ahnte das voraus, was etliche Forschergenerationen später »Zugunruhe« genannt wurde. In seinen Worten: Sie »werden zur rechten Zeit getrieben« und seien »demselben [Zug] gehorsam«. Von Pernau erkannte, dass im Herbst neben Fortziehern auch Herzieher zu beobachten sind, also Vögel aus kälteren Regionen, für die mitteleuropäische Winter relativ warm sind. Er entdeckte die Bedeutung von Revierbesitz, eine Erkenntnis, die bisweilen dem Engländer Eliot Howard zugeschrieben wird, der 1910 zu diesem Thema grundlegend publizierte.

Und Pernau versuchte auch den Vogelgesang zu deuten – nahm ihn nicht einfach als gegeben oder Lobpreisung des Herren. Bei all dem führte der Baron auf Gut Rosenau genau Buch, entwickelte also autodidaktisch und für seinen Hausgebrauch all das, was heute als wissenschaftliche Exaktheit selbstverständlich ist.

Wissenslücken wie im Fall der Ringdrossel gab er zu (» ... von diesem Vogel ist mir anderst nicht als von Farb und Geschrey bekannt ...«) und erlag nicht, wie viele seiner naturwissenschaftelnden Zeitgenossen, der Versuchung, Leerstellen mit Halbwissen oder unbewiesenen Spekulationen zuzuranken. Denn »dass man Dinge, die man weiss, und die man nicht weiss, unter einander gemenget, vor wahr ausgiebet«, führte laut Pernau nur dazu, dass man »eines mit dem anderen verdächtig macht«. Daher ist, wie Erwin Stresemann (Die Entwicklung der Ornithologie, Berlin 1951) anmerkt, die Zahl der Vögel, auf die Pernau zu sprechen kommt, nur gering, umso verblüffender aber die Beobachtungsschärfe und die Schlussfolgerungen.

Kaum jemand vor Pernau hatte sich gefragt, wann, wie und warum sich Vögel verfärben, welche Arten welche Nistorte bevorzugen und wie sich ihre Art zu baden (in Sand und Wasser) unterscheidet.

Es gibt aber noch eine Seite an diesem Mann, die ihn – womöglich mehr noch als seine diszipliniert empirische, beobachtende, testende Arbeitsweise – als Ausnahmegestalt seiner Zeit hervorhebt. Er sah die ethisch-erzieherische Dimension von Natur – rund 280 Jahre bevor die Natur- und Umweltbewegung Ähnliches in Manifeste und Leitartikel rückte.

Weil nicht nur die Bürger, sondern auch die Fürstenhäuser ihren Kindern einprägten, »es sey die Betrachtung der Geschöpffe Gottes und die Untersuchung solcher natürlicher Dinge etwas verächtliches, und lange nicht so edel, als nach Ehre zu trachten«, so könne es nicht anders kommen, »als dass man, weil man den Gebrauch der Creaturen verwirft, mit ganzter Macht zu deren Missbrauch verfällt, und sich einbildet, es sei viel rühmlicher, sich voll zu sauffen, oder sonst ein bestialisches Leben zu führen, als sich ... mit Vögeln, Fischen, Früchten und Blumen etc. zu ergötzen«.

Weiter: »Ich bin versichert, dass wann man dergleichen Sachen nicht gering schätzt, sondern, wie es Gottes Willen gemäß ist, unserer Jugend von der Wiege an, zur Bewunderung der Creaturen Gottes anfrischete mit denen sie ihr Lebtag genug zu tun hätte, es würden die verteufelten Fastnacht-Spiele, der eitle und lächerliche Pomp, ja die blutigen Kriege selbst, bald minder werden. Aber statt dessen schlägt man alle solche Dinge nieder: Kinder mögen mit Blumen sich ergötzen; mit was dann die Männer, frage ich? Mit Lastern ...«

Es gibt offenbar Tote, wie den Baron von Pernau, die sehr viel mehr dem Leben angehören als viele, die heute leben.

Der Traum vom Fliegen

Mit dem Instinkt des Jägers wusste Ötzi, dass seine Kräfte nicht mehr reichen würden, um den Hauptkamm zu überqueren. Er kauerte sich in eine Felsnische, über die der Wind blies wie auf einer Knochenflöte. Die abgebrochene Pfeilspitze tief in seinem Rücken verursachte einen heißen, stechenden Schmerz, und als er niedersank – nur für ein Weilchen, nicht länger, so hatte er sich geschworen – da begannen die Felskonturen wie auf ein geheimes Signal vor ihm zu tanzen.

Ötzi stammelte, so gut es seine gefrorenen Lippen zuließen, ein paar Worte aus dem Lied von den wärmenden Feuern, das die Frauen immer gesungen hatten, damals in seinen guten Tagen, als er noch nicht Jäger, noch kein Menschenjäger war. Jetzt war er der Gejagte. Es war bitter, nicht als Jäger, sondern als Verfolgter zu sterben.

Die Wolken legten sich flach und dicht auf den Gletscher vor ihm, gerade so, als wollten die Götter ihm ihr großes „Nein!“ noch einmal vor Augen stellen. Das Letzte, was Ötzi sah, waren Alpendohlen, die mit scharfen Pfiffen über dem Felsrücken tanzten, den er gerade mit letzter Kraft überstiegen hatte. Und als sein Gesicht in den Schnee fiel, der nicht mehr kalt, sondern nur noch weich war, gab es einen letzten Gedanken, ein Bild von seltsamer Überschärfe: »Ein Vogel, ich bin ein Vogel, ich fliege dem Feind davon ...«

Wenn Ihnen, verehrte(r) Leser/in, diese fiktive Reportage vom Tod eines Mannes, der ein paar tausend Jahre nach seinem Ableben weltberühmt wurde, zu melodramatisch oder zu weit hergeholt erscheint, dann bedenken Sie einfach nur den zugrunde liegenden Kerngedanken: Der Traum vom Fliegen muss etwa so alt sein wie die Denkfähigkeit des Menschen. Auf jeden Fall erheblich älter als Ötzi, die berühmteste Vorzeige-Leiche der Neuzeit.

Es gibt kaum ein verlockenderes (Vor)Bild als die – natürlich oft nur scheinbare – Leichtigkeit, mit der sich Vögel über die vom Menschen nur mit Mühsal durchschrittenen Ebenen erheben, forteilen über die Berge und Sümpfe, die Wüsten und Meere. Und es sind für Gefangene, für Belagerte und Verfolgte keine überzeugenderen Sehnsuchts-Träger denkbar als Vogelschwingen. (Weshalb dann allerdings »Vogelfreiheit« ausgerechnet so viel wie »Rechtlosigkeit« bedeutet, weiß auch das Deutsche Wörterbuch der Brüder Grimm nicht so richtig überzeugend aufzuklären.)

Vielleicht der bekannteste Flug-Mythos überhaupt. Dädalus geht überlegt zu Werke und landet sicher, sein Sohn Ikarus stürzt ab. In romantischer Bildauffassung, wie hier, allerdings nicht in die Ägäis, sondern in ein liebliches Binnengewässer.

Fliegende Helden und Götter

Vogelflug war allgegenwärtig und trotzdem unbegreiflich. Genau wie Götter. Es lag daher nahe, dass man sich Götter verschiedenster Gestalten und Zeiten häufig flugfähig vorstellte: Denn wer nicht an Zeit und Raum gebunden war, musste sich vogelgleich bewegen können. Wie denn sonst?

In den frühen Darstellungen machte man sich um physikalische Konstanten natürlich noch keine Gedanken. Götterbote Hermes hatte lächerlich kleine Flügel an den Fußknöcheln oder am Helm, und die Flügel christlicher Engel hätten für keine Sekunde Flatterflug über der heiligen Krippe gereicht.

Etwas mehr um physikalischen Realismus bemüht als die christliche Ikonographie zeigte sich bisweilen die griechische Mythologie. Die sagenhaften Flugpioniere Dädalus und Ikarus (Vater und Sohn) versuchten, der Gefangenschaft auf Kreta mit Hilfe selbst gebastelter großer Schwingen zu entkommen. Die Sache ging nur zum Teil gut aus: Sohn Ikarus flog zu hoch, kam im jugendlichen Überschwang der Sonne zu nahe; die löste das damalige Klebemittel Wachs auf, und Ikarus stürzte ins Meer.

Seltsam an diesem wohl bekanntesten Flugmythos der Menschheitsgeschichte ist, dass es sich um eine typische Geschichte des Scheiterns handelt. Berühmter als der leidlich erfolgreiche Flug des Vaters (von Erfolg mag man nicht so recht reden, wenn einer seinen Sohn verliert) wurde der Unglücksflug des Sohnes. Der Ikarus-Mythos ist also, genau genommen, eine große Metapher der Vergeblichkeit: Der Mensch, der statt kühn tollkühn ist, wird bestraft – schlimmstenfalls mit dem Tode.

Bei oberflächlicher Mythen-Ausbeute gehen solche Feinheiten leicht verloren. Ich erinnere mich an ein Gespräch mit einem jungen Kanadier, der sich auf Kreta (also dem Handlungsort des berühmten Dramas!) als Pilot bei einem kleinen »Island-Hopping«-Flugunternehmen verdungen hatte. Die Mini-Linie nannte sich »Ikarus«. Meine Einrede, dieser Name sei doch unter Sicherheitsaspekten eine denkbar schlechte Wahl, stieß auf Unverständnis. Merke: Man muss Flugarmaturen lesen können, nicht Mythen, um einen akzeptablen Piloten abzugeben!

Luftfahrt im Ballon

Wobei – und auch das ist richtig – der Mythos vom Fliegen über die Jahrhunderte erheblich für gedanklichen Aufwind gesorgt hat. Wollte man die geträumten, die gewagten und schließlich die gelungenen Visionen grob systematisieren, könnte man sie in Flügel-Träume und andere gruppieren. Die anderen, die nicht von Vögeln oder Insekten inspirierten, waren die zielgerichteten Träume der Luft»fahrer« – der Ballon- und Zeppelinpioniere.

Die Brüder Étienne-Jacques und Michel-Joseph de Montgolfier begannen 1782 in der väterlichen Papierfabrik mit spielerischen Experimenten: Sie ließen rauchgefüllte Stoffbeutel aufsteigen. Die beiden waren sicher nicht die Einzigen, denen auffiel, dass Papier oder leichte Stoffe über offenem Feuer hochflatterten. Aber die Franzosen waren wohl die Ersten, die sich etwas Prinzipielles dabei dachten. Es war ja nicht der Rauch an sich, der leichten Stoff scheinbar schwerelos werden ließ – so sagten sich die Junior-Chefs –, sondern die Tatsache, dass heiße Luft oder heiße Gase in die Höhe strebten, also offenbar leichter waren als kalte (bzw. kältere) Luft.

Am 5. Juni 1783 fand der erste öffentliche Aufstieg eines unbemannten Heißluftballons statt, einer später so genannten Montgolfière. Wenig später, am 21. November 1783, ereignete sich in Paris der erste bemannte Heißluftballon-Flug. Eine Weltsensation.

Die Geschichte der Luftfahrt war bisweilen blutig. Nicht immer ging es für die Männer, die alles riskierten, mit ein paar Schürfwunden ab.

Die Idee von den leichten Gasen stand auch am Beginn der Zeppelin-Ära; ein Höhenflug, der mit Absturz und Explosion der heliumgefüllten Hindenburg beendet zu sein schien. Bis sich gegen Ende des 20. Jahrhunderts eine Renaissance anzubahnen schien: Als so genannte Cargo Lifter – als schwebende Transporter schwerster Lasten – sollten die fliegenden Zigarren künftig ganze Turbinen zu entlegenen Staudämmen schweben können. Das Riskanteste an der Sache, so erwies es sich, scheint die Finanzierung zu sein.

Die Entdeckung von Vor- und Auftrieb

Stärker noch als die Faszination der Luft»fahrt« wirkte die des Fluges. Was Vögel und Insekten vormachten, müsste sich doch irgendwie für Menschen adaptieren lassen; diese Idee trieb ganze Generationen von Flugpionieren um.

Und schon die frühesten hatten eine Vorstellung vom Grundproblem des Fliegens: Etwas, das schwerer ist als Luft, muss sich – irgendwie, aber wie? – durch Kraftentfaltung (Flügelschlag) in der Schwebe halten können. Es konnte nur so sein! Die Vögel machten es ja vor.

Das Naheliegende, den Vogel-Flügelschlag mit menschlicher Arm-Muskelkraft nachzuahmen, erwies sich, wie wir heute wissen, nicht als der Königsweg. Mit heutigem Durchblick lässt sich leicht erkennen und begründen, warum aus dem menschlichen Flatterflug nichts Rechtes wurde. Wollte ein Mensch sein Gewicht durch Hubkraft, also durch Auf- und Abschlagen von Flügeln, liften (bei Gleitflug – siehe Drachenflieger – liegen die Dinge anders!), so bräuchte er seine Oberschenkelmuskulatur an den Armen; und auch die würde nicht ausreichen, weil uns das Widerlager fehlt, an dem sich derart gewaltige Muskelstränge verankern ließen: das Brustbein der Vögel. Außerdem haben wir keine gewichtsparenden Röhrenknochen und leisten uns einen verhältnismäßig schweren Kopf.

Auch für Vögel, die sich ohne die Hilfe von Auf- oder Gegenwind erheben können (müssen), gibt es eine Obergröße, bis zu der Flug noch möglich ist. Schwäne, die – wenngleich mühsam – auch bei Windstille vom Wasser hochkommen, dürften nicht viel schwerer sein, als sie sind; sonst wöge die erforderliche Flugmuskulatur mehr, als sich flügelschlagend hochwuchten ließe.

Lange scheiterten die Flugpioniere an diesem Grundproblem: Zu viel Gewicht bei zu wenig Kraft. Der entscheidende Schritt aus diesem Dilemma war die Idee, Auftrieb und Vortrieb zu trennen – in starre Flügel einerseits und Propeller andererseits. Wie schwer indes diese gedanklich-konzeptionelle Tat fiel und wie sie dennoch gelang, ist Fluggeschichte – nachzulesen unter den Namen Leonardo da Vinci, Otto Lilienthal, Brüder Wright, Otto Rumpler und vielen, vielen anderen.

Für Otto Lilienthal war der Storchenflug unmittelbarer Impulsgeber seiner epochalen Konstruktionen. Er erinnerte sich gern an die inspirativen Momente, denn »es erregte die Schilderung des Storchenfluges mächtig unser empfängliches Gemüt und überzeugte uns von der Möglichkeit, solch ein Schweben ohne Anstrengung ebenfalls mit einfachen Mitteln zu erreichen«. Lilienthal schnitt einen Storchenflügel quer durch und entdeckte dabei die Vorteile gewölbter Flügel.

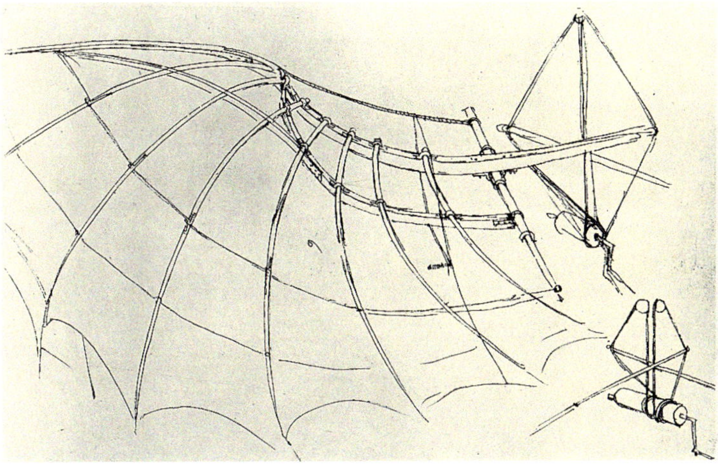

Leonado da Vincis Flughand erinnert an die zart bespannten Tragflächen von Feldermäusen.
Die Mechaniker seiner Zeit waren allerdings von den Planskizzen des Genies überfordert.

Vogel-Tragflächen sind von der Evolution umgeformte Hände, in der Regel nicht brettflach, sondern nach oben gewölbt. Strömt nun Luft von vorne auf diese gewölbte Fläche, so entsteht an der Oberseite ein Sog, an der »hohlen« Unterseite ein Druck. Der Vogel wird folglich, während er sich vorwärts bewegt, durch die Kräfte der anströmenden Luft nach oben gedrückt und gesogen.

Aber wie gelingt es ihm, überhaupt erst in Bewegung zu kommen? Ganz sicher nicht, indem er einfach nur mit den Flügeln auf und ab wedelt. Ein fliegender Vogel bewegt seine Flügel annähernd so wie ein Schwimmer im Schmetterlingsstil. Er rudert vorwärts, er schafft *zugleich* Auf- und Vortrieb. Leonhardo da Vinci – mit riesigem Abstand der genialste Konstrukteur seiner Zeit – hatte das begriffen; zwar hätte auch die von ihm gedachte und gezeichnete Flughand, wäre sie jemals gebaut worden, keinem Menschen in die Luft geholfen, aber sie bezeugt etwas, das für viele große Konstrukteure gilt: Die besten Tüftler waren zugleich gute Beobachter.

Die Flugzeugtechnik schwenkte, wie gesagt, erst in dem Moment auf die richtige Startbahn, als sie den starren und (nach Art der großen Segler unter den Vögeln) gewölbten Flügel übernahm, aber darauf verzichtete, ihn – nach Vogelvorbild – auch noch beweglich zu gestalten. Für Vortrieb sorgten künftig Extra-Aggregate, Propeller.

Man darf also resümieren, Erfolg kam erst, als man sich ein Stückchen weit vom Vogel-Vorbild löste und nicht starr der Idee verhaftet blieb, Flügel müssten – wie bei Fink und

Otto Lilienthal hatte den Störchen auf die Flügel geschaut, ehe er sich tollkühn in die Luft erhob. Das Wort »todesmutig« hatte für die Pioniere eine sehr unmittelbare Bedeutung.

Meise – das Schweben *und* das Vorwärtskommen in einem bewerkstelligen.

Soweit man weiß, war der Erste, der diese Trennung gedanklich vornahm, ein heute fast gänzlich vergessener deutscher Flugpionier: Melchior Bauer (geboren 1733, Todesjahr unbekannt). Seine Flugkiste – er selbst bevorzugte die Bezeichnung »Himmelswagen« – war ein Vehikel, an dessen Verwirklichung der tragische Held ein Leben lang scheiterte. Es wäre zwar nie geflogen, aber Bauers tragendes Gedankenprinzip war richtig: getrennter Auf- und Vortrieb.

Natur als Vorbild für Technik

Erst dieser Tage scheint die Technik die nötige Reife und Finesse zu haben, um das Prinzip der starren Flugzeugflügel wieder etwas aufzuweichen. Ingenieure tüfteln an verformbaren Flügeln, an Tragflächen, die sich – fast so, als dächten sie mit – auf die verschiedenen Flugphasen einstellen können.

Ganz starr waren Flugzeugflügel bekanntlich nie. Landeklappen sind schon so alt wie flugtüchtige Maschinen, aber sie sind vergleichsweise klobige Einrichtungen. Die Flügel auch hochmoderner Jets sind nur deshalb so großflächig und schwer (enormer Kerosinverbrauch!), weil für die kritischen Phasen von Start und Landung viel tragende Fläche erforderlich ist. Und diese Fläche muss – mit Hilfe vorhandener Einklappmechanismen – über zig Millionen Flugmeilen, ein ganzes Flugzeugleben lang, durch die Luft gewuchtet werden.

Die Spitzenkräfte der Flug-Ingenieurskunst tüfteln daher weltweit an energiesparenden Gleitflügeln, die sich den jeweiligen Bedürfnissen in der Luft variabel anpassen können. Zum Beispiel: breit bei Start und Landung und schmal und schnittig in dünner Höhenluft auf Langstreckenflügen.

Der Seitenblick auf die Vogelflug-Kunst kann auch heute von Fall zu Fall inspirierend sein. Dem Bioniker und Ingenieur Ingo Rechenberg zum Beispiel war aufgefallen, dass Skuas, Raubmöwen, bei ihren Suchflügen langsamer fliegen, als das nach den bekannten Gesetzen der Aerodynamik eigentlich möglich ist. Zeitlupenblicke mit der Videokamera, von oben auf vorbeifliegende Skuas gerichtet, zeigten Rechenberg: Bevor die Möwe »abschmiert« – also mangels Auf- und Vortrieb abstürzt –, klappen aus den Flügeldecken Einzelfedern hoch, die den Vogelkörper auch während extremer Langsam-Flugphasen stabil auf Kurs halten.

Eine verlockende Idee: »Skua«-Sicherheitsklappen in Tragflächen einbauen, um so dem gefährlichen »stall« – dem Abriss des Luftstroms – entgegenzuwirken. Für derlei der Natur abgeschaute Kunststücke braucht man »smart material« – neue, »intelligente«, »mitdenkende« Baustoffe. Wer sie zuerst marktfähig anbietet, ist der Überflieger am kommerziell umkämpften Himmel.

Flügel für alle Anforderungen

Nicht nur Skuas geben Flugzeugkonstrukteuren zu denken. Schaut man den unterschiedlichen gefiederten Flugtypen auf die Schwingen, entdeckt man perfekte Spezialisierungen. Die breiten Flügel(feder)enden der Finken sind zwar nicht so ideal für

Langstreckenflüge, aber hervorragend geeignet für schnelle Richtungsänderung auf kleinstem Raum. Wendigkeit ist lebensrettend, wenn man mit Schnelligkeit nicht punkten kann.

Bei Tauben dagegen ist Schnelligkeit Trumpf. Ein Geheimnis ihrer Flugtüchtigkeit liegt im Antrieb; ein Drittel ihres Gesamtgewichtes investiert die Turteltaube in Flugmuskulatur. Der Lohn: Nur wenige Vögel können vergleichbare Blitzstarts hinlegen wie sie.

Schnelligkeit und aberwitzige Präzisions-Flugleistungen ermöglichen den Kolibris ihr hochkomplizierter Schwirrflug. Flügelschlag-Frequenzen von bis zu 78 Schlägen pro Sekunde (Durchschitt 30–50, Amsel zum Vergleich: 5,6) wurden gemessen; außerdem beherrschen die tropischen Blütenspezialisten als einzige Vögel auch den Rückwärtsflug. Der Preis für derlei Dauer-Artistik: hohe Betriebskosten. Ein Kolibri ist praktisch den ganzen Tag mit der Beschaffung von Hochenergie-Treibstoff (Nektar) beschäftigt. Die Alternative, Fett speichern, verbietet sich für einen leichtgewichtigen Flieger. Ein Mensch müsste, nach Nährwert bemessen, 4 Zentner Kartoffeln am Tag verdrücken, wenn er es in puncto Energie»input« dem Kolibri gleichtun wollte.

Und noch etwas muss bei den Kleinen gigantisch sein: Das Herz wiegt im Kolibri-Durchschnitt ein Vierzigstel des Körpergewichtes und schlägt 500–1200-mal pro Minute. Ein Ausnahme-Athlet wie Lance Armstrong, viermaliger Gewinner der Tour de France, erträgt Herz-Spitzenbelastungen von 180 Schlägen über einen gewissen Zeitraum.

Fliegen ist gut – Gleiten ist besser

Fliegen ist – in seiner Standardform – »Luftrudern«. Aber rudern strengt an. Viele Vogelarten haben sich darauf verlegt, allenfalls den Anschub aus eigener Muskelkraft zu bewältigen und sich, sind sie erst einmal in Bewegung, so weit wie möglich aufs Gleiten zu verlegen. Abhängig vom Verhältnis der Flügelfläche zum Vogelgewicht ergeben sich unterschiedliche Segelleistungen: Wenn ein Grünling in 15 m Höhe losgleitet, käme er allenfalls 15 m weit, seine Gleitzahl beträgt schlappe 1:1. Hervorragende Gleiter, wie zum Beispiel verschiedene Albatrosarten, erreichen Gleitzahlen bis 1:20 (wohlgemerkt bei Windstille, die es in Wanderalbatros-Lebensräumen kaum gibt). Ein Leistungssegelflugzeug liegt heute bei etwa 1:40, Spitzenmodelle bei 1:65.

Für schwere Vögel würden auch gute Gleitzahlen nicht reichen. Albatrosse nutzen zum einen den beständigen Gegenwind, zum andern den Aufwind unmittelbar über den Wellen. Geier, Adler und andere profitieren von der Thermik über erhitzten Steinformationen (Gebirge, Hochplateaus). Den Bussarden nützt schon die Thermik über dunkle(re)n Wäldern, um sich in engen Spiralen hochschrauben zu können.

Segeln ist die perfekte Antwort auf das Energiespargebot. Aber sie passt nicht immer. Ohne Thermik und/oder Wind geht nichts.

Das Gegenmodell zur Baureihe »Energie-Spitzenverbrenner« verkörpern die großen Gleiter: Adler, Geier, Albatrosse (siehe Kasten »Fliegen ist gut – Gleiten ist besser«). Um perfekte Segelflugleistungen zu vollbringen, braucht man allerdings stützende Umstände: Auf- oder Gegenwind.

Die zirkumpolaren Langstreckenflüge der schweren Wanderalbatrosse – sie sind die Vögel mit der größten Spannweite – werden letztendlich nur durch die beständigsten Westwinde der Welt möglich, in den »Roaring Forties« südlicher Breite. Die »Röhrennasen« können sich sogar Flügel leisten, die eigentlich für ihre Körperabmessungen viel zu schmal sind. Wie schon am Beispiel »Jet«

Ausruhen, wie auf dieser Impression aus der ersten Hälfte des 19. Jahrhunderts, kommt für Kolibris nur selten in Frage. Der Fluss von Nektarnahrung darf nach Möglichkeit nicht abreißen.

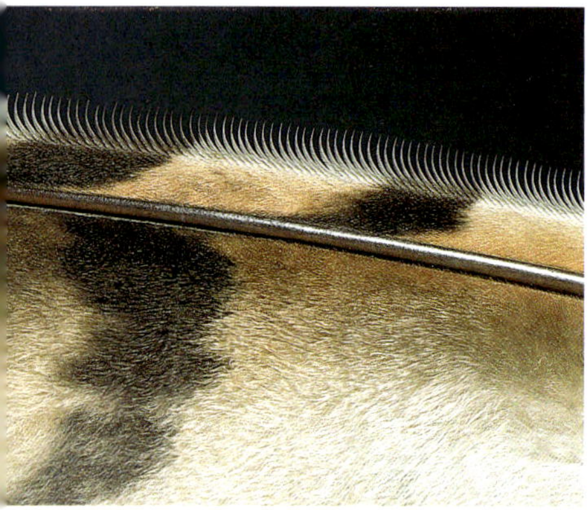

Ein erklärbares Wunder: Der geräuschlose Flug vieler Eulen ist wegen der Zähnung der äußeren Handschwingen möglich.

dargelegt, erfordern Start und Landung normalerweise eine gewisse Flügel-Mindestbreite. Es sei denn, man kann sich – wie das im Lebensraum der großen Albatrosse der Fall ist – bei Start und Landung auf ausreichend Gegenwind verlassen.

Während Albatrosse, Fregattvögel, Küstenseeschwalben und andere auf Dauersegelflug spezialisiert sind, erhält den (wahrscheinlich) schnellsten Vogel der Welt seine Sturzflug-Begabung am Leben. Wanderfalken sollen beim Verfolgen ihrer Beute 280 Stundenkilometer erreichen können. (Zur Vorsicht, mit der solche und ähnliche Rekordangaben zu genießen sind, siehe Kasten auf Seite 190.)

Ihre Spitz- und Langflügeligkeit, die auch für Schwalben und Mauersegler typisch ist, beschert den Falken genügend Auftrieb bei *gleichzeitig* idealen Luftwiderstandswerten. Und wenn man dann noch, wie der Turm- bzw. Rüttelfalke, seinen Stoß (Schwanz) zu einem breiten Steuer auffächern kann, gelingt sogar einem geborenen Schnellflieger der Stopp im Luftraum.

Manchmal ist es vorteilhafter, ein Flügelmodell zu fliegen, das aus verschiedenen, guten Flugeigenschaften einen starken Mittelwert bildet. Möwen zum Beispiel bringen es im aktiven Ruderflug auf gute 40 km/h Reisegeschwindigkeit, können ganz ansehnliche Sturzflüge hinlegen, bleiben auch bei extremen Windstärken manövrierfähig und schaffen es, bewegungslos im Auf- oder Gegenwind zu stehen.

All das kann eine Schleiereule nicht. Dafür zählt ihr Lautlosflug zu den bemerkenswerten Spezialleistungen der Vogelwelt. Gezähnte Federränder an den langen Hand- und Armschwingen verringern die Flugturbulenzen, daunenweiche Federn auf den Flügeldecken dienen dem selben Zweck: Für Mäuse, die bekanntlich gute Ohren haben, darf der anfliegende Feind nicht hörbar sein.

So vielfältig die Natur das Prinzip Vogelflügel im Laufe der Evolution auch variiert hat, immer galt es, den Grundwiderspruch zu lösen: schwerer als Luft und *dennoch* flugfähig.

Und genau diesen Traum haben Menschen geträumt, seit sie von den Bäumen stiegen: fliegen können. Geträumt haben sie ihn in allen erdenklichen Lebenslagen. Auf der Flucht. Hinter Gefängnismauern. An Meeresküsten, liebes- oder heimwehkrank.

Wenn ich ein Vöglein wär
und auch zwei Flügel hätt',
flög' ich zu dir,
ja, flög' ich zu dir.
Weil's aber nicht kann sein,
weil's aber nicht kann sein,
bleib ich allhier.

... WENN ICH SO WEIT WEG FLIEGEN KÖNNTE

Brief von Rosa Luxemburg an Gertrud Zlottko aus dem Frauengefängnis (zitiert nach: Peter Hamm, Welches Tier gehört zu dir?, München, 1984)

Denken Sie, hier in meiner Nachbarschaft ist irgendwo auch eine Gans, ich meine: eine richtige, gefiederte Gans; und sie schreit manchmal zu meinem Entzücken; leider nur zu selten. Wissen Sie, weshalb mir das so gefällt? Ich habe es jetzt raus: Das Gackern der Hühner oder das Quaken der Enten, das ist so ein echt hausmütterlicher, sorgenvoller Laut eines alten Haustieres, aber in dem Gänseschrei, da steckt doch noch ganz der wilde, ungezähmte Vogel, der nach dem Süden zieht über Winter, da ist noch trotziger Hochflug drin, das gegenseitige Locken über weite Fernen; wahrhaftig, wenn ich dieses unartikulierte Gänsegeschrei höre, da zuckt in mir alles vor Sehnsucht nach – was weiß ich nach was, einfach nach Ferne, nach Welt. Himmelkreuzhageldonnerwetter! Wenn ich so weit weit weg fliegen könnte wie eine Wildgans! Ich würde Sie gleich mitnehmen. Bis zu diesem Gänseflug leben Sie recht wohl und behalten Sie den Kopf oben.

FEDER-MODEN

Wer wird Millionär? Und nun die 1-Million-Euro-Frage:

Was definiert ein Tier *eindeutig* als Vogel:

a) das Eierlegen
b) der Schnabel
c) die Fähigkeit zu fliegen
b) die Federn

a) .... kann nicht sein! Auch Insekten und Amphibien legen Eier.

b) ... der Schnabel? Scheint logisch, oder? Aber wenn Sie 1 Million Euro auf diese Antwort setzen, sind Sie sie los. Das Schnabeltier Australiens legt zwar Eier wie ein Vogel, ist aber trotzdem ein Säugetier. Und auch andere Nicht-Vögel, Schildkröten, Tintenfische und Kaulquappen, haben Schnäbel.

c) ... sicher keine eindeutiges Merkmal. Man denke nur an Fledermäuse und Fliegen.

d) Richtig! Derzeit lebt kein Tier auf der Erde, das Federn trägt, ohne zugleich Vogel zu sein.

Vor ein paar dutzend Jahren wäre diese Frage nicht nur schwer, sondern unbeantwortbar gewesen. Man nahm es nämlich nicht so genau mit der Feder. Der feine Staub auf Schmetterlingsflügeln wurde für einen Pelz aus sehr feinen Federn angesehen; blühendes Wollgras, die typische Pflanze der Hochmoore, war selbstverständlich gefiedert. Fliegende Fische bedienten sich – wie denn auch sonst? – vogelartiger Hilfsmittel: »Mit Floßfedern steigen einige Fische die Flut empor« (Grimms Wörterbuch). Und Jäger, die bekanntlich auch darauf bestehen, dass ein Hase keine Ohren, sondern Löffel hat, dichteten der wilden Sau Federn an. Carl von Heppe schrieb 1751 in einer Abhandlung über »hirschgerechte Jägerey«: »Ein solches Hauptschwein ist altershalben um den Kopf, sonderlich am Bart, recht weißgrau, auch an den Blättern [Schulterblättern] sehr grau und seine Federn – andere sprechen von Borsten, welches nicht gut lautet – sind nicht mehr schwarz und dunkelgrau meliert, sonden fallen stark in gelbliches Eselsgrau.«

Um die Verwirrung noch etwas weiter zu treiben: Von Federn sprechen Jäger auch dann, wenn sie der armen Sau mit der Lanze ans Leben wollen. Eine Saufeder ist eine scharfe, aufgestielte Klinge, mit der man Wild absticht, das von den Hunden »gestellt« wurde.

Aber von derlei Nebenbedeutung einmal abgesehen: Federn haben Menschen zu allen Zeiten fasziniert: ihre Gestalt, ihre Fähigkeit, Wärme perfekt zu speichern, ihre Farbenpracht, die überwältigende Anatomie jedes einzelnen Exemplares. In Federn vermutete man das Geheimnis der Flugkunst; Federn befähigten – lange Zeit unbegreiflicherweise – Vögel, auf dem Wasser zu schwimmen. Und wer all diese Rätsel aufschreiben wollte, nahm dafür früher eine Feder, einen Gänsekiel.

Man war allerdings in vorwissenschaftlicher Zeit noch nicht so versessen darauf, Rätsel zu lösen; man konnte sie sehr wohl auf heiliger oder auf profaner Erde stehen lassen; die scharfen »Warum-« oder »Wie-Fragen« sind neueren Datums.

Götter flogen, da war man sich sicher. Wie? Das war ihre Sache. Es genügte, ihre Fähigkeit bildlich anzudeuten: »Göttern und Helden verleiht der Mythos Flügel und Federn an Ferse oder Schulter« (Grimms Wörterbuch).

Und in gewisser Weise kleben die Federn – genauer: der Flaum – noch am großen Anfangsmythos, am Ei. Es war ja auffällig, dass Vogeljunge – darin uns Menschen näher als Hund oder Katze – ziemlich nackt geboren werden und sich erst später anziehen, sich befiedern. Erst im Flaum war ein Vogel ein Vogel.

Beliebte Flugobjekte der Christenheit: Gemalte oder gegipste Engelkinder nennt der Kunstgeschichtler »Putten«. Sie sollen Abkömmlinge der antiken Eroten sein.

Früher, als man Metaphern noch häufiger aus der natürlichen Umwelt schöpfte, war die Redensart geläufig, »jemand wolle fliegen, ehe er noch Federn gewönne« (bekommt); das heißt, jemand macht sich zu früh und unvorbereitet an eine zu große Aufgabe. Der Absturz war gewiss, wie der eines un- oder schlecht ausgebildeten Sängers, der sich auf die große Bühne wagt. Das inhaltliche Gegenstück »in vollen Federn stehen« war gleichbedeutend mit »voll entfaltet«. Und »Federn lassen« – vermutlich stand dem Wortschöpfer das Bild kämpfender Hähne vor Augen – hieß so viel wie »mit Schaden davonkommen«, ganz im Sinne des noch heute gebräuchlichen »Haare lassen«.

Fahnenträger nach der Mode von 1635. Zum blutigen Handwerk des Dreißigjährigen Krieges gehörte von Fall zu Fall auch Arbeitskleidung mit Federhut.

In einem alten Fastnachtsreim, der wahrscheinlich die Folgen einer heftigen Teuerung beschreibt, heißt es:

Und werden dadurch nider geworfen
viel guter Kaufleut auf der Strassen,
der manche muß ein Feder laszen.

Und Hans Sachs, der große Reimschmied aus Nürnberg, sagte auf seine Weise, dass sich Beulen holt, wer mit ruppigen Leuten umgeht:

War ist das alt sprichwort, das redt,
wer mit heillosen leutn umbgeht,
dem geht es auch heillos dermaszen,
er musz ein feder hindr im lassen.

Bildstark und damit auch Wortbild-gebend ist das »Federn rupfen«, heute noch im »Nicht-viel-Federlesens-machen« gegenwärtig. Auch hier saß die Natur Modell: Ein Raubvogel, der heftig, eilig und unvollständig einen Vogel rupft, macht kurzen Prozess; der Greif erspart es sich, erst viele Federn zu beseitigen (abzu*lesen*).

Das Rupfen oder Schröpfen begegnet uns in vielfachen Variationen. Kaspar Schütz beklagt 1592 in seiner Beschreibung preußischer Zustände, ein gewisser von Plauen habe »nachmalen [einem] Bauern die Federn dermaszen gerupfet, dasz er zuletzt ... an den Bettelsack gerathen ist«. Jemanden »rupfen, dass die Federn stieben«, besagte, jemanden »ausnehmen«. Und im gleichen Sinne: jemandem »nicht eine gebogene Feder am Leibe lassen« – ihn bis aufs Hemd ausrauben oder total übervorteilen, was ja so ziemlich auf dasselbe herauskommt.

Während also das Herausreißen von Federn immer als Chiffre für Gewalt und Überwältigung galt, stand die Feder selbst für andere Dinge. Vögel waren bekanntlich insgesamt Orakeltiere (siehe S. 32 f.). Aber auch Vogeldetails, Federn, konnten einem etwas mitteilen. Wer nicht so recht wusste, wohin er sich wenden sollte, blies eine Feder in die Luft und folgte ihrer Richtung. In einem Märchen heißt es: »Damit es keinen Streit unter seinen Söhnen gäbe, die in die Welt ausziehen sollten, führte sie der König vor sein Schloss, blies 3 Federn in die Luft und sprach: ›Wie die fliegen, so sollt ihr ziehen.‹« Und weil das Federorakel schon sehr nach Heidentum roch, bemühte man manchmal den »spiritus«, den Wind des Heiligen Geistes, als göttliche Richtungsweisung.

In Hessen hielt sich lange »Wo wird er seine Feder hinblasen?« für »Wohin wird er sich wenden?« oder »Wie wird er sich entscheiden?«.

Und so, als wäre bei dieser Art der Entscheidungsfindung immer schon die Täuschung mit einkalkuliert, existierte die Feder auch als Sinnbild für Trug. Jemandem eine Feder durch die Nase ziehen, hieß ihn zu belügen. Andreas Gryphius (1616–1664) schreibt: Wer da behauptet, »dass wir ihm sein Fräulein entführet, der hat (dem, der das glauben soll) eine greuliche Feder durch die Nase gezogen.« Er ist ein Lump, und Lumpen erkennt man bisweilen an ihrer lumpigen Kleidung. Jemand der »in losen Federn« erscheint, kommt schlampig gekleidet, was nur so lange einerlei ist, wie »niemand eine Feder regt«, sprich: etwas dagegen hat. Ist das aber der Fall, sollte der Ertappte »die Federn niederschlagen«, das heißt seine Verfehlung eingestehen.

Die Metapher vom »Federn niederschlagen« begegnet uns auch beim Wort-Gewaltmenschen Martin Luther: »Lieber Herr, für die Welt bin ich wohl unschuldig, aber für [vor] Dir muss ich wahrlich die Federn niederschlagen und mich selbst aller Dinge schuldig bekennen.«

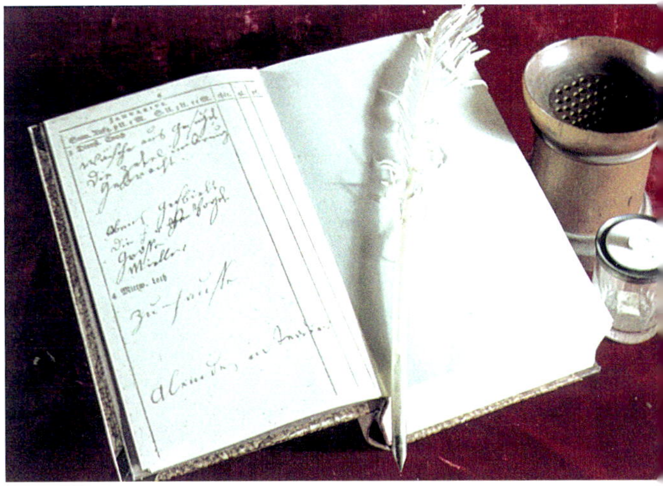

Goethes Schreibfeder nebst Notizbuch. Profanes und Bleibendes floss früher aus der Gänsefeder. (Stiftung Weimarer Klassik, Goethe-Nationalmuseum)

Wer sich indes für einen wahren Teufelskerl hielt, sei es als Fechter, Soldat oder als Frauenheld, imitierte gern in koketter Weise das versteckte Teufelssymbol, die lange Hahnenfeder am Hut. In den »Wundersamen Reisen und Irrfahrten des Johannes Falk von der Ostsee« (einem beliebten Gesellschafts- und Abenteuerroman des frühen 19. Jahrhunderts) heißt es vom charismatischen Helden: »In der Stadt unterhält er viele Liebschaften, stolziert mit Federhut und Degen auf den Straßen herum.« Dieser von spanischer Mode inspirierte Typ wurde zum Prototyp, der in Gestalt der »Drei Musketiere« (Alexandre Dumas) und später in den so genannten »Mantel-und-Degen-Filmen« populär wurde. Lang befiederte Hüte waren Berufsabzeichen der frühen Schürzenjäger.

Justus Möser (1720–1794) verdanken wir ein beredtes Zeugnis aus der Zeit, als man noch um den Hintersinn der langen Federn wusste: »Er hatte Geschmack und einen natürlichen Hang zum Überflüssigen, welchen er in seiner ersten Jugend nicht verbergen konnte, da er schon nicht anders als mit einem Federhute in die Kirche gehen wollte.«

Federn begegnen uns durch die Jahrtausende als Gegenstände der Bezauberung. Sie waren begehrt und damit Wertgegenstände. Von den berühmten Forschungsreisenden vergangener Jahrhunderte, wie zum Beispiel dem Mitbegründer der Evolutionstheorie Alfred Russel Wallace (1832–1913), ist bekannt, dass sie mit Federn selten schöner exotischer Vögel einen kleinen Nebenhandel betrieben, um die notorisch leeren Forschungskassen etwas aufzufüllen.

Vor allem die Luxus-Kreationen der Paradiesvögel waren gefragt. Es gab in praktisch jeder bedeutenden Stadt Putzmacher, die sich auf wirkungsvolle Federarrangements spezialisiert hatten; eine exquisite Sammlung federleichter Schmuckstücke war eine Geldanlage. Und wer gar ein ganzes Arsenal hatte, nach Farben geordnet und in allen Regenbogenfarben schillernd, konnte sich zur Ruhe setzen.

Vorzugsweise natürlich auf federgefüllte Kissen! Aber mit denen hat es eine seltsame Bewandtnis. Zum einen wurde »sich in die Federn begeben« oder »die Federn suchen« schnell zur gebräuchlichen, wertneutralen Umschreibung für »schlafen gehen«; zum anderen klebte an den Bettfedern aber auch leicht ein Ruch von Faulheit. Einen nichtsnutzigen Menschen titulierte man gern als einen, »der nicht aus den Federn kommt«.

Solche Leute wurden dann zum Beispiel »mit spitzer Feder aufgespießt«, eine noch heute gebräuchliche Umschreibung für die Waffenwirkung des geschriebenen und veröffentlichten Wortes. Vogelfedern, vor allem Gänsekiele, erwiesen sich gegenüber Schreibrohren und Griffeln als überlegen.

Im Grimmschen Wörterbuch finden wir eine geraffte Zusammenstellung von Verben, die sich mit der (Schreib)Feder eng verbanden: »Die Feder schneiden, spalten, aufreißen, schaben, spitzen; die Feder nehmen, ergreifen, eintauchen, ansetzen, in die Tinte stoßen ... sie absetzen, hinlegen, ruhen lassen, hinters Ohr stecken, wegwerfen«. Als die Feder von neuerem Schreibgerät verdrängt wurde, griff man zur »Bleifeder« (Bleistift) – und es störte offenbar nicht, dass eine »bleierne Feder« schon eine arg scheppernde Wortschöpfung ist.

Wer früher vor Trauer und Melancholie keine Zeile zu Papier brachte, dem »schlägt die Schwermuth die Feder hin«. Was gesagt werden muss, »vertraut man der Feder an«, es sei denn, die Zensur »verbietet einem die Feder«, was demjenigen leicht geschehen konnte, dessen »Feder [als] in allerlei Geheimnisse eingeweiht« verschrien war. Protokolle diktierte man »direkt in die Feder«, wenn erforderlich »ohne viel Federlesen«.

Eine gute, leichte, unverwechselbare, kluge Feder führt, wer sich schreibend hervortut. Unter Journalisten nennt man noch heute Kollegen mit einer Mischung aus Bewunderung und Spott »Edelfedern«, die wegen ihrer guten Schreibe beschäftigt werden und nicht, weil sie für irgendwelche Themenkomplexe besondere Kompetenz erworben haben: Schönschreiber halt, die man schon allein wegen der angenehmen Wirkung ihrer Werkstücke (Artikel) liest. Langweiler, am anderen Ende der Skala, führen plumpe, schwerfällige, umständliche Federn.

Plumpe Federn gibt es nicht in der Wirklichkeit, nicht da, wo Vögel sich in Federn kleiden. Aus einem Protein namens Keratin ist alles, was sich uns heute an Gefieder offenbart. So viel ist sicher – oder so wenig. Denn wann und wie aus Reptilienschuppen die delikateste, wunderbarste Körperbedeckung wurde, welche die Evolution je hervorgebracht hat, ist eine dieser Fragen, die Wissenschaftler zu dem verleitet, was sie im Allgemeinen nicht so gern tun, zum Spekulieren. Und weil Wissenschaftler einen Ruf zu verlieren haben, Journalisten aber weniger, nehme ich ihnen an dieser Stelle das Spekulieren ab.

Man stelle sich eine kleine aufrecht-zweibeinig gehende Laufechse unter himmelhohen Schachtelhalmen

Federn – zumal wenn der Vogel sie mit einem dünnen Fettfilm überziehen kann – sind feuchtigkeitsabweisend. Federn zählen zum Genialsten, was die Natur hervorgebracht hat.

und im Schatten ewig rauchender Vulkane vor, eine gehetzte Kreatur, immer auf dem Sprung, denn die Ur-Welt wimmelte von scheußlichen, zähnestarrenden Gebissen.

Es stellte sich heraus, dass diejenigen Linien von (nennen wir sie) »Schuppfedern« Auslesevorteile hatten, deren Hornplättchen dünn, leicht und faserig waren. Denn wenn sie in höchster Panik vor einem Fressfeind davonrannten und dabei, um das Gleichgewicht zu wahren, die kürzeren Vorderextremitäten vom Körper abspreizten, geschah es immer wieder, dass sie etliche Meter vom Boden abhoben und so den frustrierten Jäger ins Leere laufen ließen. Irgendwann lernten sie es, wenn irgend möglich gegen den Wind zu flüchten, was das Entkommen nach oben ungemein verbesserte.

Außerdem bewährte sich ein weiterer Vorteil der Schuppen-Verdünnung und –Auffaserung: Je leichter sich die Plättchen übereinander legten, desto besser umschlossen sie wärmende Luft. Tiere, die es leichter hatten, mit Kälteeinbrüchen klarzukommen, und zudem noch eine unschlagbar gute Fluchtrichtung – die nach oben – im Programm hatten, waren Erfolgsmodelle. Und weil nichts erfolgreicher ist als der Erfolg, verfeinerte die Evolution die Grundlage des Erfolges: Die Schuppe war auf dem Weg zur Feder.

Ob diese spekulative, vielleicht etwas grob-darwinistische Erklärung standhält oder nicht, werden wohl erst Abdrücke in den ehemals weichen Böden vergangener Erdzeiten (siehe auch das Kapitel »Der rätselhafte Urvogel«) zeigen können. Das »missing link« wäre ein Ding, das zwischen Schuppe und Feder steht. Ein Hauptgewinn der Paläontologie wäre das.

Auf sicherem Terrain bewegen wir uns, wenn wir die Feder als Fertigprodukt betrachten – als Baustein der (Natur)Technik. Und ernüchternd schlicht klingt auch die Definition, die das »Lexikon der Biologie« (Herder) für Vogelfeder anbietet: »Eine ...Bildung der Haut, die im fertigen Zustand aus toten, verhornten Zellen der Epidermis besteht.«

Federn bestehen in der Regel aus dem Kiel – dem spindelartigen Mittelteil – und der Fahne, den untereinander verankerten »Ästen«. Der Kiel ist zu großen Teilen hohl, wobei dünne Zwischenwände die Stabilität garantieren. Detailuntersuchungen haben belegt, was man vermuten durfte: der tragende Mittelteil der Feder ist der absolut perfekte Kompromiss aus (sparsamem und damit gewichtsparendem) Materialeinsatz einerseits und Festigkeit andererseits. Die Flug- und Schwanzfedern stecken in so genannten Spulen, an die Hautmuskeln angreifen; eingebettet ist das ganze bewegliche System in festes, aber sehr elastisches Bindegewebe. Dunen, wärmendes Untergefieder, die kaum kinetischer Belastung ausgesetzt sind, hat die Natur entsprechend lockerer aufgehängt.

Das vielleicht Faszinierendste an Federn des Deckgefieders ist der Klettverschluss, die Verankerung der einzelnen Strahlen untereinander. Was sie als »Flugbespannung« so unschlagbar macht, ist die Fähigkeit, der normalen Belastung als Fläche standzuhalten, bei Überbelastung – etwa extremen Flugmanövern – aber an einigen Stellen aufzureißen. Gäbe es diese Sollbruchstellen nicht, müssten Vögel reißfeste Fluganzüge tragen, die zu schwer und nie elastisch genug wären. Federn lösen das Problem. Allerdings haben Vögel alle Schnäbel voll zu tun, etwa nach Sturmpassagen, die Rissstellen wieder neu »einzuhaken«.

Die Geduld und Akkuratesse, mit der Vögel diese Materialpflege vornehmen, lässt sich gut mit der von Fallschirmspringern vergleichen, die natürlich genau wissen, wie teuer sie Schlamperei schon beim nächsten Sprung zu stehen kommen würde.

Die Federpflege umfasst auch Säuberung und Nachfetten. Ein Vogel, der, etwa aus Schwäche, dazu nicht mehr in der Lage ist, wird flugunfähig, stürzt ab. Vögel müssen sich das nicht immer neu vor Augen führen, das Wissen darum ist ihnen angeboren.

Das Untergefieder (Dunen) ist Wärmemantel; an Schnabel und Augen erkennt man reduzierte, haarartige Borstenfedern.

Weniger bekannt ist, dass manche Vögel mit ihrem Gefieder auch akustische Signale aussenden. Bekassinen, die im Flug balzen, »meckern« mit flatternden Schwanzfedern. Balzende Pfauen-Männchen beherrschen eine Art Kastagnetten-Effekt; durch Schütteln des Schwanzes entsteht ein markantes Rascheln, das für die Auserwählten womöglich ähnlich wichtig ist wie die farbliche Pracht.

Die nun wieder gehört zu den komplizierten Hervorbringungen der Natur. Neben »eigenproduzierten« Farben aus chemisch umgebauten Körpersubstanzen können etliche Vogelarten Naturfarben, die sie mit der Nahrung aufnehmen (meist gelbliche und rötliche), mehr oder minder direkt und unbehandelt »einbauen«. Die eleganteste Variante findet sich bei Eisvögeln und Kolibris: Die Oberflächen ihrer Flügel bewirken Lichtbrechung, was grün oder blau schillernde Effekte hervorruft.

Die Schwanzfedern des Rosenköpfchens, einer südwestafrikanischen Zwergpapageienart.

Alfred Schürmann, an dessen Artikel zur Vogelfeder wir uns orientiert haben, beschließt seine Darlegung mit einer nachdenkenswerten Überlegung: Die unvorstellbar praktische Intelligenz, die im Gefieder eines einzigen flugfähigen Vogels steckt, lässt einen sprach-, aber nicht fraglos: »Dahinter muss ein überaus aufwendiges genetisches Programm stecken. Es ist kaum übertrieben zu behaupten: Bei kompliziert gebauten Federn wird von Erbprogrammen fast so viel gefordert wie beim Aufbau ganzer, einfacher Organismen.«

Wer das mit einem Federstrich abhaken will, banalisiert die Schöpfung und ihre Geschöpfe. Federn sind schwer. Schwer zu begreifen in ihrer Perfektion.

SO WIE IHNEN DER SCHNABEL GEWACHSEN IST

Das »hornartig verlängerte Maul der Vögel« (Grimms Wörterbuch) gehört zweifellos zu den Körperteilen, die der Mensch am frühesten genannt bekommt; denn ehe man noch das Wort »Mund« aussprechen kann, bekommt man gesagt, man solle nun endlich den Schnabel halten. Wobei die Aufforderung »Schnabel halten!« nicht ganz so blaffend daherkommt wie »Maul halten«. Aus einem Schnabel kann immerhin Gesang ertönen, nicht aber aus einem Maul.

Das Wort ist alt, »snabul«, »snapol« und »snapal« kommen im Althochdeutschen vor, und »Schnappen« ist vermutlich eine Bewegung, die Vogelschnäbeln abgeschaut wurde. Der Schnabel als Zu-Schnapper ist namensgebend für die »Schnäpper« und war wohl auch Sprachwurzel für »Schnepfen« – die bekanntlich unübersehbare Schnäbel vor sich her tragen.

Was Vögel alles mit ihren Schnäbeln – über Nahrungsbeschaffung und Zerkleinerung hinaus – bewerkstelligen können, fiel schon Konrad von Megenberg (1309–1374) auf: »Die tauben [können ihre] federn gelihten [glätten] und gezerren [zerren] und mit irm snabl straeln [strählen].« Und weil Schnäbel bekanntlich sehr unterschiedlich aussehen können – im Prinzip unterschiedlicher als Münder oder Mäuler –, lag die Floskel vom »Reden, wie einem der Schnabel gewachsen ist« nahe. Und wes Mundwerkzeug nicht zum Redenschwingen gemacht ist, der soll sich auch nicht »den Schnabel verbiegen«.

Die vielen Schnabel-Redensarten sind über alle Landschaften deutscher Sprache verbreitet, und schon Hans Sachs (1494–1576) reimte:

ein ider fogel singt all frist [zu jeder Frist] / wie im sein schnabel gewachsen ist

Vorlaute Heranwachsende nannte und nennt man »Grünschnäbel«, wobei die Farbe wohl weniger auf die sichtbare Beschaffenheit von juvenilen Schäbeln abzielt als auf das junge Grün, symbolisiert durch die Farbe frischer Blätter. »Gelbschnabel« bedeutete in etwa das Gleiche, und schöner noch: »Weichschnabel«. Alles freundliche Spottnamen für Unerfahrene, für Anfänger – besonders solche, die sich zu viel zutrauen. Und wenn einem zudem noch »die Eierschalen am Schnabel klebten«, hatte er noch nicht einmal die Reife eines Grünschnabels erreicht.

Auch sonst verriet der Schnabel einiges. Die Herkunft zum Beispiel. »Man kann's am Schnabel merken«, ob einer ein Franke ist, heißt so viel wie: Einerlei wie einer sich müht, der Dialekt verrät ihn.

Universeller war der Schnabel dann wieder, wenn es um Genuss ging. Man »begoss sich den Schnabel« (betrank sich), man nahm mit, »was einem vor den Schnabel kommt«, und das konnten auch leibliche Genüsse sein, die nichts mit Speis und Trank zu tun hatten und in sprichwörtlicher Redensart von Wein und Gesang flankiert werden.

Behagte es einem nicht, konnte man darüber »seinen Schnabel wetzen«, sich ereifern. Was immerhin weniger schmählich war, als jemandem »nach dem Schnabel zu reden« – sich mit Worten einzuschmeicheln. Eine zwar verachtete, aber erfolgreiche Methode, wie Friedlich Wilhelm Gubitz Mitte des 19. Jahrhunderts reimte:

Mehr als mit dem scharfen Sabel
kannst du, Freund, erreichen,
sprichst du andern nach dem
Schnabel ...

Wer sich gegen das süße Gift der Schmeichelei wehren wollte, musste denen, die es verträufelten, »über den Schnabel wischen«, was so viel bedeutete, wie jemanden mit einer treffenden Bemerkung bloßzustellen und sprachlos zu machen.

Und offensichtlich war der Schnabel in seiner Standardform – im Wortsinn – zu hervorragend, um nicht auch allen möglichen Geräten den Namen zu leihen. Eine Auswahl: Die Schnabeltasse, die uns heute noch vertraut ist; das Mundstück der Klarinette; ein Bauelement an den Hinterachsen schnell fahrender Pferdekutschen; der obere Balken eines Krans; Schuhspitzen; eine Vorrichtung, mit der man Hütehunde während der Ausbildung zwang, den Kopf hoch zu halten; der Rammsporn alter Kriegsschiffe; der spitz zulaufende Teil eines Mieders (Schnabelbrüstlein) und vieles mehr.

Das mag uns daran erinnern, dass das Original, die Vorlage für so viele sprachliche und instrumentale Adaptionen, sich im Laufe der Evolution ebenfalls als extrem plastisch erwies.

Das Prinzip Schnabel hat die Natur vielseitig variiert (von links oben nach rechts unten): Die Röhrennase des Wanderalbatros erlaubt es dem streng maritimen Vogel, Salz auszuscheiden; der Flamingo-Schnabel funktioniert wie ein perfektes Sieb; kein Vogel kann seinen Schnabel vielseitiger instrumentalisieren als ein Papagei (Hyazinthara); Sichelbaumhacker arbeiten mit gebogenen Sonden; Schnabel mit Speichertüte à la Brillenpelikan; Kernbeißer-Schnäbel taugen für grobe und für Feinarbeit.

An Schnäbeln lässt sich die Ein- und Anpassung der Vögel in ihre jeweiligen Lebensräume und an ihre speziellen Bedürfnisse ablesen. Insektenfresser sind mit schlanken, spitzen Schnäbeln gut bedient, Körnerfresser brauchen eher kräftige, kegelförmige Instrumente. Darüber hinaus haben sich Vögel jeweils mit Spezialwerkzeug ausgestattet: Pinzetten (Wiedehopf); Spechtschnäbel, die stoßgesichert im Schädel, befestigt sind; weit öffnende Schnäbel, um Insekten im Flug einzusammeln (Schwalben und Schwalme); Nussknacker (Kernbeißer); Fischkescher (Pelikan); Schnäbel mit Sensoren an den Enden (Schnepfen), um gefühlvoll stochern zu können; Fischspeere (Schlangenhalsvogel, Graureiher); perfekte Schäler und Vielzweckinstrumente (Papageien); Schnäbel mit Siebevorrichtung (Flamingos); Schnäbel und Spezialzungen zum Blütensaftsaugen (Kolibris); Greifzangen, um Schlangen sicher fassen zu können (Störche); tödliche Reißwaffen (Greife) und einiges mehr.

Die Vielseitigkeit der Schnäbel war, evolutionsgeschichtlich gesehen, ein Muss. Vögel können ihre Vorderextremitäten, die vollständig in Fluginstrumente umgebildet wurden, zu nur wenig anderem einsetzen (Imponieren, Hudern der Jungen, Schwäne können Angreifer per Flügelschlag töten). Da sind universelle oder auch spezialisierte Schnäbel so etwas wie eine zusätzliche Greifhand. Und so unterschiedlich sie im Detail auch sein mögen, der Baustoff ist der gleiche. Horn ist zwar nicht das denkbar festeste Material, aber es ist zweckmäßig, wächst nach; der Vogelschnabel erneuert sich lebenslang. (Wellensittich-Freunde kennen das Elend mit dem zu schnell wachsenden Oberschnabel, der in Gefangenschaft oft den helfenden Einsatz mit der Nagelschere braucht.)

Was Laien meist verblüfft: Vögel öffnen ihre Schnäbel nicht nur durch Abklappen des Unterschnabels, auch der Oberschnabel kann gegen den Hirnschädel bewegt werden. Bei Papageien ist diese Beweglichkeit des Oberschnabels besonders ausgeprägt – vermutlich deshalb sind sie Meister ihrer Klasse, wenn es um taktile Höchstleistungen geht. Und weil Papageien als besonders intelligent im Weltreich der Vögel gelten, liegt eine vergleichende Frage nahe: Ist womöglich der Papageienschnabel das, was für die Entwicklung der Menschen-Intelligenz die Hand war mit ihrer enormen Beweglichkeit? Begreifen kommt von Greifen.

Auf all diese höchst unterschiedlichen Greif-, Halte-, Schlag-, Zerquetsch-, Saug-, Sieb-, und Stich-Instrumente passt die zoologische Definition von Rostrum (Schnabel): »Von Hornleisten überzogene, zahnlose Kiefer«.

Das klingt ein wenig schlicht, angesichts der Reichhaltigkeit und Fülle, die jeden verzaubern muss, der Vögeln auf die Schnäbel schaut. Aber wahrhaft große Erfindungen müssen schlicht sein.

Wunderwerk Ei

Cadaques ist ein inzwischen recht aufgeblähter Küstenort an Nordspaniens Mittelmeerküste, der in der üblichen Reiseführerlyrik noch immer als malerisches Fischernest gelobt wird. In Cadaques steht ein bemerkenswertes Haus mit Meerblick. Wer es nicht besser weiß, hält es für den Stein gewordenen Traum irgendeines Exzentrikers, besonders wegen der überdimensionierten Eier, die das Dach trägt.

Exzentriker stimmt, aber Salvador Dali war nun wahrlich nicht »irgendeiner« – eher schon die Personalisierung der Exzentrik. Auf seine Warum-Frage erfährt man vor Ort: Das Ei sei das Symbol der Vollkommenheit, die der große Surrealist lebenslang anstrebte; und höher halten als auf Dachniveau könne man in seiner täglichen Umgebung dieses Ideal nun mal nicht.

Dali hat bekanntlich auch die Zeit als zerlaufende Spiegeleier dargestellt – und ähnlich, nur etwas frommer, präsentiert uns die christliche Ikonographie das Ei: Es ist das Symbol von Zeit und Ewigkeit. Und im Besonderen das der Auferstehung. So wie Vogel-Leben aus einem dunklen Verlies hervorbricht und dabei nur Eierschale zurücklässt, stieg Jesus am Ostermorgen aus dem Grab und ließ die Linnen zurück.

Ostereier waren, bevor sie von der Schokoladenindustrie einverleibt wurden, denkwürdige Gegenstände, sodass es kaum verwundern kann, dass sie in alten Zeiten zum höchsten Feiertag der Christenheit mit frommer Symbolik bemalt wurden.

Aber wie so oft muss man nur eine Schicht tiefer graben, um auf ältere Fundamente zu stoßen. Das Wort »Ostern« verweist auf die germanische Fruchtbarkeitsgöttin Ostara (neuere Forschung bezweifelt allerdings, dass es eine Gottheit dieses Namens gegeben hat!), die als Göttin der Morgenröte die im Osten aufgehende Sonne personifiziert haben soll.

Das Osterei – ein christianisiertes Götterbild der alten Germanen? Die Verwandlung gelang offenbar nicht spurlos, es blieb ein klebriger Dotterrest von Aberglaube.

Hier eine kleine Selektion nach Gattiker: Aus Küken, die am Gründonnerstag geschlüpft sind (anderenorts muss es der Karfreitag sein), werden Hühner oder Hähne, die jährlich die Farbe wechseln. Im Piemont schützen sie gegen Feuersbrünste. In Hessen konnte man mit Ostereiern (wie auch immer) Hexen entlarven. In Schwaben schlüpften aus Gründonnerstagseiern, sofern von einem schwarzen Huhn bebrütet, Schlangen. In Bayern hießen Eier, die in der Nacht auf den Karfreitag gelegt wurden, »Antlasseier« und wirkten als belebende Bestandteile des Osterbrotes.

In manchen Gegenden Böhmens kam man noch einfacher in den Genuss von Heilskraft; man warf am Ostertag geweihte Gründonnerstagseier über das Dach und vergrub sie dort, wo sie aufschlugen. Das Ganze im Dienste der Blitzabwehr. In

Am Strand und auf dem Hausdach in Cadaques/Nordwestspanien: Salvador Dalis Faible für Eier fand immer wieder Eingang in seine Form- und Bildsprache.

Zürich galt dieselbe Prozedur als generelle Feuervorbeuge.

Ebenfalls bei Gattiker finden sich seitenweise Eierrezepte gegen Unglücke, die sich in einem ländlichen Leben ereignen konnten, etwa: Mäusefraß, Missernte, Krankheit, Pech im Spiel und in der Liebe.

Bisweilen weitet (nein, verengt!) sich der Hühnerhof zum Exerzierplatz für schwarze Magie. »Trägt man in Böhmen ein Ei einer schwarzen Henne 7 Wochen lang unter dem linken Arm, kommt ein Männchen heraus, das die Gabe verleiht, sich unsichtbar zu machen. Man darf aber während der 7 Wochen keinen Gottesdienst besuchen, und sobald sich das Männchen zeigt, ist die Seele dem Teufel versprochen«. Rumpelstilzchen und Mephisto lassen grüßen.

Und in überbordender Fülle zeigen sich natürlich auf der anderen, der hellen Seite die Wohltaten: Eier gegen den Geburtsschmerz waren probat; und in München und anderen Gegenden Bayerns galten sie generell als Potenzsteigerungsmittel: vorzugsweise mit Sellerie und Krebsen vermischt und am Osterfeuer gebraten.

Nördlich von Oldenburg, in Butjadingen, schützte man die Euter der Kühe gegen allfällige Entzündungen, wenn man das Wasser, in dem die Ostereier gekocht wurden, an die Stallwand schüttete.

Eier waren wohl summa summarum mehr für die weiße als für die schwarze Magie geeignet. Und schiere Magie ist es selbst für den aufgeklärten Menschen, was sich da unter dünner Kalkhülle ereignet.

Die Menschheit hat allerdings lange gebraucht, um das umfassend zu begreifen und klar zu erfassen: »Das Ei ist die vom Weibchen erzeugte Reproduktionseinheit, aus der sich ein neues Lebewesen entwickelt. Es besteht aus einer einzigen Zelle – jedoch einer ganz speziellen. Keine andere Zelle ist in der Lage, außerhalb des Körpers zu überleben«, definiert Robert Burton in seinem Werk »Das Ei – Wunder der Natur«.

Wäre nicht demnach auch ein Straußenei mit 16 cm Länge eine einzige Zelle? Nein, denn ein erheblicher Volumenteil entfällt auf das Eiweiß. Der Staußenei-Dotter ist aber in der Tat die größte bekannte Zelle, das Eiweiß drum herum (nur) Nährmaterial für den heranwachsenden Embryo.

Brauchtum entsteht offenbar auch noch dieser Tage. Die Mode, bemalte Eier in den Baum zu hängen, wurde erst vor wenigen Jahren auffällig.

Das Wort von der »zweiten Geburt« ist eine schöne Metapher für den Schlupf eines Vogeljungen – hier eines Buchfinken.
Vogeleier haben Liebhaber und Sammler seit jeher fasziniert. Kolibri- und Straußen-Ei markieren den unteren und den oberen Rand der Eier-Größenskala heute lebender Arten.

Der Zellkern einer Eizelle enthält alles an Information, was erforderlich ist, damit Leben sich organisieren kann. Kommt nun die Erbinformation einer männlichen Samenzelle hinzu, wird das befruchtete Ei zur Zygote, der frühesten Keimform des Embryos.

Man hat bei Vögeln und Reptilien von der »zweifachen Geburt« gesprochen: Die erste, wenn das Ei den Mutterkörper verlässt, die zweite, wenn Vogel- oder Schildkrötenbaby ihre Hüllen hinter sich lassen. Für Vögel ist diese Zweistufigkeit eine ideale und geniale Lösung eines Dilemmas: Müssten Vogelweibchen nämlich nach Säugetierart in einer Plazenta Junge austragen, hätten sie ein Problem. Nicolai (Naturerlebnis Vögel) schreibt: »Ein Sommergoldhähnchen legt 7 Eier, deren Gesamtgewicht das der Mutter übersteigt. Wäre der Vogel lebendgebärend, wäre er einige Zeit vor der Geburt flugunfähig. Weil die Eiablage sich auf 7–12 Tage verteilt, klappt das mit dem Fliegen. Das Vogelweibchen geht immer nur mit einem Ei schwanger.«

Vielleicht ist die Gewichtsfrage der wesentliche Grund, weshalb es, von Fledermäusen abgesehen, keine Säugetiere zu flugfähigen Modellen gebracht haben.

So vielfältig wie die Eier in Größe, Form (nicht alle Eier sind wie das Hühnerei oval) und Farbe sind auch die Brutstrategien. Wildtauben rollen das Ei im Nest herum, damit es von allen Seiten etwa gleich viel Wärme abbekommt; die Blaumeise, eigentlich zu klein für die Größe ihres Geleges, behilft sich mit sehr viel wärmendem, eingebautem Nistmaterial; die australischen Thermometerhühner bauen »Brutöfen«, die nach dem Komposthaufen-Prinzip mit Verrottungswärme funktionieren; bei vielen Vogelarten teilen sich Männchen und Weibchen das Brutgeschäft; in Weltgegenden, wo die Umgebungshitze höher ist als die erforderliche Bruttemperatur, kühlen die Vögel ihr Gelege; fast unfasslich die Leistung der männlichen Königspinguine der Antarktis, die, ein einzelnes Ei in der speziellen Bruttasche, bei Blizzards und Temperatur-Tiefenrekorden die Brutzeit – im Wortsinne! – durchstehen.

Die Liste von Wundern und Absonderlichkeiten ließe sich erheblich verlängern. Oder man belässt es einfach bei der Aussage der strengen alten Dame, die mir die Eier auf Dalis Dach erklärte: Das Ei ist das Symbol der Perfektion. Bueno!

Vogelzug – der Weg vom Mythos zur Erkenntnis

So märchenhaft, befremdlich und verschlungen Mythen aus heutiger Sicht auch immer erscheinen mögen, sie hatten wohl in aller Regel so etwas wie eine natürliche Zeugung. Etwas geschah, einmalig oder immer wieder, und verlangte nach Erklärung.

Während wir – und das schon seit rund vierhundert Jahren – uns wissenschaftlich gewappnet an Rätsel heranmachen, sahen Menschen jahrtausendelang höhere, lichte oder dunkle Mächte am Werk, wenn Dinge geschahen, deren Wirkweise und Ablauf sich nicht dem Augenschein, nicht dem schlichten Menschenverstand erschlossen. Und manche Kultur- beziehungsweise Religionswissenschaftler meinen, dass unser Nicht-Begreifen-Können – unser Nicht-Begreifen-Wollen! – des unausweichlichen, persönlichen Todes das Fundament und der Nährboden aller Religion war und ist.

Vor diesem Hintergrund – Mythen als zeitgemäße Erklärungen des Unerklärlichen – kann man dem Vogelzug fast ein Sonderstellung einräumen; die klugen Köpfe ihrer Zeit fragten nämlich schon früh moderne Warum-Fragen.

Zwar sind die Bemühungen uralt (siehe das nachfolgende Kapitel), göttliche Botschaften aus dem Vogelflug dechiffrieren zu wollen, aber kaum weniger alt sind die Versuche, das periodisch wiederkehrende Großereignis am Himmel, in Büschen, Flussauen, über Seen und Städten quasi-vernünftig zu erklären.

Wir folgen bei unserer Bewertung der frühen Gedanken-Chronologie zum Vogelzug den Ausführungen von Kai Curry-Lindahl, der am Anfang aller intelligenten Spekulation einmal mehr Aristoteles sieht.

Zwar wurde schon vor dem Platon-Schüler und Vater der Naturwissenschaft (384–322 v.Chr.) das jahreszeitliche Kommen und Gehen der Vögel bemerkt und als Phänomen beschrieben; aber erst der große Makedonier versuchte es mit etwas Systematik. Für ihn gab es dreierlei Vögel: erstens diejenigen, die, in heutiger Begrifflichkeit ausgedrückt, innerhalb der gleichen Breite wandern; zweitens Vögel, die nach dem Sommer/Winter-Rhythmus von Nord nach Süd und von Süd nach Nord ziehen, drittens Überwinterer vor Ort.

Die Mär stammt von Aristoteles und galt verblüffend lange als Faktum: Im Herbst verschwinden die Schwalben im Schilf, fallen daselbst mit der ersten Kälte fast-tot in den See und auferstehen im Frühjahr aus dem Schlamm.

Die letzte Gruppe sei, laut Aristoteles, die zahlenmäßig stärkste. Seine Aufzählung von Vögeln, die seiner Meinung nach Vor-Ort-Überwinterer seien, enthält Richtiges und bemerkenswerte Fehler. Vielfach zitiert und über die Jahrhunderte anerkannt war die aristotelische Schwalbengeschichte. Die Vögel überwinterten angeblich in einer Art Schlafstarre auf dem Grund der Seen und kamen mit der ersten warmen Sommersonne wieder an die Oberfläche.

Curry-Lindahl nennt eine Reihe von Plausibilitätsgründen für diese Erklärung. Zum einen werden sich Schwalben, bevor sie im ganzen Land Telefondrähte als Start- und Landeschnüre hatten, häufig im Schilf vor dem Abflug versammelt haben. Schilf könnte also der Ort gewesen sein, von dem aus sie urplötzlich verschwanden.

Zum anderen wusste man von Dachs und Bär, dass sie den Winter verschliefen; auch wird man starre Frösche im kalten Schlamm gefunden haben, die sich wundersamerweise in der warmen Jahreszeit wieder belebten.

Und noch etwas: Gerade bei Schwalben ist die Kältestarre bekannt; man wusste wahrscheinlich schon früh, dass man Vögel, die wie

Den Leuchtturmwärtern verdankt die Ornithologie erste verlässliche Schätzungen über den nächtlichen Vogelzug überm Meer: sowohl was durchziehende Mengen als auch was Flughöhe und Artenzusammensetzung der Züge anbelangt.

tot am Boden hockten, am Herdfeuer wieder zum Leben erwecken konnte.

All das zusammengenommen macht die kleine Fehlkombination des großen Aristoteles schon fast zwingend; und selbst Linné, der schwedische Pionier der biologischen Systematik, repetierte noch, die Schwalbe liege winters »im Schlamm auf dem Boden der Seen«. Linnés Autorität mag dazu beigetragen haben, dass die Schwalbenmär noch Anfang des 19. Jahrhunderts – allerdings nicht unwidersprochen – im Schwange war.

Aristoteles war es auch, der verkündete, bestimmte Vogelarten würden sich angesichts der heraufziehenden Kälte verwandeln und mit der Wärme dann wieder rück-verwandeln. So sollen sich Rotschwänze im Winter zu Rotkehlchen gemausert haben und entsprechend im April/Mai rückverwandelt. Unklar bleibt, was diese Maskerade zur Bewältigung der Kälte beigetragen haben soll. Aber die Übergröße des Aristoteles machte Korrekturen schwer. Curry-Lindahl schreibt: »Die Ansichten von Aristoteles und Plinius über Vogelzug galten mehr als tausend Jahre!«

Erst der große Staufer, Kaiser Friedrich II., beschrieb im 13. Jahrhundert den Zug der Reiher und Greifvögel aus der Sicht eines nüchternen Beobachters. Doch noch bis gegen Ende des 15. Jahrhunderts wurde die aristotelische Behauptung, der Storch verbringe den Winter versteckt in einem Starrezustand, nicht korrigiert.

Erst das Jahr 1517 markiert den ersten heftigen Riss im Lehrgebäude des Meisters; Pierre Belon veröffentlichte sein ornithologisches Werk, das auf seinen Reiseerfahrungen im östlichen Mittelmeergebiet aufbaute. Belon schreibt, dass Milane, Turteltauben, Wachteln und Schwalben Zugvögel sind. Und Johann Ferdinand Adam von Pernau (siehe Kapitel »Ein Pionier der Ornithologie«) hatte runde 200 Jahre später differenzierte Einschätzungen über die zeitlichen und räumlichen Bewegungen der Vögel.

Was sich generell von der modernen Naturwissenschaft sagen lässt, stimmt für die Ornithologie im Besonderen: Es setzte sich langsam durch, dass nur die Beobachtung gilt. Wie schon im Kapitel »Ein Pionier der Ornithologie« angesprochen, tat Friedrich II. vor 750 Jahren einen kühnen Riesenschritt weg von der mehr oder minder klugen Spekulation hin zu Beobachtung und Analyse. (Gleichwohl: Auch nach Friedrich galten die Schriften des Aristoteles als höchste Referenz, zumal das berühmte kaiserliche Greifen-Buch natürlich nur wenigen bekannt war.)

Aber irgendwann durfte man – trotz hinhaltenden Widerstandes der Kirche – seinen Augen trauen, wenn es darum ging, die Phänomene der Welt zu ergründen. Das galt in dem Maße eindeutiger und schließlich absolut, wie den Beobachtern technisch-wissenschaftliche Hilfsmittel zur Verfügung standen. Die ersten Fernrohre zeigten, dass Vogelzüge tatsächlich hinter dem Horizont verschwanden, darunter auch solche Arten, denen man große Flugleistung nicht ohne weiteres zugetraut hatte.

Doch erst die Vogelberingung brachte den Quantensprung für die Ornithologie. Der Däne Hans Christian C. Mortensen war der Erste, der 1889 einem Star einen Aluminiumring anlegte, in der Hoffnung, dass er im Süden wiedergefunden werde.

Der deutsche Johannes Thienemann erzielte ab 1901 auf der Kurischen Nehrung in Rossitten die ersten spektakulären Erfolge mit Beringungen. Die ersten Treffer lieferten im Oktober 1903 beringte Nebelkrähen; von 150 Aluminium-Trägern gab es schon im folgenden Winter 5 Rückmeldungen – Jagdopfer aus Pommern.

Johannes Thienemann, den man zärtlich »den Vogelprofessor« nannte, gewann wesentliche Erkenntnisse an Störchen, die er in großen Freigehegen hielt und eingehend studierte. Wenngleich seine Methoden aus heutiger Sicht bisweilen bedenklich erscheinen: Wollte er zum Beispiel das Geschlechterverhältnis durchziehender Sperber bestimmen, so nahm er aus einer Zuggruppe einfach mit zwei, drei schnellen Schrotschüssen eine passende Probe.

Vogelberingung – Anfang des 20. Jahrhunderts heftig angefeindet, heute immer noch eine erfolgreiche Standardmethode der Ornithologie.

Seit Thienemanns Tagen wurde das Beringen weltweit zur ornithologischen Basis-Technik. Von den in Europa beringten 3,8 Millionen Vögeln wurden rund 90 000 wiedergefunden (Zahlen nach Dezsö Verju). In Deutschland beringen etwa 940 Helfer jährlich 234 000 Vögel. »Dank unerschöpflichem Forscherdrang und pfiffigen Einfällen sind mittlerweile die Zugrouten von mehr als 100 Arten in ... Atlanten kartiert« (Verju).

In neuerer Zeit kamen moderne Techniken hinzu. Sender wurden so leicht, dass man sie auch verhältnismäßig kleinen Zugvögeln aufbürden konnte. Vogelzüge werden mit Weltraum-Technologie überwacht; Amerikaner sind Gänsen und Kranichen mit Ultraleichtflugzeugen vorausgeflogen, um ihnen neue Zugrouten beizubringen (siehe auch S. 94).

Man weiß inzwischen, mit wie verblüffend geringen (Gewicht sparen ist alles!) Fettreserven Weitflieger auskommen. Nicht gänzlich, aber doch annähernd geklärt ist auch der Vogelkompass, der sich nach Sonne, Gestirnen, Magnetfeld der Erde und markanten Landmarken richtet. Manche Vögel können gewissermaßen auf »elektromagnetisches Sensorium« umstellen, wenn Bodensicht oder der Orientierungsblick auf Sonne oder Sterne nicht möglich ist.

Man fand auch heraus, dass und in welchem Ausmaß Zugrichtungen angeboren sind – und wie sich das Verhältnis von genetischer Vorgabe und Lernleistung für die verschiedenen Arten praktisch entwickelt. Jungstare, die man während einer Rast eingefangen und ein paar hundert Kilometer seitlich versetzt weiterfliegen ließ, erreichten nicht ihr traditionelles Winterquartier. Altvögel, die den Weg schon kannten, ließen sich nicht verwirren, sie korrigierten die Abweichung.

Weltmeister aller Vogelflug»klassen«: Die Küstenseeschwalbe pendelt zwischen den Polen.

Spitzenleistungen faszinieren allenthalben; die Küstenseeschwalbe fliegt fast von Pol zu Pol, und der Steinschmätzer bewältigt 26 000 km von Grönland bis Zentralafrika.

Die Vogelzugforschung ist lange noch nicht an dem Punkt angelangt, wo sich Wissenschaftler befriedigt zurücklehnen könnten. Die Innere Uhr – wann startet welcher Vogel und warum? – kennt man zwar prinzipiell, aber noch nicht in ihrer exakten Funktionsweise. Die »Zugunruhe« – das deutsche Wort ging in den internationalen Fachwortschatz ein – drängt den Zugvogel nicht nur zu einer bestimmten Jahreszeit zum Aufbruch, sie gibt ihm auch die Hauptrichtung vor. Das Phänomen wurde in faszinierenden Käfigversuchen detailliert untersucht: Vögel orientierten sich bei ihren (im Käfig notwendigerweise vergeblichen) Startbemühungen in eine bestimmte Richtung, sie strebten in die angeborene Richtung ihrer Zugroute;

Paradox aber wahr: Im Käfig offenbarten Singvögel den Experten vieles über angeborene Zugrichtung und »innere Uhr«.

trickreiche optische und elektronische Zählapparaturen zeichneten Bewegungsintensität und -richtung auf. Man meint aus den im Laufe der Jahre immer weiter verfeinerten Versuchen ablesen zu können, dass die Vögel »wissen«, wie weit respektive wie lange sie fliegen müssen.

Seit einiger Zeit interessieren sich Wissenschaftler auch für Infraschallwellen. Das sind Schwingungen unterhalb der von uns hörbaren Frequenz von 16 Hertz, die sich ohne nennenswerte Abschwächung mehrere hundert Kilometer weit ausbreiten können. Nicht nur die Vogelforscher interessiert, warum und wie Vögel noch fernen Sturmtiefs ausweichen können, ob sie das Unheil buchstäblich heranrauschen hören.

Man hat Forschungsergebnisse einmal im Resultat als Entmythologisierung bezeichnet. Das von Mythen geprägte Weltbild weicht einem naturwissenschaftlichen. Das mag wohl so stimmen. Aber des Wunderns ist trotzdem kein Ende. Gerade Ornithologen, und hier besonders die Vogelzugforscher, haben keine Schwierigkeit damit, ihre Forschungsgegenstände atemberaubend und wunderbar zu nennen. Wunderbar in einem ganz umfassenden Sinne.

Am Anfang waren die Auguren

Warum glauben so viele Menschen an Prophetie und Vorzeichen? Selbst die Skeptischen, die sich niemals aus der Hand lesen lassen und Horoskope reflexmäßig belächeln, knurren, auf das Thema angesprochen: »Irgendwas könnte ja vielleicht schon dran sein ...«

Aber was, bitte schön? Warum zuckt auch der verstandeskontrollierte Erfolgsmensch zusammen, wenn am Morgen eine schwarze Katze von links nach rechts seinen Weg kreuzt, nur um dann wenig später, etwa bei einem Kantinengespräch, im Brustton der Überzeugung all das von sich zu geben, was man so liest und weiß. Zu diesem gesicherten Wissen gehört: Wann immer man Vorhersagen nicht-wissenschaftlicher Art wissenschaftlich untersuchte – also nach Maßgabe der Statistik und der Wahrscheinlichkeit –, löste sich alles in Luft auf. Oder fällt mit dumpfem Aplomb auf den statistischen Wahrscheinlichkeitswert zurück. Am klarsten umreißt ein Tier-Wetterorakel – auch Bauernregel genannt – den Kasus: Wenn der Hahn kräht auf dem Mist, ändert sich das Wetter, oder es bleibt, wie es ist.

Vorhersagen mobilisieren die Skeptiker: Man hat einmal namhafte Astrologen nach allen Regeln ihrer Kunst die Geburtshoroskope berühmter Menschen erstellen lassen; listigerweise ohne die Sterndeuter wissen zu lassen, ob sie nun zum Beispiel Hitlers oder Einsteins Daten vor sich hatten, die der Madame Curie oder die einer brutalen KZ-Aufseherin aus der Nazizeit. Die Ergebnisse hätten eigentlich ausreichen müssen, um Astrologie ein für alle Mal aus den von Intelligenz geprägten Sphären dieses Kosmos hinwegzuwischen – meint man. Und irrt.

Aber dennoch, oder gerade deshalb: Die Frage bleibt. Wie konnte sich so etwas wie das Vogelorakel über die Jahrtausende halten, wenn es nicht irgendwo, irgendwie, irgendetwas zu sagen hatte?

Um es abzukürzen: Ich weiß es auch nicht. Ich hätte höchstens eine Vermutung anzubieten: Die Bestätigung (Erfüllung) einer Vorhersage bleibt viel nachhaltiger in Erinnerung als Nichtigkeitsbeweise. Wenn ein Holzknecht im Fichtelgebirge von einem fallenden Baum erschlagen wurde, auf dem kurz zuvor eine Krähe saß, die womöglich noch auf-

Vogelorakel konnte auch Rauchorakel sein. Aus den Formationen des Rauches, der vom Opfer-Vogel aufsteigt, liest ein Berufener die Glücksaussichten für das edle Paar. Diese romantisierende Auffassung von vorchristlichen Riten zeigt ein Paar, das sich seiner Sache – so oder so – schon sicher ist.

fällig krächzte, dann war das ein Zeichen, das früher in einer nachrichtenarmen Zeit gewaltig die Runde machte. Dass bei zwanzig weiteren Unfällen, die im selben Jahr irgendwo im weiten Umkreis geschahen, keine Krähe im Spiel war, ist eine typische »Null-Nachricht«, kann insofern auch nicht den einen »vorhergesagten« Todesfall relativieren.

Mir scheint, dass Wahrsager auf eine sehr besondere Buchführung rechnen dürfen, wenn es um ihre Erfolgskontrolle geht: Treffer sind leuchtende Beweise, zucken als Blitzlichter rund um die Welt; Fehlschüsse dagegen sind nichts Besonderes, haben keinen Nachrichtenwert, kommen daher kaum vor und zählen nicht. Wahrsager können sich, bildlich gesprochen, einer Rechenmaschine bedienen, auf der es nur die Plus-Taste gibt.

Wie dem auch sei, in der griechischen und römischen Antike hatten Auguralvögel mindestens die Bedeutung, die im japanischen und indischen Alltag heute noch Horoskope haben. (Kaum ein japanischer Großkonzern, so liest man es wenigstens, fällt eine wirklich wichtige Entscheidung, ohne einen anerkannt Horoskop-Kundigen zu befragen. Nur wenige Hindu-Ehen werden ohne vorherigen Kontrollblick auf die Vorzeichen geschlossen.)

Das Vogelorakel der Antike war immer eine kräftige Sache; entsprechend wählte man sich auch gern auffällige Medien, das heißt unübersehbare Vogelgestalten: Adler, Bussard, Gabelweihe, Geier und Falke, aber auch Krähen, Raben und Eulen. Auf Hühner, Tauben, Schwalben und Spechte griff man ebenfalls gern zurück.

Die griechischen Auguren setzten auf Feldbeobachtung, das heißt, sie zogen ihre Schlüsse aus dem, was Vögel im freien Flug von sich zu erkennen gaben. Wer als Weissager in Amt und Würde war, zeigte das auch; man erschien ganz in Weiß und trug bisweilen eine goldene Kopfbedeckung. So kenntlich gemacht, standen die Experten in Vogelflugschneisen, eine Schiefertafel in der Hand, Kreide in der anderen und machten sich Notizen – über Flugrichtung, Arten, Schwarmstärken und einiges mehr.

Man darf vermuten, dass die damaligen Spezialisten ein ähnlich gutes Auge hatten wie heutige »Spitzen-Ornis«, die zur Verblüffung von uns Normal-Naturfreunden einen vorbeihuschenden braunen Singvogel identifizieren können, der unsereinem gerade mal als beweglicher Schatten aufgefallen war.

Allerdings war die Blickrichtung der klassischen Auguren eingeschränkt. Wenn sie auf ihrem Posten standen, schauten sie strikt nach Norden. Diese Positionierung war Voraussetzung, um Glück bringende Überflüge von deren Gegenteil zu unterscheiden; was von Osten aus der aufgehenden Sonne kam, war tendenziell Glück verheißend; aus der sinkenden Sonne, aus Westen, dagegen erwartete man die weniger guten Omen. Wobei große Flugscharen eigentlich immer positiv bewertet wurden – anders als im Mittelalter, als invasionsartig einfallende Vögel wie

Seit alters her fällt heiliges oder hochherrschaftliches Licht auf die Taube. Züchter bemühen sich seit Anbruch der Moderne, modischen Tauben-Chic zu kreieren. Hier eine »Trommeltaube« mit befederten Füßen.

Seidenschwanz oder Wacholderdrossel meist Pest oder Krieg anzeigten.

Aus heutiger Sicht drängt sich da eine Frage auf: Muss man nicht annehmen, dass die antiken Seher, die ja beinahe zwangsläufig zu exzellenten Kennern von Vogelzügen, Strichverhalten, Fluggewohnheiten wurden, genau wussten, welche »Antworten« wann und wo zu erwarten waren? Und wenn dem so war, hat es dann nicht nahe gelegen, die wichtigen Fragen für die richtigen (Vogelzug)Tage aufzuheben?

Zweifel gab es von Anfang an. Schon Aristophanes (um 445–385 v.Chr.) goss »beißenden Spott« über die Priesterkaste der Vogeldeuter aus.

Wirklich geschadet hat das den Propheten aber wohl nicht, jedenfalls überlebte die Vogeldeuterei, zu der auch das Lesen in Vogeleingeweiden gehörte, die Verlagerung des europäischen Weltzentrums von Hellas nach Rom unbeschadet, wenngleich mit Modifikationen.

Die römischen Auguren-Priester, so scheint es wenigstens, wollten mehr Präzision als ihre griechischen Kollegen. Sie zirkelten mit einem Stab ein Fleckchen Land ab, innerhalb dessen sich die Zeichen ereignen sollten. Voraussetzung für das Gelingen waren entsprechende Gebete an die Götter, auf dass die ihre Zeichen sendeten, wobei diese Anrufungen gern auf eine Ja/Nein-Frage zugespitzt wurde. Etwa so: »Soll mein Klient, der Praetor Silenius, seinen Weinberg an Gaius Aureleus verkaufen: ja oder nein?« Oder: »Ist es für den ehrenwerten Adelsspross Marcus den Jüngeren günstig – ja oder nein? –, in die Familie der Cornelier einzuheiraten, die doch gerade erst ein Vermögen durch Lagerbrände in Afrika verloren hat ...?«

Vögel mit guter Vorbedeutung nannte man »admissivae, sinistrae«, die anderen: »adversae, arculae, cliviae, remores, funebres«. Sprechende Zeichen waren: Flughöhe, Richtung, Vogelstimmen. Aber auch die Haltung des Vogels war bedeutsam. Letzteres spricht abermals dafür, dass Auguren etwas von Vögeln verstanden haben müssen: Wer, außer einem Spezialisten, würde sich heute denn ohne weiteres zutrauen, die Sitzhaltung einer Elster als typisch oder als leicht untypisch einzustufen?

Gattiker weist darauf hin, dass es auch Vögel mit Sonderbedeutung gab: Einige »hatten nur für bestimmte Personen und Verhältnisse augurale Bedeutung, so Tauben nur für Könige, weil Tauben nie alleine auszufliegen pflegen, wie Könige nie alleine ausgehen, der Schwan für Schiffer, und eine Habichtsart, der Regithus, galt nur für Hochzeiten und merkwürdigerweise für Viehzucht.«

Es scheint, als hätten die Vogelorakel nach der Zeitenwende im Römischen Reich langsam an Bedeutung verloren, ohne deshalb ganz aus dem öffentlichen Bewusstsein zu verschwinden.

Die Erben der Auguren waren seit dem Frühmittelalter »Laien« – also Menschen, die nicht in Gottesnähe stehen mussten, um Bedeutsames aus dem Vogelverhalten zu lesen. Vögel als Wetterfrösche, als Glücks- oder Unglücksboten gingen in den Sprachgebrauch ein. Das konnte die Kirche unbesorgt hinnehmen, zumal in ihrer offiziellen Ikonographie (siehe Distelfink, Dompfaff und Nachtigall) Vögel eine Rolle spielten.

Aber das eigentliche augurale Zukunftslesen war dem Klerus unheimlich. Karl der Große erneuerte 789 die schon bestehenden Verbote heidnischer Bräuche, darunter auch die Augural-Schau. Als das nichts fruchtete, legte man nach: 805 wurden Weis- und Wahrsager mit grausamen Strafen bedroht.

Wie so oft, wenn Kulte unterdrückt werden, sinken sie in den Untergrund ab, verzweigen sich zu einem undurchdringlichen Dickicht, in das weder das weltliche Schwert noch reinigender kirchlicher Weihrauch dringen. Verfolgte werden nachtaktiv.

Ein Vogel ist ein Vogel ist ein Vogel ist ein Vogel ... es sei denn, er bedeutet etwas.

Mythenvögel und Mischwesen

Die Göttergemeinschaften vieler Kulturkreise sind bevölkert von Schimären, das heißt von Mensch-Tier-Mischwesen, die allein schon durch ihr extravagantes Äußeres zu verstehen geben, dass sie Außergewöhnliches können. Sonderbegabungen – sei es zum Bösen oder zum Guten hin – verlangten offenbar nach sonderbaren Gestalten. Das Ungeheuerliche sollte sich auf den ersten Blick ankündigen.

Tiere vermögen augenscheinlich Dinge zu vollbringen, die normalerweise jenseits menschlicher Möglichkeiten liegen: fliegen, sehr schnell laufen, mit den Zähnen oder Fingernägeln (Krallen) blitzartig töten, unter Wasser atmen, ohne Hilfsmittel Netze spinnen, weit entfernte Dinge hören, das für uns Geruchlose riechen, im Fast-Dunkel noch sehen. Und noch etwas: Sie sind weitgehend frei von der bedrückenden Gewissheit, sterben zu müssen. (Bei hoch entwickelten Säugern ist man sich da neuerdings auch nicht mehr so sicher.) Was uns Menschen nur annähernd, und wenn überhaupt nur mithilfe schwieriger geistiger Exerzitien gelingt, die Gegenwart zu leben, das ist Tieren selbstverständlich gegeben. Der Blick ins Tierreich weckt Begehrlichkeiten.

Das Wunderbarste und Ungeheuerlichste von allem, was Tiere uns voraushaben, ist wohl die Flugfähigkeit aus eigener Kraft. Darum kann es kaum verwundern, dass Vogel-Schimären eine besonders starke Gruppe im Reigen der Mischwesen darstellten.

Eines der ältesten ist vermutlich Ba, der altägyptische Seelenvogel. Ba bedeutet eigentlich und ursprünglich »Verkörperung«, »Erscheinungsform«, so wie der Pharao »der Ba«, die Verkörperung, von Re ist. Aber daneben figuriert Ba als Geist, der (ganz ähnlich wie in christlicher Vorstellung) beim Eintritt des Todes den Körper verlässt und in Vogel/Mensch-Gestalt tagsüber frei beweglich ist. Nachts schwebt Ba wieder ins Totenreich ein und schlüpft dort in seinen ehemaligen Körper. Als Seelenvogel – nur deutlich lichter als Ba – flatterte auch Psyche (griechisch: Hauch, Atem, Schmetterling) einher; dargestellt wird sie meist als beflügelte Mädchengestalt.

Von gröberer Statur ist da schon Horus, der ägypische Schutzgott des Königs. Er wird meist falkenköpfig dargestellt und amtet als Lichtgott, als Gegenpol der Finsternis. Und auch Re (griechisch Ra), zeitweise oberster Gott Ägyptens, trägt einen Greifenkopf.

Die Vorstellung, dass die Verbindung zwischen Hell und Dunkel, zwischen Leben und Tod, irgendwie schwebend oder fliegend hergestellt wird, muss über die Jahrtausende große Suggestivkraft gehabt haben. Der Vogel Phönix verbrennt – so ist es seit dem 1. nachchristlichen Jahrhundert für den römischen Götterglauben verbürgt – alle 500 oder 1461 Jahre und ersteht sogleich neu aus der Asche, als Sinnbild des durch den Tod erneuerten Lebens.

Im christlichen Glauben konnte der erneuernde Tod nur der Opfertod Christi sein, und der Vogel, der das symbolisierte, war der Pelikan, der mit dem Blutfluss aus seiner selbst aufgeritzten Brust seine Brut ernährt.

Im alten China hieß Phönix Feng (Feng-huang); er verkörperte die zeu-

Einer der bekanntesten aus der Galerie der Mythenvögel: Vogel Phönix – aus der Asche wiedergeboren. Eine Darstellung aus dem berühmten Vogelbuch von Conrad Gesner, 1669.

gende Urkraft des Himmels und sah nicht besonders »schimärisch« aus; in alten Darstellungen wirkt er wie die Kreuzung aus Fasan und Pfau.

Schimäre im eigentlichen Sinne – also Tier/Mensch-Gestalt – ist dagegen Garuda, der hinduistische Vogelmensch. (Garut bedeutet in Sanskrit »Flügel«.) Er hat Leib und Beine eines Menschen, Adlerschnabel und Krallenfüße. Garuda ist halbgöttlich und verkörpert das lichte Prinzip, darin den biblischen Engeln wesensverwandt.

Engel sind Boten des Göttlichen und mobile Schutzstaffel – Aufgaben, für die große Beweglichkeit, also praktischerweise Vogelflügel angemessen sind. Und auch der Heilige Geist, die dritte Größe der christlichen Dreieinigkeit, kommt auf Bildern häufig in Gestalt einer Taube (siehe Kapitel »Taube«) über die Menschen.

Vom Kultplatz am Rande des Orongo-Kraters auf der Osterinsel verfolgten die Insulaner ein erhabenes Schauspiel: Wer brachte als Erster schwimmend von einer vorgelagerten Felsinsel das Ei der Rußseeschwalbe, um so den »Vogelmann« (den neuen Herrscher auf Zeit) zu küren?

Der Vogel Greif, halb Löwe, halb Adler, dazu Pferdeohren und bei Bedarf auch noch einen Kamm aus Fischflossen, geht in der altgriechischen Fabellehre um, soll aber ursprünglich aus Indien stammen. Das Mischwesen baut sich ein Nest aus reinem Gold.

Vogelflügel und Ei waren offenbar so zwingende Symbole, dass man nicht in jedem Fall »kulturelle Drift« von einem Kulturkreis in den anderen annehmen muss, um sich ihre erdumspannende Verbreitung zu erklären. Sie können auch aus sich selbst heraus und unabhängig voneinander in verschiedenen Kulturen wirksam geworden sein.

Die Kultur der Osterinsel war zum Beispiel über Jahrhunderte isoliert und so weit von allen anderen entfernt wie keine andere. Doch ausgerechnet hier entstand der zauberhafte Vogelmann-Kult. Wer im Frühjahr durch tosende Brandung zu einer vorgelagerten kleinen Insel schwimmen konnte und als Erster aus einer Reihe von Mitbewerbern ein frisch gelegtes Rußseeschwalben-Ei heil zur Kultstätte zurückbrachte – atemberaubend gelegen am Rand eines erloschenen Kraters –, der war der »Vogelmann« und durfte seinen Clan-Chef zum allseits akzeptierten Inselchef auf Zeit ausrufen.

Aber in Vogelgestalt konnte sich – zumindest am Rande der christlich/jüdischen Glaubenswelt – auch Böses verbergen. Der Basilisk zum Beispiel, ein Drache mit Hahnenkopf, hat den todbringenden Blick. Die Unglücksgestalt ist aus einem Hahnenei gekrochen und sein Lieblingsbiotop sind Brunnenschächte und dunkle, muffige Keller.

Uns Heutige – abgehärtet von allerlei Monstern aus tausend Trickfilmkisten – kann man mit derlei nur noch mäßig erschrecken. Anders ist es da schon, wenn das Normale unversehens ins Grauenhafte umschlägt. Alfred Hitchcocks berühmter Film »Die Vögel« (1963), in dem ganz normale Möwen sich zur Menschenjagd zusammenrotten, löste hysterische Reaktionen aus. Schreckhafte Naturen sahen plötzlich in jeder Ansammlung etwas größerer Vögel eine Gefahr; es häuften sich die Meldungen von – angeblich – tatsächlichen Angriffen. Die Presse spielte willig den Zauberassistenten und stützte damit den Erfolg des Horror-Magiers aus Hollywood, indem sie kräftig das Mäntelchen der Wissenschaft schwenkte: Irgendein Professor fand sich immer, der meinte, Raubmöwen könnten durchaus zu Möwen werden, die uns den Schlaf rauben. Ich erinnere mich an die großen Ferien 1964 in Büsum; ich hatte zuvor den Film gesehen und sah plötzlich Herings- und Mantelmöwen mit anderen Augen. Ein Fall von Selbsthypnose.

Der Hitchcock-Horrorvogel-Effekt erklärt auch demjenigen, der sich die Macht und die Verbreitung seltsamer Vogelmythen in der Vergangenheit nicht so ganz vorstellen kann, recht anschaulich die Haltepunkte, an denen sich Übersinnliches festranken kann. Eine Geschichte – besonders dann, wenn sie, wie im Fall des Hitchcock-Filmes, brillant erzählt wird! – knüpft überzeugend an Dinge an, die einem selbst schon mal widerfahren sind. Dabei spielt es keine Rolle, dass diese Anknüpfung nur scheinlogisch und assoziativ ist oder nur dank tief im Unterbewusstsein vergrabener Schreckmuster funktioniert. Entscheidend ist, dass sie funktioniert. Und wir wollen ja unsere »Angst-Lust« – warum sonst fahren wir Geisterbahn oder gehen in »Jurassic Park«? Bestimmte Ungewissheiten möchten wir offenbar nicht missen.

Dass Ungewissheit und Unglück auf schnellen Flügeln kommen, wusste man auch schon im antiken Griechenland. Die Sirenen schwebten auf Vogelschwingen heran, um den an den Mast seines Schiffes gebundenen Odysseus zu betören, und auch die Sphinx, das berühmteste Orakeltier der Religionsgeschichte, wird beflügelt, mit Menschenkopf und Löwenleib, dargestellt. Pazuza, der akkadische Fieber-, Kälte- und Sturmdämon kam auf Vogelfüßen und vierflügelig daher, und auf den unzähligen Höllenfahrt-Darstellungen des Mittelalters verbreiten ganz unvermeidlich irgendwelche Flugmonster schlechte Stimmung.

Eine Summe lässt sich nicht ziehen. Ein gemeinsamer Nenner fehlt. Oder nur so viel: Vogelschimären, Vogelmythen und -märchen sind sicherlich nicht alle aus dem gleichen Ei gekrochen. Gutes und Böses schwingen sich auf. Hell, Dunkel und Dämmer sind möglich, wechseln wie im Flug. Im Vogelflug. Es wirbelten die unterschiedlichsten Tiergestalten durch die Höhen und Tiefen menschlicher Kultur und Subkultur.

Davon handeln die folgenden Einzelskizzen.

Hitchcocks Vögel: Der Meister der Gruseleffekte war selbst davon überzeugt, dass ihm niemals zuvor und danach ein vergleichbar schöner Schauder gelungen sei wie mit den wild gewordenen Krähen und Möwen.

Der Basilisk, ein äußerst mieser Minidrache, teils Schlange, teils Drache und mit gehörntem Hahnenkopf. Er brachte den Menschen im Mittelalter todsicher Unglück.

Adler

Familie *Accipitridae* (Habichtartige)

Wer sich in den Ruch von Unbesiegbarkeit bringen wollte, wählte den Adler zum Emblem. Von den Feldzeichen der Römer zum Wappenadler der USA die gleiche Aussage: Fürchtet unsere Waffen!

Woher durfte sich Peter Paul Rubens (1577–1640) die Freiheit nehmen, die Mutter Gottes mit Adlerflügeln zu malen? Ganz einfach, er kannte die richtigen Referenzstellen aus der Bibel. In der Offenbarung des Johannes wachsen der Tochter Zion Adlerflügel. Und im 103. Psalm heißt es: »... der deinen Mund fröhlich macht und du wieder jung wirst wie ein Adler.« Luther schließlich mahnt in seinem populärsten Lied »Lobet den Herren!« den Menschen zur Dankbarkeit vor Gott, »der dich auf Adelers Fittichen sicher geführet«.

Wenn es um Verherrlichung ging, schwebten Adler auch schon mal am jüdischen und am christlichen Himmel, aber alles in allem war der Vogel wohl von zu martialischem Äußerem, um zum General-Botschafter der Liebe zu werden.

Wer im Mittelalter sich selbst und seine Bedeutung kräftig aufs Schild heben wollte, malte sich einen Adler oder (dessen einzigen echten Konkurrenten!) einen Löwen auf dasselbe. Die Absicht war klar: Man wollte seine Wehrhaftigkeit, seine Unüberwindlichkeit symbolisieren. Dass die Adler dabei eher furchtbar (mit heutigen Augen betrachtet: auch mal furchtbar komisch) als naturgetreu gerieten, liegt in der Natur der Sache.

Und natürlich durften heraldische Adler papageienbunt sein, denn auch Farbe war symbolträchtig. Ein roter Adler stand für (Waffen)Dienst am Vaterland. Wer den Vogel gelb kolorierte, stilisierte sich zum Mann von Verstand, Ansehen und Tugend. Ein weißer Adler bedeutete Reinlichkeit, Keuschheit, aber auch Freude. Grüne Adler standen für Freiheit, Schönheit, Freude, Gesundheit und Hoffnung, blaue schließlich für Treue und Beständigkeit. Ein Adler, der kolibrischillernd alle diese Farben am Körper trug, muss einem wahren Ausbund von Tugend vorangetragen worden sein.

Der Adler von Karl dem Großen war goldfarben. Der mythenumwehte Herrscher übernahm das Herrschaftssymbol des antiken Rom, das zu seiner Regierungszeit gerade mal ein halbes Jahrtausend verblasst war. Und die kleinen und großen Herrscher nach Karl griffen ebenfalls gern zum Übervogel, ja sie setzten bisweilen noch eins drauf: Der Reichswappen des zaristischen Russland und der

Doppelt hält besser – aber nicht ewig. Der österreichisch-ungarische Doppeladler mit Schwert, Zepter und Reichsapfel verkörperte die k. u. k. Monarchie, die spätestens nach dem Ersten Weltkrieg zerbrach.

Wappenvogel der österreichisch-habsburgischen k.u.k Monarchie waren doppelköpfig.

Die vielleicht eindrucksvollste heraldische Adlergestalt findet sich in Übersee. Der mexikanische Staatsvogel fußt mit einer Krallenhand auf einem Kaktus, mit der anderen hält er, vom Schnabel unterstützt, eine Schlange. Das Bild ist direkt dem Gründungsmythos des Azteken-Reiches entnommen. Der oberste Gott Huitzilopochtli hatte seinem Volk aufgetragen, in das Hochland des heutigen Mexiko vorzudringen. Und tatsächlich fanden sie ein Zeichen, das sie als göttlichen Hinweis verstehen konnten: Auf einem Felsen in einem seichten See wuchs ein Kaktus, auf dem ein Adler hockte, eine sich windende Schlange in den Fängen. An dieser Stelle erbauten sie die Stadt Tenochtitlan, das heutige Mexiko-Stadt.

Unser deutscher Bundesadler – angeblich eher dem Seeadler *(Haliaeëtus albicilla)* als dem Steinadler *(Aquila chrysaetos)* nachempfunden – symbolisiert, nach Meinung seiner Kritiker, mehr satte Selbstzufriedenheit als Agilität. Die Gestalt aus dem Plenarsaal des Bundestages wirkt etwas plump, wirtschaftswunderlich-bauchig, steht breitbeinig da und wäre wohl kaum in der Lage, zu Höhenflügen abzuheben. Mehr fettes Huhn als Hühnerdieb, mit Verlaub, und insofern ist es ganz in Ordnung, dass er früher jedes deutsche Markenbutter-Papier zierte. Immerhin, und das sollte man angesichts schlimmer deutscher Traditionen lobend vermerken: Er wirkt nicht sehr kriegerisch.

Die typischen »Lebensbereiche« der symbolischen Adler liegen, wie gesagt, eher im Militärischen. Zum Beispiel im waffenklirrenden Alten Rom, wo man den Legionen Adler-Standarten als Heerzeichen vorantrug. Die Krallen symbolisierten den festen Griff, mit dem die antike Supermacht an ihren Provinzen festhielt, der sprichwörtliche Schnabel die fürchterliche Offensivkraft der Armee.

Die wohl traumatisierendste militärische Schlappe Roms – die Niederlage gegen Armin den Cherusker im Jahre 9 nach Christus – erschien erst dann einigermaßen verschmerzbar, als nach den Germanicus-Feldzügen die Adler-Standarten der 3 von den Germanen ausgelöschten Legionen wieder in römischem Besitz waren.

Adler als Symbole von Kraft, Kampf und Sieg – im Regelfall natürlich militärischer Sieg. »The eagle flies!«, sagte ein ranghoher Sprecher des US-Militärs an jenem Oktobertag 2001, als die Vereinigten Staaten die ersten Angriffe gegen das Taliban-Regime flogen; und er konnte sicher sein, dass sich die entsprechenden Assoziationen einstellen würden: Mit Adleraugen alles ausspähen, tödlich zuschlagen und den Griff erst lockern, wenn das Böse geschlagen ist.

MÜHSAMER BEUTEERWERB

Aber eignen sich Adler wirklich so gut zur Kriegs-Metaphorik, sind sie treffsicherer als andere Beutemacher? Wohl kaum. Wer einmal beob-

Mexikos »Staatsadler« symbolisiert den Gründungsmythos. Wo der Adler die Schlange schlug, da lag das verheißene Siedlungsland.

Adlerstandarten wurden den römischen Legionen vorangetragen: Die 13,8 cm kleine Bronzestatue aus dem ersten nachchristlichen Jahrhundert kündet von Größe und Waffenherrlichkeit des römischen Militärs.

achtet hat, wie viel Frust und Fehlversuche ein Steinadler bei der Murmeltierjagd wegstecken muss, dem kommen Zweifel an der Stimmigkeit des Sieger-Images. Adler-Experte Heinrich Haller zählte bei seinen frei lebenden Testpaaren im Raum Davos ein Misserfolg-Erfolg-Verhältnis von 17:7, sofern die Adler aus dem Suchflug heraus jagten; verblüffend schlecht dagegen der Erfolg der Ansitzjagd mit 44:3. Alles in allem ein harter Brot- bzw. Fleischerwerb!

Auch andere Greife müssen mit Fehlgriffen leben; man hat die Prozentzahlen der erfolgreichen Stöße ermittelt: Sperber 11 %, Habicht 5,3 %; Turmfalke 13 %; Merlin 17 %; Baumfalke 10 %; Wanderfalke 10,8 % – deutlich besser nur der Fischadler mit 20 Prozent. Aber geborene Sieger gibt es auch in Adlerkreisen nicht.

An einem halbzahmen Beizadler studierte man, dass sich der Jagderfolg bei den großen Greifen erst mit den Jahren deutlich verbessert. Das Beobachtungsobjekt lernte es nach und nach, dass man Hasen am erfolgreichsten noch in der Sasse erwischt, und die Jagd auf Rebhühner und Fasanen lehnte er – der Misserfolge müde – bald gänzlich ab.

Eine neue Ressource haben sich im Alpen- und Voralpenland die Präzisionsgreifer mit streunenden Hauskatzen erobert, die praktischerweise sehr berechenbar geradeaus flüchten und zudem genau die richtige Beutegröße für Steinadler haben.

Die klassische Nahrungsquelle ist natürlich das Murmeltier, dessen kollektives Wach- und Warnsystem die Jagd auf das behende Nagetier recht mühsam macht. Zum Erfolg führt nur der trickreiche, tiefe Anpirschflug, bei dem Bodensenken und Felsvorsprünge als Sichtschutz genützt werden. Denn während sich der kühne Aar in der Legende notorisch aus unendlicher Bläue und schwindelnder Höhe herabstürzt, bevorzugt er in Wirklichkeit den rasanten Sprint aus der Deckung – ähnlich wie der Luchs, mit dem er in den Alpen gerade wieder eine alte Nachbarschaft erneuert.

Fehlgriffe müssen übrigens keine definitiven Niederlagen sein; die Jäger haben es gelernt, bis zu 10 Minuten über einem Versteck – etwa einem Murmelbau – zu kreisen oder über 1 Stunde auf einer Adlerwarte auf die neue Chance zu warten.

Adlerforscher haben zudem beobachtet, dass die Könige der Lüfte gern unterhalb der ertragreichen Murmelwiesen horsten; denn nur im Abwärtsgleiten können sie die gewichtige Beute am Stück zum Horst transportieren.

Und manchmal erweisen sich sogar lästige Umstände als nützlich. Wie andere Greife auch werden Adler »gehasst« – das heißt von kleineren Vögeln lärmend und mit Scheinangriffen verfolgt. Offenbar unterschätzen Krähen und Häher immer wieder die Wendigkeit ihres laut verschrienen Lieblingsfeindes. Der nämlich ist durchaus fähig, eine gedankenschnelle Luftrolle einzulegen und sich einen Lästling im Flug zu greifen.

Fast unglaublich (aber immerhin im ornithologischen Standardwerk »Handbuch der Vögel Mitteleuropas« verbürgt) ist die Fähigkeit spezialisierter Adler, junge Rehe, Hirsche oder Rentiere im Wortsinne kopfscheu zu fliegen und über Klippen zum Todessturz zu drängen. Und während diese spektakuläre Tötungstechnik immerhin imagegerecht erscheinen mag, wirkt ein anderer, gar nicht mal so seltener Nahrungserwerb ein wenig kläglich: Adler verdrängen, wenn's gerade passt, gern kleinere Greife von ihrer Beute; eine Art Zwischenstufe zwischen Beuteschlagen und Aasfresserei, für die sich Steinadler keineswegs zu schade sind.

Weniger bekannt als diverse adlerhafte Nahrungsstrategien war lange Zeit die Tatsache, dass aggressives Verhalten den Steinadlern hilft, sich selbst in den Griff zu bekommen. Der Biologe und Leiter des Schweizer Nationalparks, Heinrich Haller, fand heraus, dass Steinadler per Aggression und Territorialverhalten so etwas wie Geburtenkontrolle betreiben. Ehe sich nämlich in einem geeigneten Tal zu viele Adler ansiedeln können und die Beute knapp wird, erkalten Adlergelege, weil die territorialen Brutvögel zu häufig in zeitraubende Abwehr- und Vertreibungskämpfe verwickelt werden.

Bevor Haller mit dieser Aufsehen erregenden Deutung (Luftkampf als Bevölkerungsregulativ) an die Öffentlichkeit trat, sagte der Augenschein dem Beobachter etwas anderes: Steinadler lassen keine Gelegenheit verstreichen, sich mit ihresgleichen anzulegen. Ein Streitvogel halt – und angeblich noch über den eigenen Tod hinaus: »Wenn man ein Adlerfeder zu andern Federn legen thut, so friszt sie gleich den ganzen Hauf«, verkündete Bartholomeus Ringwalt (1532–1598).

So ist das nun mal! Zum Siegen gehört rücksichtslose Härte. Gegen andere und gegen sich selbst. So behauptete schon Aristoteles (zitiert nach Karl Knortz): »Der Seeadler zwingt seine Jungen in die Sonne zu schauen; er schlägt dasjenige, das sich dabei weigert, und tötet dasjenige, das zuerst weint.«

Weint? Adler weinen nicht. Viel eher drohen sie kraftvoll, wenngleich meist etwas orientierungslos (siehe Doppeladler) vor sich hin. Der US-Adler hält, damit an seiner Entschlossenheit keine Zweifel aufkommen können, gleich noch ein paar Blitze in

Unseren heimischen Fischadlern geht es deutlich besser als vielen Mitgliedern der artenreichen königlichen Vogelfamilie, die – meist am Ende der Nahrungskette – verwundbar sind, wenn Lebensräume verarmen.

den Krallen. Und er ist auch der Adler, dem derzeit weltweit am meisten gehuldigt wird.

Der Adler als Pathos-Träger hat in den USA Tradition. Ein Beispiel: Im Gedicht eines gewissen Percival (Übersetzung: L. Plönnies) fliegt der Aar den heldenhaften, kühnen ersten Siedlern voraus und sagt dazu: »Ich führte sie durch die Gefahr / Mir klingt ihr Lied zum Lohn / Hoch über Feld und See und Meer, / Vor ihrer Waffen Glanz, / Zieht meines Auges Zauber her, / führt sie zum Siegeskranz.«

Die ewig Jungen

Adler sind, mythenkritisch betrachtet, Perma-Juvenile. Will sagen, sie sind notorisch jung wie Siegfried, der Abgott aller Deutschtümler, oder Hollywoods Sexgöttinnen. Das heißt im Umkehrschluss: Sie sind alt nicht existent.

Aber weil ewige Jugend auch bei Adlern bisweilen erklärungsbedürftig erschien, schrieb der Volksglaube dem Tier die Kraft zur Verjüngung zu: Altvögel sollen sich mit letzter Kraft aus hohem Himmel ins Meer gestürzt haben, um verjüngt wieder an Land zu rudern.

Die antike Lesart schreibt eine etwas andere Prozedur vor, Verjüngungsbad mit Vorbehandlung: Altadler fliegen erst mit letzter Kraft in die Sonne, verbrennen dort ihre alten Kleider (Gefieder), stürzen sich in eine Quelle und rudern verjüngt an Land. Dieser vorchristliche Wiedergeburts-Mythos war es auch, der dem Adler die Ehre eintrug, Christi Auferstehung – genauer: die Unsterblichkeit der Seele – zu symbolisieren.

Weil Prometheus den Menschen unerlaubterweise das Feuer brachte, fesselte ihn Zeus an einen Fels im Kaukasus und schickte Adler, die an seiner Leber fraßen. Erst der Halbgott Herkules hob das überharte Urteil auf, indem er den Menschenfreund Prometheus kurzerhand befreite.

Adlerhaftes Schweben über Zeit und Raum war ein wichtiger Grund, weshalb antike und nordische Götter gern seine Gestalt annahmen. Zeus schickte Adler, die die Leber des armen Prometheus fraßen. Der finnische Gott Kalev (nach ihm hieß das Land Kalewala) reiste auf Adlerrücken ins Land der Seen. In Island kommt der Nordwind in Adlergestalt, und auch die lateinischen Wörter »Aquilo« (Nordwind) und »Aquila« (Adler) sind fast identisch.

Odins Symbol war der Adler, und der Greif der Greife bewachte auch den Eingang zum göttlichen Thronsaal. In der jüngeren Edda nimmt der Riese Thiassi Adlergestalt an, in der griechischen Mythologie trugen Adler dem Gott Jupiter die Blitze hinterher. Kein Götter-Pantheon ohne Adler. Sie finden sich in diversen Kulturen, wenn es darum geht, Hoheit, Göttlichkeit oder Macht zu versinnbildlichen.

Am bekanntesten wurden – meist in ihrer filmischen Vergröberung – die Adlerkulte der nordamerikanischen Indianer. Während in Hollywood-Streifen der »Rote« obligatorisch un-

»The Bald Eagle«, der US-Wappenvogel verkörpert heute die Fast-Allmacht der letzten verbliebenen Supermacht. Vielen Ureinwohnern Nordamerikas war der Weißkopfseeadler heilig.

ter Adlerfederhaube agierte, waren es in Wirklichkeit nur einige der rund 500 Nationen, die sich mit Adlerfedern schmückten. Nur besonders privilegierte Männer durften Adler töten, und auch das nur zu bestimmten Zeiten. Tänze im Federschmuck sollten die Kraft des erhabenen Vogels zu den Menschen herabziehen.

Adler-Magie

Wenn es gelang, die Adlerkraft in menschliche Körper einschlüpfen zu lassen, waren allfällige Kriege und Alltagskämpfe leicht zu bestehen. Also galt es, den Starkmacher herbeizubeschwören. Die Cree hatten eine Art Kriegsfahne, die im Wesentlichen aus Adlerfedern bestand; bei den Cherokee standen Adlerfedern nur den bewährten Kriegern zu; die Dakota verliehen Federschmuck sogar nur dem, der als Erster den Körper eines getöteten Feindes berührte. Und diese Indianernation war es auch, bei der lange ein Adler-Anfangsmythos lebte: Alle Dakota versuchten sich vor der Sintflut auf einen Berg zu retten. Vergeblich. Im letzten Moment rettete ein Adler eine Frau – nicht irgendeine, sondern eine besondere, die aus einem Adlerei geschlüpft war –, packte sie am Fuß und setzte sie auf die Bergesspitze. Dort gebar sie Zwillinge, von der alle heutigen Dakota abstammen. Diese Herkunft legitimiert sie als Adlersöhne und -töchter.

In vielen der zahlreichen nordamerikanischen Legenden erscheinen »Adler« als perfekte Mischwesen aus Mensch und Greif: Sie hatten Hände, konnten Pfeife rauchen, Indianerprinzessinnen begatten und waren auch sonst zu jedweder Menschelei bereit und fähig.

In der Alten Welt überwog eine praxisorientierte Adler-Magie. Gattiker nennt eine Vielzahl von Adler-Nutzanwendungen: Die Federn sollen Wanzen vertreiben können. In Tirol verbessert Adlerflaum, am Hut getragen, die Sehschärfe. Ein rechter Adlerflügel soll in grauer Vorzeit gegen Herzschlag gut gewesen sein; auf Island half eine Kralle gegen Feuersbrunst; und auf der Brust getragene Adlerzungen wendeten Atembeschwerden ab. Adlerhaut, auf den Magen gelegt, bekämpfte Magersucht; Frauen gebaren leichter, wenn man ihnen Adlerflügel unter die Füße legte; Adlerhirn in Öl und Zedernharz half gegen Schwindel und andere Kopfkrankheiten; gegen Fallsucht empfahl sich ein Gemisch aus eigenem Blut, Sirup sowie getrockneter (bzw. pulverisierer) Adlerleber; gesottenes Adlerhirn half in Tirol gegen Harnschmerzen, während Adlerfett in Bulgarien der Schwindsucht ihren Schrecken nahm.

Adler als Medizin – Kräftiges wirkt kräftigend! –, als Wohltäter, als Beschützer! Und immer wieder als gloriose Metapher. Friedrich Gottlieb Klopstock (1724–1803) zum Beispiel sah Europas Bildung sich »mit Adlerschwung« erheben.

Traurige Antithese und Adler-Schlussakkord in Moll: Viele Adlerarten – darunter übrigens nicht unser Steinadler! – sind bedroht. Am Ende der Nahrungskette scheint die Luft für sie dünn zu werden. So könnte zum Beispiel die überwältigende Fluggestalt des Philippinischen Affenadlers genau in dieser Minute, während Sie das Adler-Kapitel zu Ende lesen, für immer vom Himmel verschwinden.

Unsterblich sind sie nämlich nur in der Parallelwelt, in jener, die hinter unserer Stirn liegt. Nicht aber in der rauen Wirklichkeit.

Falke und Habicht

Familien *Falconidae* (Falken) und *Accipitridae* (Habichtartige)

Turmfalke, Weibchen

Der Wilde Falk ist mein Gesell ..., heißt es in einem Jägerlied; und als Jagdwaffen wurden Habicht, Falken und Verwandte sprichwörtlich, adelig und ... zu Verbrauchsartikeln.

Im 39. Kapitel des Buches Hiob, Vers 26, heißt es: »Fliegt der Falke empor dank deiner Einsicht und breitet seine Flügel aus dem Süden zu?« Diese Frage des Herren an seinen hart geprüften Knecht Hiob findet sich in einer langen Reihe ähnlicher, die alle in eine Antwort münden: »Wer mit dem Allmächtigen rechtet, kann der ihm etwas vorschreiben?« (Hiob 40, 2). Etwas unbiblisch kommentiert und übersetzt: »Ist nicht die Natur – vorzugsweise mit ihren wundervollsten Geschöpfen wie zum Beispiel den Falken – über allen Zweifel und über alle Fragen erhaben?«

Ja! Zweifel könnten allenfalls die Bibelübersetzung betreffen; Hiob 39, 26 liest man nämlich auch so: »Flieget denn etwa der Habicht durch deinen Verstand und breitet seine Flügel gegen Mittag?«

Die Ungenauigkeit (hier Falke, dort Habicht) hat eine Wurzel und ist damit halbwegs entschuldigt. Im Grimmschen Wörterbuch heißt es: »Falcho, mittelhochdeutsch valke, althochdeutsch falki ... alles nach dem lateinischen falco ... unser eigentlicher Jagdvogel war [aber] der Habicht ... [deshalb kann] falk [auch] habicht bedeuten.«

Dennoch: Man darf den Falknern des frühen und hohen Mittelalters schon zutrauen, dass sie einen Wanderfalken von einem Habicht unterscheiden konnten; der Sammelname »valke« oder »falkelin« ist lediglich sprachlich unscharf, in der Sache wird man sehr genau gewusst haben, was man von welchem Greif, etwa in puncto Beutegröße, erwarten durfte. Dichter mussten es da nicht so genau

Der Baumfalke – vielleicht nicht der schnellste, aber sicherlich der wendigste unter unseren heimischen Falkenarten. Selbst im Gewirr von Bäumen und Büschen vermag er noch Beute zu erjagen.

Wie der Falke zum Hofjäger wurde

Die Jagd mit Greifvögeln entstand in Kleinasien. Wo in der Weite der Wüstensteppe das Pferd des Jägers nicht die Gazelle einholen konnte, da holte der roh gezähmte Falke sie von den Beinen, indem er ihr auf den Kopf flog und sie mit den Dolchen seiner Fänge blendete. Und es blieb schon damals nicht bei der zivilen Nutzung solcher Waffen: Jagdadler blendeten bald auch die Lenker feindlicher Kampfwagen. Geübt hatten sie dieses grausame Geschäft an menschlichen Leichen, die man in die Kanzel der Wagen schnürte.
Dies alles sprach stark die Phantasie eines Kreuzfahrers an, der im 13. Jahrhundert der letzte römische Caesar und zugleich der erste moderne Mensch auf dem Thron war: Friedrich II., von Hohenstaufen, ein Italiener von schwäbisch-normannischem Geblüt, ein Enkel Kaiser Barbarossas. Er wurde der Großmeister der europäischen Falknerei. Selbst Bischöfe parkten damals ihre Greifvögel auf dem Altarrand, während sie die heilige Messe lasen; ein »freier Mann« ohne Vogel war damals kein wirklich »freier Mann«.
Und falls sie nicht gestorben sind, leben etliche von ihnen noch heute.
Bis in den letzten Knochen hinein beschrieb er (Friedrich) den Flugapparat der Vögel. Es blieb ihm auch nicht die Keilform des Kranichzuges verborgen mit der häufigen Ablösung des ermüdeten Führervogels, dem ja kein Auftrieb zuteil wird durch den tragenden Abwind des Vordermannes.
Friedrich korrigierte hier, wie so oft, Aristoteles, der geschrieben hatte, es würde der stärkste, klügste Vogel stets die Spitze halten. Die moderne Forschung gab dem Kaiser Recht.

Aus: Sterns Stunde: Bemerkungen über die Kunst, mit Vögeln zu jagen.

nehmen. Im Parzival Wolfram von Eschenbachs (um 1210) heißt es:

Artus valke al mite streich
da wol tusent gense lagen ...
mit hurte vluog er under sie,
der valke, und sluog ir ene hie.

Mit anderen, mit neueren Worten: Der Falke des Artus (der auch ein Habicht oder Adler gewesen sein könnte) schlug aus einer Ansammlung von rund tausend Gänsen eine heraus. So sollte es sein! Jagd mit edlen Vögeln zu edler Lust; die Beizvögel gehörten in der höfischen Dichtung des Hochmittelalters fest in die sprachlichen Asservatenkammern der Sänger; man darf aber wohl bezweifeln, dass die Hochwohlgeborenen, denen die zeitgenössischen Literaten Greife auf die Fäuste setzten, tatsächlich alle etwas von dieser anspruchsvollen Art des Jagens verstanden haben. Aber ein siegmächtiger Herr ohne Vogel wäre irgendwie untercharakterisiert gewesen.

Ein Vogel der Privilegierten

Die Falkenkenjagd ist eine sehr alte Sache und keine Erfindung des Mittelalters oder der abendlän-

Das berühmte Falkenbuch von Friedrich II. – hier illustrierte Informationen, wie man Beizvögel handhabt – offenbart uns einen Autor, der schon vor Jahrhunderten eine Kardinaltugend heutiger moderner Sachbuchautoren verinnerlicht hatte: Schreib über das, was du weißt und beweisen kannst, spekuliere und dichte nicht!

Ein Reportage»Foto« aus dem 16. Jahrhundert: Reiherjagd mit Falken. Meist eine gesellschaftliche, prestigeträchtige Angelegenheit, hier aber offenbar einsamer Männersport.

dischen Antike; schon um 400 vor Christus datieren griechische Berichte über Vogeljagdtechniken bei asiatischen Völkern.

Die hohe Zeit der edlen Vögel allerdings – wohlgemerkt aus der Sicht des Menschen, nicht aus der Perspektive der befiederten Jagdsklaven! – begann mit dem Vor- und Frühmittelalter. Bei Gattiker gewinnen wir einen Eindruck davon, dass diese Art der »Vogelfreiheit« ausschließlich die der Privilegierten war und ein Geflecht von Beschränkungen für »die Gemeinen« nach sich zog. »Schon um das Jahr 500 verbreitete sich die Falkenjagd so sehr und wurde von Edlen und Geistlichen so eifrig und leidenschaftlich betrieben, dass anno 506 auf der Kirchenversammlung zu Agda der Besitz von Jagdfalken für Geistliche verboten wurde.« Eine Begründung ist nicht überliefert, aber immerhin war bekannt, dass der Greif – einer von vielen Christus-Symbolen – den überaus giftigen Basilisk (siehe S. 42) zur Strecke bringen kann. Da war der Vogel in Freiheit natürlich nützlicher als in Gefangenschaft.

Unter Karl dem Großen, um 800 n. Chr., entstanden bereits die ersten Gesetze, den Diebstahl von Habicht und Sperber betreffend, die dem Täter Geldbußen androhten. Eduard III. von England ging so weit, dass er jeden, der einen Habicht stahl, zum Tode verurteilte, und wer sich an einem Nest vergriff, ein Jahr und einen Tag ins Gefängnis werfen ließ.

Jagdvögel waren – wie heute noch im arabischen Raum – Prestige-Anzeiger und immens wertvoll. König Philipp August von Frankreich soll für seinen entflogenen Lieblingsfalken 1000 Goldstücke Finderlohn ausgelobt haben. Vergeblich. Wohl auch deshalb, weil der Flüchtige die feindlichen Linien überquerte; sein Besitzer belagerte gerade die Stadt Akkon.

Der Falkenflug wirkt aggressiv, reißend. Kein Wunder also, dass er ins Kriegsvokabular einging: Ein grobes Feldgeschütz hieß Falk, Falkanet oder Falkaune. Mit einer Falkaune (»... der Name ist offenbar vom Falken entnommen, der gleich der Kugel durch die Luft fliegt«, Grimm) ließen sich 4–5 Pfund Eisen verschießen.

Wanderfalkenflug wird zu Recht als »reißend« beschrieben, aber die Angaben über Spitzengeschwindigkeiten sind teilweise so fabelhaft, dass man versucht ist, von moderner Mythendichterei zu sprechen.

Bei so viel Martialität mag es verwundern, dass Falken auch (oder gerade?) die Nähe der Heiligen suchten. Ein Falke soll den Jägern demonstrativ den Rücken gekehrt und sich zu dem heiligen Otto von Ariano in dessen Einsiedelei geflüchtet haben. Und um die Ehre des Bischofs St. Agilof von Köln zu retten, begann ein Falke sogar lieblich zu singen; ein Verleumder hatte nämlich behauptet, der verblichene Gottesmann sei so wenig ein Heiliger gewesen wie ein Falke ein Sänger.

Im Regelfall waren Falken natürlich eher Gegenstand von Lobgesängen als Sänger. Den Beizvogel eines Herren zu loben, hieß den Besitzer loben, eine Tradition, die Andreas Gryphius (1616–1664), der von Haus aus eigentlich Greif hieß und lebenslang inwendig gezeichnet blieb vom Grauen des Dreißigjährigen Krieges, bewusst bricht. Er vergleicht Beiz- mit Menschenjagd:

Der Fürst ist hinder dir und jagt
so hurtig nach
als der geschwinde Falk den Tauben an der Bach.

Und nochmals 150 Jahre später dürfen Greife – ganz ohne allegorische Schleppe – einfach nur Natur sein. Dichterfürst Friedrich Schiller schrieb:

Die Waldungen leben
und Adler und Falken und Habichte schweben
und wiegen die Flügel in blendendem Strahl.

Vom zwielichtigen Ruf des Habichts

Falken mögen fürstlicher, hochherrschaftlicher gewesen sein als Habichte, denen der Makel des Hühnerdiebstahls anhing. Aber Habichte *(Accipiter gentilis)* wurden sprichwörtlicher. Jemand, der wie ein Habicht auf etwas losging, verhielt sich in peinlicher Weise gierig. Und wer »mit einem groszen herrn als mit einem todten habicht beizen« wollte, der bemühte in krimineller Absicht den Namen und Titel eines Promis, um – solcherart scheinprotegiert – ungestraft Unrecht zu tun.

Vögel, die zu früh singen, holte nicht überall die sprichwörtliche Katz, in der Wetterau war es der Habicht – eine Warnung an die Vorlauten. Und »mit leeren Händen ist übel Habichte zu locken« besagte wohl so viel wie: »ohne Einsatz kein Gewinn«! Vom Weimaraner Christoph Martin Wieland schließlich ist die schöne Sentenz bekannt: »Man verklagt die Habichte nicht bei den Geiern!« – man muss klugerweise damit rechnen, dass eine Krähe der anderen kein Auge aushackt.

Auch der Wortstamm »habicht«, in dem »haben« zu stecken scheint,

Nesthäkchen-Prinzip nennen die Fachleute die Art (oder Unart?) von Habichteltern, für starken Nachwuchs zu sorgen. 1 oder 2 Junge werden »absichtlich« unterversorgt, das gute Futter geht überwiegend an den auserkorenen Sieger. Die Vernachlässigten überleben nur, wenn dem Lieblingskind etwas zustoßen sollte; sie sind lebende Reserve.

lud zu Wortspielen ein: Hettich (hätt' ich) ist ein böser Vogel, Habich (hab' ich) ein guter. Will sagen: Etwas Gutes getan zu haben zählt unendlich viel mehr, als über das ungetane Gute zu jammern.

Der Habicht hatte überhaupt nur eine realistische Möglichkeit, sich einen guten Leumund zu verschaffen: in jagdlichen, sprich Beiz-Angelegenheiten. Ansonsten galt er mehr oder minder als Übelkrähe. Und das von Anfang an, wie schon Hugo von Timberg (1230–1313) nicht ohne allegorische Nutzanwendung vermerkt (ins Hochdeutsche übertragen): »Ein Habicht stößt seine Jungen aus dem Nest, um sie so zum Rauben zu zwingen / das Rauben müssen sie erlernen / So halten's auch die Räuber / Auch sie verstoßen ihre Jungen vor der Zeit / Zum Rauben, Brennen und Streit« (zitiert nach: Reiner Weck, Der Habicht in der deutschen Dichtung des 12. bis 16. Jahrhunderts, Göppingen, 1993).

Das Aus-dem-Nest-Stoßen der Jungen, wie es Timberg im 13. Jahrhundert dem Habicht anlastet, hat einen wahren Kern, der allerdings weit von Timbergs moralisierender Begründung entfernt liegt. Einige Greifvögel betreiben Jungenaufzucht nach dem so genannten »Nesthäkchen-Prinzip«: Ein deutlich schwächeres Geschwister darf eine kleine Weile als »lebende Reserve« neben dem Kronprinz/der Kronprinzessin im Nest dahinkümmern. Seine Überlebenschance lässt sich nur dann realisieren, wenn das starke Geschwister zu Tode kommt. Ansonsten wird der Kümmerling nicht selten »geschwistergemordet« oder von den Eltern aus dem Nest befördert.

Sieger und Verlierer

Der Turmfalke zählt zu den wenigen Gewinnern der Urbanisierung. Als ursprünglicher Felsenbewohner – darin den Tauben ähnlich – fand er die Steinschluchten und Betonwände akzeptabel. Schon vor Jahrhunderten eroberte *Falco tinnunculus*, wie er wissenschaftlich heißt, Kirchtürme und hoch aufragende Herrschaftshäuser. Er musste zwar auf seine traditionelle Lieblingsspeise, Wühlmäuse, verzichten, stellte sich aber perfekt auf Spatzen, andere Singvögel und Insekten um. Eine Untersuchung von Turmfalken-Gewöllen in Manchester ergab: 76 Prozent Vögel, 22 Prozent Kleinsäuger.

Die Umstellung von Land- auf Stadtstreicher konnte nur gelingen, weil der wendige Flieger auf seine bekannte Strategie – Rüttelflug, Spähen und Zustoßen – in den Stadtschluchten ganz verzichtet. Die kleinen Falken fliegen Häuserdächer und Plätze ab, an denen sich erfahrungsgemäß Singvögel aufhalten. Das Münchener Stadtgebiet ernährt derzeit mehr als 60 Paare.

Die Hoffnung, dass der größere Vetter, der Wanderfalke *(Falco peregrinus)*, ebenfalls den sicheren Schritt in die Stadt schafft, hat sich nicht so richtig erfüllt. Von geglückten Ansiedlungsversuchen in größeren Städten (etwa am Kölner Dom) hört man dennoch immer wieder. Meist fehlt auch nicht der nutzwertorientierte Hinweis, Wanderfalken könnten die »Ratten der Lüfte«, die Stadttaubenplage, in den Griff kriegen.

Aber Wanderfalken sind vielleicht doch nicht die rundum geeigneten Stadt-Neubürger. Etwas zu groß, etwas zu anspruchsvoll, und kaum irgendwo können sie ihre hohen Sturzflug-Geschwindigkeiten ausspielen. Und das ist gut so, ist man versucht zu sagen, wenn man einmal das Glück hatte, jagende Wanderfalken in den Kalkschluchten der Cevennen zu beobachten.

Turmfalken, von Natur aus auf Felswände geprägt, nehmen unsere urbanen Steinschluchten als adäquaten Ersatz. Etwas zusätzliche (Brut)Hilfestellung ist willkommen.

Geier

Familie *Accipitridae* (Habichtartige)

Gänsegeier

»Weiß der Geier!«, sage man, wenn man aus abergläubischer Scheu »Weiß der Teufel« nicht aussprechen sollte. Und fast unaussprechlich ist auch, was man den Schafäugigen alles angehängt hat.

Bei manchen Geschichten macht es einen erheblichen Unterschied, vor welchem kulturellen Hintergrund man sie hört. In Bombay besichtigte ich – aus Gründen der Pietät nicht aus allernächster Nähe – die Türme des Schweigens. Das ist der Ort, wo die Geier nach altem parsischem Brauch die aufgebahrten Toten Stück für Stück davontragen. Eine Art Bestattung in den Lüften – ohne Feuer.

Während für den Menschen des christlichen Abendlandes ein Geier an einer Menschenleiche eine völlig unakzeptable, grausige Vorstellung ist, sehen die Gläubigen einer alten persisch-indischen Religion in den Vögeln offenbar willkommene Helfer, mit denen ihre Toten sich aufschwingen.

Von dieser Ambivalenz findet man einiges im Bild, das die Geier über die Jahrhunderte abgaben. Hier schmutzige Totenvögel und Abdecker, dort Geierhirn als Labsal und kräftigende Medizin. Hier Leichenfledderer, dort (bei Persern und Türken) Sinnbild der Mutterliebe, denn Geier betreiben eine auffällig liebevolle Brutpflege. Einerseits Wappenvogel von Karl dem Kühnen, andererseits im Wallis als »Gyra« ein Synonym für Henker.

Und auch wenn man den Blick auf die christliche Ikonographie verengt, stößt man auf Unvereinbarkeiten: Der Vogel symbolisiert zum einen das plötzlich hereinbrechende Unheil (Hosea 8,1 und Haberkuk 1,8), aber auch die Wiederkehr Christi und die unbefleckte Empfängnis, weil das Geierweibchen nach antiker Ansicht seine Jungen auf wunderbare Weise gebiert.

Wer in volkskundlichen Sammlungen unter dem Stichwort »Geier« stöbert – und am ergiebigsten tut man das, wie schon mehrfach betont, in der faktenreichen Sammlung von Ernst und Luise Gattiker –, ist verblüfft, dass der Vogel durchaus gute Tage gesehen hat: in seiner Bedeutung als günstiges Omen zum Beispiel. Dort, wo heute die Ewige Stadt liegt, bestätigten insgesamt 18 Geier den legendären Stadtgründern Romulus und Remus, dass ihre Ortswahl die richtige war.

Legion sind auch die Geier-Rezepte. Geierknochen, verbrannt und zu Pulver zerstoßen, heilen »offne Schäden« (offene Wunden), mit Wein vermengt sind sie auch Schmerzkiller. Ein Geierknochen am Band um den Hals getragen, linderte Kopfschmerz. Geierleber, 7 Tage lang samt Geierblut getrunken, galt als Mittel gegen Fallsucht. Und gegen Zuckungen im Gesicht half Mangold an gebratener Geierleber.

Bisweilen spielte auch die Farbe des Geiers eine Rolle. Gegen chronische Augenleiden zum Beispiel war die Leber eines schwarzen Vogels an Schellkraut angesagt. Galle mit Ahornsaft oder Honig wirkte gegen Augenschwäche; Geierpulver aus Augen und Schnabel gegen Zahnschmerz, ein Hack aus Geieradern, äußerlich als Brei angewendet und aufgetragen, gegen Gliederreißen, und schließlich: Wein-Geierleber-Schorle gegen so ziemlich alles, was einen quälen kann.

Die verblüffendste Wirkung betrifft die Familienplanung: »Wann eine Frauwe ihrenn Bauch salbt sechs Tage mit Geir-Schmalczt und einmal des Mannes Bauch, so weden die zweye in dreyen Manden keine Kinder machen.« Weiß der Geier, ob eine solche Familienplanung verlässlich war!

Herbe Prozeduren und Remeduren, wohin man schaut. Und wer mit Geiern zaubern wollte, musste noch härter ran: »Um auf Korsika alles, was man sich wünscht, zu erhalten, musste man einem Geier ohne Messer oder ein anderes Instrument die Zunge ausreißen, diese in ein neues Leintüchlein hüllen und um den Hals hängen« (Paul Sébillot, Die Folklore Frankreichs, zitiert nach Gattiker).

Geier sind gefräßig, wusste der Volksmund seit jeher. Klar also, dass der Vogelillustrator von Schubert seinen Bartgeier in flagranti darstellt.

Gierig wie ein Geier

Auffällige Vogelgestalten, die die Geier nun mal sind, ist ihr Eingang in Sprichwörtlichkeit, Literatur und Märchen nicht verwunderlich. »Hungerer wan ein Gyre« (hungrig wie ein Geier) ist schon früh als Redensart verbürgt, wobei die Aasfresser nicht selten unter falschen Verdacht gerieten: »Wo der Geier auf dem Gatter sitzt, da drühen (gedeihen) die Küchlin (Kücken) selten«, sagte der Volksmund und meinte, unter beständiger Drohung entwickelt sich nichts Gutes.

Und auch das ruppige Aas-Geschlinge nach Geierart bot natürlich eine eindringliche Sprachbild-Vorlage, etwa wenn man einen Raffsüchtigen charakterisieren wollte. Bei Erasmus Alberus (um 1500–1553) findet sich »geier« sogar als Adjektiv in der Bedeutung von »gierig«:

Nun ist der Bawer [Bauer] all zu geier,
weil ihm die Gans leit [legt] gulden Eier ...

Von »geire panzen« (Geierpansen, Geierwanst) sprach man, wenn sich jemand unmäßig den Magen vollgeschlagen hatten. Und im heute noch gebräuchlichen »Gierhals« oder »Gierschlund« steckt ebenfalls »Geier« – gemeint ist jemand, der den Hals nicht voll kriegen kann.

Geier, sprachlich vergesellschaftet mit Raben, waren die klassischen Totenvögel, wenn es um gewaltsames Ableben ging, »wohlbekannte Gesellen von Schlachtfeld oder Galgen« (Grimmsches Wörterbuch).

Und häufig auch sagte der abergläubische Mensch »Geier«, wenn er »Teufel« meinte, um zu verhindern, dass sich der »Gott-sei-bei-uns« bei Nennung seines Klarnamens gerufen fühlte. In Redensarten wie »Weiß der Geier!« (eigentlich: »Weiß der Teufel!«) ist diese Umschreibung noch heute lebendig und »Vor tausend Geyer, nein!« war Anfang des 18. Jahrhunderts wohl in etwa sinngleich mit dem heutigen »In Dreiteufelsnamen, nein!« Ähnliche Stellvertreterfunktion musste der Kuckuck ausüben: »Weiß der Kuckuck« = »Weiß der Teufel«!

MIT DEM AUGE DES GEIERS

Auch die Dichterhoheit Lessing (1729–1781) schonte den Vogel nicht und bekräftigte, wenn es sehr kräftig klingen sollte, gern: »beim Geyer!«. Ob dieses viel bemühte lessingsche Kraftwort einen Zeitgenossen zu einer kleinen brieflichen Grobheit inspiriert hat? Nachzulesen im Grimmschen Wörterbuch, wo jemand zitiert wird, der mit Lessing »einen Strauß ausgefochten« hatte: »Lessing hat einen Blick, wie ich noch nie gesehen habe, in seinen blauen Augen einen rechten Geierblick.«

Der Geierblick – der vermenschlichte wie der originale – war berühmt und gefürchtet und immer gut für einen literarischen Effekt. Der romantische Dichter Nikolaus Lenau (1802–1850) reimte:

Der Geierblick wurde Synonym für unangenehm stechenden Augenkontakt. Fakt ist: Mit der Hochleistungsoptik eines Gänsegeiers kann sich kaum ein Lebewesen messen.

Schuldloses Lamm, wie fröhlich irrtest du
mit deiner Weide fröhlichen Genossen,
indes auf dich aus heitrer Lüfte Ruh
vormordend Geierblicke niederschossen!

Wer sich scheute, »Weiß der Teufel!« zu sagen – Satan hätte sich womöglich angesprochen gefühlt! –, sagte: »Weiß der Geier!« Und jeder wusste, wer und was gemeint war.

Geieraugen sind in der Tat bemerkenswerte Spitzenoptik der Evolution. Gänsegeier *(Gyps fulvus)* können in großer Höhe kreisend verendete Tiere ausmachen – wobei man die Suche zweckmäßigerweise als Teamarbeit organisiert: Jeder fliegt einen Sektor ab und behält dabei den Nachbarn im Auge. Wenn sich der auffällig schnell tiefer schraubt, weiß man, dass unten etwas Lohnendes wartet und schließt sich an.

Aber die Beute wird keineswegs direkt angeflogen. Aus Sicherheitsgründen landet man einige hundert Meter entfernt und nähert sich vorsichtig zu Fuß.

Hat man den Futterplatz erreicht, stürzt man sich keineswegs gierig – so wie man das dem Vogel gern unterstellt – aufs Aas; man wartet ab, beobachtet, auch auf die Gefahr hin, dass sich die Konkurrenz schon kräftig mit Zähnen und Schnäbeln bedient. Nach einer Weile schreitet der ranghöchste Geier in einer Art kuriosem Stechschritt zu Tisch, und streng nach Ranghöhe schließen sich die anderen an.

Wobei auch ein sehr ergiebiger Kadaver noch kein guter Kadaver sein muss – zumal dann nicht, wenn er ungünstig liegt. Ein Geier mit vollem Bauch tut sich mit dem Auffliegen schwer, wenn ihn keine passenden Aufwinde oder bequeme Abflugmöglichkeiten (am besten abwärts über einen Klippenrand) hilfreich unter die Flügel greifen.

Gänse- und Bartgeier *(Gypaetus barbatus)* brauchen Felsen, die sich in der Sonne aufheizen und dadurch für optimale Thermik sorgen; sich nur mit Flügelkraft etliche hundert Meter hoch zu wuchten würde – wenn es denn überhaupt gelänge – mehr Kraft zehren, als man futternd wieder ersetzen kann. Energie sparen ist nicht nur ein Gebot der Zivilluftfahrt. So stellt sich die Frage nach passendem Flugwetter nicht nur den Piloten mit starren, metallischen Flügeln – für die gefiederten Schönwetterflieger ist sie ebenfalls wichtig.

Karl Mays »Unter Geiern« zählt zu seinen bekanntesten Werken. Der Titel wurde zum geflügelten Wort.

Der Ornithologe und Gänsegeier-Spezialist Joachim Griesinger hat beobachtet, beschrieben und bewertet, wie sich junge Gänsegeier auf dem Weg nach Afrika vor der Straße von Gibraltar in hohen Flugzirkeln aufhalten, bevor sie den Überflug der thermikfreien Meerenge wagen. Ihre Chance liegt allein darin, im möglichst flachwinkligem Sinkflug die gegenüberliegende Küste zu erreichen; und wenn die Abflughöhe über Spanien nicht stimmt – etwa weil die steinerne Heizplatte am Südende des europäischen Kontinents nicht genug hebende Heißluft hergibt – verenden sie vor der nordafrikanischen Küste im Wasser.

Ein Fressen nicht für, sondern aus Geiern. Für die Fische.

Ein Bartgeier vor der Felswand, die ihm günstige Aufwinde unter die Flügel schickt. Fliegende Geier vermitteln dem Betrachter den Eindruck von Schwerelosigkeit.

Eule

Ordnung *Strigiformes*

Waldkauz

Vogel der Weisheit. Todesbote. Begleiterin der Hexen und der Huren. Unglaublich, was alles auf eine Eulenhaut gehen musste im Laufe der Jahrtausende!

Späte fünfziger Jahre. Das waren die Tage, als Winnetou noch über die Lüneburger Heide ritt, gleich hinter unserem Haus am Steinberg. Und die Saatkrähen auf den Novemberfeldern hoben in den bleigrauen Himmel ab, wo sie sich dann in die Sieben Brüder verwandelten.

Ich fuhr mit meinem Onkel, dem Dorftierarzt, über Land, der Nachkriegs-Diesel kräuselte sich bläulich hinter uns. Und als es schon dämmerte, bremste Onkel Reinhold. »Da! Da!« Eine Eule huschte ins Uhlenloch, in die dreieckige Aussparung unter den gekreuzten Pferdeköpfen, gleich unter dem Dachfirst des Strohdach-Hauses.

»Schleiereulen! Die sind nützlich. Fangen alle Mäuse weg!«, sagte Onkel Reinhold. Ich nickte, kannte ich doch Schleiereulen schon von den ungemein begehrten Kölln-Haferflocken-Kärtchen, für die man sogar das staubige, schrecklich gesunde Zeugs reinmampfte.

Wir stiegen aus, Onkel Reinhold wuchtete seinen Kälbchen-Geburtshelfer-Koffer aus dem Wagen und wir gingen auf den Kuhstall zu. Vor der Stalltür stand schon ein heftig winkender Bauer und rief: »Man tau, man tau!« (Man zu, man zu!) Durch die geschlossene Tür drang Tiergestöhn, wie ich es so noch nie gehört hatte. Und auf die Stalltür war eine Eule gekreuzigt. Mich schauderte und ich glaube, mir sträubten sich die Haare.

Das Thema sträubt sich. Es lässt sich weder eindeutig in Dur noch in Moll spielen. Die wahrlich sagenhafte Kultur-Geschichte von Kauz und Eule könnte man genauso gut mit einem Jubelschrei wie mit einem sterbensmatten Seufzer beginnen. Beide Extreme wären angemessen.

Einerseits: Vogel der Weisheit, der Aufklärung, Gesell der Lust – auch und gerade der sexuellen –, Wappenvogel der Heilkunst, Patron der überschwänglichen Trinklust (im 16. Jahrhundert waren Eulen-Trinkpokale überaus beliebt). In dieselbe Reihe der positiven Gedankenverbindungen gehören auch: Eule als Glücksbringer und als Vogel, der Jesus nahe ist.

Dagegen andererseits die schwarze Eulenlinie: Künder des Todes, des Leides, nächtlicher Depressionen; krummschnäbliger Unglücksbote; Künder flächendeckender Seuchen; Leichenhuhn und Teufelsbraten; Gesell des Satans und der Hexen.

Die Wurzel ist der »Physiologus«

Es hilft einem angesichts solch verwirrender Gegensätze und Unvereinbarkeiten auch nicht besonders, ein historisches Raster anzulegen: hier die aufgeklärte Antike mit dem strahlenden Weisheitsvogel der Athene (griechisch) oder Minerva (römisch), dort die Nachtgespenster des finsteren Mittelalters mit allerlei Kröten, Fledermäusen und Eulen, vorzugsweise im Gefolge von Hexen und Teufeln. Man findet beides hier wie dort – böse Eulen auch auf den Säulenkapitellen in Athen und Rom sowie gute Eulen auf mittelalterlichen Burgzinnen.

Aber immerhin lässt sich, wie Gertrud Benker in ihrem Standardwerk »Eule und Mensch« darlegt, für die ambivalente Sicht der Eule in Spätantike und Mittelalter eine Art Urquelle ausmachen: der »Physiologus«. Dabei handelte es sich um ein Sammelsurium christlicher und natursymbolischer Tierbeschreibungen – allesamt einem weisen Alleswisser namens »Physiologus« in den Mund gelegt; ein lateinisches »Tierlexikon«, das vermutlich schon im dritten Jahrhundert verbreitet war – allerdings erst im 11./12. Jahrhundert in deutscher Übersetzung kursierte.

Dort heißt es: »Es spricht David im Psalm: Ich bin gleich wie ein Käuzchen in den verstörten Stätten. Der Physiologus hat vom Käuzchen gesagt, dass es die Nacht mehr liebt als den Tag. Also hat auch unser Herr Jesus uns geliebt, die wir in Finsternis und Schatten des Todes saßen ...«

Und weiter: »Jedoch wirst du mir sagen, dass das Käuzchen unrein ist nach dem Gesetz. Wie also wird es dann zum Gleichnis des Heilands? ... Geliebt hat der Herr das Dunkel, nämlich die Heiden, mehr als die Juden, die ihn töteten und hassten ... Wohl gesprochen hat also der Physiologus über das Käuzchen.«

Eulen-Aberglaube. Eine gekreuzigte Schleiereule, ans Stalltor genagelt, soll verhindern, dass böse Geister Einschlupf finden und das Vieh befallen. Noch vor nicht allzu langer Zeit kein seltener Anblick in abgelegenen Heidedörfern.

Welch eine Vorlage für Deutungen und Verdrehungen! Die Eule wurde, nachweislich ab dem 9. Jahrhundert, im öffentlichen Bewusstsein mehr und mehr zum »Judenvogel« – eine gezielte Infamie gegen die so genannten »Gottesmörder«: Man assoziierte jüdische Nachbarn ausgerechnet mit den Kreaturen, die nach ihrem heiligen Buch als unrein gelten und dem Speiseverbot unterliegen. Noch im 16. Jahrhundert berichtet der Gelehrte Konrad von Megenberg, »Judenvögel« würden in den Kirchenampeln das Öl aussaufen und das Haus Gottes mit Kot bekleckern – ganz so, wie man die Juden auf Teufel komm raus verleumdete und ihnen unterstellte, sie würden Kirchen entweihen. Der spanische Dichter Antonio Machado (1875–1939) nimmt in einem prägnanten Gedicht (übertragen von Karl Krolow) zum altbekannten Eulen-Schmäh Stellung:

Durch ein Kirchenfenster
kam die Schleiereule
in die Kathedrale.

Sankt Christophorus
wollte sie verjagen,
wie er trinken sah
sie vom Öl der Lampe
der heiligen Maria.

Doch die Jungfrau sagte:
Lasse sie trinken,
heiliger Christophorus.

Im krassen Gegensatz zum Schmutz- und Schatten-Image steht eine andere Eulentradition, die den Vogel an der Seite des leidenden Jesu sieht: So wie der Heiland das Unrecht stumm erduldet, erträgt der Nachtvogel das Gezeter und die Angriffe der Tagvögel. Eine Dulderfähigkeit, die sich bekanntlich seit der Antike die Vogelfänger zu Nutze machten, indem sie angekettete Großeulen als Lockvögel aufstellten, um mit Leimruten, später mit Schießgeräten, Vogelernte zu halten. Wie Jesus ans Kreuz, ist der Uhu auf seine Stange gekettet – als Hassableiter. Eine Portalsplastik an der Kirche Saint-Maguerite-sur-mer in der Normandie zeigt Jesus in Eulengestalt das Böse überwindend: Ein stilisierter Kauz hält eine Schlange, das Sinnbild der Erbsünde, im Schnabel. Und in eine Kirchenmauer der Notre-Dame-Kathedrale von Dijon ist eine steinerne Eule eingelassen, die bei Berührung Wünsche erfüllen soll – fromme, darf man vermuten.

Kinder des Bösen

Weit häufiger als den Besieger des Bösen verkörpert die Eule das Unglück in Aktion. Wohl der Hauptgrund für die unterstellte Affinität zum Unguten, zum Abseitigen ist die Dunkelheit – die Eulenzeit. Sie ist die Stunde, in der menschliche Ur-Ängste aufsteigen. Und »von den Eylen gilt: Wer Böses oder Übles wirkt, der haßt das Licht«, befindet besagter Megenberg (der mit den Öl trinkenden Eulen). Sein Eulen-Schimpf ist beileibe nicht der erste: Ovid, bekanntlich eher ein Dichter der Lebensfreude, warnte vor Eulen, die sich Kinder greifen. Irische Geisterforscher meinen, dass der schreckliche Banshee, eine Art keltisch-normannischer Werwolf, mit Schleiereulen-Stimme schreit.

Manchmal stützte sogar der Augenschein das Unwahrscheinliche. In Jahrhunderten, in denen man sich noch nicht das Dunkel elektrisch erleuchten konnte, mag die mit Kerzen erhellte Sterbekammer eines Menschen die einzige Lichtquelle weit und breit gewesen sein und Insekten zuhauf ans Fenster gelockt haben. Die »kuwitt«-Rufe der Insekten jagenden Waldkäuze könnten in der Wahrnehmung der Sterbebegleiter leicht zu »Komm mit«-Rufen geworden sein. Und weil das Unheimliche, Übersinnliche immer die bessere Geschichte ist, flog die Legende vom Totenkünder über alle Landes- und Volkstumsgrenzen hinweg.

Schon in der Antike galt der Uhu wegen seiner gelbroten Augen als Künder von Feuersbrünsten. Und als sich, so berichtet Plinius, einer in den Gemäuern des Kapitols verflog, wurden anschließend die Wände von bösen Vorzeichen gereinigt – mit Wasser und Schwefel.

Nicht der Vogel selbst erschien gefährlich, sondern sein eigentliches beziehungsweise sein vermeintliches Wesen. Bei Griechen und Römern stellte man sich erzürnte, rachsüchtige Götter in Eulengestalt vor.

Später, Gott war lange vom antiken, luftigen Götterhimmel in steinerne Kirchen umgesiedelt, waren es dann die Hexen, Teufel, Dämonen, die in Eulen fuhren. Oder auch »nur« die Seelen gerichteter Übeltäter, die in Eulengestalt zwischen der Menschenwelt und dem Jenseits ausharren mussten. Und viel lieber noch als von Tätern plapperte der Volksmund von Täterinnen. Ehebrecherischen oder

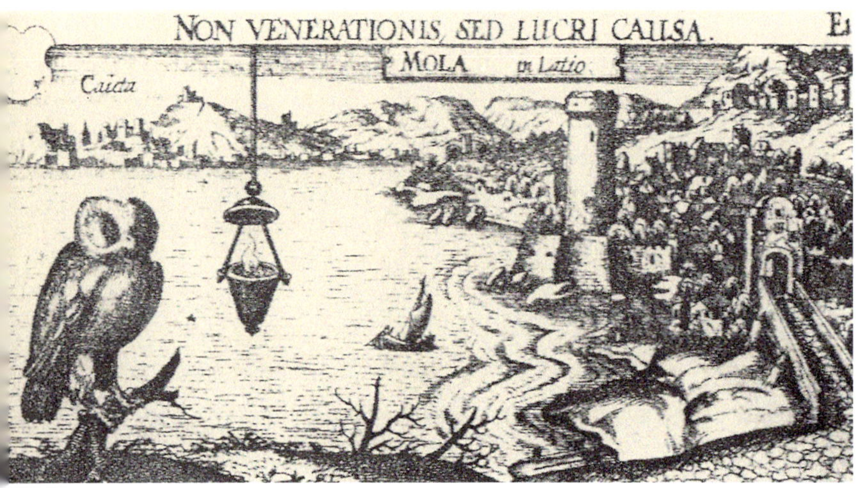

Ein seltsamer, aber verbreiteter Aberglaube. Eulen als Tempel- oder Kirchenschänder, die sich ölsaufend über Altarampeln hermachen. Und weil der Christenmensch für Kirchenschändung früher gern kollektive Sündenböcke hatte, nannte man Eulen auch »Judenvögel«.

Die Eule findet Unterschlupf bei unzüchtigen Frauen, die sich das Nachtgeflügel zum Gefährten und Schutzpatron für ihre sündigen Machenschaften auserkoren haben. Vogelmythen flattern manchmal unerfindlich krumme Wege.

unzüchtigen Frauen wuchs zur Strafe ein Eulenkleid; das italienische Wort »civetta« bedeutet »Eule« und »Dirne«.

Und hier beginnen die Eulenaugen einmal mehr zu irrlichtern, oszillieren zwischen Freudenhaus und häuslicher, erlaubter Freude. Die Eule nistet nämlich nicht nur im sündigen Gebälk der Bordelle, flüchtet sich nicht nur unter die Rocksäume frivoler Frauengestalten, sie breitet ihre Schwingen auch über die legitime Variante von Sinnesfreude: In der Oberpfalz nähte man Eulenfedern ins Brautkleid. Ein kaum kaschierter Versuch, der Auserwählten Appetit auf Einschlägiges zu machen. In anderen deutschen Landschaften bedeuteten Eulen, die in einen Taubenschlag einflogen, baldigen Kindersegen.

Ambivalenz, wohin man auch blättert – die Chronologie des Eulenmythos ist eine Springprozession zwischen Licht und Schatten, eine konsequente Zwar/Aber-Geschichte. Zwar hocken Eulen vorzugsweise auf den Schultern Gift mischender Hexen. Aber – Gegengift gefällig? – Hildegard von Bingen, Lichtgestalt und verehrte Geist- und Naturheilerin des Mittelalters, schreibt dem Uhu-Schmalz austrocknende Wirkung zu, sofern man es auf Geschwulste aufträgt.

Zwar fliegen Eulen als Unglücksboten von der Frühantike bis ins zwanzigste Jahrhundert. Aber: Wenn sie von rechts nach links vorbeiwischen, mutieren sie plötzlich zu Glücksbringern oder zu Rettern vor Mäuseplagen.

Zwar bedeutet Caspar David Friedrichs berühmte Eule auf dem Sarkophag zweifellos: Memento mori! – Bedenket, dass ihr sterblich seid! Aber in der Takelage der Kriegsschiffe, die zur Schlacht von Salamis ausliefen, waren Eulen die Vorboten des griechischen Sieges über die Perser, also Künder unsterblichen Ruhms, der noch heute im Geschichtsunterricht abgefragt wird.

Wer Sympathie für diese wunderbaren Vogelgestalten hat, fühlt sich natürlich eher von den Positiv-Mythen angezogen als von den schwefligen, nachtschwarzen Schnurren.

Eine unerwartete Aufwertung erfuhr die Eule im Jahre 2001 dank Harry Potter. Kinder, die Potter fiebrig aus dem Kino kamen, fanden, die Potter-Brille aus Plastik, Potter-Bettwäsche und ein Umhang à la Harry allein seien noch nicht ganz

Der Vogel der Athene, der Vogel der Weisheit. Eine Vase aus dem 5. vorchristlichen Jahrhundert zeigt die Eule als heitere Erscheinung.

»die Bringer«. Richtig geil wäre eigentlich nur eine Zauber-Eule. Den Landesbund für Vogelschutz (LBV) jedenfalls erreichten diverse Anrufe wie: »Wo kann man Eulen kaufen?« Oder: »Kann man sie nicht auch selber züchten?«

Die gute Potter-Eule ist ungemein populär und sie gehört eindeutig zur lichten Eulenlinie – ganz in der Tradition des Lieblingsvogels der griechischen Göttin Athene. Ihr zu Ehren gewährte man den Eulen im klassischen Athen bereitwillig Unterschlupf; die Nachtvögel gehörten zum Alltagsbild der griechischen Metropole, sodass sie schließlich sprichwörtlich wurden; »Eulen nach Athen tragen« heißt noch heute, etwas zu planen, etwas zu wollen oder anzuschieben, was schon hinlänglich vorhanden ist.

Im Überfluss vorhanden war natürlich zu allen Zeiten das Kriminelle und Schattenhafte.

Und so wie sich das Unheil blind und von Nachtschwärze umhüllt einstellt, stellte man sich auch den Eulenflug vor. Er geht nicht mit rechten Dingen zu. Ein Wesen, das sich im Dunklen zurechtfindet und dann auch noch eine suggestive Augenpartie hat, kann nicht ganz von dieser Welt sein.

Vom Sehen in der Nacht

Einige Mythen und Märchen haben, so scheint es, den Übertritt ins technische Zeitalter geschafft. Etwa der Mythos von der totalen Nachtsichtigkeit der Beutegreifer (die übrigens keine Verwandten der Greifvögel, sondern entfernte Kranich-Verwandte sind). In totaler Finsternis sieht eine Eule genau so viel wie wir: nämlich nichts!

Schleiereulen *(Tyto alba)* scheinen gleichwohl die Logik dieser Feststellung zu durchbrechen: Offenbar können sie – allerdings nur in bekanntem Terrain – nach Gehör fliegen und sogar im Stockfinsteren noch millimetergenau ihre Lieblingsbeute, Mäuse, packen.

Der Vogel hört auch noch Geräusche von 10000 Hertz – dem Frequenzbereich, in dem Mäuse rascheln und quieken. Die Schleiereule hat keine Ohrmuscheln, um die Laute einzufangen; sie hat etwas Besseres: Der nach innen gewölbte Federkranz um ihr Gesicht wirkt wie eine Parabol-

Während sich heutige Bestimmungsbücher um Detailtreue, Körperhaltung, besondere Kennzeichen und dergleichen bemühen, scheinen die von Schubert'schen Eulengestalten eher Archetypen zu sein: der Grübler, der Träumer, der Finsterling ...
Von links nach rechts: Schleiereule (fliegend), Uhu, Waldkauz, Waldohreule (oben), Steinkauz.

antenne; er sammelt Geräusche und lenkt sie zu den unter Federn versteckten Ohren. Das macht ihr so leicht kein Verwandter nach.

Für den Normalfall nächtlicher Eulen-Beutezüge gilt: Die Nachtspezialisten können kleinste Lichtmengen optisch verstärken, um sich so noch das Fast-Dunkel durchsichtig genug zu machen.

Um solche Sehleistungen bei Lichtwerten zu vollbringen, die für das menschliche Auge schon fast nachtschwarz sind, haben Eulen ihre Tubularaugen. Die in den Schädel gesenkten zylindrischen Röhren erinnern an das Konstruktionsprinzip lichtstarker Objektive: Große Linsen mit weit geöffneter Blende erlauben eine hohe Lichtausbeute. Und durch den enormen Abstand zwischen Linse und Netzhaut lassen sich die einzelnen Lichtpunkte auf der Netzhaut scharf bündeln. Das konzentrierte (Rest)Licht fällt zudem auf eine hoch sensible Schicht, die mit weit mehr Sensoren gespickt ist als der menschliche Augenhintergrund, darunter besonders viele Stäbchen für die Hell-Dunkel-Sichtigkeit.

Doch ähnlich wie bei der Foto-Optik, wo spezielle Höchstleistungen durch Minderleistungen in anderen Bereichen erkauft werden (Teleobjektive schlucken sehr viel Licht), muss die Eule als Preis für ihre »Nachtsichtigkeit« ein paar Einschränkungen hinnehmen. Kurzsichtigkeit zum Beispiel. Die sprichwörtlich kurzsichtige, bebrillte Eule, die über einem Buch hockt – viel Lesen geht auf die Augen! –, wurde zur universellen Chiffre für Weisheit, die ja bekanntlich uns Menschen spätestens im Alter auf die Augen schlägt. Und zum Weisheits-Symbol hat der Uhu *(Bubo bubo)* mit seinen rund 60 Jahren Lebenserwartung auch noch gleich das gehörige Alter.

Gute Sehleistung im Dämmerlicht geht auch auf Kosten des Überblicks. Eulen können ihre tief eingesenkten Augen nicht per Muskelkraft bewegen, wie uns das mit unseren Kulleraugen ganz gut gelingt. Uhu und Co. müssen, um diesen Nachteil aus zugleichen, per Kopfdrehung die Blickrichtung ändern; das allerdings beherrschen sie perfekt, im Extremfall bis zu 270 Grad. Mit anderen Worten: Sie könnten sich nach einer Rechtsdrehung des Kopfes locker über die linke Schulter schauen.

Perfekte optische Anpassung haben Eulen zu Erfolgstypen der Evolution gemacht. Erst in den letzten Jahrzehnten ihrer langen Entwicklungslinie scheint vielen Arten das zu drohen, was der Mensch gern an sie hin phantasiert: der Tod. Exitus durch Lebensraum-Vernichtung, Hochspannungsleitungen, vergiftete Nagetiere, die in ihren Mägen landen, usw. Aus der Sicht der Eulen existiert nur ein einziger Todesmythos. Und der kommt aufrecht auf zwei Beinen daher.

Alt wie ein Uhu

Eulen sind zwar Todesboten, aber auch das Gegenteil. Die Eule und besonders der Uhu mit seiner Lebenserwartung von rund 60 Jahren symbolisieren hohes Alter/langes Leben – wobei nicht ganz klar ist, ob sich diese Zuschreibung wirklich auf Beobachtung stützt (etwa an Lockvogel-Uhus) oder ob der Vogel nur die Ausstrahlung von Zeitlosigkeit, Alter, Würde und Weisheit hat.
Wenn man sich exakter mit dem Alter von Vögeln beschäftigt, stößt man auf verblüffend geringe durchschnittliche Lebenserwartungen, bei Singvögeln oft nur drei, vier Jahre. Nicht minder bemerkenswert demgegenüber die durch Ringfunde verbürgten Alters-Rekordmarken – also die Ausreißer in der Statistik.
Austernfischer (43 Jahre, 4 Monate);
Eiderente (35 Jahre, 6 Monate);
Silbermöwe (31 Jahre, 1 Monat);
Star (22 Jahre, 11 Monate);
Amsel (21 Jahre, 9 Monate);
Gartengrasmücke (13 Jahre, 4 Monate);
Singdrossel (13 Jahre, 2 Monate).

Schwan

Gattung *Cygnus*

Höckerschwan

Er rauschte durch alle Götterhimmel, war in Walhalla zu Hause und lieh christlichen Engeln die Flügel. Und die skandalöse Affäre von Zeus in Schwanengestalt war das Lieblingsmotiv ganzer Malergenerationen.

Irgendetwas Überdirdisches muss dem Vogel anhaften. Er streicht weiß, formvollendet, dynamisch-elegant durch diverse Götterlandschaften und Epochen.

Schwäne galten als Symbol der Reifung und Vollendung: Ihr Gefieder wird immer weißer, so weiß schließlich, dass es sogar die Reinheit der Jungfrau Maria symbolisieren durfte. Schwäne waren aber schon in vorchristlicher Zeit in göttlichen Diensten. Sie flogen als Boten der Nornen zu den Asengötter, und auch die germanischen Walküren reisten gern in Schwanengestalt. Und wenn man das Schwanen-Mysterium einmal flugtechnisch betrachtet, dann schwebten wohl auch die christlichen Engel (wenn nicht auf Adler-) am ehesten auf Schwanenschwingen vom Himmel herab.

Die Verkörperung der Lust

Gottvater Zeus pflegte sich im Schwanen-Inkognito seinen menschlichen Geliebten zu nähern. Eine klug gewählte Verkleidung, wo doch der Schwan einen richtigen Penis hat. Darin unterscheidet er sich von allen anderen Vögeln. Ein kleiner Unterschied, der den Ornithologen Wilhelm Schuster zu der feinsinnigen Bemerkung veranlasste, dass eine ge-

Die Walküre (Figurine nach Karl Emil Doepler) verdanken ihre andauernde Präsenz natürlich Richard Wagner, dessen Walkürenritt im Spitzenbereich der ewigen Klassik-Hitliste rangiert. Die Flügelwesen waren unter anderem dafür verantwortlich, auf dem Schlachtfeld gestorbene Recken in den Heidenhimmel, Walhalla, zu geleiten.

Männermagazine garnieren ihr einschlägig blankes Augenfutter gern mit etwas seriösem Journalismus. Früher dagegen musste es schon ein etablierter Mythos sein, um hocherotische Szenen darstellen zu dürfen. Leda und der verkleidete Gott als Schwan bot offenbar immer wieder hinreichend Legitimation. Wobei das natürliche Vorbild, die Schwanenpaarung, in künstlerischer Verarbeitung eher keine Rolle spielte.

schlechtliche Verbindung zwischen Schwanenmännchen und Menschenweib nicht nur denkbar, sondern tatsächlich direkt möglich ist – die Griechen wussten dies offenbar.«

Wussten sie wirklich? Jedenfalls blieb der flagrante Fall sodomitischer Überrumpelung eines der Lieblingsmotive bei Malern und Dichtern, gab der klassische Stoff doch die Möglichkeit, dem Kassenknüller aller Zeiten, dem Schmuddelsex, ein mythologisches, religionsgeschichtliches, ironisches oder sonstwie beschaffenes Mäntelchen umzuhängen.

So reimte Christoph Martin Wieland (1733–1813) augenzwinkernd:

Frau Leda wußte nicht, wie ihr dabey geschah,
und sah den Schwan, von dem sie nichts besorgte,
und seinen Scherz in unschuldsvoller Ruh,
nicht Ohne Lust mit süssem Wunder zu …
Die Schuld blieb auf dem Schwan ersitzen:
Doch zeigte schon die That genüglich an,
der Schwan, der diesz gekonnt,
sey kein gemeiner Schwan.

Und um des Reimes willen wurde bei Ludwig Heinrich Hölty (1748–1776) aus Leda auch mal Lede:

Hier eine nackte Lede,
dort Vater Zeus mit ihr als Schwan
in einer Liebesfede …

Und auch Hermann Löns fühlte sich schwanenhaft erotisiert durch den schönen Vogel:

Die Nacht ist still, ich steh am Fenster.
Am Mond vorüber die Wolken fliehn.
Mit leisem Singen oben, hoch oben,
Den Augen nicht sichtbar, die Singschwäne ziehn.
… meine Gedanken, die wandern wie Schwäne
Hell und schimmernd dahin durch die Nacht
Und singen Lieder in deine Träume.
Du schläfst, und dein roter Mund, der lacht.

Wilhelm Schuster, der oben erwähnte hessische Ornithologe, der in der ersten Hälfte des vergangenen Jahrhunderts publizierte, nennt diese Löns-Verse das »viel gemütsinnigere deutsche Gegenstück zur griechischen Leda-Sage«, handele es sich doch um

Verse, in denen es nicht »um sinnliche Befruchtung«, sondern um »rein ideale platonische Gedankenliebe« gehe; Schwäne, so Schuster, seien hier nur Traumboten.

(Mit Verlaub! Löns ein Barde der platonischen Liebe? Gründlicher wurde der Erotomane Hermann Löns zeitlebens und auch nach seinem Soldatentod zu Kriegsbeginn 1914 nie missdeutet.)

Schwäne waren häufig nur eine Schwanenhalslänge von Liebe und Eros entfernt. Sie sollen, wenn gerade keine Rösser vorrätig waren, der Venus und dem Amor den Wagen gezogen haben; und dank Richard Wagner weiß sogar der musikalisch nur viertelgebildete Mensch, dass Schwanenritter Lohengrin seinen Nachen von Schwänen übers Wasser ziehen ließ, der Geliebten entgegen.

Und auch die (früher) naturnotwendige Folge von körperlicher Liebe wurde vielerorts mit dem Schwan assoziiert. Professor Karl Knortz schreibt: »Die Vorstellung, dass der Storch die kleinen Kinder bringe, ist auf Rügen, wie es scheint, nicht die ursprüngliche. Weit älter scheint die Anschauung zu sein, dass der Schwan die kleinen Kinder bringe, wie denn auch noch jetzt die Neugeborenen ›Schwanskinder‹ genannt werden. Ferner macht man auch wohl einen Unterschied, indem man sagt, im Winter werden die kleinen Kinder vom Schwan und im Sommer vom Storch gebracht. Sodann aber werden die großen Granitblöcke, welche an der Küste von Jasmund zerstreut liegen, von den Bewohnern des Dorfes Sassnitz Schwansteine genannt. In ihnen verschlossen liegen die kleinen Kinder, Schwanskinder genannt.«

Im Gegensatz zum Höckerschwan rufen die gelbschnäbeligen Singschwäne auch im Flug. Allerdings erzeugen die Flügel kein »singendes« Fluggeräusch.

Was ist dran am Schwanengesang?

Bei so viel Mirakulösem kann es nicht verwundern, dass der Schwan verschiedentlich sprichwörtlich wurde. Der «Schwanengesang« tönt zum Beispiel schon seit Jahrhunderten durchs kollektive Unterbewusstsein der Menschheit: So wie ein Schwan, den Tod vor Augen, angeblich noch einmal wunderschön singt (... wieso gerade dann, wenn er es doch sonst nicht kann, ist man versucht zu fragen), sprach man von »Schwanengesang«, wenn jemand einen ergreifend schönen Abschied zu geben im Stande war. Gemeint war in der Regel der letzte öffentliche Auftritt einer großen Sängerin oder eines Bühnenstars.

Doch die zugrunde liegende Vorstellung vom Schwanen(ab)leben hat schon immer Widerspruch herausgefordert. Im Hausbuch des Johannes Colerus (1566–1639) finden sich frühe Ansätze einer wissenschaftskritischen, empirisch-experimentellen Haltung: »Aristoteles ist ... auch der Meynung, dasz die Schwanen vor ihrem Ende lieblich singen sollen, doch halten etliche ... nichts davon. So hab ich auch selber, weil es allhier auf der Spreu (Spree) ... sehr viel zahme Schwanen hat, fleissige Nachforschung gehabt, bey den Leuten, die zu ihrer Wartung verordnet seyn, und kan keiner sagen, dasz er jemals einen Schwanen vor seinem End hätte singen hören.«

Und der berühmteste Tierexperte seiner Zeit, der Schweizer Konrad Gesner (1516–1565), erwägt die Schwanengesang-These nicht einmal ernsthaft: »Schwanen habend etwan ein Stimm wie der Esel schreyet, aber kurtz, die nit weyt gehörd wirdt.«

Poetisch-realistischer war es da schon, das besagte Singen der Singschwäne *(Cygnus cygnus)* dem Luftzug zuzuordnen, den der Luftstrom an den scharfen Flügelkanten bewirkt. Im Gegensatz zum Höckerschwan *(Cygnus olor)* rufen Singschwäne allerdings tatsächlich im Flug. Bei Jean Paul (1763–1825) heißt es im »Leben des Quintus Fixlein« von den ungeborenen Seelen:

Wie sie der Erde entgegenfolgen,
dehnte sich ein melodisches Flöten durch das Blau,
wie wenn Schwanen über Winternächte fliegen
und in den Lüften Töne statt der Wellen lassen.

In ähnlich melancholischem Grundton klingt es in einem der berühmtesten Gedichte englischer Sprache von William Butler Yeats (1865–1939), zitiert in der Übertragung von Georg von der Vring:

DIE WILDEN SCHWÄNE VON COOLE

Die Waldung ruht im herbstlichen Duft,
Mein Pfad gibt mir die Sicht,
Die Wasserfläche in dunstiger Luft
spiegelt Oktoberlicht.
Am steinigen Ufer will ich stehn,
Die vielen Schwäne zu sehn.

Mit neunzehn Jahren stand ich hier
Und zählte, wieviel es wohl sind,
Und als ich zählte, gab's ein Gewirr,
Und sie hoben sich auf geschwind.
Und flogen und schwanten auf Schwanenweis
Und zogen den dröhnenden Kreis.

Wie lauscht ich damals der Flügelgewalt!
So lausch ich nun nicht mehr.
Mein heißes Herz ward alt und kalt,
Seit ich kam durchs Zwielicht daher,
Und das Laub von den jungen Schritten aufstob.
Und der Schwingenton sich erhob.

Die Schwäne aber, noch immer zu Zwein
Treiben sie's in der Rund,
Einträchtig kommen und fallen sie ein;
Sie sind geblieben jung.
Liebe und Beute, wo immer der Ort,
Bleibt ihnen hier wie dort.

Noch steh ich am Wasser und darf sie schau'n,
Als mein geheimes Fest;
In welchem Schilf einst werden sie bau'n,
An welchem Teich ihr Nest?
Und wenn zur Lust ich wiederkehr
Und finde meine Schwäne nicht mehr?

Das alte, immer junge Lied von Liebe, Jugend, Alter und Vergänglichkeit – Motive der Weltliteratur. Dichter griffen immer wieder gern zum Schwan, und die Nachwelt ernannte Wort- und Tonkünstler ehrenhalber selbst zu Schwänen: Shakespeare wurde – nach seiner Geburtsstadt Stratford upon Avon – als »Schwan vom Avon« gefeiert, beherrschte er doch sein elisabethanisches Englisch mit einer schwanengleichen Eleganz und Kraft, die ihn über alles hinaushob, was da sonst noch so im großen Strom der Literatur mitschwamm. Vergil wurde als Schwan von Mantua gepriesen, Homer galt als Schwan von Menader, Rossini als Schwan von Pesaro.

VON WEISSEN UND SCHWARZEN SCHWÄNEN

Aber der Vogel taugt auch zum Profanen: Als schlichter Sympathieträger, Wegweiser zu Federbetten, Schweinebraten und Schoppen – unzählbar die Wirtshausnamen und heraldischen Schwanenembleme. Und auch für Seifen- und Bettwäschewerbung musste er herhalten.

Dass der weiße Vogel auch eine dunkle Seite hat, ist weniger bekannt. Formulierungen wie »Mir schwant … nichts Gutes« oder, noch bildhafter, »mir wachsen Schwanenfedern« ge-

Schwarze Schwäne auf Parkgewässern fallen auf, galten aber manchmal auch als böses Omen.

Das »Hässliche junge Entchen«, das sich zum schönen Schwan mausert, wurde zur beliebten Chiffre für die oft schlaksigen, missproportionierten Mädchen in der Vorpubertät, die sich nur wenig später zu weiblichen Schönheiten auswachsen.

hen vermutlich zurück auf die germanische Mythologie, in der Schwäne, die Vögel der Nornen und Walküren, weissagen konnten – gerne in Frauengestalt.

Im älteren englischen Sprachgebrauch findet sich »I swan« für »I swear«; die Zauberer Lapplands schworen gern beim Schwan, während im alten Griechenland und in Turkestan Schwanenfedern sogar unmittelbar zum Handwerkszeug der Zauberer gehörten – nachzulesen bei Professor Karl Knortz.

Und auch bei der Entstehung der apokalyptischen Schriften des Henoch, des siebten der zehn altjüdischen Urväter, soll ein weißer Vogel beteiligt gewesen sein: Ein Vogel aus dem Paradies, vermutlich ein Schwan, verlor im Flug eine Feder, die Henoch aufhob, um seine gesammelten Düsternisse aufzuschreiben.

Aber weit öfter verhießen Schwäne Gutes, wenigstens für den, der sowieso die guten Lose in seiner Tasche hatte: Alfred Hilprecht erwähnt in seiner Schwanen-Monographie eine Legende aus der Kreuzfahrerzeit: »Als Gottfried von Bouillon ... im Lager vor Jerusalem einen Schwan erblickte, der dreimal sein Haupt umkreiste, nach Jerusalem flog und sich auf einen Turm setzte, deutete er den Vorfall als ein günstiges Omen.« Günstig für wen? – fragt sich. Jerusalem erlag jedenfalls wenig später dem Kreuzritterheer.

Schwarze Schwäne (auf europäischen Parkgewässern wird häufig die Art *Cygnus atratus* aus Australien gehalten) waren naturgemäß das Gegenbild von Lichtgestalten, sie verhießen nichts Gutes. So verwandelte sich ein unkeusches Weib, das den heiligen Kevin von Glendalough (Irland) vor rund 1500 Jahren auf seinem Steinbett über dem See heimsuchen wollte, sterbend in einen schwarzen Schwan, nachdem der Heilige sie – in Notwehr, versteht sich! – über die Kante gestoßen hatte und auf dem Wasser zerschmettern ließ.

Im allgemeinen Sprachgebrauch aber wurde »schwarzer Schwan« nicht zwangsläufig als böses Omen verstanden, eher schon im Sinne von: selten, auffällig. Ein schwarzer Schwan war ungefähr einem bunten Hund gleichbedeutend.

Während der »Schwan unter Gänsen« wiederum als eindeutiges Lobesprädikat galt. So auch im Märchen vom hässlichen jungen Entlein, das sich dann später als schöner Schwan entpuppte. Und immer wieder Goethe:

> *Vor allem aber schützte mich die*
> *ältere vor dieser Schar,*
> *die neben deiner Schönheit Schwan*
> *nur schlecht befittigt, schnatter-*
> *hafte Gänse sind.*
>
> Faust II, Phorkyas zur Helena

Symbol für Schönheit und Treue

In diesen Zusammenhang gehört sicher auch das Schönheitsattribut »Schwanenhals«, von dem immer dann die Rede war, wenn eine junge Frau einen besonders schönen, schlanken Hals vorzeigen konnte. Bei wem es mit der Schönheit haperte, dem half es im Alten Rom angeblich, sich die Runzeln mit Schwanenfett vom Hals und aus dem Gesicht zu reiben. Vielleicht hat bei dieser Behandlung die Beobachtung eine Rolle gespielt, dass Schwäne sehr alt werden können: Der berühmte »Old Jack« soll im Londoner St. James Park noch sein 72. Jahr erlebt haben.

Schwan als Problem. Wo die Flaggschiffe unserer Kulturpfützen, Seen und Teiche überreichlich gefüttert werden, überdüngt ihr Kot die Gewässer und lässt sie schlimmstenfalls sogar umkippen.

Während sich die Unwirksamkeit von Verjüngungs-Rezepturen spätestens mit den Jahren herausstellte, mag eine andere magische Medizin eine Zeit lang gewirkt haben: In Belgien versicherte man sich der Treue seiner Zukünftigen, indem man den ihr vorbestimmten Ehering in ein Schwanengelege platzierte und so, nebst dem eigenen, eine Zeit lang bebrüten ließ. Möglicherweise steckt hinter diesem Brauch das Wissen um die eheliche Treue unter Schwänen: Eine Bindung hält unter Umständen lebenslang.

Wobei ein Schwanenleben in früheren Zeiten dramatisch kurz sein konnte. Schwanendaunen waren beliebt, und man konnte die Vögel in der Mauser, wenn sie 7 Wochen lang flugunfähig sind, gut zusammentreiben und erschlagen. An der Küste gehörte das Schwanenschlagen in vergangenen Jahrhunderten fest zum Jahresablauf wie Frühjahrsaussaat und Entenjagd im Herbst.

Ein einst fürstlicher Parkvogel

Die damals stark ausgedünnten Bestände haben sich in der zweiten Hälfte des 20. Jahrhunderts wieder gut erholt, und mancherorts sind die Großvögel fast schon eine Plage. Wo sie regelmäßig gefüttert werden, überdüngt ihr Kot, gemeinsam mit dem von Enten und anderen Gänsen (Schwäne sind auch nur Gänse!), vor allem Kleingewässer. Ein leidiges Problem.

In München kämpfen seit Jahren Tierschützer gegen Naturfreunde – und das genau genommen um einen Scheiß: Die einen wollen, dass am Kleinhesseloher See im Englischen Garten weiter gefüttert wird, die anderen weisen auf das derangierte Gleichgewicht der Natur hin. Hoffnungslos überdüngte Gewässer sind nicht zuletzt Brutstätten von Vogelkrankheiten.

Es scheint mit dem Schwanenkrieg – in Hamburg fleht die Naturschutzbehörde seit Jahren händeringen, die Enten und Alsterschwäne nicht zu füttern – ein wenig wie mit der Singvogelfütterung im Winter zu sein. Man weiß zwar, dass dieses deutsche Winterhilfswerk ökologisch höchst fragwürdig ist, greift aber jeden Dezember wieder in die fettigen Drogerie- und Supermarktregale. Wann und wie sonst sieht man Bergfinken, Dompfaffen, Seidenschwänze und Kleiber so nah vom Stubenfenster aus?

Schwäne zieht es ebenfalls – und das sogar ganzjährig – in die Vollpensionen. Dass von 2 potenziellen Bewerbern der Höckerschwan zur beliebtesten Teichzierde wurde, liegt vermutlich daran, dass er den Hals eleganter trägt als der Singschwan; dem Höckerschwan wird so etwas wie natürlicher Adel nachgerühmt.

Wobei sich die halbzahmen Vögel im vergangenen Jahrhundert stark demokratisiert haben. Früher eher die Krönung von Schlossteichen und Fürstengärten, sind sie heute allgegenwärtig, in jedem Bürgerpark, auf jedem kommunalen Gewässer. Die Nachkommen aus der Schwanenzucht von Preußenkönig Friedrich II. zum Beispiel bevölkern heute halbwild als so genannte Havelschwäne die Mecklenburger Seenplatte.

Und für all diese Charakterdarsteller gilt, was der deutsch-ungarische Schriftsteller Franz Molnar (1878–1952) in seinem Lustspiel »Der Schwan« festgestellt hat: »Schwäne sollten niemals an Land kommen. Sie sollten immer majestätisch in der Mitte der Gewässer dahinsegeln.« Haben sie nämlich weder Luft unter den Schwingen noch Wasser unterm Bauch, müssen sie watscheln. Und das schlechter als jede Gans.

Gans

Familie *Anatidae*

Hausgänse

Dass die Gans zur »dummen Gans« abstieg, muss umso mehr verblüffen, als die berühmten »Gänse des Kapitols« eigentliche Symbole der Wachsamkeit sind.

Was immer in der Gans steckt – sprachlich ist es sehr alt. So soll in ihrem Namen das altindische »hañsas« (m) beziehungsweise »hañsi« (f) enthalten sein, wie auch das lateinische »anser«. Mit »Gans« assoziiert man gemeinhin ein Femininum – Ganter ist das männliche Pendant –, aber natürlich ist Gans auch der geschlechtsneutrale Name eines sehr volkstümlichen Vogels.

Die Gänse des heiligen Martin

Die einprägsamsten Begegnungen mit Gänsen hat der Mensch meist auf dem Teller, wobei dem Tier dann – post mortem – häufig ehrende Beinamen wie Weihnachts- oder Martinsgans zukommen. Johann Christoph Adelung (1732–1806) zur knusprigen Seite des Vogels: »Die Gans als Martinsschmaus ist ohne Zweifel uralt und auch die Mährchen, welche man von dem Verkehr des heil. Martini mit den Gänsen erzählet.«

Die schönste, weil menschlichste Martins-Gänselegende erzählt die Geschichte so: Man schrieb das Jahr 371, die Christenheit war noch jung und ungefestigt, in Europa tobten blutige Rangeleien um die faktische Herrschaft im zerbröckelnden römischen Weltreich. Da wollte die Geistlichkeit verlässliche Männer in den oberen Positionen; und für die vakante Bischofsstelle in Tours hatte man auch jemanden im Auge, dem man geistliche wie weltliche Führung zutraute.

Aber der Mann war nicht aufzufinden. Man wusste zwar, dass er in ländlicher Gegend nicht allzu weit von Tours entfernt zuletzt gesehen wurde, aber das war es denn auch schon. Der Kandidat hatte Wind von der Ehre bekommen, der er sich ganz und gar nicht gewachsen fühlte. Und als die suchende Kongregation ihm schon gefährlich nahe gekommen war, versteckte er sich in einem Gänsestall.

Die Vögel taten das, wofür sie spätestens seit ihrer Großtat für Rom im Jahre 387 v. Chr. (siehe weiter unten) berühmt waren: Sie schnatterten laute Warnungen heraus. Man fand Martin, lobte vermutlich seine Bescheidenheit und hievte ihn auf den Bischofssitz von Tours. Zur festlichen Amtseinführung soll es Gänsebraten gegeben haben. Martins kleine Rache an dem »Verrat«. So tönt es auch in einem Martinslied, wie es noch heute an Waldorfschulen (bekannt für kunstgewerblich erlesene Martins-

WER WAR MARTIN WIRKLICH?

Zunächst einmal: Er war wirklich. Er ist nicht ganz so legendenhaft, wie man vermuten könnte, wenn man nur die Mantelteilungs-Geschichte oder den »Gänseverrat« kennt. Martin von Tours, wie er später genannt wurde, war Römer, Sohn eines Rittmeisters, der im heutigen Ungarn Dienst tat. Martins Geburtsdatum ist nicht genau überliefert: 316 (vermutlich zu früh!) wird genannt, aber auch 340. Der Jüngling begann eine Militärkarriere, erst in Pavia, später als Jungoffizier unter Julianus in Gallien. Mit 18 ließ er sich taufen und verließ das Militär. Er wollte nicht mehr Ritter (berittener Soldat), sondern Gottesreiter sein.
Martin fing seinen Karriereschwenk klug an, überstürzte nichts, gönnte sich erst einmal eine längere Einsiedelei an der genuesischen Küste. Um 360 gründete er das erste gallische Kloster – zugleich die erste Klostergemeinschaft des Abendlandes. Im Jahre 371 wurde er zum Bischof von Tours gewählt.
Seine zweite bedeutende Gründung war die Abtei von Marmoutier an der Loire, wo Martin als Mönchsvater, Heidenmissionar und Arzt lebte. Die Legenden berichten von drei Totenerweckungen des Heiligen. Um 400 oder 410 starb der Mann, der als Muster der Barmherzigkeit berühmt wurde – an einem 11. November. Der Tag wird noch heute zum Gedenken des Heiligen als Martinstag begangen.

Bekannter als durch den Gänse-Eklat wurde Martin durch seine barmherzige Mantelteilung – beides vermutlich legendär. Doch die Gestalt selbst, Martin von Tours, ist historisch verbürgt.

Basare jeweils am oder um den 11.11.) gesungen wird:

Was haben doch die Gänse getan,
daß so viel müssen's Leben lan?
Die Gäns' mit ihren Dattern,
mit ihrem Geschrei und Schnattern
Sankt Martin ham verraten,
Darum tut man sie braten.

Aber das ist nur eine Variante. In einer anderen erscheint Martin als Beschützer der Gänse, als ihr Hirt und Retter vor dem Wolf. Man vermutet – wie so oft in solchen Fällen – einen heidnischen Unterbau, auf dem der Heilige steht. Mit anderen Worten, die Kirche hat sich eine populäre Gestalt – vermutlich einen gut eingeführten, uralten Weide- und Hirtengott – unter den Nagel gerissen und ihm einen christlichen Mantel umgehängt. In diesem Fall einen, den der umgewidmete Heilige sogleich zur Hälfte weitergab. An einen leidenden, frierenden Menschen – symbolisch an die Not leidende Menschheit schlechthin. (Das mag Legende sein, aber Martin war durchaus eine reale Person, siehe Kasten.)

Der heilige Gänsehirte Martin ist ein Einzelphänomen – normalerweise war ziemlich profan, was den Menschen kulturell mit der Gans verband. Sprache, Legendenschatz, Lieder und Mythen enthalten einiges an verbalem Gänseklein.

Die Gänsehaut zum Beispiel hat sich sprachlich bis in unsere Tage gehalten; die Umschreibung des ersten Jünglings-Bartflaumes dagegen – »er liegt mit den Gänsen im Krieg« – bedarf einer Erkärung. Vermutlich handelte es sich um eine Anspielung auf das Aussehen einer schlecht gerupften Gans, oder, so Jacob Grimm: »Es ist noch streitig, ob aus dem Flaum Federn oder Haare wachsen.«

WAS IST DRAN AN DER »DUMMEN GANS«

Wie überhaupt auffällt, dass Gänsevergleiche in der Regel nicht auf Schönheit oder Klugheit abheben. Einer der gewaltigsten Worte-Schleuderer deutscher Zunge polterte: »Wir sind allhie nicht so grobe Esel, Gense oder Enten, die ... von den Papisten erst erlernen müsten, das man Eid und Pflicht halten müsse« (Luther). Und schon lange vor dem Reformator fanden sich Schmähworte wie »Gansaffe« oder »Gansnarr«.

Lessing, Hauptgestirn der deutschen Aufklärung, aber auch ein großer Polemiker vor dem Herrn, nannte einen gewissen Semler eine »impertinente Professorgans«. Übrigens hat dieser Schmäh Seltenheitswert, denn in aller Regel galt und gilt der Gänsevergleich (»dumme Gans!«) Frauen und Mädchen. »Das Weib ist eine alberne Gans«, lässt Schiller, ganz prosaisch und ohne sein bekanntes Pathos, in Kabale und Liebe ausrufen. Der Autor, Journalist und scharfzüngige Kritiker Karl Gutzkow (1811–1878) schmäht eine heute längst vergessene Schöne mit den Worten: »Eine Gans war sie schon immer, ich glaube nicht, dass sie jetzt ihren Namen schreiben kann.«

Was eigentlich aber macht die Gans zum tauglichen – oder untauglichen – Bedeutungsträger für Dummheit schlechthin? Ist die Hausgans etwa dümmer als die Hausente oder das Haushuhn – letzteres ja übrigens auch gern bemüht, wenn es um einschlägige Anspielungen geht ('n blindes Huhn find' auch mal'n Korn)?

Die Frage ist müßig – ergiebiger vielleicht: Was macht Tiere generell dumm oder dümmer? Man hat festgestellt, dass domestizierte Tiere ihre vor langer Zeit erzwungene Nachbarschaft zum Menschen bezahlen müssen. Ihr Leben wird zwar in vielerlei Hinsicht leichter – der Kampf ums Dasein, Futterkämpfe, Feindabwehr, all das ist ihnen abgenommen –, aber Sinnesschärfe und generelle Fitness nehmen tendenziell ab. Nicht mehr die Natur selektiert – die fittesten Tiere überleben und vererben sich –, der Mensch selektiert an Stelle der Natur: er züchtet. Statt »survival of the fittest« (Überleben der Tauglichsten) »survival of the ›fettest‹«, möchte man mit Blick auf die Gänsezucht kalauern.

Und dass so eine übergewichtige, in ihrem Verhalten verarmte Watschelgans »dumm« wirkt – dumm, verglichen mit einer agilen, hoch wachsamen Graugans *(Anser anser)* –, ist leicht nachvollziehbar.

Walt Disney, dessen Comic-Tiercharakteren ja häufig exakte Beobachtungen zugrunde lagen, hat den Typ der dumm-fetten Gans unsterblich als Franz Gans (»Appetit gut – aber immer müde, müde«) aufs Papier gebannt: den ewig Vorräte plündernden, übergewichtig daherwatschelnden, arbeitsscheuen Knecht von Oma Duck.

Konrad Lorenz der Gänsevater

Das Gegenbild – die hochintelligente, weitsichtige, ja weise Gans – begegnet uns in »Die wunderbare Reise des Nils Holgersson mit den Wildgängen« in Gestalt der Zugführerin. Und es war dieses Werk der Kinder-Weltliteratur aus der Feder von Selma Lagerlöf, das einen kleinen österreichischen Bub auf Gänse prägte – mit dem Erfolg, dass er als ausgewachsener Forscher an Gänsen die »Prägung« studierte und beschrieb. Nobelpreisträger Konrad Lorenz (1903–1989) fand heraus, daß Gänse und (weniger ausgeprägt) auch frisch geschlüpfte Enten in einer bestimmten Anfangsphase ihres Lebens dasjenige Wesen als Mutter akzeptieren, das ihnen vor Augen kommt. Sie prägen sich das Bild ein, und es ist auch durch allfällige Frustrationen nicht zu löschen.

Konrad Lorenz hat sich zeitlebens – mit Augenzwinkern und Selbstironie – darüber beklagt, dass in der Öffentlichkeit sein Lebenswerk als Philosoph und Verhaltensforscher auf etwas »Gänseklein« reduziert wurde.

Die erste auf Lorenz geprägte Gans, Martina, teilte ein Jahr lang das Schlafzimmer mit dem berühmten Verhaltensforscher und wurde weltberühmt; sie begleitete ihn auf Faltboot-Touren und stieg ein, wenn ihr nicht mehr nach Schwimmen zumute war, fuhr auf dem Fahrrad mit und verblüffte Lorenz eins ums andere Mal. So konnte sich Martina fliegend über einer Landschaft orientieren, die sie vorher zu Fuß erkundet hatte. Es gibt also offenbar ein Umrechnungsprogramm im Gänsekopf von Frosch- auf Vogelperspektive und zurück. Letzteres bewies ein Ganter, der im Nebelflug den Lorenz'schen Hof verpasst hatte, in der Nähe auf einer leidlich erleuchteten Straße landete, von dort in eine Gasse einbog und dann geradewegs auf seinen zwei Beinen zurückkehrte.

Die hohe Merkfähigkeit hat offenbar einen Nebeneffekt: Das Gelernte sitzt, nachträgliche Korrekturen fallen schwer. Martina zum Beispiel hielt pedantisch genau an ihrem erlernten Trampelpfad fest, und zwar genau an dem Weg, den sie beim ersten Mal in der Lorenz'schen Wohnung eingeschlagen hatte. Aus Sicherheitsgründen hatte sie damals einen Schlenker in Richtung Fenster gemacht (aha, Fluchtmöglichkeit!), ehe sie die Treppenstufen hinaufstieg. Als sie diesen Bogen einmal in großer Eile »vergaß«, kehrte sie auf der fünften Stufe offenbar beunruhigt um, holte den Umweg zum Fenster nach und setzte dann entspannt ihren Weg treppenaufwärts fort.

Ähnlich anrührend eine andere Gänse-Geschichte, die Lorenz protokollierte: Die schwule Beziehung zweier Ganter hinderte den einen der beiden nicht daran, gleichzeitig eine Hetero-Bindung zu einer Mischlingsgans zu unterhalten. Er trat die Dame in aller Stille, flog dann eilends zu seinem Ganter und vollführte mit ihm das Nachspiel.

In einer anderen Dreiecksbeziehung zeigte sich der eine Herr aggressiv-eifersüchtig gegen die Dame und ließ sie das zischend und mit vorgerecktem Hals wissen. Dann machten sich die beiden Ganter auf Nestplatzsuche, während die Gans alleine suchte. Man hatte zu dritt Nachwuchs. Eine schnatterhafte Dreier-Beziehung. Und alles, wie es nicht nur Gänse-, sondern generell Bodenbrüterart ist, in einem möglichst unauffälligen Nest, einer Art Wall aus diversen Pflanzenteilen. Die Eier ruhen gut gepolstert auf einer Schicht aus Brustfedern, die sich Mutter ausrupft.

Graugänse-Familien sind mutterzentriert. »Der Ganter begleitet seine Frau zwar bei der Nistplatzsuche, er benimmt sich jedoch mit seinem rat- und verständnislosen Herumgestocher dabei wie ein Ehemann, der seine Frau beim Schaufensterbummel begleiten muss« (Nicolai, Konrad Lorenz zitierend). Was ihm an realer Aufgabe bleibt, wirkt ebenfalls etwas traditionell: Während sie allein auf sich gestellt mit Nestbau und Brut beschäftigt ist, schiebt er Wache und ist notfalls bereit, etwa wenn sich Füchse oder große Hunde dem Nest nähern, buchstäblich alles zu riskieren.

Wenn ein Ganter in Siegerpose mit lautem Triumphgeschrei von einer Keilerei zurückkehrt, imitiert ihn der Nachwuchs, die Gössel stimmen in derselben Haltung ein: »Genau, Papi, mach ihn alle!«

Von sagen- und märchenhaften Gänsen

Der Einsatz fürs Familienwohl – so scheint es – wird honoriert; die Jungen haben zu ihm eine genauso starke Bindung wie zur Mutter, die ihnen ansonsten in vielfacher Hinsicht näher ist, einerlei ob sie laufen, schwimmen, (später) fliegen oder schlafen. Gänse schlafen nie tief. Eine Gänseschar im Schlaf zu überraschen, ist fast unmöglich, was die Legende von den klassischen Gänsen, die einen Überfall auf das römische Kapitol vereitelten, ausgesprochen glaubwürdig macht.

Die Geschichte wird meistens ein wenig ungenau erzählt: Die Gänse retteten im Jahre 387 v. Chr. nicht etwa Rom, das damals noch keine Stadtmauern hatte, vor den gallischen Kriegern des Brennus, sie verhinderten nur, dass dessen Zug gegen die

Markerschütternder Warnruf – etwa so sollen sich vor mehr als zweitausend Jahren Gänse um das Leben römischer Stadtverteidiger verdient gemacht haben.

Stadt noch verheerender ausfiel. Der Senat hatte angesichts der überlegenen anrückenden Truppen des gefürchteten Brennus die Stadt evakuiert und nur in einer befestigten Burg auf dem heiligen Hügel (Kapitol) ein paar Truppenteile zurückgelassen. Die erwarteten in der Nachbarschaft des Juno-Tempels ihr wenig verlockendes Schicksal. Und ab und an mag ihnen auch das Geschnatter der der Juno geweihten heiligen Gänse die Gedanken an den nahenden Heldentod vertrieben haben.

Nach der Legende vereitelten die Gänse dann mit ihrem Warngeschrei einen nächtlichen Überraschungsangriff auf die schlafende Burgbesatzung. Man konnte sich recht und schlecht verteidigen; und Brennus befand wohl, dass die Eroberung der Anlage die allfälligen eigenen Verluste nicht lohne. Er begnügte sich damit, die Stadt zu plündern und partiell abzubrennen. Es gab dann noch die üblichen Lösegeld-Verhandlungen, und der Früh-Franzose Brennus zog wieder ab. Über den Brenner, an dem irgendwie sein Name hängen blieb.

Hartnäckig kolportierte Spätfolge der antiken Gänse-Heldentat: In US-Atomwaffendepots sollen sich die Wachoffiziere nicht nur auf High-tech-Anlagen, sondern auch auf Schäferhunde und eine Juno-Staffel langhälsiger, geflügelter Wachprofis verlassen haben (nachzulesen bei Duve/Völker, Lexikon berühmter Tiere).

Das Image des Tumben, Doofen ist wohl doch nicht so eindeutig wie man bei oberflächlicher Prüfung meinen könnte. In einem der schönsten Märchen überhaupt, Zwerg Nase von Wilhelm Hauff, agiert eine Gans als großartige und großherzige Schicksalslenkerin; Originalton Zwerg Nase beziehungsweise Wilhelm Hauff: »Wem anders als dir habe ich es zu danken, daß ich mir selbst wiedergeschenkt bin? Ohne dich hätte ich dieses Kraut nimmer gefunden, hätte also ewig in jener (Zwergen)Gestalt bleiben oder vielleicht sogar unter dem Beile des Henkers sterben müssen ... Die Gans vergoß Freudentränen ...« Im Märchen »Hans im Glück« wird die Gans unterm Arm zum Sinnbild der Zufriedenheit: Sei glücklich mit dem, was du hast!

»Die Goldene Gans«, eines der vielen Volksmärchen, das von den Brüdern Grimm aufgeschrieben wurde, macht den Vogel zum ambivalenten Symbol: für Wohlstand, aber auch für das bekannte »Den-Hals-nicht-vollkriegen-Können«.

Aber wenn es von Zeit zu Zeit mal etwas mehr als das Notwendige sein darf, umso besser: Auf unzähligen Wirtshaustafeln firmiert die Gans als Aushängeschild der Gemütlichkeit und Gastlichkeit. Sie sagen: Hier gibt es Gänsedaunen in Leinen und Gänsebrust in brauner Sauce.

Zu ganz anderen Assoziationen führt ein weiteres Gänsedetail. Der Gänsekiel – das universelle Schreibinstrument über die Jahrhunderte hinweg – ist ein Instrument, das Literarität und Kultur erst ermöglicht hat (siehe auch Kapitel »Feder«). Also könnte man sagen, der vermeintliche Vogel der Dummheit reichte den Klügsten ihrer Zeit den befiederten Arm, auf dass sich Wissen und Literatur ausbreiteten.

Wobei die Ausbreitung nicht immer gradlinig wie der Gänsezug geschah und geschieht. Oft sind niedergeschriebene Fehler gerade deshalb so langlebig, weil sie immer wieder abgeschrieben werden.

Bleiben wir beim Beispiel Gans. Der keilförmige Gänseflug findet sich immer noch populär schein-erklärt. Und das, obwohl Horst Stern schon Anfang der 1970er-Jahre im Schulfunk in kinderfreundlicher Diktion dargelegt hat, wie es sich wirklich verhält. Es heißt, wenn von dem typischen v-förmigen Keil der Kraniche und Gänse die Rede ist, immer noch, »die Vögel flögen halt im Windschatten des Vordermannes, um Kräfte zu sparen. Nach allem, was die Wissenschaft jedoch weiß, ist genau das Gegenteil richtig: Weil nämlich der Vordermann viel Wind macht, bekommt der Hintermann auch viel Wind an die Flügel, und zwar in rhythmisch exakter Weise, so daß er sich darauf einstellen und diese zusätzlichen Kräfte für den eigenen Auf- und Vortrieb ausnutzen kann.«

Merke: Auch mit der Gans ist es nicht ganz so einfach, wie man es sich – dummerweise – oft macht.

Ente

Familie *Anatidae*

Hausente

Warum ist eine gedruckte Falschmeldung eine Presse-»Ente«? Und was qualifiziert Donald Duck, den »Verlierer«-Typ, zur erfolgreichsten Ente aller Zeiten?

Die Presse- oder Zeitungsente, also die lächerliche, bisweilen bösartige Falschmeldung, war einmal blau. In diesem Sinne raunzt Martin Luther: »Es kommt noch dahin, daß an Stelle des Evangeliums und seiner Auslegung wiederum nur von Blauen Enten gepredigt wird!« Aber warum ist etwas wie die »Hitler-Tagebücher« im Stern oder der 159. Beweis, dass Nessi lebt, eine »Ente«, warum nicht eine »Henne« oder ein »Storch«, eine »Kuh« oder ein »Kamel«?

In Grimms Wörterbuch vermuten die Autoren, die Zuschreibung (Ente = Presselüge oder -panne) liege an der Art der Enten, einfach fortzuschwimmen und unerwartet aufzutauchen. Außerdem gilt blau als »nebelhaft, nichtig«; jemandem »blauen Dunst vormachen« heißt, ihn arglistig zu täuschen. Vermutlich ist also der »Blauen Ente« – der dahergeschwommenen Lüge – nur die Farbe abhanden gekommen, die Bedeutung aber geblieben. Hermann Fürst Pückler-Muskau (1785–1871), Schriftsteller, Namenspatron einer Speiseeis-Kreation und herausragender Landschaftsgärtner, soll derjenige gewesen sein, der das Wort »Zeitungsente« in die Welt gesetzt hat. Seither ist der unschuldige Vogel das ungekrönte Wappentier all jener Journalisten, deren Credo und Kampfruf lautet: »Bei mir stimmt alles – bis auf Zahlen, Daten und Fakten!«, oder: »Ich werde mir doch durch übertriebene Recherche nicht meine schöne Geschichte kaputtmachen!«

Seit Zeitungen gedruckt werden, verdunkeln ganze »Enten«-Züge den Himmel und die Wahrheit. Und die Ente selbst kann nichts dafür.

DIE BERÜHMTESTE ENTE DER WELT

Meist geht man in Märchen, Mythen und Redensarten liebevoller mit dem Vogel um; und das »hässliche junge Entlein« wuchs sich ja zum schönen Schwan aus. Enten sind es, nebst Hühnern und Tauben, die einem »gebraten ins Maul fliegen«, wenn von höchstem körperlichem Wohlbefinden die Rede ist.

Doch der Durchbruch der Ente zu Weltruhm kam mit Donald Duck, den die Autoren des »Lexikon Berühmter Tiere« sehr schön pointiert »menschgewordene Ente und entengewordener Mythos« nennen.

Donald Ente startete seine Karriere aus der zweiten Reihe; in dem Micky-Maus-Zeichentrickfilm »The

Er scheitert sich von Sieg zu Sieg ... in der Publikumsgunst: Donald Duck. (© Disney)

Wise Little Hen« (1934) war er noch eine Nebenfigur, einer aus dem Micky-Freundeskreis. Heute hat er unangefochten den Spitzenplatz auf der Beliebtheitsskala aller Disney-Figuren.

Der Ziehvater des cholerischen, meist komisch scheiternden Enterichs war der Zeichner Carl Barks, der ab 1943 nicht nur für Donalds Äußeres, sondern auch für die Handlung seiner Abenteuer zuständig war. Dass so ein »Verlierer« wie Donald ausgerechnet in den USA berühmt wurde – nirgends liebt man Sieger mehr als im Land unter dem Sternenbanner –, ist nicht so ganz einfach zu verstehen. Schließlich ist Donald dümmer als seine Neffen, zig-millionenfach ärmer als sein Onkel Dagobert, kein Schoßkind des Glückes wie Gustav Gans. Donalds Weltruhm hat unmittelbar mit Barks genialer Zeichenhand und seiner Nase für pointenreiche Geschichten zu tun.

In Deutschland mehrte Dr. Erika Fuchs den Ruhm des komischen Vogels, dem sie deutsche Worte in die Sprechblasen legte; sie tat das so genial, dass Donald Duck und Verwandtschaft in die Sprachgeschichte eingingen. Philosophische Einsichten (Dagobert: »Wenn ich mich ganz still zu meinem Geld setze, kann ich hören, wie es arbeitet«), klassische Einsprengsel (»Wir wollen sein ein einig Volk von Brüdern, in keiner Not uns waschen noch Gefahr«) und jede Menge »schluchz«, »bibber«, »ächz! stöhn!« entrangen sich den Entenkehlen.

Mittlerweile ergraute Donald-Enthusiasten, die ihre »Klassik-Carl Barks-Ausgaben« selbstbewusst neben die kritische Goethe-Werkausgabe stellen, reagieren eindeutig, wenn man sie auf den Donald der Gegenwart anspricht. Das ist so, als böte man einem Weinkenner, der seine Geheimquellen in den berühmtesten europäischen Weinlandschaften hat, einen faden Chemiewein zur Entenbrust à la Bocuse an.

Ente in Küche und Medizin

Apropos Entenbrust: Das Beste vom Vogel war so ziemlich das Einzige, was den Reichen und Mächtigen im Alten Rom gut genug war. Ente und auch Gans galten ansonsten als plebejisch, als Arme-Leute-Essen. Wer in der Ewigen Stadt oder auf weichen Kissen in den Provinzen etwas auf sich hielt, speiste Perlhuhn, Fasan und gern auch Wildvögel aller Art. Einem hochrangigen Besuch Entenkeule vorzulegen, wäre so deplatziert, als würde man heute einen Staatsgast

Entengestalt aus dem berühmten Gesner'schen Vogelbuch.

Wohl das bekannteste Kinderlied deutscher Zunge: »Alle meine Entchen schwimmen auf dem See, schwimmen auf dem See, Köpfchen in das Wasser, Schwänzchen in die Höh.«

das gar sey. So nim sie den unnd truckt sie durch ein rein tuch vnnd nuze sie, wan du sie bedarffst. Sie ist eine gutte gicht salbe.«

Entengalle soll gegen Ohrweh geholfen haben – besonders wenn man sie mit Frauenmilch vermischt anwendete. In Schwaben half Entenschmalz, mit Butter und Safran veredelt, gegen Seitenstechen. Anderenorts musste man, um seine Epilepsie loszuwerden, mit einer weißen Ente im Arm länger im Kreis laufen, die Ente anschließend töten und noch warm unter dem linken Arm eingeklemmt halten. Wenn man bei der Prozedur Seitenstechen bekam: siehe oben! Für derlei Notfälle hatte man immer Enten zur Hand. Der Vogel wurde schon früh domestiziert, dümpelt und gründelt seit Menschenge-

mit Fritten aus der Pappschachtel abspeisen. Möglicherweise trug man aber auch nur dem Umstand Rechnung, dass fettes Enten- und Gänsefleisch schwer verdaulich ist.

Trotzdem – oder gerade deshalb? – waren Enten verlässliche Lieferanten für die Apotheken der Volksmedizin. Bei Gattiker lesen wir ein einigermaßen aufwändiges Rezept gegen die Gicht: »Nimm eine ende (Ente), rupffe sie vnnd nimm das ingeweydt herauss vnnd reinige sie an dem Wasser, also das das ingeweydt vnnd alles, was darzu gehörett, nicht mehr nass sey. Thue danach die ende in ein fass, welches gar drucken sey vnnd nim dazu viel fliegen vnnd stopf es fest zu, also das der Broden vnnd Dunst nicht herauss gehe, unnd mach ein ziemlich fewr, wenn es nuhn wallet so lass in noch besser sieden, biss dich duncket,

Die Enten, mit denen man jung war

Die meisten Menschen haben persönliche Enten-Erlebnisse. Ich erinnere mich, dass mich meine Mutter mit einer unkenterbaren Plastikente in die Badewanne gelockt hat (Lockente!), die ich sonst wegen des allen Kindern bekannten »Seife-im-Auge-Horrors« nie freiwillig aufgesucht hätte.
Ein paar Jahre später war es der Homannsbusch, ein Kleinwäldchen in Dorfnähe, durchzogen von Fischteichen, auf denen sich etliche dutzend Halb-Wildenten tummelten. Man konnte sie füttern und sich an ihren Rangeleien um die besten Brocken begeistern, hatte seine Lieblinge, und es gab auch ruchlose Erpel, denen man beim Füttern nichts gönnte.
Und dann war da noch »die Ente«, die auf Rädern, der 2CV. Ein 16-PS-Vehikel für leichtgewichtige Studenten, das einen die ganze dalmatinische Küste bis zur albanischen Grenze trug, mit heulendem Motörchen, und vier schoben das Vehikel über den damals steilsten Alpen-, den Wurzenpass, und dann wieder abwärts, die Seitenfenster flappten im Wind, nähmaschinenhaft schnurrte es unter der dünnen Blechhaube. Die Enten, mit denen man jung war.

denken neben uns dahin, und in Zeiten, als Hühner noch keine Rekord-Legequalitäten hatten, waren Enten als Eierproduzenten durchaus beliebt und verbreitet.

Das Eheleben der Stockente

Wer Entenverhalten studieren will, sucht sich allerdings besser das Original vieler Hausenten-Varianten: die Stockente *(Anas platyrhynchos)*. Allein ihre Badetechnik – Stockenten sind ausgesprochene Schönwetter-Bader – hat hohen Unterhaltungswert. Die drei Badebewegungen – Kopfeintauchen, Flügelprügeln (heftiges Flügelschlagen auf die Wasseroberfläche) und Vornüberkippen beziehungsweise Purzelbaum – fügen sich zu einem Wassertänzchen der besonderen Art. Und so, als müsse sich der Vogel die selbst erzeugte Wonne anschließend wieder vom Leibe strampeln, sieht man Erpel oder Ente nach dem Bad häufig wie wild über die Oberfläche schießen und tief eintauchen.

Etwas Jagendes kann auch der Stockentenflug haben. Sprint-Geschwindigkeiten von über 100 km/h sind wahrlich nicht schlecht für einen Wasservogel. Friedlich indes gestaltet sich, nach heftiger Balz, das Eheleben. Verpaarte Tiere halten sich auffällig dicht beieinander auf, manchmal hat es sogar den Anschein, als würden sie ihre Schwimmbewegungen synchronisieren. Er und sie sichern sich gegenseitig den notwendigen Abstand von anderen Schar-Mitgliedern, man badet, frisst und schläft gleichzeitig, beim Fressen beansprucht er keine Vorrechte. Ein Gentleman, der Stockerpel?

Anderer Meinung muss sein, wer beobachtet, wie zur Balzzeit mehrere Stockerpel eine einzige Ente bedrängen. Wird es der Dame zu bunt, wählt sie eine höchst originelle Fluchtstrategie: den Langsamflug. Die deutlich leichtere Ente kann nämlich langsamer fliegen als der Erpel; und es gehört zum Komischsten, was die Tierwelt bieten kann, wenn fünf übereifrige Erpel die Begehrte im Flug überholen *müssen*, um nicht abzuschmieren, die Hälse verzweifelt nach unten gereckt, während die Ente, sobald ihre Bedränger genügend Vorsprung haben, die Situation zum Sturzflug in ein nahe gelegenes Schilfdickicht nutzt. Das erinnert an die Situation, wenn in einer Bar drei Männer ...

Stopp! Vermenschlichungen wirken immer etwas schlicht. Aber sie verfehlen selten ihre Wirkung. Enten im menschlichen Milieu kommen jedenfalls gut an. »Die Ente Quack, die ist auf Zack!«, heißt es in einem Kinderlied von Hermann van Veen; die Tigerente von Janosch wurde ein Welterfolg; die Prilente warb erfolgreich für sauber gespültes Geschirr; »Auf dem Wasser gute Sicht verschafft der Ente Bosch-Radlicht!« lautete eine genial-blöde Werbung in den Sechzigern.

In besseren indischen Kunstgewerbeläden findet man detailgetreu gestaltete Holz- und Tonenten, und für die berühmten englischen Tier-Illustratoren war Ente immer so etwas wie die Königsdisziplin. Wohl allein schon deshalb, weil hier jedermann eine Fehlauffassung von Haltung und Proportion leicht am lebenden Objekt erkennen konnte.
Enten und kein Ende.

Mit großer Erbitterung kämpfen Stockerpel um das Vorrecht, Stockenten begatten zu dürfen. Oft geht auch der Sieger leer aus, weil sich die Umkämpfte entzieht.

Haubentaucher

Podiceps cristatus

Der Vogel lädt zu einer Frage ein: Wieso wurde eine so auffällige Gestalt nicht über und über mit Märchen, Mythen und Legenden behängt? Und: Lässt sich das nicht noch korrigieren?

DER HAUBENTAUCHER

An reinen, klaren Herbstabenden
in kleinen Gruppen vor dem Bug
des Motorboots.
Und sie verschwinden, ohne
Angst und ohne Hast,
nur weil dies: zu verschwinden,
ihre selbstverständliche Kunstart
ist.

Oft habe ich mir gewünscht,
ich könnte ihnen folgen,
auch auf diesem anderen Flug.
Sieht er die Wasseroberfläche
als einen zweiten Himmel?
Wie schwer ist jetzt sein Flügel-
schlag?
Sieht er sich als denselben Vogel
in zwei getrennten Welten?
Die eine von Winden beherrscht,
die andere von kühlen Tiefen-
strömungen?
Der Baum mit dem zitternden
Laubwerk.
Das lange Haar des Seegrases,
wo die kalte Bodenquelle mündet.
Wie kann er zwei so verschiedene
Dinge
in einem Leben zusammenbrin-
gen?
Oder sieht er sich als
zwei Vögel,
die sich für einen Augenblick
begegnen
im stummen, atemlosen Punkt
der Wasseroberfläche?

Lars Gustafsson, Schwedens große Dichterstimme, hat formuliert, was an dem Vogel fasziniert: Dass er im Weltreich der Luft und dem des Wassers gleichermaßen zu Hause ist.

Es fällt auf, dass den Alten der Vogel nicht weiter aufgefallen ist. Weit unscheinbarere Vögel haben eine Vielzahl von Legenden, Mythen, Aberglaube ausgebrütet. Und ein Vogel mit wehendem Schopf (teuflisch!), der lange unter Wasser bleiben kann, ohne zu ertrinken (das geht nicht mit rechten Dingen zu!), der noch dazu relativ häufig ist, sodass man ihn von jedem größeren Dorfteich kennen könnte, so eine Charaktergestalt blieb unbehelligt? Warum? Hat er nicht mehr als beispielsweise Meise oder Buchfink von dem, woran sich Volkstümliches hätte festranken können?

Zum Beispiel seine Eigenart, die Jungen bei Bedarf auf dem Rücken im Gefieder zu platzieren und schwimmend in Sicherheit zu bringen. Das wäre doch, verdammt noch mal, gut für eine Legende der Art: »Als Noah verfügte, dass immer nur zwei Tiere, Weiblein und Männchen, an Bord der Arche durften, wollte der Haubentaucher nicht seine frisch geschlüpfte Brut zurücklassen. Da der kluge Vogel aber wusste, dass die Küken noch nicht beliebig lange schwimmen können, lud er sie sich auf den Rücken, und schwamm der Arche hinterher. Tagelang, unverdrossen. Das rührte Noah und er bat den Herrn, im Falle des Haubentauchers eine Ausnahme machen zu dürfen ...« Okay. Frei erfunden, diese Legende.

Aber diese hier: »Der Haubentaucher hatte dem Vogel der Muttergottes, der Nachtigall, Eier gestohlen. Dafür ward er von Gott alsbald verfluchet und musste fürderhin zum Zeichen seiner untilgbaren Schande immer eine Flammenzunge am Kopf tragen. Von Zeit zu Zeit brennt diese Schuld aber so arg heiß, dass der Vogel abtauchen muss, um sich zu kühlen ...« Entschuldigung! Auch frei erfunden.

Und beide Märchen-Imitate haben keine Chance, irgendwann einmal Mythen- oder Märchenstatus zu erlangen. Märchen bilden sich nämlich – wenn überhaupt noch – heute anders als zuvor in all den Jahrhunderten menschlicher Literarität: Sie stammen aus Trickfilm-Studios, sie werden nicht in zergrübelten einsamen Nächten geboren, sondern marktstrategisch in vitro gezeugt. (Harry Potter mag eine Ausnahme sein; er ist vermutlich ursprünglich eine Kopfgeburt nach altem Muster.)

Es bleibt festzustellen, dass der Haubentaucher unbeleckt blieb vom Volksmund. Und das, obwohl genug Anlass zum Wundern vorliegt. So gibt es bei Haubentauchers zum Beispiel Mama- und Papa-Kinder; je ein Elternteil füttert bei größeren Bruten seinen/ihren Teil und verweigert Nahrungsabgabe an den anderen. Selbst dann noch bleibt es unerbittlich beim Familien-Splitting, wenn ein kindlicher Vertreter der anderen Gruppe den hilflos Ertrinkenden markiert und in Bettelpose tief eingetaucht mit hochgerecktem Hals daherkommt, dabei noch heftig und herzerweichend plätschernd.

Auch die Balzrituale der Haubentaucher mit Parallelschwimmen, gegenseitigem Präsentierten von Hochzeitsgeschenken (beim Tauchen gesammelte Pflanzenteile), Tiefeingetaucht- und Scheindroh-Schwimmen sind in der Vogelwelt fast konkurrenzlos innig, komisch und ergreifend. Dazu vielleicht noch eine Legende ... oder? Nein, lieber doch nicht? Okay, muss ja nicht sein.

Der Balztanz der Haubentaucher (unten: ritueller Austausch von Geschenken) gehört zum Feinsten an Choreographie, was das Tierreich bieten kann. Podiceps cristatus *gehört zu den Lappentauchern: Die typischen Schwimmfüße wurden namensgebend.*

Weißstorch

Ciconia ciconia

Ausgerechnet der bekannte Babybringer-Mythos ist vergleichsweise schwach belegt. Aber ansonsten musste ein Großvogel, der Menschen aufs Dach steigt, ja einfach sprichwörtlich werden.

Ließe sich die Volkstümlichkeit eines Vogels abwägen, der Storch wäre in der absoluten Super-Schwergewichtsklasse. Vermutlich noch vor Adler und Schwalbe.

Das liegt natürlich zu einem Gutteil an seiner Neigung, den Menschen aufs Dach zu steigen – eine Eigenart, die nie so ganz zufriedenstellend erklärt worden ist. Die künstlichen Nistangebote auf Dächern und aufgeständerten Wagenrädern seien, so lautet ein gängiger Erklärungsversuch, Ersatz für die verlorengegangene natürliche erste Wahl: für mächtige alte Bäume. Aber das kann allenfalls eine Teilwahrheit sein; man fand Weißstörche nämlich auch dort als Obermieter auf Strohdach- und Schindeldächern, wo sich ihnen knorrige Bäume in Idealform angeboten hätten.

Sollte der Baby- und Glücksbringer sich also tatsächlich zu Menschen hingezogen fühlen? Sollte die Evolution in dieser Hinsicht an ihm herumgeschmirgelt haben: Diejenigen Storchen-Populationen, die eine zufällige, genetisch fixierte Toleranz den Menschen gegenüber hatten, erwiesen sich als besonders erfolgreiche Brüter, weil sich Nesträuber nicht so leicht in die Nähe menschlicher Behausungen trauen.

Auch diese Erklärung wäre angreifbar, denn Wind und Wetter – etwa besonders hartnäckige Regenzeiten im Frühsommer! – bedrohen den Storchennachwuchs weit ernst-

»Mutabor« hieß das Zauberwort, mit dessen Hilfe die verwunschenen Kalifen wieder zu ihrer menschlichen Gestalt gelangen konnten. Ziemlich lange mussten sie Bagdad mit Storchenaugen betrachten.

hafter als etwaige tollkühne Angreifer, einerlei ob sie nun mit Krallen oder Zähnen bewehrt sind. Und auf dem Dachfirst sind die großen, wuchtigen Nester eigentlich weit wetterexponierter als unter dem Laubdach eines Baumes. Was also treibt uns den Storch aufs Dach?

Von Familienleben und Gattentreue

Wenn es etwas zu beschreiben oder zu erklären galt, was zwar offensichtlich aber nicht so ganz einsichtig ist, dann tut sich ganz sicher der Volksmund auf. Tief im Mythengrund wurzelt die Vorstellung, Störche seien verwandelte Menschen – das wäre denn auch, kulturgeschichtlich gesehen, die Erklärung für ihren Hang zum Hausdach.

Dass Fabulierer und Dichter im Storch einen verzauberten Menschen (Kalif Storch) oder gern auch einen entrückten Liebhaber sahen (»... es geht ein storch auf grener wissen, es ist kein storch, es ist mein lieb«), mag vor allem am gravitätischen Schreitgang liegen, eine Eigenart, die immer schon zu Vergleichen einlud. Noch heute gebräuchlich: Er geht daher wie der Storch im Salat. Oder eben wie ein grübelnder Liebster, der auf Annäherung sinnt.

Störche boten wegen ihrer Größe und ihrer Nistplatzwahl reichlich Gelegenheit zu Beobachtungen; hier ein paar Deutungsmuster in Kurzform:

Fliegender Storch = große Reise steht ins Haus
Schreitender Storch = immer hübsch fleißig sein!
Klappernder Storch = es wird viel Geschirr zerschlagen werden
Kopf im Gefieder = ein faules, müdes Jahr steht bevor
Lässt sich lange nicht aufs Nest nieder = er hat gewusst, dass es brennen wird
Storch hat im Frühjahr auffällig schmutziges Gefieder = nasser Sommer
Es klappt nicht mit dem Nachwuchs = dito
Storchenjunge sterben im Nest = auch dito

Der Geheimrat Goethe hat sich über solche und ähnliche Storchendeuterei amüsiert und reimte:

Der Storch, der sich von Frosch und Wurm
an unserm Teiche nähret,
was nistet er auf dem Kirchenturm,
wo er nicht hingehöret?
Dort klappt und klappert er genug,
verdrießlich anzuhören;
doch wagt es weder Alt noch Jung,
ihm in das Nest zu stören.
Wodurch – gesagt mit Reverenz –
kann er sein Recht beweisen,
als durch die löbliche Tendenz
aufs Kirchendach zu sch ...?

Es ging dem Storch wie vielen Prominenten dieser Tage; es gab und gibt neben allerlei (Storchen)Verehrung auch immer ein paar Kübel Schmäh. Oder Getuschel. Zumal Störche sehr auffällig und lärmig die Ehe vollziehen. »Thun Störche sich in Lieb verrenken, söllt man auch selpst an Nachwuchs denken!«

Eine Gestalt wie aus der Schulfibel: Adebar. Die Illustratoren vergangener Tage machten ihn gern etwas stattlicher, als er von Haus aus ist.

Wobei man Störchen früher immerhin »Gattentreue« unterstellte, eine gutwillige, aber wohl falsche Annahme. Sie sind »horsttreu«. Und genau deshalb soll es schon gelegentlich »Feuer am Dach« gegeben haben: Die Störchin hat bereits einen Neuen am alten Horst; und ihr etwas verspätet heimkehrender Ex kämpft um Wiedereinsetzung in seine alten Rechte – im Extremfall bis zu seinem bitteren Ende, denn der Neue kämpft mit dem Bonus des Revierinhabers.

Und mit der sprichwörtlichen Kinderliebe ist das auch so eine Sache. Immer wieder kommt es vor, dass Storcheneltern ein Junges aus dem Nest werfen, das gar nicht mal krank oder unterernährt wirken muss. Man neigt heute zu der Annahme, dass sich so ein Unglückliches in der wichtigsten Disziplin für Nestlinge, dem engagierten Betteln, nicht ausreichend hervorgetan hat. Die Altstörche

Man konnte Kinder früher in zwei Gruppen teilen: diejenigen, die länger an den Weihnachtsmann, und diejenigen, die länger an den Baby-Bringer glaubten. Heute hat der Weihnachtsmann – aus rein pragmatischen, materialistischen Gründen – die Nase vorn.

könnten meinen, wer nicht richtig betteln kann, lohnt keine Mühe.

Aber egal wie's in Wirklicheit ist, seit alters her gilt die Storchenfamilie als vorbildlich und intakt. Der heilige Ambrosius (4. Jahrhundert n.Chr.) schlug sogar hymnische Töne an: »Die Liebe und der Gehorsam der Störche gegen ihre alten Eltern kann unsere Kinder genugsam beweggen, daß sie guttätig und ehrerbietig sich gegen ihre Eltern erzeigen, so sie anders klug sein wollen ... denn sie bedecken ihren alten Vater mit ihren Federn, speisen ihn, halten ihn nach Vermögen im Flug, indem sie ihn allgemach auf beiden Seiten mit ihren Flügeln tragen ...«

Es stimmt kein Wort, aber die Zeilen haben die Überlegenheit des schönen Scheins über die platte Empirie. Die war erst lange nach Ambrosius angesagt.

An Störchen hat der Mensch schon in vorwissenschaftlicher Zeit das Zug-Phänomen beobachtet, sodass die frühen Wissenschaftler wie der Leipziger Johann Prätorius (1630–1680) nur schärfer fassen mussten, was man sich immer schon so dachte: »Winterflucht der Sommervögel« nannte Prätorius – malerisch und zutreffend – die spätsommerliche Abreise der Großvögel. Und die Rückkehr galt im ganzen Verbreitungsgebiet des Weißstorches als definitives Startsignal für den Sommer. Wenn »der entwichnen Störche Heer / kommt in Rotten über Meer« (Volkslieder der Deutschen, 1754), dann reimte sich – zumindest in einer Zeit, als Störche noch häufig waren wie Spatzen – der Rest leicht von selbst zusammen:

»... der Sommer ist nah; nun sind auch wir Störche wieder da.«

Der Mythos vom Kinder-Bringen

Ausgerechnet das, was man dem Storch auch heute noch in Witzblättchen anhängt, das Kinder-Verursachen und -Bringen, scheint volkskundlich schwach belegt zu sein. Im Grimmschen Wörterbuch, das dem Storch 6 Kleinstdruck-Seiten (Rekordmarke für Vögel!) widmet, findet sich die ernüchternde Qualifizierung: »Ein Glaube, der in seiner Verbreitung mannigfach gewechselt hat, oft in der selben Gegend erstorben und dann wieder aufs Neue belegt, zumeist durch literarischen Einfluss« – etwa romantisch-ironisch:

Meine Schwester sagt zwar,
daß der Storch die Kinder bringt;
wie verständig es auch klingt,
ist es aber doch nicht wahr.

Und wie ein deftiger Kommentar auf den Kinderbringer-Mythos klingt auch der Protestvers, den kleine Jungen im Holsteinischen hoch brüllten, wenn es mit dem erhofften Bruder nicht geklappt hatte: »Swester künns'u wedder kriegn, Broder mag ik lewer lieden!«

Vergeistigter als im Volksmund kommt uns der Storch im christlichen Mythenkranz daher: Mit seiner Zweifarbigkeit symbolisiert der Storch die »zwei Naturen« Christi: Göttlichkeit und Menschlichkeit; und Fortziehen und Wiederkehren sind zusätzliche Hinweise auf Christi Wiederkunft!

Der Vogel war und ist Kult. Und sein eigentlicher Künstlername, Adebar, findet sich in Abwandlung im ganzen deutschen Sprachraum von »adebor« in Lübeck über altmärkisch »edebaor« und »aodabar« (Mecklenburg) zum altniederländichen »oudevaar«. Doch merkwürdigerweise entdeckt man im einschlägigen Grimmschen Wörterbuch keine brauchbare gemeinsame Sprach- und Bedeutungswurzel für Adebar. Auch hier ist die Storch-Silhouette am Mythenhimmel nicht so ganz klar.

Gesichtete Populationen?

Klar und unabänderlich schien dagegen bis vor kurzem der Absturz der Störche in Mitteleuropa. Doch seit einigen Jahren hört man vermehrt Berichte, dass *Ciconia ciconia*, wie er wissenschaftlich heißt, sich wieder in Gebieten sehen lässt, die seit Jahrzehnten als storchenleer galten. Im Jahr 2000 zählte man in Bayern immerhin wieder 126 Brutpaare. Das ist zwar nur die Hälfte dessen, was für die Wende zum zwanzigsten Jahrhundert verbürgt war, aber mehr als das Doppelte gemessen am Tiefpunkt in den Achtzigern. Der Landesbund für Vogelschutz (LBV) vermeldet im ersten Quartalsheft 2001 seines Vogelschutz-Magazins: »Das Bayerische Brutergebnis erreicht ... beinahe den zur Bestandserhaltung erwünschten Wert von durchschnittlich 2 Jungen pro Horstpaar.« Was den Weitflieger wohl deutlich beflügelt hat, ist das örtlich verbesserte Nahrungsangebot: Futterteiche und Biotopschutz-Maßnahmen.

Ob das lediglich ein kleines Zwischenhoch ist oder schon eine dauerhafte Wende zum Besseren, lässt sich derzeit noch nicht entscheiden. In Afrika und Teilen Südeuropas wird noch immer auf die lohnende Beute (in Spannweite, 220 cm, und Gewicht, 3–4 kg, hat der Weißstorch in etwa Steinadler-Format) geschossen; Tod durch Hochspannungsleitungen und auch Rattengift sind hierzulande immer noch keine seltenen Unglücksfälle.

Dennoch, die Hoffnung des verhältnismäßig großen Storchen-Freundeskreises in ganz Europa klingt nicht irreal: Die verinselten Lebensräume sollten nach Möglichkeit wieder zusammenwachsen – von Gibraltar bis ins Baltikum.

Ein schwäbischer Storchenfreund aus Rudelstetten reimt schon mal seine Erwartung auf den Punkt:

Viel Fräd hon dia Vögl brocht
ond osre Hoimad scheanr gmacht.
Sie wella nächschts Johr wiedr komma,
mit deam Voarsatz honnts Abschied gnomma.

In diesem Sinne: Hoffen wir das Beste, liebe Storchenfreunde!

Der Storch braucht Feuchtgebiete zum Überleben – heißt es. Er kann sich aber auch erstaunlich gut mit trockenen Ecken behelfen; besonders, wenn sie ihm gute Jagd auf Mäuse und Eidechsen bieten.

Rohrdommel

Botaurus stellaris

»Moorochse« nannte man den Vogel mit der »unwahrscheinlichsten Stimme« der mitteleuropäischen Vogelwelt. Wer so brummt, hat nichts Erfreuliches zu sagen.

Rudolf Heußlin, Übersetzer des berühmten Gesner'schen Vogelbuches, räumte mit dem Missverständnis auf, dass das Moor selbst schreit, er benannte die Stimme: »Vom ror heiszt er [der Vogel], daz er im ror ein grosz getön hat, als ein trummeeten.«

Stopftrompete oder eine mit sehr viel Luft geblasene Tuba trifft es noch etwas besser, und eine Zeit lang war man sogar überzeugt, die Dommel halte ihr »Blasinstrument« beim Rufen unter Wasser, was natürlich nicht der Fall ist.

Kein Vogel – auch das Käuzchen nicht – eignet sich besser zum Spukvogel. Der Paarungsruf der kleinen Reiherart ist so unwahrscheinlich, so grotesk un-vogelartig, dass der Dommel-Beiname »Moorochse« kaum übertrieben klingt.

Moore waren in früheren Jahrhunderten sowieso Orte, an denen der Leibhaftige sich abkühlte, wenn es ihm gerade mal in der Hölle zu heiß geworden war, Gebiete, in denen Hexen »unwesten«, wo die Seelen Verstorbener durchs Rohr irrten und im kalten Wind wimmerten, wo sich Mörder und Diebe dem Zugriff des Gesetzes entzogen, kurzum: Moore waren fruchtbare Äcker des Aberglaubens – und deshalb passten die Dommelrufe vorzüglich hierher.

Das nordwestliche Niedersachsen war noch vor zwei-, dreihundert Jahren überwiegend Sumpf- und Moorniederung. Den Menschen, die damals lebten, wird daher das Gedröhne und Gehupe des Vogels vertraut gewesen sein. Und aus der Nordwestecke stammen wohl auch diese folgende Namen: Moor- oder Wasserochse; Erdbulle, Moor- und Lohrrind. Mooskuh oder Moosrind weisen auf süddeutsche Namensgebung hin; Moor und Moos sind im Bayerischen bedeutungsgleich.

Eine Stimme wie die des perfekt tarnfarbenen Schilfbewohners konnte natürlich nur wenig Gutes verheißen. Wem eine Dommel über den Kopf flog, der musste mit einem Todesfall rechnen. Und ob der Fluch womöglich schon sehr viel älter war? Den Juden jedenfalls ist Dommelfleisch (3. Moses 11, 18) verboten – was sicherlich keinen großen Verzicht bedeutete, im feucht-heißen Gelobten Land wird der Sumpfvogel nie sehr häufig gewesen sein.

Aber er muss immerhin häufig genug vorgekommen sein, um als Schrecknis bekannt zu sein; der Fluch auf ihm ist auch bei Jesaja belegt (34, 9–11). Im Strafgericht über Edom heißt es: »Da werden Edoms Bäche zu Pech werden und seine Erde zu Schwefel ...[und] Rohrdommeln und Igel werden's in Besitz nehmen. Nachtteufel und Raben werden dort wohnen.« Dunkles Gelichter halt.

Da ist es fast schon verwunderlich, wenn die Rohrdommel auch mal die Seiten wechseln konnte, von dunkel auf hell. In einer Sammlung mecklenburgischer Sagen, Märchen und Gebräuche aus dem Jahre 1880 heißt es:

Kollert die Rohrdommel zeitig
werden die Schnitter nicht streitig.

Was wohl so viel besagt wie: Alle haben genug, die Ernte wird gut werden. Und ebenfalls aus dem Nordosten Deutschlands stammt eine erheiternde Anleihe bei dem stimmgewaltigen Vogel. Wer laut furzte, musste sich sagen lassen: »Dat is jo grad as wenn de wadendump [Rohrdommel] röppt!« (zitiert nach Gattiker).

Das auffällige Geräusch musste natürlich auch menschlich synchronisiert werden: »Du Lump! Du Lump«, oder der Durstschrei eines verblichenen Säufers: »N'Rum! N'Rum!«

Dass der Vogel sich immer mal wieder gereimt verewigt fand, wird wohl schlicht daran liegen, dass sich das Reimpaar »Dommel/Trommel« anbietet. Goethe reimte:

Da kommt ja wohl ein neuer Chor?
Ich höre ferne Trommmeln.
Nur ungestört! Es sind im Rohr
die unisonen Dommeln.

Und der Kinderbuch- und Kinderlied-Dichter James Krüss tat es ihm nach:

Da fangen alle Dommeln
munter an zu trommeln.

Eindeutig ist, dass der gut hühnergroße Vogel immer nur akustisch auf sich aufmerksam macht, ansonsten ist sein Leben schon sehr auf Unsichtbarkeit angelegt. Zum einen der längs gestreifte braune Feder-Tarnanzug, zum anderen die Fähigkeit, sich zeitlupenhaft zu bewegen. Die so genannte »Pfahlstellung« – der Vogel erstarrt zur Säule, den Schnabel steil nach oben gereckt – macht ihn auch für Luftfeinde unauffindbar.

Die Rohrdommel hatte einfach das Zeug zum Spukvogel: höchst geheimnisvoll und meist gut versteckt, und dazu noch eine einfach umwerfende Bass-Stimme.

Wenn es wirklich nicht mehr anders geht, kann sich der Vogel ausdrucksstark in Verteidigungspose bringen: Er plustert sich auf, schlägt mit den Flügeln eine Art Rad und zeigt bei weit geöffnetem Schnabel seinen leuchtend roten Rachen. Reicht auch das noch nicht, stößt er unerwartet plötzlich zu, Richtung Augen des Angreifers.

Normalerweise gilt dieser schnelle Stoß einem Fisch; und ist der zu schleimig, nutzt der Moorochs seine körpereigene Zahnbürste: eine Putzkralle mit Hornkamm, mit der er seinen Rachenraum säubern kann.

Rohrdommel und Wiedehopf

Als die Brüder Jacob und Wilhelm Grimm, deren Deutschem Wörterbuch dieses Buch eine Vielzahl von Hinweisen und Zitaten verdankt, im frühen Mannesalter durch das Weserbergland zogen und sich Volksmärchen in die Federn diktieren ließen, stießen sie auch auf ein Vogelmärchen.
»Wo weidet Ihr Eure Herde am liebsten?«, fragte einer einen alten Kuhhirten. »Hier, Herr, wo das Gras nicht zu fett ist und nicht zu mager; es tut sonst keinem gut.«
»Warum nicht?«, fragte der Herr.
»Hört Ihr dort von der Wiese her den dumpfen Ruf?«, antwortete der Hirt. »Das ist der Rohrdommel, der war sonst ein Hirte, und der Wiedehopf war es auch. Ich will Euch die Geschichte erzählen. Der Rohrdommel hütete seine Herde auf fetten grünen Wiesen, wo Blumen im Überfluss standen; davon wurden seine Kühe mutig und wild. Der Wiedehopf aber trieb sein Vieh auf hohe dürre Berge, wo der Wind mit dem Sand spielt, und seine Kühe wurden mager und kamen nicht zu Kräften. Wenn es Abend war und die Hirten heimwärts trieben, konnte Rohrdommel seine Kühe nicht zusammenbringen, sie waren übermütig und sprangen ihm davon. Er rief: ›Bunt herüm‹ (Bunte Kuh, herum), doch vergebens, sie hörten nicht auf seinen Ruf. Wiedehopf aber konnte sein Vieh nicht auf die Beine bringen, so kraftlos und matt war es geworden. ›Up, up, up!‹, schrie er, aber es half nicht, sie bleiben auf dem Sand liegen.
So geht es wenn man kein Maß hält. Noch heute, wo sie keine Herde mehr hüten, schreit Rohrdommel ›Bunt, herüm!‹ und der Wiedehopf ›Up up up!‹«

Kranich

Grus grus

Kraniche waren sozusagen die Großbuchstaben am Himmel – für die Auguren, die Priester, die aus Vogelzügen lesen konnten und für die »zeichenhungrigen« kleinen Leute.

Seit Kraniche uns Menschen begegnen, waren und sind sie Hingucker. Das mag nicht unwesentlich an ihrer Gestalt liegen – es gibt nur wenige vergleichbar große natürliche Flugobjekte weit und breit.

Neben ihrer schieren Größe existierten wohl auch über einen langen Zeitraum andere, handfeste Gründe, die grauen Riesen nicht zu übersehen: In ganz Europa fanden Experten unter den jungsteinzeitlichen Küchenabfällen unserer Vorfahren Kranichknochen. Und dass der stattliche Vogel keineswegs nur Notnahrung war, verbürgt kein Geringerer als Horaz (65–8 v. Chr): Er nannte den Kranich eine »angenehme Beute« – mit Einschränkungen: Das Fleisch erschien dem römischen Kulturmenschen zu sehnig.

»Angenehm« ohne Einschränkung waren demgegenüber die Jagdumstände. Petrus de Creschenti schrieb Anfang des 13. Jahrhunderts, dass es genüge, die Vögel zur Dämmerstunde in geschickt aufgestellte Netze zu scheuchen.

In die Annalen der Jagdgeschichte ging der englische König Johann ohne Land ein, der am 28. Dezember 1212 sieben Kraniche zur Strecke brachte, genauer wohl: bringen ließ. Bemerkenswerter noch als das königliche Jagdglück war, wen er daran teilhaben ließ. Zur Feier des Tages wurden 350 Bettler auf Kosten des Königs bewirtet. Man darf davon ausgehen, dass sie mehr verzehrt haben als 7 Vogelleiber.

Eine andere Majestät lieferte in Wort und Bild die (vermutlich) erste exakte Beschreibung der geselligen Vögel. Im berühmten Falkenbuch des Stauferkaisers Friedrich II. (siehe Kasten auf Seite 52) füllt der Kranich mehr als 20 Seiten, darunter vor allem Detailbeobachtungen von Nahrungssuche und Flugbildern.

Es gab aber wohl zu allen Zeiten Gründe, den Weitfliegern einige Aufmerksamkeit zu widmen. Schon im klassischen Byzanz galt der Spruch, es sei leichter, nackten Fels zu beackern, als mit der Nachbarschaft von Kranichen auszukommen. Ihr Ruf als Samenräuber und »Schollenknacker« kostete sie häufig den langen Hals. Und unter Friedrich Wilhem I. (1688–1740) war Kranichjagd sogar königliches Gebot.

Ein wachsamer Vogel

Wenn sich etwas Kranichhaftes durch die Jahrhunderte und Kulturepochen zieht, dann die Ambivalenz, mit der sich der Großvogel in Bild und Wortbild spiegelt. Das ging von übler Nachrede – »friszt nicht der krannich seiner kränchin zu leid seine eigene eier« – bis zur schieren Vergöttlichung: Im alten Ägypten galt er als Sonnenvogel, als Bringer von Licht und Glück. Aber bei Bedarf kam auch die Rache auf Kranichschwingen: Ganze Generationen von Schulkindern vernahmen erschauernd aus Friedrich Schillers Dichtermund (»Sieh da, sieh da, Timotius! Die Kraniche des Ibykus!«), wie der Anblick von Kranichen einen Mörder zur Selbstentlarvung trieb.

Hinter Schillers balladesken, antiken Räuberpistole steckt die uralte Vorstellung von Wachsamkeit und Klugheit: Dem Kranich entgeht nichts und der Vogel kann, so wollen es Volksglaube und Mythologie, sogar Vorkehrungen treffen – ganz im Sinne der Gefahrenabwehr. Wachende Kraniche sollen, einer uralten Vorstellung zufolge, einen Stein in der Kralle halten: Schlafen sie ein, weckt sie das Gepolter. Und eine Variante des Steintricks: »Fliegende Kraniche [pflegen] Steinchen im Schnabel [zu] tragen, um sich nicht durch eigene Rufe über dem Taurus zu verraten, wo die gefürchteten Adler horsten. (Wolfgang Mewes).

Lassen wir das mit dem Steintrick mal auf sich beruhen. Aber Adler? Die werden sich allenfalls versehentlich an Kranichen vergriffen haben. Kranichfeinde waren und sind vorrangig flugunfähige, felllose Zweibeiner – und das gar nicht mal in ihrer Sonderheit als Jäger (Kraniche sind streng geschützt!), sondern als Entwässerer, Begradiger, Vergifter und Verdrahter der Landschaft.

Die 15 Arten, über alle 5 Kontinente verteilt, sind zwar nur zum Teil hoch bedroht – so etwa der Amerikanische Schreikranich *(Grus americana)* und der Mandschurenkranich *(Grus japonensis)* –, aber alle leiden sie unter Denaturierung ihrer Lebensräume; vor allem harte Eingriffe in den Wasserhaushalt der Natur gehen ihnen an den Lebensnerv.

Wobei der europäische Graue Kranich im nördlichen, mittleren und westlichen Europa durchaus von strengen Schutzvorschriften zu seinen Gunsten profitieren konnte. Derzeit soll es über Europas Luftraum, in Nestern und Wiesen wieder 160 000–180 000 der geborenen Gesellschaftsreisenden geben. Allein Mecklenburg-Vorpommern stellt mit knapp 1200 Paaren rund die Hälfte der Deutschen Brutvögel.

Die Erforschung des Kranichzugs

Kranichzug ist eines der spektakulärsten und auffälligsten Schauspiele, die die Vogelwelt zu bieten hat. Und es ist daher auch nicht verwunderlich, dass sich schon zu Beginn des 19. Jahrhunderts Forscher systematisch den Kopf darüber zerbrochen haben, wie die Weitzieher (bis zu 6000 km) ihren Weg finden. Man ist sich heute einigermaßen sicher, dass Kraniche Informationen, die das Magnetfeld der Erde für sie bereithält, mit optischen Eindrücken verrechnen. Sie fliegen also nach Karte und Kompass.

Die Landmarken müssen die Erstzieher beim Flug ins Überwinterungsquartier »erlernen« – Wissen wird tradiert. Nachtzüge lassen aller-

Kranich-Flugstudien aus dem Falkenbuch Friedrich II.: der v-förmige Flug, Flugzeit, Flugrufe – der naturkundige Staufer-Kaiser, der den Großteil seines Lebens in Süditalien verbrachte, hat weit schärfer beobachtet als alle vor und viele nach ihm.

dings nur den einen Schluss zu, dass Kraniche auch perfekt auf Blindflug per Magnetkompass umstellen können.

Die West-Zugroute (1998 von rund 100 000 Kranichen beflogen) zu den Überwinterungsgebieten in Südwestspanien beginnt über Skandinavien als ein Gewirr von Zubringerästen, verdickt sich über Zentral-Deutschland und Frankreich zu einer etwa 200 km breiten Zugstraße, drängt sich schließlich südlich der Pyrenäen zu einer schmaler werdenden Flugschneise zusammen.

Die Kraniche halten sehr auf gute Flugbedingungen; wenn die nicht vorherrschen und auch nicht absehbar sind, können sie ihren Zug, wenn nötig tagelang, unterbrechen. Denn das Universalgebot für alles Leben, Energie sparen, gilt natürlich besonders streng für einen großen Vogel. Sehr gute Nonstop-Tagesleistungen von über 1000 km setzen ideale Bedingungen und günstige Luftströmungen voraus. Flughöhen von bis zu 2500 m sind verbürgt – die mittlere Reiseflughöhe liegt zwischen 200 und 1000 m; die Durchschnittsgeschwindigkeit über Land pendelt zwischen 45 und 65 km/h. Das ist nicht gerade tempo-rekordverdächtig; beeindrucken können Kraniche eher

Kraniche als Warner – ein bekanntes Motiv. Hier unterstützen sie die Sturmwarnung der Jünger auf dem See Genezareth, die von Jesus mit großer Gelassenheit quittiert wurde. In einer antiken Legende, von Friedrich Schiller nachgedichtet, treibt der Kranichzug (unten) einen Mörder zur Selbstentlarvung »Sie da, sieh da Timotius, die Kraniche des Ybicus!«

durch ihre Ausdauer, zumal die Langstreckler ja »rudern« und nicht segeln.

Von einer Flug-Idealsituation berichtet Mewes: »Ein außergewöhnlicher Langstreckenflug ereignete sich am 2. und 3. November 1986, als ein warmer, südwestwärts gerichteter Höhentrog am Rand eines polaren Kaltlufteinbruchs den Massenzug von über 20 000 Kranichen in Mitteleuropa auslöste. Eine schmale Hauptzuglinie führte mehr als 10 000 Kraniche über den Harz, das Eichsfeld und die Rhön durch das östliche Frankreich bis zum großen Rastplatz an der Laguna de Gallocante im Nordosten Spaniens.«

Wie es die Reisenden genau bewerkstelligen, Kaltluftfronten zeitig auszuweichen und Wetterumschwünge rechtzeitig zu antizipieren, wüsste die Forschung gern exakt. Bis heute ist man sich noch nicht hinreichend sicher, ob Wetterimpulse eine Rolle spielen beim Auslösen der »Zugunruhe«, die jeweils den Massenabflügen vorausgeht. Wer weiß, vielleicht steckt im Kranichkopf ein millionenschweres Patent für die Wetterforschung und ihre Kunden in aller Welt.

Die markante Gestalt hat zu allen Zeiten Künstler gereizt, Kraniche darzustellen. Diese Impression stammt aus dem berühmten Vogelbuch des Pierre Belon von 1555.

Mit den Kranichen ziehen

Vorerst aber geht es den Kranichfreunden in aller Welt darum, die teils gefährdeten Bestände zu schützen – besonders die bedrohten Arten wie den Amerikanischen Schreikranich, »Whooping Crane«. Gerade um diesen Vogel rankt sich ein hochmodernes Märchen, vermutlich sogar eines mit gutem Ende.

Und das Märchen beginnt so: Es war einmal ein US-Boy namens William Lishman, der wollte nichts lieber als fliegen. Sobald er das Mindestalter erreicht hatte, bewarb er sich bei der Air Force. Aber schon bei den ersten Standardtests stellte sich heraus, dass er mit Farbenblindheit und Legasthenie geschlagen war. Damit stand fest: Eine Flugkarriere war für William ebenso unmöglich wie für einen Kiwi, einen Afrikanischen Strauß oder Pinguin.

Aber Träume sind nicht so leicht abzuschütteln; William Lishman begann sich für Ultraleicht-Flugzeuge zu interessieren. Und weil zweckfreies Herumfliegen zum einen ein teures Hobby ist und Lishman zum anderen von Vögeln fasziniert war, tat sich für ihn und seinen Partner Joseph Duff eine Lücke auf: Vogelzug-Forschung aus der Luft (siehe auch S. 94).

Schon 1988 war Lishman als motorisierter Leitvogel einem Zug von Kanadagänsen vorangeflogen; mit seinem Partner bemühte er sich ab 1994 für seine »Operation Migration« Geldgeber in den USA und Kanada zu finden. Mit Erfolg. In den 1990er-Jahren hat das Team 9 Vogelzüge (3 Arten) vom Leichtflugzeug aus geleitet und so neue, gefahrlosere Flugtraditionen begründet.

Jetzt stehen die zwei und ein kompetentes Team vor ihrer bisher anspruchsvollsten Aufgabe. Sie wollen den Schreikranich retten, von dem es nur noch 188 wild lebende Vögel gibt. Um das zu erreichen, will man neue Populationen begründen, etwa indem man aus der Stamm-Population Eier entnimmt, die Vögel an einem anderen, für Kraniche geeigneten Ort ausbrütet und ihnen vor Ort die nötige pädagogische Betreuung angedeihen lässt. Wichtigstes Lehrmittel ist das Leichtbauflugzeug.

Die »aircraft-led migration« (vom Flugzeug geleiteter Vogelzug) funktioniert im Grunde nach den Gesetzen der Prägung: Die frisch geschlüpften Vögel akzeptieren als Mutter, was sich ihnen nach dem Schlupf anbietet (siehe auch das Gänse-Kapitel). In diesem Fall wird es ein Leichtbauflugzeug sein.

Sein Motorengeräusch wird dem Nachwuchs schon im Ei vorgespielt. Allerdings darf die Prägung nicht ausschließlich auf eine Maschine ausgerichtet sein, die Team-Mitglieder müssen ebenfalls als Autorität akzeptiert werden.

Eine phantastische Idee und noch dazu eine praktikable: Kranichen vom Ultraleicht-Flugzeug aus neue, sichere Flugrouten beizubringen.

Rettung der Schreikraniche Nordamerikas

In einem Interview beschrieben die US-Kranichexperten und »Rettungs«flieger um William Lishman ihre Arbeitsweise und Ziele.
Frage: Wie kommt man dazu, Kraniche im Flug zu retten?
Antwort: Für Wesen, die man liebt, tut man viel.
Frage: Und dabei geht es um ganz besondere Kraniche?
Antwort: Ja. Es gibt nur noch eine ziehende Population von Schreikranichen, die nach ihrem Brutgebiet »Wood Buffalo Flock« heißt und die aus dem nordwestlichen Kanada nach Texas fliegt, um dort zu überwintern. Wir haben uns vorgenommen, eine zweite Zuggruppe zu etablieren, gemeinsam mit dem »Whooping Crane Recovery Team«. Das Team hat sich Zentral-Wisconsin als neue Nist-Heimat ausgeguckt.
Frage: Der Schreikranich ist hoch gefährdet. Darf man da überhaupt Risiken eingehen?
Antwort: Wir haben vorher trainiert. Und zwar mit Sandhill-Kranichen, die nicht gefährdet sind. Am 3. Oktober 2000 haben wir eine Pilotstudie mit Sandhill-Kranichen begonnen, bei der es darum ging, sichere Zwischenstationen – also Rastplätze – für die Strecke Wisconsin–Florida zu etablieren. Dieser geleitete Flug endete am 11.November 2000, nachdem wir 11 Kraniche sicher im »St. Marin's Marsh Aquatic Reserve« abgeliefert hatten. Die Kraniche haben dann in Florida überwintert. Und am 27. April 2001 landeten 10 der 11 »Ultraleicht-Sandhill-Kraniche« im »Necedah National Wildlife Refuge«. Und zwar exakt auf dem Grasstreifen, wo sie im Herbst zuvor ihr Flugtraining absolviert hatten.
Frage: Also: mission possible!
Antwort: Davon sind wir überzeugt. Abstürzen könnten wir allenfalls finanziell.
Frage: Wie weit sind Ihre Ziele gesteckt?
Antwort: Sehen Sie, das »Wooping Crane Recovery Team« besteht aus 10 Kranich-Experten, 5 Amerikaner, 5 Kanadier, die den Plan ausarbeiten. Viel Verwaltungskram inbegriffen. Es geht vor allem darum, die frei lebende Wood-Buffalo-Population voll zu schützen und 2 weitere zu gründen. Nachdem wir quasi ganz Nordamerika abgesucht haben, um einen zweiten Zug zu etablieren, entschied sich das Team 1999 im September, dass wir den Tieren per Ultraleicht-Flugzeug eine Route zwischen Zentral-Wisconsin und der Westküste Floridas beibringen. Damit das Wirklichkeit werden kann, haben regierungsamtliche und freiwillige Organisationen ihre Kräfte gebündelt.
Frage: Man könnte doch sagen, es geht dabei auch um Wiedergutmachung?
Antwort: Absolut! An Schreikranichen ist viel gesündigt worden. Sein dramatischer Niedergang hatte viele Gründe. Er ist ja von Haus aus ein scheuer, empfindlicher Vogel, der schon durch die Siedlertrecks auf ihrem Weg nach Westen aufgescheucht wurde. Dann haben Siedler Feuchtgebiete drainiert und die Prärie unter den Pflug genommen und damit Lebensräume zerstört. Schließlich kamen die Jäger, die Hobby- und Museumssammler, die besonders auf Eier des seltenen Vogels aus waren.
Im Winter 1941/42 bestand der Zug nur noch aus 13 erwachsenen Vögeln und 2 jungen. In Louisiana brach die Population Vogel für Vogel zusammen, der letzte Überlebende wurde dort 1950 gefangen. Und insgesamt ist die Zahl der ziehenden Schreikraniche heute unter 200.
Frage: Also höchste Zeit für den großen Rettungsflug und neue Populationen?
Antwort: Allerhöchste!

Kiebitz

Vanellus vanellus

»Muttergottes-Taube« wurde er genannt; seine Eier galten als heilkräftig und wohlschmeckend. Und fasziniert waren die Menschen zu allen Zeiten von seinen Kunstflug-Eskapaden.

Der Kiebitz, als »gibiz« im 13. Jahrhundert erstmals bei Konrad von Haslau benannt, ist neben dem Schwan wohl der einzige Vogel, dem die deutsche Sprache die Verbform gestattet: »Kiebitzen« bedeutet, beim Kartenspiel einen unerlaubten Blick ins Blatt der Mitspieler zu tun. Was diese Form der Schummelei mit dem auffälligen, taubengroßen Haubenträger zu tun haben soll, ist nicht ganz nachzuvollziehen. Zumal der Vogel – volkskundlich gesehen – im Geruch einer gewissen Heiligkeit stand. In manchen ländlichen Gegenden führte er den Bei- und Ehrennamen »Muttergottestaube«; im Herzogtum Oldenburg hielt sich der Glaube, im Charaktervogel der Wiesen und Moore könne die Seele eines Verstorbenen Zuflucht finden.

Aber kein Licht ohne Schatten: Den Glücksbringer-Qualitäten des Kiebitzes (wer beim ersten Ruf im Frühling Geld in der Tasche hat, dem geht es übers Jahr nicht aus) stand das Dunkle und Abseitige gegenüber. Weil der Kiebitz-Ruf, »Kiwitt-Kiwitt«, sich wie »Komm mit« anhört, galt er im Schlesischen als Totenvogel, der Menschen ins Schattenreich locken will; und flog er dicht an einem Fenster vorbei, kündigte er einen Sterbefall an. (Entsprechendes gilt, mehr noch als beim Kiebitz, für Käuze.)

Der charakteristische Ruf hat aber auch weniger düstere, märchenhafte Deutung erfahren: Im Münsterland hatte ein Schäfer 5 weiße und 1 schwarzes Schaf verloren. Er suchte und war der Verzweiflung nahe, als plötzlich ein schwarz-weißer Vogel vor ihm aufflog und »kiwitt« rief. Der Schäfer verstand »fief witte« (plattdeutsch für »fünf weiße«). Er rief dem Vogel nach: »Wö'a uck'n swatt'n dorbi?« (War auch ein schwarzes dabei?). Aber der Vogel beschleunigte seinen Flug, wobei der rudernde Flügelschlag sich wie »fut ... fut« anhörte (fort, fort). Der Schäfer, der sich offenbar darauf verlassen konnte, dass der Kiebitz des Plattdeutschen mächtig ist, eilte in die Richtung, in die der Vogel entschwunden war, und fand seine Tiere.

Und weil Happyends – in zu großer Häufung – vermutlich auch früher schon als wenig originelle Erzählform galten, gibt es die Schäfergeschichte auch mit dramatösem Schluss: Der suchende Hirte versinkt im Moor.

Der lautmalenden Ausdeutung von »kiwitt« sind kaum Grenzen gesetzt: Bei spätem Frühlingsschnee bejammert der Vogel zum Beispiel – ebenfalls auf Plattdeutsch – die Frostbeulen zwischen seinen Zehen: »Mien Fööt, mien Fööt!« (meine Füße!).

DIE SCHWESTER DES BRUDERS

Sehr viel kunstmäßiger ging man im Morgenland mit dem Tier um. Ernst und Luise Gattiker berichten: »Nach mohammedanischer Sage war der Kiebitz einst eine Prinzessin, die, als sie von der Rückkehr eines lange abwesenden Lieblingsbruders hörte, einen Topf heißer Milch vom Feuer riss, da sie den Bruder mit einer Erfrischung begrüßen wollte, ihn auf ihren Kopf stellte und nach der Seite hin eilte, von der ihr fälschlich gesagt worden war, dass er käme. Sie achtete nicht auf die Brandwunden, die ihr das heiße Gefäß verursachte. Jahrelang suchte sie nach ihrem Bruder und rief ›Bruder, Bruder‹, bis Allah voll Mitleid ihr Flügel gab und sie in einen Kiebitz verwandelte, damit sie ihr Vorhaben besser ausführen könne. Darum sieht man diesen Vogel so oft in langem Bogen einherfliegen, als ober er jemand suchte ... Die mohammedanischen Frauen nennen deshalb den Kiebitz die ›Schwester des Bruders‹, und wenn sie abends seinen Ruf hören, kommen sie aus den Häusern und werfen Wasser in die Luft, damit der Vogel es gebrauchen möge zur Linderung des Schmerzes der Brandwunde auf seinem Kopf, welche Stelle durch eine schwarze Feder bezeichnet ist.«

Dass Mädchen Kiebitzgestalt annehmen können oder gar müssen, glaubte man auch im Abendland, zum Beispiel in Dänemark. Hier handelte es sich allerdings um die Bestrafung eines diebischen Mädchens: Die Ertappte musste fortan die gestohlene Schere (siehe die scherenartig angeordneten Schwanzfedern!) am Hinterteil tragen.

Bezauberung, Verzauberung, Hexerei – man verliert leicht den Überblick. Und so kann es nicht verwundern, dass der Wundervogel nicht nur das Objekt, sondern auch das Mittel von Magie war: Kiebitzköpfe galten in einschlägigen Kreisen als ein Gegenmittel bei Zauberei. Und da vor dem Zeitalter der Aufklärung Zauberei allgegenwärtig war, werden viele Kiebitze im Dienste der Feindabwehr geköpft worden sein. Oder sie kamen aus entgegengesetzten Gründen zu Tode: Anziehung! Die Drüsen des Kiebitz-Weibchens bewirkten Liebeszauber, sagte man.

Schaut er etwa mild und fromm? Nein? Jedenfalls ehrte man den Kiebitz in ländlichen Gegenden früher mit dem Namen »Muttergottestaube«.

EIN MEISTER DER WERBUNG

Kiebitz als Liebesmagier? Die Verbindung mit amourösen Dingen suggeriert der Vogel einem genauen und phantasiebegabten Beobachter durchaus: Sein eskapadischer Balzflug mit halben Überschlägen wirkt wie Liebeskoller. Das Männchen fliegt mit Flügelschlägen, die pantomimisch übertrieben wirken, so als gelte es, sich in starkem Gegenwind zu behaupten, eine längere Strecke geradeaus, in niedriger Höhe. Dann führt es etwas vor, das man verliebten und übermotivierten Piloten als »Kavaliersstart« anlastet; es reißt seinen »Flugkörper« senkrecht in die Höhe und stößt dabei ein heiseres Gekreische aus. Dann folgt ein kurzer Geradeausflug in mittlerer Höhe mit einem höchst spektakulär inszenierten Absturz: Trudeln um die eigene Achse und Überschläge inbegriffen. Krönung der Show: ein Beinahe-Aufprall, der erst im letztmöglichen Moment abgefangen wird.

Aber Kiebitz-Damen wollen mehr: Dass über ihnen jemand für sie die Lufthoheit erobert, reicht ihnen nicht. Also muss der Antragsteller das Weibchen noch mit leicht gelifteten Flügeln umtänzeln, sich aufrichten, wippend stehen bleiben und vornüber tippend den Boden berühren.

Ornithologen sprechen vom »Mulden« des Männchens. Es deute, so heißt es, pantomimisch Nestbau an, indem es in den Fersen einknickt und mit der Brust eine Mulde ins Gras drückt. Nicht genug damit, der Elternvogel in spe krönt seine Vorstellung, indem er Nistmaterial und Steinchen über den Rücken in Richtung Nestmulde wirft. Und auch der Paarung gehen höfische Verbeugungen voraus, wobei der Schwanz wie ein Fächer geschwenkt wird.

Das eigentliche Brutgeschäft beginnt häufig mit einer Fehlentscheidung, die den Kiebitzen gewissermaßen eingeprägt ist. Sie sind standorttreu, und das kann bedeuten, dass sie an einem Brutplatz, der sich einmal als geeignet erwiesen hat, auch dann festhalten, wenn beispielsweise eine Wiese zum Getreidefeld umgebrochen wurde. (Dabei waren schon die Wiesen Ersatzlebensräume für Moore und Sümpfe, die es bei uns kaum noch gibt.)

Wohnangebote, die gewissermaßen Ersatz für den Ersatz bieten, sind häufig Maisäcker – also ausgerechnet die trostlosesten Äcker der industrialisierten Landwirtschaft. Hier ist der Abstand zwischen Aussaat und erster Bearbeitung meist groß genug, sodass die Eltern ihre nestflüchtigen Jungen (Brutzeit 26–29 Tage) in Ruhe und relativer Sicherheit aufziehen können.

Ansonsten ist die so genannte moderne Landwirtschaft in summa der Todfeind der Kiebitze. Brutal entwässerte Böden werden schnell hart und trocken; geeignete Insekten, Schnecken und Würmer sind da schwer zu haben.

Wanderer und Naturfreunde fühlen sich häufig amüsiert oder gar bedroht (wer kennt nicht Hitchcocks »Vögel«?), wenn sie von Kiebitzen scheinhaft angegriffen und umgaukelt werden. Das Spektakel dient einzig und allein dem Zweck, potenzielle Feinde vom Nest der Jungen fortzulocken. Berühmt sind Kiebitze für den Trick, mit vorgetäuschter Flugunfähigkeit, humpelnd und mit Hängeflügeln, Füchse vom Nest abzulenken: »Verleiten« heißt diese Täuschungsaktion, in der Kiebitze Meister sind.

In früheren Jahren, als der Vogel noch allgegenwärtig war auf Wiesen und in Mooren, wird ihm der Trick bei der Menschenabwehr nicht viel genutzt haben. Man hielt gern mal mit Schrot drauf, denn gespickter Kiebitz, dazu Knödel mit glasierten Zwiebeln und Kartoffelpüree galt als Köstlichkeit.

Der Balzflug des Kiebitz hat, was Tollkühnheit anbelangt, kaum seinesgleichen. Allenfalls Kolkraben haben vergleichbare Flugartistik im Balz-Programm.

Heute ist der traditionellen Frühlingsbote vor direkter Verfolgung durch Menschen sicher, aber das nützt ihm wenig, wenn seine allgemeinen Lebensumstände nicht mehr stimmen. So veröffentlichte der Naturschutzbund (NABU) 1996, als der Kiebitz »Vogel des Jahres« war, beunruhigende Zahlen: Es müssten »jährlich 1,3 Jungvögel pro Brutpaar flügge werden, damit die natürliche Sterblichkeit ausgeglichen wird. Jedoch reicht in Deutschland die Nachwuchsrate kaum noch aus, um den Bestand zu erhalten. (...) In den meisten Regionen liegt der Bruterfolg zwischen 0,2 und 0,6 Jungvögel pro Paar.«

Sollte – etwa als mittelfristige Folge von BSE und Maul- und Klauenseuche – tatsächlich der (Rück)Schwenk zur bäuerlichen Landwirtschaft gelingen, dann wären Kiebitze sicherlich unter den Meistbegünstigten.

Kiebitze machen in puncto Eier-Unterlage nicht viel Federlesen. Sie verlassen sich auf die Tarnfarbe ihres Geleges.

BISMARCK, 101 KIEBITZEIER UND DIE STADT JEVER

Es kann passieren, dass ein Vogel politisch bedeutsam wird, ohne dass sich dafür zuvor Anzeichen erkennen lassen. In Jever, der Perle Ostfrieslands, Nicht-Nordlichtern nur als Bierstadt bekannt, brachte es der Charaktervogel der Wiesen und Feuchtgebiete fast zum Symbol patriotischer Gesinnung. Dr. Fritz Blum aus Jever, von einem der ältesten Stammtische Deutschlands, erklärt warum:
Im Jahr 1871 schlugen die Wogen nationaler Begeisterung hoch. Der Zusammenschluss der süddeutschen Staaten mit dem Norddeutschen Bund zum Deutschen Reich war erfolgt und der preußische König Wilhelm I. war am 18. Januar im Schloss von Versailles zum deutschen Kaiser proklamiert worden. In allen Bevölkerungskreisen war man sich darüber einig, dass die Gründung des Reiches vor allem dem staatsmännischen Geschick des preußischen Ministerpräsidenten und neuen Reichskanzlers Otto von Bismarck zu verdanken sei.
Auch die Mitglieder eines Stammtisches in Jever waren von der politischen Entwicklung sehr angetan. Sie beschlossen, um ihrer Verehrung für das politische Jahrhunderttalent Ausdruck zu geben, dem Fürsten jeweils zu seinem Geburtstag am 1. April 101 Kiebitzeier zu schicken. Sie hatten nämlich gehört, dass sich Bismarck des Öfteren im Parlamentsrestaurant in Berlin diese Delikatesse bestellte. An die Eier heranzukommen war im 19. Jahrhundert nicht schwer. In den Moorgegenden des deutschen Nordwestens gab es genügend Kiebitze. Und so etwas wie die Schutzvorschriften von heute gab es damals noch nicht.
Die Eier wurden immer sehr sorgfältig ausgesucht und verpackt. Beigefügt wurde eine Glückwunsch-Adresse, die ab 1873 die Unterschrift »Die Getreuen von Jever« trug. Der Glückwunsch war meist in Plattdeutsch geschrieben.
Der Fürst bedankte sich immer sehr artig. Er wies 1891 zudem darauf hin, dass der poetische Geburtstagsgruß ein Denkmal dafür sei, »in wie vollendeter Form sich in plattdeutscher Dichtkunst Wärme und Empfindsamkeit mit Kürze des Ausdrucks verbinden« ließe.

Am 25. April 1883 wurden die Getreuen in Jever aufs Höchste durch ein Geschenk des Reichskanzlers erfreut. Es war ein prachtvoller silberner Pokal in Form eines großen Kiebitzeies. Oben auf dem Deckel sieht ein kunstvoll gearbeiteter Kiebitzkopf heraus, unten ragen die »Ständer« des Vogels, drei (!) an der Zahl, hervor, auf welchem der Becher steht. Äußerlich zeigt das matt-oxydierte Silber die dunklen Flecken eines Kiebitzeies. Das vergoldete Innere trägt oben im Deckel das erhaben gearbeitete Bismarck'sche Wappen.
Während des Kommerses (Trinkabend) macht der Kiebitzbecher dreimal die Runde. Vorher haben der Präses (Vorsitzende) ein Eingangsreferat und ein namhafter Bismarck-Kenner eine Festrede gehalten, letztere (gern) zum Thema »Was würde Bismarck tun, wenn er heute das Sagen hätte!«
»Die Getreuen«, die seit 130 Jahren Jever über seine eigenen Grenzen hinaus bekannt gemacht haben, wollen fortfahren, das Andenken an den Altreichskanzler, an den Fürsten Otto von Bismarck, wachzuhalten.

Schnepfe

Familie *Scolopacidae* (Schnepfen)

Waldschnepfe

Schon seltsam, wie ein Vogel seine Unschuld verlieren kann. Das schnepfentypische Hinterteil-Gewackel beim Gehen soll dazu angeregt haben, Gunstgewerblerinnen »Schnepfen« zu nennen.

In einem der nie gezählten Hochsitze meines jagenden Großvaters Otto Dittmer (1888–1979) hing eine Karikatur, die eine Schnepfe oder Bekassine zeigte, wie sie über einem verwirrt dreinblickenden Jäger zickzack flog. Darunter der Spruch:

Die Schnepfe schießt man auf dem Strich.
Man trifft sie mal, doch meistens nicht.

Im Hintergrund – und vielleicht der eigentliche Grund, warum der karikierte Jäger nicht zum Schuss kam – flanierte eine Dame von der Art, wie man in den 1960er-Jahren gern Rotlicht-Arbeiterinnen darstellte, mit Netzstrümpfen und Atombusen.

Damals hatte sich mir der Doppelsinn von »Schnepfe« (Vogel und verruchtes Weibsbild) und »Strich« (Schnepfenstrich und gewerblicher Strich) nicht erschlossen. Und auch heute weiß ich immer noch nicht so richtig, warum man neben Gans, Huhn und Pute auch die Schnepfe bemüht, wenn man Frauen verbal herabwürdigen will.

In Grimms Wörterbuch, wo man noch immer am erfolgreichsten nach vergrabenen Bedeutungsursprüngen buddelt, findet sich in diesem Fall nicht viel mehr als die Bestätigung: »Schnepfe, jetzt sehr gewöhnlich für Dirne, vielfach auch in der Form Schneppe.«

Richard Riegler glaubte, der Schnepferei auf der Spur zu sein; er meinte: »Wie im Englischen die Wachtel, im Französischen der Kranich, so gilt im Deutschen, nament-

»Schnepfe« (Kokotte) auf Schwein (Glücksbringer) für das Casino von Monte Carlo (Spielhölle) Werbung treibend. Neben Ente, Huhn, Gans und Wachtel bediente sich mann der Schnepfe, um Frauen zu diskreditieren.

lich in studentischen Kreisen, die Schnepfe als Symbol der galanten Dame. Das tertium comperationis [Vergleichspunkt] ist hierbei die Art der Bewegung; die Schnepfe hat einen wackelnden Gang, womit wohl das Wiegen in den Hüften verglichen werden soll, das man bei dieser Art von Damen zu beobachten glaubte.«

Die Kunst der Schnepfenjagd

Offener zutage als der Schnepfen-Schmäh und sein Ursprung liegt das Schnepfenlob des Jägers. Gattiker hat einiges zum Thema eingesammelt: »Die Schnepfenjagd wurde schon zu alten Zeiten außerordentlich hoch geschätzt. Der geschickte Schnepfenjäger und der glückliche Schütze wurden geehrt und belohnt. In Homburg vor der Höhe wurde Schnepfenkönig, wer hundert Waldschnepfen geschossen hatte. Auch genoss er die Vergünstigung für das nächste Jahr steuerfrei zu sein. In Hessen erhielt, wer im Frühjahr die erste Schnepfe erlegte, ein Goldstück, den so genannten Schnepfendukaten. Der Graf von Solmi-Lich ließ Schnepfenpfennige prägen und solche nach Schluss der Jagdpartie unter die Treiber werfen.«

Früher freuten sich Jäger auf die drei Schnepfensonntage im Vorfrühling. Angeblich sind die Karwochen vor Ostern die beste Zeit, um den scheuen Vogel vor die Flinte zu bekommen:

Oculi, da kommt sie.
Laetare, das ist das Wahre.
Judica, noch ist sie da.

Und sogar die Venus, die im zeitigen Frühjahr hell aufleuchtet, wurde in überschäumender Jägerromantik zum »Schnepfenstern«.

Wer immer seine Treffsicherheit rühmen wollte, kam auf die Schnepfe – wobei wohl mehr die Bekassine *(Gallinago gallinago)* als die Waldschnepfe *(Scolopax rusticola)* gemeint war. Erstere ist im Zickzack-Flug tatsächlich eine Herausforderung für einen Freihandschützen, Letztere mit ihrem nicht allzu schnellen Geradeausflug stellt keine allzu großen Anforderungen. Wenn sich Jagderfolg einstellte, wird man aber nicht mehr so genau differenziert haben. In der Jagdgedichte-Sammlung von Bornemann (1855) steht, wohl des Versmaßes wegen, Schnepfe statt Bekassine:

Das Huhn im schnellen Zuge,
die Schnepf im Zickzackfluge
treff ich mit Sicherheit.

Der geübte Schnepfen- oder Bekassinenschütze galt etwas. Und das Fleisch war ein weiterer Grund, dem heimlichen, erdbraunen Vogel nachzustellen. Wahre Kennerschaft verlangte sogar den Verzehr von Schnepfendreck – also gefüllten Darm. Ein Exerzitium, das der Geheimrat Goethe wohl nicht gemeint hat, als er über die Folgen der Völlerei nachdachte:

Schnepfe und anderes Wildgeflügel wurde auch gern mit Öl angemacht: In Ölfarbe, auf Leinwand und hübsch drapiert. Ein Jagdstilleben von Jean-Baptiste Siméon (1699–1779).

Bekassine im Winter. Mit möglichst viel isolierender Luft im Gefieder ist der Vogel perfekt und kältesicher angezogen.

Ich habe niemals danach gefragt:
von welchen Schnepfen und Fasanen,
Capaunen und Welschenhahnen
ich mein Bäuchelein gemästet.

Die Heimlichkeit der Schnepfe bot natürlich Ansatzpunkte für allerlei Feld-, Wald- und Wiesenzauber. Wer sich als Schnepfenschütze beweisen wollte, mischte Schnepfendreck unter das Schießpulver; aufgehängte Schnepfenköpfe dagegen schützten Kinder gegen Zauberei. Eine meckernde Schnepfe kündigt dem pflügenden Bauer an, dass seine Pflugschar bald brechen wird. In Böhmen konnte ein Fieberkranker sich von seinem Leiden befreien, wenn er eine noch nicht flügge Schnepfe aus einem Nest holte, sie 3 Tage bei sich behielt und dann zurück in den Wald brachte.

Man darf annehmen, dass der Kranke eher von der Waldluft, eingeatmet während langer vergeblicher Suchwanderungen, geheilt wurde als vom Schnepfenzauber. Denn Jungschnepfen im Nest sind perfekt getarnt, und auch die hellbeigen, bräunlich bekleckten Eier findet nur, wer drauftritt, zumal das flache Bodennest mit der passenden Vegetation der Umgebung gepolstert wird.

Tarnung, Werbung, Gruppensex

Zum Verblüffendsten aber, was in mitteleuropäischen Wäldern an Tarnung geleistet wird, zählt die so genannte »Brutstarre« der weiblichen Waldschnepfe. Der Vogel sitzt absolut bewegungslos auf seinem Gelege und verlässt sich blind – nein, nicht blind, er hockt da mit weit geöffneten starren Augen – auf seine Tarnung. Man vermutet, dass ein Vogel, der sich nicht einmal minimal bewegt, wenig Witterung verströmt und so auch vor »Nasenfeinden« sicherer ist.

Tarnung, also das Prinzip Nichtgesehenwerden, ist eine Erfolgsstrategie der Schnepfe. Die andere heißt: Rundum-Sicht. Die hoch am Hinterkopf angesetzten, knopfrund vorstehenden Augen erlauben beinahe einen Sichtradius von 360 Grad. Nur was unmittelbar vor seiner Schnabelspitze geschieht, hat der Vogel nicht im Blick. Muss er auch nicht unbedingt, denn Würmer, die Hauptnahrung, werden beim Bohren sondiert. Die Schnabelspitze ist mit sensiblen Tastkörpern gespickt.

In der 1969er-Ausgabe von Grzimeks Tierleben findet sich eine schöne Schilderung des Hexensabbats, der Waldschnepfen-Flugbalz: »Besonders an ganz windstillen, warmen und feuchten Vorfrühlingstagen überfliegen die auf dem Zuge rastenden oder bereits an den Brutstellen eingetroffenen Männchen etwa in Baumhöhe die Waldwege, Lichtungen und Bachtäler. [...] In trägem, eulenartig geräuchlosem Flug sind die Männchen auf der Suche nach den am Boden sitzenden Weibchen; sie lassen dabei ein scharfes ›Pssieb‹, das ›Puitzen‹ der Jägersprache, und ein dumpfes ›Quorr‹, das so genannte ›Murksen‹ hören. Geschlechtsgenossen, die den flugbalzenden Männchen in die Quere kommen, werden durch Luftangriffe, das ›Stechen‹, vertrieben.«

Zaghafte, leise Antwortrufe der umworbenen Damen am Boden veranlassen die Luftkämpfer schließlich dem eigentlichen Grund all ihrer Bemühungen näher zu treten.

Es kommt dann im Unterholz zu ziemlich unübersichtlichem Gemunkel im Dunkel mit dem Resultat, dass sich keine feste Vaterbindung zwischen der Begatteten und dem zufälligen Begatter herstellt. Gruppensex wäre eine mutwillige Überformulierung, aber ganz von der Hand zu weisen ist der Verdacht nicht, dass die Bereitschaft der Schnepfe, sich in einer Nacht mit mehreren Bewerbern einzulassen, ihren eingangs zitierten schlechten Ruf begründet hat.

Möwe

Familie *Laridae*

Ein moderner Mythos überstrahlt die alten. Die »Möwe Jonathan« von Richard Bach wurde zum Überflieger und Auflagenrekordler in den Siebzigerjahren.

Die Möwe ist vielleicht der einzige Vogel, bei dem ein moderner Mythos die alten, gut abgelagerten Mythenschichten deutlich überlagert. Der Welterfolg von Richard Bachs »Die Möwe Jonathan« (1970) gehört zum Erstaunlichsten, was der Buchmarkt bis dato erlebt hatte. Ein schmächtiger Roman, ganze 93 Textseiten, erzählt die Geschichte einer denkenden und sprechenden Möwe, die nach ihrem Tod als Geistwesen wiedergeboren wird und ihren Schwarm zu schier außerweltlichen Flugleistungen emporreißt.

Die Geschichte nutzte den ersten Schiebewind, der die Esoterik-Welle in Bewegung setzte; und das Stöhnen des Feuilletons (Kitsch! Mystischer Cocktail! Pathetische Pampe!) verhallte ungelesen und ungehört.

Richard Bach selbst fütterte den Erfolgsmythos kräftig mit einem Entstehungsmythos: Während eines Strandspaziergangs 1959 soll ihm eine männliche Stimme (ich vermute, von oben) »Jonathan Livingstone Seagull« zugerufen haben – so der englische Titel seines 11 Jahre später erschienenen Buches.

Bachs Möwenflug wird zur Metapher für Perfektion. Und der Titelheld selbst – weißfedrig und strahlend – mausert sich zu einer Art Erlösergestalt, die alle Naturgesetze in Grund und Boden fliegen kann.

Man hat verschiedentlich darauf hingewiesen, dass Bach, als er den Roman konzipierte, Mitglied einer großen US-Glaubensgemeinschaft war, »Christian Science«, einer Kirche, die den Sieg des Geistes über die Materie und die heilende Kraft von Gebeten in den Mittelpunkt ihrer Verkündigung stellt.

Jonathan ist eine Art gefiederter Christusgestalt; und in einem späteren Flieger-Roman hat Bach den Erlöser auch tatsächlich noch einmal ohne Federn dargestellt, als Shimuda, den Piloten, der feste Materie – zack! – mal so eben durchfliegen kann.

Man hat dem passionierten Flieger vorgeworfen, dass er die kommerzielle Ausnutzung seines quasireligiösen Möwenromans ausgesprochen flott und geschmeidig betrieben habe. Als zum Beispiel die Frauenbewegung bemängelte, Bachs esoterischer Möwen-Schwarm sei zu männlich dominiert, fügte der Autor flugs in einer späteren Auflage die Flugschülerin Judy Lee ein.

Originaltext zur Möwendarstellung im Brockhaus von 1841: »Sie scheuen keinen Sturm und schwärmen zum Theil in zahllosen Scharen an den Ufern umher.« Es sind »überaus gefräßige und scheue Vögel«.

Aber alles mäkelnde Federgezupfe an Bachs Überflieger-Welterfolg kann eine Feststellung nicht umstoßen: Nur eine einzige andere literarische Vogelgestalt des 20. Jahrhunderts kann für sich beanspruchen, wie »Jonathan Livingstone Seagull« in die Top-Mythenränge vorgestoßen zu sein: Donald Duck, der Mythos gewordene »beautiful loser«, der sympathische Verlierertyp aus Entenhausen. Und ein »loser« ist ohne Frage die Gegengestalt zu Jonathan Livingstone Seagull, dem Sieger über Zeit und Raum, dem Abgott einer mythenhungrigen Lesergemeinde.

Künder des rettenden Festlandes

Etwas von Jonathans Verwandlungskunst findet sich natürlich auch schon in alten Mythen vorgeformt. So schlüpft in einer russischen Volkssage die Witwe eines von den Tataren ermordeten Mannes in eine Möwe, sucht und findet schließlich den vergrabenen Kopf ihres Gatten.

Und natürlich haben die Seefahrer aller Zeiten und Meere im Möwenflug Aufschluss gesucht über die Entwicklung von Wind und Wetter, oder über die Ergiebigkeit von Fischgründen. Und fast schon ein Topos (ein literarischer Allgemeinplatz) sind die Seefahrer-Geschichten, in denen eine Möwe der verzweifelten, verhungernden, verdurstenden, der taifun- oder flautengeplagten, der von Skorbut oder Typhus dezimierten Mannschaft die rettende Küste ankündigte. Erlösende, weißflügelige Engel mit Schnäbeln und Ruderfüßen.

Möwen am Heck auslaufender Schiffe verhießen gute Fahrt. Wobei in Wismar die Sage ging, dass die lärmende Schar am Achtersteven im Grunde eine Fluggesellschaft ruheloser Seefahrer-Seelen sei.

Möwen sind unentbehrliche Zutat in Salzwasser-Geschichten, -Erzählungen, -Romanen, vor allem aber in Liedern. In der Nordsee-Hymne (»Wo die Nordseewellen schlagen an den Strand«) heißt es: »... wo die Möwen schrillen, hell im Sturmgebraus, da ist meine Heimat, da bin ich zu Haus.« Die Möwe ist der Identität stiftende Vogel einer Landschaft – wie sonst nur noch der Steinadler in den Alpen. Hans Albers sang »Kleine Möwe fliegt nach Helgoland« und Christian Morgenstern erfreute schon mehrere Generationen mit seinem Achtzeiler:

Die Möwen sehen alle aus,
als ob sie Emma hießen.
Sie tragen einen grauen Flaus,
und sind mit Schrot zu schießen.

Ich schieße keine Möwe tot,
ich laß sie lieber leben.
Und fütt're sie mit Zuckerbrot
und südlichen Zibeben.

Erfolg auf der Müllhalde

Was Morgenstern am Ende seines Gedichtes andeutet, charakterisiert die eleganten weißen Vögel – zumindest einige Arten der verzweigten Familie: Sie sind vom Stamme Nimm; will sagen, was Menschen wegwerfen oder übrig lassen, ernährt inzwischen so manche Möwenpopulation. Mülldeponien, nicht nur in unmittelbarer Küstennähe, sind bevorzugte Nahrungsquellen für Möwen, die es nicht selten schaffen, die traditionellen Müllwärter, die Krähen, zu verdrängen.

Heringsmöwen und Verwandtschaft klumpen sich immer da, wo's was zu holen gibt. Fischereihäfen werden regelmäßig überwacht und angeflogen.

Lachmöwen haben sich die Binnengewässer Mitteleuropas erobert – in vielen Gegenden können sie schon fast als »Wiesenvögel« gelten.

Stefan Ineichen (»Die wilden Tiere in der Stadt«) legt dar, dass die auffällige Vorliebe von Lachmöwen *(Larus ridibundus)* für die Stadt Zürich mit der Entwicklung des städtischen Schlachthauses verknüpft war. In den Neujahrsblättern der Naturforschenden Gesellschaft Zürich heißt es: »Sobald im November und Dezember Schnee fällt, stellen sie sich in der Stadt ein und fliegen in Scharen zwischen den Brücken, besonders um das Schlachthaus herum, wo sie alle thierischen Abgänge gierig auffangen und verzehren. Beständig ziehen sie aber herum, bald unterwärts auf der Limmat, bald auf dem See, kehren aber immer von Zeit zu Zeit wieder zwischen die Brücken. Im kalten Winter von 1829 und 1830 konnte man zwischen der untern Brücke und den Mühlstegen leicht 80 bis 100 Möwen zählen, welche theils schwammen, theils flogen. Sie waren so dreist, dass sie den Fleischern, welche Gedärme reinigten, dieselben aus der Hand nahmen.«

Das schadete aber ihrer Beliebtheit kaum. Man fütterte im Winter kräftig zu und immer zahlreichere Verbände ersparten sich kräftezehrende Winterfluchten. Lachmöwen wurden in vielen europäischen Städten zu Ganzjahres-Gästen.

Und die rührigen Schwarmvögel wurden so etwas wie die Wappentiere von Zürich; die Gastronomiekette Mövenpick, deren Ursprungsbetrieb in der Stadt am See angesiedelt war, trug den Namen der Vogelfamilie sogar in entlegene gastronomische Landschaften rund um die Welt. (Ich habe einmal im staubigen Aden im dortigen Mövenpick-Hotel versucht, einem englisch sprechenden Araber »Mövenpick« ins Englische zu übersetzen: »Pecking Gull« fand er keinen würdigen Namen für das Luxurióseste, was der südliche Jemen zu bieten hat.)

Möwen sieht man klar auf der Siegerseite, wenn es darum geht, die wenigen Kreaturen aufzulisten, die sich an der Seite der Menschen die Erde untertan machen. Schlecht vernarbte Zivilisationsspuren, wo immer der Mensch die Natur verletzt, stören die begabten Flieger vergleichsweise wenig, solange nur etwas Nahrhaftes für sie abfällt.

Und sie haben das Glück, dass ihnen – ganz anders als den ähnlich erfolgreichen Ratten – ihr Vormarsch keinen erheblichen Image-Schaden einträgt. Sie gelten noch immer als Freiheits- und Fernweh-Vögel, auch wenn ihnen heute häufig Industriemüll am Fuß klebt.

Ihr Symbolwert ist nur wenig angeschrammt. Nichts hört sich salzwässeriger an als ein Möwenschrei. Ganz so wie es Anfang des 20. Jahrhunderts ein beliebtes Wandervogellied von Siegfried Schmidt (»Jauchzende Jungen«) herausjubelt:

Prall steh'n die Segel, peitscht der Salzwind die Wogen
und die Möwen folgen kreischend uns am Heck;
uns hat das Meer in seinen Bann schon gezogen,
wenn die schäumenden Brecher stürzen über Bug und Deck.

Das Fernwehmotiv schlechthin: Segelschiff mit Möwe (Iwan Konstantinowitsch Aiwasowski, 1817–1900).

Auerhahn

Tetrao urogallis

»Im post-mortalen Liebeskoller erstarrt« (Horst Stern), hängt er ausgestopft in Jagdhütten und über Jägerstammtischen. Aber es gibt spannendere Ansichten des großen Waldhahnes.

Der Auerhahn hat einen festen Platz im Bewusstsein der Bergvölker. Und es waren wohl nicht in erster Linie Pulver und Blei, die ihn fast ausgerottet hätten. Man weiß heute, dass ihm seine komplizierten Lebensraum-Ansprüche das Genick zu brechen drohen. In einer durchrationalisierten Kulturlandschaft ist für anspruchsvolle Großvögel offenbar kaum noch genügend Platz.

Das festzustellen bedeutet allerdings keinen Freispruch für Jäger. Bis vor nicht allzu langer Zeit wurde nur auf wenig jagbares Wild so gern »draufgehalten« wie auf den »trophäenstarken« Hahn. Selbst in norddeutschen Jagdzimmern und über küstennahen Jägerstammtischen – also in Gegenden, in denen es ihn kaum je gegeben hat – sieht man den männlichen Vogel häufig in »postmortalem Liebeskoller« erstarrt. Das kann nur heißen, dass der Schuss auf das Prestigeobjekt immer schon eine weite Reise wert war.

Mittel gegen Krämpfe und Fallsucht

In seinen angestammten Lebensräumen, vor allem den waldigen Tälern der Alpen, diente dic Auerhahnjagd nicht unbedingt nur der waidmännlichen Dekorationssucht. Es ging den Schützen vergangener Jahrhunderte auch um die medizinische Grundversorgung. Wie sonst wohl nur noch der Steinbock war das Auerwild Stammlieferant für die berühmt-berüchtigten »Apotheken« der Volksmedizin.

Gattiker erinnert an den Grundsatz der Volksmedizin (im übrigen auch der Grundsatz der Homöopathie) »Gleiches mit Gleichem zu bekämpfen«, und »da man sich nun das bekannte Liebesspiel, die Verzückung und Verbeugung des Auerhahns beim Balzen, als Krämpfe« vorstellte, versprach man sich von Auerhahnzunge und -magen krampflösende Wirkungen.

In Oberösterreich musste der Hahn quasi bei der Balz geschossen werden, auf dass seine Zunge leidende Kinder von Krämpfen befreie. Der Vogel aber muss äußerst unwillig gewesen sein, um der Menschenkinder willen zu sterben; jedenfalls neigte er dazu, sterbend seine Zunge zu verschlucken. Deshalb war es geboten, dass der Schütze in höchster Eile seiner Kugel hinterhersprang, um die Zunge noch rechtzeitig sicherzustellen – so weit das Jägerlatein.

In einer Sammlung »Volksmedizin und Aberglaube in Oberbayerns Gegenwart und Vergangenheit« (M. Höfler, 1893) wird auch die Heilwirkung von Auerhahnzungen bei »Fallsucht« (Epilepsie) erwähnt. Und oft fühlt man sich an schamanische Riten erinnert, wenn man Auerhahn-Rezepturen aus dem Fichtelgebirge, der Pfalz und Böhmen liest: Auerhahn-Mageninhalt zum Beispiel wurde bei Fallsucht und Bandwurmbefall hinuntergewürgt. Bisweilen musste es sogar ein ganzer, geöffneter, »blutfrischer« Vogel sein, den man gegen Kopfschmerz auflegte.

Eine besondere Rolle nahmen die Steinchen ein, die sich im Auerhahnmagen finden. Bis zu 2800 wurden als Verdauungshilfe für die schwer aufzuschließenden Pflanzenteile in einem einzigen Magen gefunden. Einem Leidenden, den ein Fremdkörper im Auge peinigte, füllte man zusätzlich noch eines dieser Steinchen in die Lidtasche. Die erhoffte Wirkung – der Stein wird mit dem Fremdkörper vom Augenwasser ausgespült – stellte sich aber nur ein, wenn Stein- und Augenfarbe übereinstimmten.

Keiner balzt besser – und dann?

Dass Auerhähne vorzugsweise bei und während der Balz gejagt wurden, hat vor allem einen praktischen Grund. Der an sich scheue Vogel ist im Liebesrausch buchstäblich taub und damit für einen pirschenden Jäger leichte Beute. Schon Hans Sachs (1494–1576) empfahl: »Scheusz in, wenn er lang tut balzen!«

Das Wörterbuch von Jacob und Wilhelm Grimm stellt fest, dass »Balzen« – also das Wort, das heute universell das werbende Vorspiel im Reich der Vögel bezeichnet – wohl erstmals im Zusammenhang mit Auerwild gebraucht wurde. Und das möglicherweise deshalb, weil der Auerhahn zu markanten Lustsprüngen (italienisch: »balzare« = springen) neigt. Demnach wäre Balzen in seinem Sprachbedeutungs-Ursprung so etwas wie »sexuell motiviertes Freudengehopse«.

Schwieriger nachzuvollziehen ist für den etymologischen Laien dagegen die ebenfalls bei Grimm nachzulesende Behauptung, dass sich »Balzen« aus einer lautmalenden Reihe von Vokal- und Konsonanten-Verschiebungen herleiten soll: Auerhähne kollern, krollen, krolzen ... balzen.

Ob nun der markante Vogel mit seinem aufwändigen präkoitalen Gebaren tatsächlich der deutschen Sprache das Wort »balzen« geschenkt hat oder nicht, mögen die Fachleute entscheiden. Gesichert ist, dass der »Waldhahn« den Volks- und Dichtermund kräftig angeregt hat. »Taub wie ein Auerhahn in der Balz«, sagte man in einer Zeit, als Vogelvergleiche noch geläufig waren, und der Weimarer Dichter Christoph Martin Wieland nennt die Befindlichkeit eines hoffnungslos Verliebten »als wie ein taumelnder, lusttrunkner Auerhahn«.

In ganz anderem Licht erscheint der Vogel in einer frommen jüdischen Legende. Er half Salomo den Tempel aufzubauen, kannte das kluge Tier doch eine wundertätige Wurzel, mit deren Hilfe das unendlich mühsame Steinespalten – quasi maschinell und ohne große Kraftanstrengung – zu bewerkstelligen war. Ob es sich bei dem mirakulösen Steinmetz nun exakt um den Auerhahn gehandelt hat oder nicht vielmehr um ein verwandtes Steinhuhn, muss ungeklärt bleiben.

In Skandinavien und den Weiten Russlands noch ganz gut vertreten, im Alpenraum mehr auf der Flucht als zu Hause: der Auerhahn.

Erlegt 1976, aufgebahrt im Jagdzimmer von Oberforstrat a.D. Stephan (Pensionär in Windach bei Landsberg) – in angemessener Nachbarschaft zur Lieblingstrophäe, dem Kronenhirsch, der traditionell ein Jägerleben krönt.

Wie es überhaupt schwierig ist, dem Vogel auf die Schliche zu kommen. Nicht nur wegen seiner Seltenheit. Das große Waldgeflügel kann sich perfekt in Bodensenken drücken, und auch wenn es sich zur Flucht genötigt sieht, fliegt es nur ungern auf. Nach Möglichkeit stiehlt sich der Auerhahn, jedwede Deckung nutzend, zu Fuß davon.

Bei der Balz dagegen möchte der Hahn naturgemäß auffallen. Das gruppenweise Sich-Präsentieren der Männchen auf gut exponierten starken Ästen ist zur Jagdikone schlechthin erstarrt; ausgestopfte Auerhähne, die *nicht* in der »Mädels-schaugts-amoi-her!«-Stellung angeboten werden, haben hohen Seltenheitswert.

Wenn es darum geht, Mitbewerber in die Defensive zu imponieren, wirft sich der Hahn heftig in die Brust. Der eigentliche Balztanz dagegen ist subtiler. Der buhlende Hahn scheint instinktiv zu wissen, dass es einen schmalen Grat gibt zwischen Imponieren und Einschüchtern. Die umworbene Henne überdeckt ihren Konflikt – Flucht oder flugs nachgeben? – durch so genanntes »Scheinfressen«. Auf menschliche Beobachter wirkt das wie das gespielt gelangweilte Fritten-Gestocher einer Vorstadt-Schönen, während er nach Kräften im Muscle-Shirt posiert.

Der Hahn aber lässt sich nicht beirren, beginnt sein Sprung- und Vokalprogramm abzuspulen, präsentiert den gesträubten Kehlbart, fächert den Stoß zu imposanter Rundung, zeigt den weißen Spiegel am Flügelbug, lässt aber zugleich die Handschwingen schleifen – letzteres gilt als Beschwichtigungsgeste. Die eigentliche Begattung dauert nur Sekunden – viel Anlauf für einen kurzen Sprung, möchte man meinen.

Und noch eine pikante Schlussnote: Auch Birkhähne wurden schon dabei beobachtet, wie sie auf Auerhennen stiegen. Dieses artübergreifende

Hohe Schneelagen gehen dem Auerhahn normalerweise nicht an den Lebensnerv. Wichtig ist allerdings, dass er im Winter nicht zu oft zu energiezehrenden Fluchten genötigt wird.

»Fremdgehen« soll gar nicht mal so selten sein unter Raufußhühnern, besonders wenn sich – wie in Skandinavien beobachtet – der gemeinsame Lebensraum verschlechtert und Auerhennen-Überschuss herrscht. Verblüffend an der Sache ist weniger der Umstand selbst als die – genau genommen fehlende! – Voraussetzung für die »verbotene« Liebe. Die Auerhennen brauchen eigentlich die akustische Anmache eines Hahns, und man kann ja nicht unterstellen, dass ein Birkhahn eine Fremdsprache beherrscht. Was also ist es dann? Die schiere Not?

Die Resultate solcher Fehltritte heißen »Rackelwild«; »rackla« bedeutet im Schwedischen sich räuspern. Und so wie ein Verlegenheitsräusperer klingt die Stimme der *meist* sterilen (nicht immer, wie man dank genetischer Untersuchungen seit kurzem weiß!) Vögel denn auch.

Ein Hahn – auf den Teller gezwungen!

Den Auerhahn zählen Jäger zur Höheren Jagd, stellen den Vogel also auf eine Stufe mit dem Hirsch. Davon hat *Tetrao urogallus,* wie er wissenschaftlich heißt, natürlich keinen Vorteil gehabt, eher schon das Gegenteil. Bei hoher Jagd geht es nämlich um die »Jagd an sich« und damit ganz deutlich auch um Trophäen. Allein um seines Fleisches willen hätte man der Charaktergestalt naturnaher Nadelwälder in der Vergangenheit vermutlich nicht so hart zugesetzt. Denn Auerhahn auf dem Teller war stets ein gewagtes Unterfangen.
Das Fleisch hat häufig einen harzigen Geschmack, der besonders bei älteren Tieren sehr dominant werden kann.
Diesem Störfaktor begegnete man früher offenbar, indem man ihn mit Fäule überdeckte. Ein altes Zubereitungsrezept empfiehlt, den Vogel im Topf verschlossen 14 Tage einzugraben. Dann möge man ihn mit einer 1:1-Weinschorle beizen, und zwar 24 Stunden lang. Gebraten und mit allerlei Zutaten garniert, soll der Wildvogel dann auf Festtafeln eine passable Figur gemacht haben. Aber die Servier-Anleitung offenbart, dass sich der Rezeptautor des Erfolges keineswegs sicher war. Er empfiehlt, die Fenster weit zu öffnen, um bei Bedarf den Braten samt Schüssel hinauswerfen zu können.
Hier ein detaillierteres Rezept, das man – bitte sehr! – nur lesend nachschmecken kann; Auerwild ist bekanntlich in Mitteleuropa (anders als in Skandinavien) streng geschützt. Mit einer Ausnahme: Die Österreicher erlauben den Schuss auf den großen Vogel – Artenschutz hin oder her.
»Ein Auerhahn muss, um mürbe und genießbar zu werden, je nach Alter wenigstens 2–3 Wochen an einem kühlen Ort samt dem Gefieder hängen. Dann zieht man ihm die ganze Haut mit den Federn ab und legt ihn mehrere Tage in eine Beize. Nach 3–8 Tagen nimmt man ihn heraus, löst das noch dicke Häutchen von der Brust und den Schenkeln, klopft dieselben mit einem Holzschlegel recht oft, aber sanft, damit das Fleisch mürber wird, spickt es reichlich mit Speck und dressiert den Hahn. Dann legt man ihn samt Beize wieder in die Bratpfanne, gibt ihn ins Rohr und lässt ihn etwas dünsten, wobei man ihn fleißig mit einem halben Liter saurem Rahm begießt. Erst später soll die Temperatur erhöht und der Vogel mit Butter bestrichen werden, damit auch der Speck Farbe bekommt. Er benötigt beiläufig zwei bis zweieinhalb Stunden, bis er fertig gedünstet und gebraten ist.
Hierauf legt man ihn aufs Tranchierbrett, entfernt den Spagat (Bindfaden) und tranchiert ihn. Von der Brust schneidet man feine Schnitten der Länge nach herab, schiebt sie wieder an den Brustknochen und richtet den Hahn derartig an, dass er wie unzerschnitten aussieht.«
Es folgen noch Spezialtipps zur Saucen-Behandlung und Garnierungsvorschläge, die wir hier vorenthalten, wollen wir doch durchaus dem Verdacht entgehen, zu verbotenen Genüssen aufzufordern.
Genuss ist natürlich immer eine relative Sache.
Und irgendwie wird man das Gefühl nicht los, beim Großen Hahn war es ein wenig wie heute noch beim Kaviar; die gesellschaftliche Konvention verfügt, hier handele es sich um etwas sehr Besonderes, etwas Erlesenes, das sich nur wenige leisten können. Und genau so muss(te) man die Sache dann auch auslöffeln und tranchieren.

Hahn und Henne

Gallus gallus forma domestica

Selten sitzen Mann und Weib auf so entgegengesetzten Enden der (Hühner)Leiter: »Stoltzer Hahn« und »dummes Huhn«. Aber bei genauerer Prüfung gibt es Übergänge.

Mythos ist etwas ungemein Kollektives und wohl nur ausnahmsweise die Hervorbringung eines einzelnen Gehirnes. Andererseits können Einzelpersonen durchaus Mythos-Statur erreichen. Für die linken Studenten, die »68er«, gab es mindestens zwei personale Großmythen: Che und Ho Chi Minh; der eine im bolivianischen Dschungel heroisch unterlegen gegen die »Handlanger der USA«, der andere im Dschungel von Vietnam siegreich gegen die französische Kolonialmacht.

Der Che-Mythos erwies sich als der langlebigere. Der Ho-Chi-Minh-Mythos – der Mythos von der Unbesiegbarkeit eines Volkes im Volkskrieg, also der modernisierte David-Goliath-Mythos – war für alle »fortschrittlichen Menschen« zur Zeit des Vietnamkrieges der bedeutsamere. Die Begründung aus heutiger Sicht: Nichts ist siegreicher als Sieg.

Was das alles mit »Mythos Vogel« oder »Mythos Hahn« zu tun hat? Der von Kriegsmythen umrankte Ho Chi Minh schrieb in französischer Gefangenschaft ein Gedicht über den Hahn, das in keiner Weise zu einem hartgesottenen Kriegshandwerker zu passen scheint:

Ich höre den Hahn

Bist du auch bloß ein Hahn –
Es tagt, es tagt! verkündet laut
dein Schrein.
Das reißt die Schläfer hoch aus
blauer Nacht.
So ist dein Ruhm nicht klein.

(Übertragen von Helga
u. Eberhard Scherner)

Wecker, Wächter und Künder

Der Hahn als Verbündeter gegen den Feind, der bei Tageslicht, wenn aus Schwarz Blau wird, noch rechtzeitig warnt: »Bring dich in Sicherheit, eh du entdeckt wirst!« Der Hahn als verschworener Wächter am Rande der Nacht, als Herold des Tages – so kräht er sich durch die Jahrhunderte und die Kulturkreise.

Vermutlich ist der christliche Anteil bei dieser Gedankenverbindung hoch. Der Hahn hatte bekanntlich einen ergreifenden Auftritt im Neuen Testament. Jesus prophezeit unmittelbar vor seiner Gefangennahme dem Jünger Petrus: »Wahrlich, ich sage dir: In dieser Nacht, noch ehe der Hahn kräht, wirst du mich dreimal verleugnen.« (Matthäus 26,34) Und so kam es. Aber weil Petrus tiefe, tätige Reue zeigte, wurde der Hahn zum christlichen Symbol der Umkehr und fand daher seinen Platz sinnigerweise in ornamentaler Darstellung an Beichtstühlen. In Aquileia zeigt ein Mosaik einen Hahn, der, den hellen Tag verkörpernd, eine Schildkröte bekämpft, die für Nacht und Finsternis steht.

Keiner schreit bedeutsamer. Hahnenschrei – der Inbegriff von Frühaufstehen und Bauernfleiß.

Das Wecker-, Wächter- oder Künderamt des Hahnes mag zwar gewichtige und tief bedeutsame Grundlagen haben, meist jedoch ist in unspektakulären, alltäglichen Zusammenhängen davon die Rede – nie aber ganz ohne Poesie. Joseph von Eichendorff reimte:

Wann der Hahn kräht auf dem Dache,
putzt der Mond die Lampe aus.
Und die Stern ziehn von der Wache,
Gott behüte Land und Haus!

Wächter, offizieller Begrüßer des Tages, bei den Kelten gar heiliger Vogel, weit verbreitet auch als Sinnbild der straffen Haltung, als französischer Gallischer Hahn gar Repräsentant der Grand Nation – kein schlechtes Image alles in allem.

Wenn das »dumme Huhn« kräht ...

Wie anders steht es da um seine Frau, das notorisch dumme Huhn. Imagemäßig womöglich noch unter der blöden Gans. Zbigniew Herbert (1924 in Lemberg geboren) hat, witziger als andere, seinen Spott über die Henne ausgegossen, wobei dieser Ausguss in der letzten Zeile mit artistischem Schwung auf den Spötter zurückschwappt:

Die henne ist das beste beispiel dafür,
wo das enge zusammenleben mit menschen hinführt.
Sie hat die leichtigkeit und die anmut des vogels
gänzlich verloren.
Über dem stattlichen pürz
ragt das federgebüsch empor wie ein zu großer hut
von schlechtem geschmack.
Ihre seltenen augenblicke der erregung,
wenn sie sich auf ein bein stellt
und die runden augen
mit dem lidhäutchen zuklebt,
sind erschütternd widerlich.
Und dazu noch diese parodie des gesangs,
abgeschnittene supplikationen
über eine unsagbar lächerliche sache: das runde, weiße,
beschmierte ei.

Sie erinnert an manche dichter,
die henne.

Es gibt wohl kaum ein anderes Tier, das (geschlechtsspezifisch betrachtet) so dual, so zwieschlächtig ist: Hahn toll, Huhn doof. Da führt keine verbindende Brücke von ihm zu ihr, es sei denn, man erkennt das Einende gerade in der Verschränktheit, in der Nähe, die man Stolz (Hahn) und Lächerlichkeit (Henne) nachsagt. Dummheit und Stolz wachsen auf einem Holz, reimt der Volksmund.

Aber wie man das Hühnerei auch dreht und wendet, wenn ein Hennenküken schlüpft, entsteigt ein Wesen der Schale, das – im Volksglauben – meistens nichts Gutes zu gewärtigen hat. Zumindest dort nicht, wo man den Volksmund in seiner groben Form belauschen kann. Ernst und Luise Gattiker bieten eine reiche Auswahl gereimter Ungereimtheiten:

Wenn die Henne kräht,
ist sie des Schlachtens wert.

Mädchen die pfeifen, Hennen die krähen,
muss man flugs den Hals umdrehn.

Und noch ein Beispiel, mit dem man heute Höchstwertungen auf der nach oben offenen Chauvi-Skala erringen könnte:

Wenn die Henne kräht vor dem Hahn,
und das Weib spricht vor dem Mann,
soll man die Henne braten
und das Weib mit Prügeln beraten.

Wächter in Ruhestellung

Krähende Hennen bedeuteten über nationale oder Brauchtumsgrenzen hinweg schlechterdings Schlechtes. In Böhmen griff man zum Beil, wenn das Unglückshuhn krächzend Laut gab. Hennen, die beim Krähen heftig die Flügel schlagen, galten in Österreich als »Wetterhexen«, sprich: Unwetterkünder. Weit schlimmer noch in Albanien: Hennenkrähen verhieß baldigen Tod, es sei denn, der Vogel schaute beim Rufen nach Osten. In Bosnien waren laute Hennen Seuchenkünder, in Bulgarien erwartete man die Annäherung des Todes, wenn so ein Unglücksvogel früh – und das hieß in der Regel vor dem Hahn – die Stimme erhob.

Der Hahn, Top-Figur der »Bremer Stadtmusikanten«, darf den schönsten Satz aller Märchenbücher sagen: »Komm mit, etwas Besseres als den Tod findest du überall!«

Hühner-Magie

Hühner – wissenschaftlich gesehen handelt es sich um eine uralte Zuchtform des asiatischen Bankivahuhns *(Gallus gallus)* – waren praktisch immer zur Hand. Kein Wunder also, dass sich über Gebühr viel schwarze und weiße Magie an ihr Gefieder heftete. Eine knappe Auswahl (ebenfalls nach Gattiker): »Eine ganz schwarze Henne legt, wenn sie 9 Jahre alt ist, das erste und letzte Mal in ihrem Leben ein Ei ohne Dotter, mit dem man hexen kann. Denn zu diesem Ei hat sie sich mit der Hausschlange begattet. Damit das Ei kein Unheil verkündet, wirft es die Hausfrau, etwas vor sich her murmelnd, über das Hausdach. So können Zauberer und Hexen dem Hause nichts anhaben. Gibt man in Oldenburg einem Huhn Fingernägelschnitzel eines Kranken mit Eiern vermischt zu fressen, geht die Krankheit auf dieses über. Hühnerdarm, am besten von einer schwarzen Henne, ›in guter Milch gekocht‹, wird in Bayern kolikkranken Kindern auf den Leib gelegt ...«

Hennen musste man nicht nur für die Akutbehandlung in Reserve haben, sie dienten auch als erweiterter Immunschutz – in einer Zeit, in der man von Immun- und Abwehrkräften des Körpers noch nichts wusste. Im Elsass soll man verendet aufgefundene Hühner mit freudigem Stoßseufzen begrüßt haben, denn die gefiederte Leiche bedeutete nichts anderes, als dass der Tod einen Menschen zu Lasten des Geflügels verschont hatte (siehe dazu auch das Kapitel Fichtenkreuzschnabel).

Sehr viel anheimelnder klingt da schon das vogtländische Weihnachtsorakel. Heiratsfähige Mädchen stocherten am Heiligen Abend mit eine langen Stange im Hühnerstall herum:

Gackert der Hoah
krieg ich en Moa;
gackert die Henn',
krieg ich kenn.

Man darf wohl vermuten, dass Mädchen mit ernsthaften Absichten nicht planlos gestochert haben.

Ein Brauchtum stiftender Umstand scheint auch eine kleine Parallelität im Menschen- und Hüherleben vergangener Tage gewesen zu sein: Die arme Landbevölkerung schlief auf Stroh, in Säcke oder Leinen gestopft, und das Eier legende Nutzvieh ver-

Jemanden zum Hahnrei machen hieß, ihm Hörner aufzusetzen. Diese altfranzösische Versinnbildlichung der unangenehmsten Männerschmach besticht durch ihre satirische Note.

richtete sein Geschäft ebenfalls im Stroh. So soll sich der Bruterfolg der Hennen deutlich gesteigert haben, wenn man kurzfristig Stroh aus einem Mädchenbett umschichtete, wohingegen Stroh aus Männerbetten unweigerlich bewirkte, dass keine Hennen, sondern Hähne schlüpften.

Wem diese Prozedur zu aufwändig war, der konnte es (im Erzgebirge) mit einer Art »Eigen-Federbett-Therapie« versuchen: Man schnitt den Hühnern zur Fastenzeit das Schwanzgefieder ab und polsterte in der Hoffnung auf Super-Legeleistung damit die Nester. In Baden meinte man, der Hennen-Unsitte, ihre Gelege nicht wiederzufinden, begegnen zu können, indem man die dritte Schwungfeder des Flügels ausriss und zur Kennzeichnung ins Nest legte.

Und natürlich lud die – im Laufe der Domestikation hoch gezüchtete – Fruchtbarkeit der Henne zu allerhand volkstümlichen Derbheiten ein. In Chur beispielsweise sagte man von einer Frau, die über die Jahre hinweg entweder Wöchnerin oder schwanger war, dass sie »albig Hüener oder Eier ha«.

Symbol für Sex, Streit und Sieg

Zu Anspielungen auf menschliches Reproduktionsverhalten reizt natürlich auch der Hahn, der scheinbar nimmersatt und nimmermüde von einer Henne zur anderen steigt. »Sieht wie die stolzen hanen die hüner übergehen«, rief der deutsche Poet und Übersetzer Martin Opitz mit frühbarocker Lebenslust. Und im Englischen hat der Zipfel, der in juveniler Ausformung bei deutschen Knaben früher »Piephahn« hieß, seit jeher den Namen des männlichen Hühnervogels: »cock«; »Hahn« nennt der Angelsachse vulgär seinen Penis, während der Deutsche – noch vulgärer – von »Schwanz« redet.

Diese unterschiedlichen sprachlichen Anleihen aus dem Tierreich können Verständnisschwierigkeiten bereiten. Eine befreundete Synchronregisseurin berichtete mir von einer dramaturgisch entscheidenden Film-Szene, die ihr beim Transport vom Englischen ins Deutsche erhebliche Mühe machte: Eine junge Frau trinkt umständlich und etwas unbeholfen an einem Wasserhahn (der englisch ebenfalls »cock« heißt) und bekommt prompt eine üble sexuelle Anspielung an den Kopf geworfen, die im Englischen ohne weiteres sprachlich nachvollziehbar ist. Die weitere Handlung des Films wird von der heftigen Reaktion der jungen Frau mitbestimmt. Doch genau das ist dem deutschen Publikum (ein deutscher Wasserhahn ist ja vergleichsweise asexuell) nicht so ohne weiteres zu vermitteln.

Verwirrend auch seit jeher eine andere – diesmal überwiegend kontinentale – sexuelle Vereinnahmung des Hahns. Hahnrei – der gehörnte Ehemann – findet sich erstmals im 16. Jahrhundert in lateinischer Sprache erwähnt: »Cornuti nobis sunt hanrey« (als Hahnrei gelten uns die Gehörnten).

Das Wörterbuch der Brüder Grimm, immer noch die beste Quelle für Wortbedeutungsforschung, muss passen: Eine wirklich zwingende Erklärung dafür, dass man den Hahn mit den Opfern ehelicher Untreue in Verbindung bringt, scheint nicht zu existieren. Eine interessante Spekulation, die allerdings etwas später an-

Hahnenkampf ist in Mexiko von jeher Macho-Freizeitspaß. Ein Fotodokument von Anfang des 20. Jahrhunderts.

Was ist so gallisch am Hahn?

Eigentlich nichts als eine (vermutlich zufällige) Namensgleicheit im Lateinischen: »Gallus« = der Gallier und »Gallus« = der Hahn. Der gallische Hahn ist weniger staatsoffiziell als der deutsche Adler, der es immerhin zum offiziellen Wappenvogel gebracht hat. Populär ist das heraldische Federvieh in Frankreich aber gleichwohl. In den wild bewegten Jahren der französischen Revolutionen 1789 ff. und 1848 mauserte er sich zum anti-königlichen Wahrzeichen. Man scharte sich unter dem Hahn, wenn es gegen das verhasste Lilienwappen der Bourbonen ging.
Royalisten haben natürlich kräftig gegen den Hahn polemisiert – so war und ist das Köpfen ja die übliche Art, Hähne für den Kochtopf vorzubereiten, und zugleich eine Technik, von der in der großen Französischen Revolution bekanntlich reichlich und schließlich mit maschineller Hilfe Gebrauch gemacht wurde.
Bekannt wurde das Hahnensymbol auch als Briefmarken-Logo und als patriotisches Truppenabzeichen in beiden Weltkriegen. Eines der bekanntesten Plakate, mit dem Frankreich den Kriegswillen von Soldaten und Bevölkerung im Ersten Weltkrieg aufrechterhalten wollte, zeigt einen wilden, feurigen Hahn, der entsetzte deutsche Soldaten in die Schützengräben zurückscheucht.

setzt als das erste verbürgte Auftreten des Wortes im deutschen Sprachraum, betrifft den Hang der Deutschen, den linksrheinischen »Erbfeind«, wann immer das politisch opportun erschien, zu verspotten. Der gallische Hahn, so die spekulative Erklärung, bekam von deutschen Lästerzungen den verbreiteten französischen Namen »Henri« angehängt – der vom Klang her »Hahnrei« nahe kommt.

Wie dem auch sei, heftiger Spott richtete sich zu allen Zeiten gern gegen Höhergestellte – und noch lieber gegen solche, die sich höher gestellt wähnten; sie waren die natürlichen Ziele für Lästereien von unten. Ein eitler Protz galt als »Gockel«, und man konnte so einen nicht empfindlicher treffen, als wenn man ihn zum »Hahnrei« machte, zu einem, der nicht mal in der Lage ist, sein »Haushuhn« bei der Stange zu halten.

Als Streit- und Kampfhahn flattert der Gockel schon jahrhundertelang durch Literatur, Episteln und Streitschriften – vorzugsweise, wenn es Streithähne zu charakterisieren galt, die notorisch und um des Streites willen gegeneinander antraten.

Aber von Liebes- und Kriegsdingen einmal abgesehen, kann sich der Hahn (anders als die Henne) über den Standort in Literatur, Brauchtum, Volksglauben usw. nicht beklagen. Seine Stimme ist ganz überwiegend positiv besetzt. Das schlesische Landvolk zum Beispiel zählte aus seinem Krähen hoffnungsvoll künftige Getreidepreise ab (siehe auch Kuckuck), und sein kräftiger Weckruf war – alles in allem – populär und erwünscht.

Allerdings konnten auch Hähne zur Unzeit krähen beziehungsweise als Unglücksraben fungieren. In einer Sammlung volkstümlicher »Bauern-Physik« aus dem Jahre 1706 steht nachzulesen: »Die ganze Nacht zuvor, ehe folgenden Tags Anno 1546, 19. November, das ganze Schloss Blanckenburg am Harz abbranndte, schrien die Hahnen im Schloss und selbiger Gegend ungewoehnlich starck.«

Hier haben wir es wohl einmal mehr mit dem zu tun, was Mythen- und Legendenforscher im Allgemeinen die »Post-festum-Prophetie« nennen. Nach einem besonderen – im Zweifelsfall ungeheuerlichen – Ereignis sucht und findet man Dinge im Vorfeld, die auffällig oder nur abweichend waren.

Schon Cicero lästerte über zeitgenössische Kriegsberichterstatter, die römische Siege immer nur mit gebührendem Hahnenschrei geschehen ließen. Hätte sich seine klare lateinische Ratio schon damals durchgesetzt, uns würde viel Wildwuchs an Legenden, Märchen, Volkszauber und dergleichen abgehen. Aber die Wahrheit ist der Feind der Poesie, hat irgendwer gesagt, der damit wohl seine Erfahrungen gemacht hatte.

Und wem diese Aussage zu sehr nach Entweder-oder klingt, hier eine versöhnlichere: Sie blühen nicht unbedingt auf exakt demselben Ast, Wahrheit und Poesie, aber sie schmücken denselben Baum des Lebens.

Wachtel

Coturnix coturnix

So gut wie vergessen und doch einmal eine beliebte Sache: Wohlhabende Leute schätzten Wachteln nicht nur auf dem Teller, sondern auch auf dem blanken Tisch: als Kampfhähne.

Der etymologische Verdacht liegt nahe: »Wachtel« kommt von »wachen«. Aber er ist falsch, sagt das Deutsche Wörterbuch der Brüder Grimm. Der Vogelname soll im indogermanischen »wahta« seinen Ursprung haben. Außerdem hatte die Wachtel ihre deutsche Bezeichnung nie ganz exklusiv: Im Mecklenburgischen zum Beispiel sollen auch Dohlen so geheißen haben, und mancherorts zählte man die Rebhühner grob vereinfachend zu den Wachteln.

Auffälliger als der scheue, braune Vogel sind seine Revieranzeige-Laute, von Ornithologen mit »pick-werwick« umschrieben – auffällige Rufe, die man allgemein als »Schlagen« bezeichnete.

Und genau dieses Schlagen war den Altvorderen bedeutsam: So viele Male die Wachtel schlägt, so viele Gulden oder Taler, Franken oder Kronen kann man im Spätsommer für den Scheffel Korn erlösen. Hohe Schlagzahl war entsprechend gefragt, anders als bei heiratswilligen jungen Frauen, denen das Wachtel-Orakel die Jahre anzeigte, die sie noch ledig ausharren mussten.

Allerdings war Vorsicht geboten: Die Wachtel galt nämlich als verlogen, und noch bei Peter Rosegger (1843–1918) findet sich die Zeile: »Gelogen hab ich wie eine Wachtel und gestohlen wie ein Rab.«

Dem eigentlichen Wachtelschlag voraus geht ein kurzes Würgen: das »Kreisten« oder »Kreisen« – wie heute noch jeder Jäger zur Jägerprüfung lernt. Als die Jagd noch lohnte, lockte man das kleine Wildbret mit einer Pfeife in aufgestellte Netze. Als sportlicher galt natürlich das Aufscheuchen mit Wachtelhunden und der Schuss auf den fliegenden oder davonrennenden Vogel. Wobei »zu mercken (sei), dasz bey nassem Wetter die Wachtel nicht lauft«, schreibt Heinrich Wilhelm Döbel 1754 in seinen »neu eröffneten Jäger Practicae«.

Stimmt. Die Wachtel ist, mehr als andere Vögel, eine Sonnenanbeterin. Und allenfalls Katzen haben ein vergleichbares Talent zur Muße. Sandbadende Wachteln strecken sich behaglich aus und können dabei sogar wohlig schnurren; und wo es ihnen gar zu wohl war, verrät ein Staubschleier über der angrenzenden Vegetation, wie heftig der Genuss ausgekostet wurde.

Stark schwankende Populationen

Die Wärmeliebe ist vielleicht auch der Schlüssel zur Lösung eines alten Rätsels: gewaltige Schwankungen in der Populationsdichte. Und das keineswegs erst seit Einzug der modernen Landwirtschaft, die in aller Regel Lebensräume verarmen lässt. Man geht heute davon aus, dass die

Vögel der offenen Agrarlandschaft sowohl auf säkulare (also langfristige) als auch auf punktuelle Klima- und Wetterphänomene reagieren.

Und da die Obrigkeit vergangener Jahrhunderte nur ungern auf die Wachtel bei Tische verzichtete, lässt sich anhand alter Küchenlisten ganz gut nachvollziehen, wann und wo der Vogel knapp war. Schon 1455 gab es in Brabant Schonvorschriften, damit der Wohlgeschmack nicht ganz ausstirbt. 1621, 1685 und 1698 waren in Schottland erschreckend schwache Wachteljahre, sagen alte Bezugslisten; und am Hof zu Kassel wurden im Jahre 1714 ganze 10 Wachteln serviert.

Mitte des 19. Jahrhunderts gab es dann wieder ein weit verbreitetes Wachtel-Hoch; auch in Irland, wo der Vogel dann allerdings um 1860 schon wieder unauffindbar war.

Eine simple Wenn-dann-Erklärung fällt schwer; die Autoren des Handbuches der Vögel Mitteleuropas formulieren entsprechend tastend, das Auf und Ab der Wachtel sei mit den »Arealverschiebungen anderer thermophiler Arten« deckungsgleich – also: Es entspricht den Kälte-Ausweichbewegungen anderer wärmeliebender Tiere.

Der heutige Zeitzeuge von Artenschwund und Längenwachstum der Roten Listen denkt natürlich spontan an anderer Ursachen. Und in der Tat, Verarmung der Agrarlandschaft wird die auf- und abschwingende Populationskurve der Wachtel zusätzlich weiter nach unten gedrückt haben. Allerdings nicht immer und nicht in jedem Fall. So ist der verstärkte Anbau von Wintergetreide und die dank Mähdrescher späte Mahd dem Vogel durchaus sympathisch. Und sein Schlag läutet auch heute noch kein »ornithologisches Hochamt« ein, zu dem man pilgern muss wie zu den verbliebenen Rufplätzen der aussterbenden Wachtelkönige *(Crex crex)*.

Wachteln und Rebhühner – hier etwas überlagert von dem früher gern verzehrten Schwan – durften einst auf keiner festlichen Jagdtafel fehlen. (Stillleben von Frans Snyders, 1579–1657). In alten Küchenlisten der Herrschaftshäuser Europas und der Britischen Inseln lässt sich das Auf und Ab der Wachtel-Populationen nachlesen.

»Weck den Knecht!«, soll die Wachtel bei Tagesanbruch rufen und »Bück den Rück!« am Abend, wenn der Knecht kreuzlahm vom Feld schleicht. »Die Wachtel verjagen« war in Tirol ein beliebtes Synonym für »die Getreideernte beenden«; denn auf Stoppelfeldern findet der Vogel keinen Schutz mehr.

Und den brauchte er. Die »geduckte wie schutzbefohlene« Haltung sowie die »Zahmheit und Zutraulichkeit des sonst scheuen« Vogels (so Gertrud Roth-Bojadzhiev) scheinen motivgebend gewesen zu sein für seine Einordnung in christliche Ikonographie und Legende. In den Sinngedichten der Nonnen St. Katharinas ruft der Wachtelgesang zu »geistlicher Zucht«, die ja durchaus etwas mit »geduckter Haltung« zu tun haben kann. Und in den kleinen undefinierbaren braunen Laufvögeln auf diversen frommen Darstellungen des Paradiesgartens wollen Experten Wachteln oder Rebhühner erkennen.

Aber richtig beliebt gemacht hat die Drückeberger – sich ducken ist die bevorzugte Schutzstrategie der Wachteln – ihr Wohlgeschmack. Schon in der Bibel ließ Gott, als er es gut meinte mit seinem Volk, »Wachteln kommen vom Meer, und streute sie über das Lager« (4. Moses 11, 31), ein Ereignis, das Andreas Gryphius in Reime fasste: »O lebend Ursprung höchster Gaben / der all'erquicken

kann und laben / der du bald Wachteln abgeschickt / und bald ein Heer damit erquickt ...« Die Wachtel wurde zum Zeichen, zum Symbolvogel für die wunderbare Fürsorge Gottes.

Erquickung allenthalben! Durch die Jahrtausende. Und aus einem Nürnberger Kochbuch von 1706 dampft es einem entgegen: »Die Wachteln werden in einer guten Wein-Brüh gelb eingemacht, so sind sie gut und wohlgeschmack. Die geräucherten Wachteln sind auch nicht bös, unter grünem Kohl und saurem Kraut gekochet.« Allerdings handelte es sich wohl immer nur um kleine Imbisse, die man gleichwohl nicht geringschätzen sollte: »Besser eine Wachtel am Spieß, als warten auf Gäns, die ungewiss.«

Gut getarnt und allzeit fluchtbereit – Wachteln zählten nie zur leichten Jagdbeute. In Deutschland ist die Art heute ganzjährig geschützt.

Dirnen und Granaten

Dem mag man nicht widersprechen. Etwas ratlos lässt einen dagegen eine andere Zuschreibung, die der oben genannten frommen Formulierung diametral entgegensteht: Wachtel = Dirne, Hure. »Vielleicht wegen der Brünstigkeit der Wachteln, hat man die lockeren Mädchen Wachteln genannt«, mutmaßt Grimms Wörterbuch und präsentiert als Beleg einen Vers aus den Nürnberger Fastnachtsspielen – hier in Eigenübersetzung und neu eingedeutscht:

Reiten und auf Schlitten steh'n,
nachts zu beschuhten Wachteln geh'n,
Stechen, Tanzen, Baden, Wein –
die Sieben soll'n euch verboten sein.

Womöglich noch befremdlicher als die Zuschreibung eines tadeligen Lebenswandels erscheint eine andere Bedeutungsübertragung, für die die arme Wachtel ebenfalls nichts kann. Die Rede ist von den schrecklichen »Wachteln«, die ungezählten Landsknechten den Tod gebracht haben. Gemeint sind Granaten, die in steinerner Umhüllung von Mörsern verschossen wurden – die Vorläufer heutiger Splitterbomben. Annette von Droste-Hülshoff (1797–1848) hat diese Wachteln als kriegerisches Ungetier durch ein gereimtes Schlachtengemälde fliegen lassen:

Radschlagen sah man Reiter von den Rossen,
und die Kanone fuhr ihr Hirn zu Brei;
entlang der Gleise ist das Blut geflossen,
Granat und Wachtel liefen kunterbunt
wie junge Kibitze auf sand'gem Grund.

Wachtelkämpfe und Wachtelarznei

Ein – zugegebenermaßen etwas spekulativer – Deutungsversuch für die Vereinnahmung der Wachtel als Kriegsgerät könnte auf die kriegerischen Revierkämpfe der Wachtelmännchen abzielen, Spektakel, die in jedem Frühjahr aufgeführt werden und auch in Gefangenschaft kaum an Heftigkeit verlieren. Schon Solon (etwa 640–561 v.Chr.) hat den Einsatz, mit dem die Wachtelhähne sich gegenseitig zu Leibe rückten, der Jugend Athens als vorbildlich hingestellt.

Wachtel-Hahnenkämpfe müssen einmal die Stubenvariante von Hahnenkämpfen gewesen sein. Gattiker beschreibt sie so: »An das Ende einer langen Tafel mit erhöhtem Rang wurde je eine Wachtel gesetzt. Drohend schauten sich die Gegner ins Auge und rückten dann in Kampfstellung vorwärts, bis sie in der Mitte des Tisches auf einem Häufchen Hirse [...] aufeinander prallten. Nicht endigte der heftige Kampf, bis der eine blutig gehauen vom Schnabel des anderen flüchtete. Der Besitzer der siegreichen Wachtel bekam den ausgesetzten Preis und konnte seinen Helden oft sehr teuer verkaufen.«

Es soll aber auch passiert sein, dass einem Wachtelbesitzer sein Tier teuer zu stehen kam: Kaiser Augustus ließ seinen ägyptischen Stadthalter hinrichten, weil der einen berühmten Wachtel-Kampfhahn verspeiste.

Und schlecht ging es auch dem Vieh, das Wachtelweizen (das Unkraut *Melampyrum*) verspeiste. Kühe gaben rote Milch, und es schien nur ein Weg denkbar, der aus der Misere führte. Man musste sich ein Feld suchen, auf dem sich Wachteln aufhalten, und dort die Blutmilch verspritzen. Dabei sollte man die beschwörenden Worte sagen:

Hier ist das Blut,
das ist nicht gut.
Unseres Herrn Jesu Blut
ist allein gut.
Und soll bei uns allein sein.

Und – fast überflüssig, es anzumerken! – natürlich half ein so bekannter und (damals) häufiger Vogel auch gegen Übel, die den Menschen befielen: »Für die Fallensucht ein seer krefftige Arznbey [sei] ein Wachtelhirn« nebst allerhand unappetitlichen Zutaten, meinte der berühmte Naturforscher Konrad Gesner (1516–1565). Wachtelschmalz gegen Ohren- oder Zahnschmerz, Wachtelaugen in einem Tuch am Hals getragen gegen das Viertagesfieber: Man erhoffte sich Großes von dem Vogel.

Und das, obwohl er sowohl von Jesus als auch von dessen Mutter verflucht wurde. Einer ungarischen Legende zufolge hat die Wachtel den flüchtigen Jesus an seine Häscher verraten wollen. Dasselbe Verbrechen schrieb man dem Vogel zu, als er Maria und Josef auf der Flucht nach Ägypten durch seine laute Stimme an ihre Feinde ausliefern wollte. Zur Strafe – das ist der Fluch der bösen Tat! – kann sich die Wachtel nicht mehr in die Luft erheben oder nur noch sehr flach fliegen.

Aber hier irren die Legendendichter gründlich. Wachteln überwintern südlich der Sahara, und dahin gelangt man nicht als mäßiger Flieger.

Der Irrtum folgt allerdings dem Augenschein, denn aufgescheuchte Wachteln fliegen in einer Haltung davon, als schafften sie nur mit letzter Anstrengung einen Hupfer von knapp 30 m, und auch den nur, um dann umso spritziger schnellstmöglich in Deckung zu rennen.

Man kann darüber rätseln, welch evolutionären Vorteil diese Fluchtstrategie gegenüber sicherem, zügigem Abflug bieten mag. Denn eines ist sicher, die Wachtel-Devise »lieber in Deckung rennen als fliegen« ist älter als die Erfindung der Schrotflinte. Sportliche Jäger (Wachteln zum Verzehr wurden früher allerdings überwiegend in Fallen und Netzen gefangen!) schießen lieber auf einen Pulk gegen den Himmel gestellter Flughühner als auf flitzende braune, erdfarbene Federbüschel.

Nur eine tote Wachtel ist eine gut(schmeckend)e Wachtel

Das Lob der Wachtel wurde vor allem in Küchen angestimmt. Ihr Fleisch gilt als besonders zart und saftig. In den Standardrezepten wird der Vogel in Weinblätter und Speck gewandet gebraten. Zur Erntezeit war der Vogel in Bestform. Das Erntedankfest-Essen von Gutsbesitzern – die häufig passionierte Jäger waren – setzte gern bei Wachtel und Rebhuhn kräftige Akzente.
Kenner lassen den geschossenen oder gefangenen Vogel nie lange liegen; er schmeckt frisch am besten. Anders als bei Hühnern und Gänsen gilt die Wachtelhaut nicht als besonders schmackhaft, man zieht sie ab, bevor der Vogel in die Hitze kommt. Leber und Magen, vermengt mit Waldbeeren, werden im Vogel mit gegart. Auch ein Gemisch aus Champignons, Schalotten und Petersilie gilt als gute Füllung. Abgießen mit Weißwein.

Wiedehopf

Upupa epops

»Kothahn« nannte man ihn, weil seine Jungen sich mit Gestank gegen Feinde imprägnieren. Und auch sonst spielt der auffällige Vogel in Märchen und Legenden oft eine dubiose Rolle.

Irgendwo in Frankreich, Mitte des 17. Jahrhunderts. Der Mond gießt Geisterlicht über die Stadtmauern, durch die Gassen zucken Fledermäuse. Ein Mann mit tiefgezogenem Hut bekreuzigt sich: Sind nicht Fledermäuse Sendboten des Bösen? Und ist er nicht gerade im Begriff, sich mit dem Bösen einzulassen?

Er verlässt die Stadt durch das rückwärtige Kleintor, das auch zu nachtschlafender Zeit geöffnet ist – für Fußverkehr aus der Stadt. Die Wache nickt ihm im Halbschlaf zu. Der Mann nimmt den kürzesten Weg durch Busch und Verhau zum Richthügel, bekreuzigt sich abermals ausgiebig, als er den frisch Gehenkten im Nachtwind schaukeln sieht.

Schon gestrigen Tages, als der Arme im Henkerskarren durch die Stadt gefahren wurde, hatte sich der nächtliche Besucher zu seiner Tat entschlossen. Das Haar, das lange, flammend rote Haar des Delinquenten, dem man Kirchendiebstahl anlastete, schien ihm gerade recht für seine dunklen Pläne.

Im Gras, an dem Nachtfeuchte klebt, liegt noch die Leiter, auf die man den Todeskandidaten gestellt hatte. Der Mann mit dem tiefgezogenen Hut schaut sich sichernd um, stellt die Leiter an das Querholz und steigt bis zu Augenhöhe des Erwürgten auf. Er vermeidet, so gut das eben gehen mag, Blickkontakt. Dann zieht er ein Messer und schneidet büschelweise Haar von dem bleichen Schädel. Dabei ist es nicht zu vermeiden, dass ihn der posthum beraubte Dieb mit seinen toten Blicken streift, als wolle er sagen: Warum nun auch noch dieses?

Der Mann mit dem tiefgezogenen Hut schüttelt sich: Das Grauen, so sagt er sich, ist der Preis. Aber der Lohn, wird hoch sein. Aus den Haaren will er sich eine Perücke machen lassen. Perücken aus dem Haar eines Gehenkten machen unsichtbar, allerdings nur, sofern man noch eine passende hilfreiche Zutat wählt: Wiedehopfblut. Morgen im Dämmerlicht wird er deshalb einen Wiedehopf fangen. Er weiß, wo ein »Huppe« sein stinkiges Nest gebaut hat.

Wenig später ertappte man im Gemach eines adeligen Fräuleins einen Mann mit einem tiefgezogenen Hut unter dem reichlich rotblondes, langes Haar hervorquoll. Man riss ihm den Hut vom Schädel und eine grob geknüpfte Perücke fiel zu Boden. Und wie um den Schrecken noch zu verstärken: Das Gesicht des Mannes war blutverschmiert. Ein peinliches Verhör ergab, dass sich der Tor, ausgestattet mit dem Haar eines Gehenkten und dem Blut eines Wiedehopfes, für unsichtbar hielt, wenigstens für hinreichend unsichtbar, um sich bei einer begehrten, aber unerreichbaren Frau einzuschleichen.

Wenig später stand er unter dem Querbalken, den er schon kannte, nur dieses Mal mit gefesselten Händen.

Die Geschichte ist (nach)empfunden; ihr harter Kern ist der Aberglaube, dass Wiedehopfblut unsichtbar machen kann. Eine von vielen Zuschreibungen, die dem Vogel mit der auffälligen Federkrone angeheftet wurden. Sicherlich nicht zu seinem Vorteil.

Ein unreiner Vogel

Wobei es wohl meist das stinkende Nest von »Upupa« (lateinisch) war, das den Volksmund dazu brachte, Schmachvolles auszuspucken. Der Vogel war offenbar unrein. Und deshalb war ihm alles zuzutrauen. In Tirol galt er gar als Begleiter des Teufels, der ja bekanntlich auch stinkt. Gesner schrieb: »Der Wydhopff gläbt gar unreiner Speyss: dann er in greberen / im menschenkaat und mist sein narung sucht.«

Das mit dem Gestank hat man inzwischen befriedigend geklärt; was da aus Wiedehopf-Baumhöhlen müffelt, ist keineswegs, wie früher immer wieder geschrieben und abgeschrieben, verwesendes Gewürm oder gar von den Alten an die Jungen verfütterter Menschenkot, sondern der Nachwuchs selbst. Ähnlich wie Stinktiere können sich schon die Jungtiere über eine Stinkdrüse potenziellen Fressfeinden gegenüber unbeliebt machen. Die Abschreckung blieb aber – jedenfalls was Menschen anbelangt – nur begrenzt erfolgreich. Der amselgroße Wiedehopf fand sich überall dort gerupft und gegart auf Tellern, wo man Kleinvögel verspeist. Besonders in Italien.

Dort kannte man ihn mit dem Beinamen »Osèl de mal Auguri«; und »schlechtes Vorzeichen« bedeutete sein Ruf auch im benachbarten Frankreich: Wer den Ruf auf nüchternen Magen hörte, war in großer Gefahr, sich den Fußknöchel zu verletzen. Im Lexikon des Deutschen Aberglaubens findet sich dagegen die Verheißung: »Wenn du einen Wiedehopf öffnest, da wirst du einen Stein finden; den leg einem schlafenden Menschen unter das Haupt, so muss er dir alle heimlichen Sachen offenbaren, was er weiß.« Der Wiedehopf als Lügendetektor und Wahrheitsdroge.

Wie in etlichen Fällen von abergläubischen Zuschreibungen sind sie nicht eindeutig schwarz oder weiß, gut oder böse. Sie oszillieren in allen Farben. Und Rot, die Farbe des Blutes, steht nicht nur (siehe oben) für Halsgerichtsbarkeit und Verderben, sondern ganz besonders auch für die Liebe.

Der rostrote Vogel war – ebenfalls im alten Frankreich – bestens für Liebeszauber geeignet. Bei Gattiker steht: »Will in Frankreich ein Mädchen geliebt werden, muß sie die Schläfe mit dem Blut dieses Vogels einreiben. Hat sie es getan und dazu gesagt: ›baludeth, assarobi, abumeleth‹, wird sie bald wissen, welches ihr Zukünftiger ist. Ihr wird schon in der nächsten Nacht ihr Verlobter im Traum erscheinen.«

Wiedehopfherzen gehörten in vielen Landschaften zur Standardausrüstung von ambulanten Zauberern und Wunderheilern. (Da das lange vor Erfindung der Kühltasche war, muss ihre Zauberkunst schnell ruchbar geworden sein.)

In Unterfranken sollen Augen und Zunge des Vogels, offen am Körper getragen, gegen Vergesslichkeit und Verstandesschwäche geholfen haben. Der rechte Flügel am Kopfkissen befestigt, bewirkte gesunden Tiefschlaf. Vor allem Wiedehopfaugen hatten universell magische Wirkung, in Tirol besonders vor den Schranken des Gerichts.

In einem Arzneibuch von 1602 wird angeraten, die bekannte Wirkung von Wiedehopfzungen zu christianisieren, indem man vier Messen darüber lesen lässt. Solcherart himmlisch imprägniert, vermehrten die

Weil es oft erbärmlich aus Wiedehopfhöhlen stinkt – die Jungvögel imprägnieren sich mit ihrem Drüsensekret gegen potenzielle Nesträuber – hing der Volksmund dem Vogel mit der Federkrone allerhand unschöne Dinge an.

Zungen das Geld, wenn man beides am selben Ort verwahrte. (Die bekannte Redensart, Geld stinke nicht, wird man dank dieser Behandlung zeitweise außer Kraft gesetzt haben.) Nach der Devise »Viel hilft viel und am Stück ist immer mehr« trug man auch gern ganze Wiedehopfköpfe mit sich herum: als Abwehrzauber gegen Betrug.

WETTERORAKEL UND MÄRCHENGESTALT

Bei so viel schwarzer, weißer und Grauzonen-Magie tut es gut zu hören, dass die auffällige – und früher bei uns häufige – Vogelgestalt auch ganz normale Funktionen erfüllte: Wetter- und Jahreszeiten-Anzeige zum Beispiel. Manche diese Prophetien erinnern allerdings ein wenig an die berühmte Bauernregel »Wenn der Hahn kräht auf dem Mist, ändert sich das Wetter oder es bleibt so wie es ist«. So die Zeilen, zitiert nach Paullini (Kleine, doch curieuse und vermehrte Bauern-Physik, 1706): »Wenn der Wiedehopf eigentümlich klagt und schreit, besteht Aussicht auf Wetteränderung, nach einigen folgt gutes Wetter, nach anderen Regen ...«

Etwas verlässlicher klingt da schon die Langzeitprognose aus dem Linksrheinischen: Schreit der Pubette (einer seiner vielen französischen Namen), ehe der Wein treibt, darf man sich auf gute Erträge freuen. Außerdem darf es – heute würde man sagen – als statistisch gesichert gelten, dass Wintereinbrüche unwahrscheinlich sind, sobald der Hopf wieder im Land ist.

Und weil er, wenn er schon mal da ist, selten den Schnabel hält, hat man immer schon darauf geachtet, was er zu sagen hat. Dreimaliges »Huppup« bedeutete in Mecklenburg, dass der Hafer billig wird, und in Frankreich meinte man, aus der Rufhäufigkeit den Kornpreis in Franc voraussagen zu können.

Je auffälliger ein Vogel – und kein Europäer, auch der Seidenschwanz nicht, hat eine vergleichbare Federkrone zu bieten – desto wahrscheinlicher sein Erscheinen auf den Märchenbühnen. Und hier hefteten sich die Phantasien entweder an seine Erscheinung oder seine Stimme. Zwei Beispiele für viele:

Im Spanien berichtet eine wohl von den Mauren inspirierte Sage von einer Gnade, die König Salomo dem Wiedehopf erwies. Weil der wegen seiner Krone ständig verfolgt wurde – und Palast-Intrigen sind lästig, wie man weiß! –, tauschte ihm der Weise die metallische Kopfbedeckung gegen eine aus Federn.

In Böhmen verlangt der Kuckuck die Krone zurück, die er dem Wiedehopf anlässlich dessen Hochzeit geborgt hatte. Vergeblich. Seither klagt der Kuckuck: »Kluku Kluku« – was »Bube, Bube!« heißen soll. Und der unrechtmäßige Kronenträger antwortet vertröstend: »Jdu, jdu« – ich komme schon!

Der »Kothahn« als Betrüger, als Zauberer und Übeltäter, Weissager und als geflügelter Wetterfrosch. Sein französischer Name Huppé (»un Monsieur Huppé«) gilt als ironisches Pendant zum deutschen »Hohen Tier«. Im Österreichischen ist ein »Hopf« jemand, der in seinem auf nichts gegründeten Stolz dumm wirkt: ein aufgeblasener Dummkopf.

Manchmal hat man schon etwas das Gefühl, man müsste den Tatbestand der Verleumdung bei der nächsten Novellierung des Tierschutzgesetzes in die Diskussion einbringen.

»Der Wiedehopf, der Wiedehopf, der bringt der Braut den großen Topf«, heißt es im Lied von der Vogelhochzeit. Warum? Wegen des Reimes natürlich.

Specht

Familie *Picidae*

Großer Buntspecht

In der Antike war er heilig; bei den Germanen qualifizierte ihn sein »Hammerschlag« als einen der Vögel Thors. Und die schönen Vogelgestalten reizten die Märchendichter ungemein.

Es hat einen nahe liegenden Grund, dass Vögel die Tiergruppe sind, die immer schon in die Nähe des Göttlichen gerückt wurden, können sie doch etwas, das der Menschheit bis fast an die Gegenwart heran als übersinnlich und wunderbar erschien: sich in die Luft erheben. Wenn sie dann noch zusätzliche Charakteristika hatten, die nicht zu übersehen waren, wurden sie fast zwangsläufig zu Mythenträgern. Spechte zum Beispiel.

Der Grünspecht kann bei Bedarf im Wald einen Lärmpegel verursachen, der an Hammerschlag denken lässt. Was Wunder also, dass man Grün- und mehr noch Schwarzspecht dem Hammergott Thor zugesellte. Und auch als Thor – religionsgeschichtlich gesehen – längst gegen den Dreieinigen Gott den Kürzeren gezogen hatte, blieb die Hammer-Assoziation: die Namen »Hammerspecht« oder »Zimmermann« sind verbürgt.

Verblüffenderweise gelang es der Geistlichkeit sogar, das Spechtsgeklopfe zu christianisieren: Es galt als inständiges Beten; irgendwie und irgendjemanden muss die typische Kopfbewegung an das rhythmisch-meditative Kopfnicken betender Mönche erinnert haben. Aber – keine These ohne Gegenthese! – auch der Teufel hat sich beim Spechtsgehämmer sein Teil gedacht: Der Vogel erkennt, was hohl ist, und Hohlheit (besonders bei Menschen) ist dem Verderber bekanntlich etwas sehr Kostbares. In hohle Menschen lassen sich seine trüben Absichten gut einfüllen, so wie in hohle Bäume moderndes Laub.

Ja, was denn nun? Teufelsvogel oder Anbeter des Zimmermannssohnes aus Bethlehem? Die Nähe zu Zimmermann und Holzhandwerk passt in jedem Fall ganz gut. Man hat ausgezählt, dass ein Schwarzspecht bis zu 800 Baumstümpfe auf 32 Hektar Grundfläche bearbeitet und sie, wenn's sein muss, auch unter 20–30 cm hoher Schneedecke wiederfindet.

Die alte Frage, wieso bei so viel Körpereinsatz die Gehirnerschütterung unter Spechten (offenbar) keine verbreitete Berufskrankheit ist, hat die Wissenschaft annähernd geklärt. Nicht das Gehirn ist schwingungsarm spezial-gelagert, wie man vermuten könnte; der Hammerschnabel ist über eine federnde Verbindung mit dem Schädel verwachsen; und die Schädelknochen sind im Vorderbereich deutlich robuster konstruiert als bei anderen Vögeln vergleichbarer Größe.

Keine besonders ausdauernden Weitflieger, aber für Manöver auf kleinem Raum reicht die Flugkunst der Spechte allemal (Foto: Großer Buntspecht, Weibchen).

REGENVOGEL IM WELLENFLUG

Neben ihrer charakteristischen Handwerker-Attitüde fällt die Tiergruppe aber auch durch ihr Äußeres auf. Grünspechte etwa durch kräftige Färbung und imponierende Gestalt; und ihr lauter, metallisch tönender Ruf gab Anlass, sie mit allerlei Legenden zu behängen.

Die Franzosen hören in seinem Ruf den Schrei nach Regen: »plui, plui« oder »pleu-pleu«. Und das kam so: Gott beauftragte die Vögel (Warum nicht Geeignetere wie Dachse, Murmeltiere und Maulwürfe, möchte man fragen?), für Flüsse und Bäche all überall Rinnen über die Erde zu ziehen. Alle Gefiederten folgten dem Aufruf; nur der Grünspecht drückte sich. So was rächt sich. Als die Arbeit getan war, wurde der Faulenzer, der die Erde nicht ritzen wollte, dazu verdonnert, fortan Bäume auszuhöhlen. Außerdem durfte er lediglich Regenwasser aus der Luft schnappen – daher die aufgerichtete Sitzhaltung, Schnabel himmelwärts. Wenn es ihn nun gar zu sehr dürstet, schickt er – sofern er sich in Frankreich aufhält – besagten Regenruf gen Himmel. Und weil Gott gnädig ist, regnet es dann auch. Oder auch nicht.

Diese Legende gibt es in vielerlei Abwandlungen und Sprachräumen, aber immer wird der Grünsprechtruf als Schrei nach Regen verstanden. Auch von Hermann Löns, dem man exakte Tierkenntnis nicht absprechen kann: »Kiäh, kiäh!, ruft der feuerköpfige Waldzimmermeister nun und schwingt sich plötzlich ab, und wie ein Höllengelächter klingt, allmählich verhallend, sein Regenruf aus dem Altholze.«

Ein anderes Specht-Charakteristikum, sein Flug, war ebenfalls auffällig genug, um die Märchendichter anzuregen. Bei Ernst und Luise Gattiker heißt es: Nach einer Sage aus der Basse-Bretagne flog der Grünspecht nach Amorique, und zwar in Begleitung des Wiedehopfes. Der Specht war sehr müde und wäre – beim Überfliegen von Wasserläufen – sicher ertrunken, wenn ihn sein flugbegabterer Kumpan nicht mit seinen Rufen aufgemuntert hätte. Seitdem fliegt der Specht in einer wellenförmigen Linie abwärts. Die Flugmüdigkeit ist ihm offenbar geblieben, aber auch die Aufmunterungsrufe des Wiedehopfes müssen ihm noch im Ohr klingen. Jedenfalls reißt er sich immer wieder zusammen und schaufelt sich mit einem ruckartigen Flügelschlag nach oben.

Schwarzspechte haben irgendwann erkannt, dass Baumstümpfe Segnungen der Neuzeit sind: leicht anzufliegen und meist ergiebig in puncto Käferlarven.

Eine schöne Fabel, wirkt doch der Spechtflug – die Flügel erscheinen eigentlich für eine gute Flug-Performance zu kurz – ein wenig angestrengt: kurzer, harter Flügelschlag, Schwingen an den Leib gepresst, absacken, erneuter Flügelschlag, sodass die Flug- zur langgezogenen Wellenlinie wird.

Aber ganz so dürftig scheinen die Flugkünste, etwa des Schwarzspechtes, denn doch nicht zu sein; er zählt zwar mit seinen 28–39 km/h nicht zu den wirklich guten Fliegern, erreicht aber in sturzflugartiger Flucht immerhin um die 60 km/h. Das allein wäre wohl immer noch zu wenig, um zum Beispiel einem Sprint-Spezialisten wie dem Habicht etwas entgegensetzen zu können. Aber man hat beobachtet, dass die relative Kurzflügeligkeit des Schwarzspechtes geschicktes Manövrieren im Stangenwald erlaubt. Und im Zickzack-Flug vermag er sogar Greifen zu entkommen.

Es scheint fast so, als wüsste der Schwarzspecht instinktiv, wie weit seine Flugtauglichkeit reicht. Jedenfalls meidet er, wenn immer möglich, den Überflug von freiem Gelände, schon um nicht groß aufzufallen.

Wobei allein schon – um wieder von kulturellen Gegebenheiten zu sprechen – sein pechschwarzes Gefieder besondere Aufmerksamkeit auf sich zieht. Der Volksmund nuschelt allerdings auch gern mal an der Wirklichkeit vorbei, kümmert sich nicht um Artgrenzen. Deshalb wurde der Schwarzspecht vielerorts zum Holz»raben«, zur Höhlen- oder Hohl»krähe«. Sein durchdringender Ruf qualifizierte ihn auch zum Wald- oder Holz»hahn«.

Spechte hatten schon früh die besondere Aufmerksamkeit der Menschheit. Die Vögel galten in der Antike als Glücksbringer, im germanischen Götter-Pantheon reklamierte der Hammer-Gott Thor die Baum-Hämmerer für sich.

Diese Darstellung aus dem Schubert'schen Vogelbuch zeigt (von oben): Kleinspecht, Großer Buntspecht, Grünspecht, Schwarzspecht (jeweils Männchen).

Vom Glücksbringer zum Pechvogel

Ein anderer Beiname erinnert an die Zeit, als der Schwarzspecht noch Wappenvogel des Kriegs- und Frühlingsgottes Mars war: Kriegsheld oder Füsilier! Mars trieb sich ja nicht nur auf Schlachtfeldern herum, sondern zu bestimmten Zeiten – im März, dem Monat, der seinen Namen trägt – auch gern in Wäldern. Und März ist auch der Monat, in dem der »Märzvogel« besonders laut zu Werke geht.

Die göttlichen Weihen des Spechtes sind aber wohl noch älter als der lateinische Götter-Pantheon. Bei Tiora Matinea soll es ein altitalienisches Orakel gegeben haben, dem ein Specht vorsaß, und bei den Umbrern, Picenern, Sabrinern und Latinern flog der Specht deutlich in der ersten Reihe, wenn es um die weissagerische Kraft von Auguralvögeln ging.

Bei Stabo ist nachzulesen, dass ein Specht die Picener in ihr Siedlungsgebiet führte und – vielleicht deshalb? – namensgebend wurde (»picus« = Specht).

Den glücklichen Übergang von Roms Vorgeschichte in die eigentliche Römerzeit schaffte der Schwarzspecht nicht so ganz. Seine Funktion als Glücksbringer jedenfalls büßte er ein. Römische Auguren konnten aus seinem Flug durchaus auch Unglück lesen, und bei Plinius (23–79 n. Chr.) findet sich eine Passage, die den Schwarzspecht gar zum extremen Unglücksraben macht: Als er einem Prätor, der gerade Gericht hielt, aufs Haupt flog, folgten diesem Zeichen Tod und Verderben.

In christlicher Verkleidung wurde mancherorts aus dem Pechvogel ein Bestrafter. Eine pommersche Sage erzählt, dass eine herzlose Bäckersfrau dem Heiland Brot verweigerte und zur Strafe in einen Specht verwandelt wurde. In einen Specht? – Es gibt unwürdigere Vogelgestalten, sollte man meinen. Die Erklärung: Die Ex-Bäckerin musste fortan ihre Nahrung mühsam aus dem Holz picken.

So weit, so schlecht. Aber zieht man die Summe, überwiegen die Glücksverheißungen, die vom Specht ausgehen: In Böhmen zum Beispiel gehen Specht-Hammerschläge vorbedeutend dem Klöppelschlag der Hochzeitsglocken voraus. Und in wilder Vermischung von orientalischem Greif und abendländischem Specht traute man besonderen Vögeln sogar zu, dass sie den Weg zu versteckten Goldbergen weisen.

Der Gaga-Specht

Das unüberhörbare Rufen von Schwarz- und Grünspecht erschallte auch in zigdutzend Comic-Filmen. Stark verzerrt allerdings. Woody Woodpecker, die Schöpfung des Cartoon-Zeichners Walter Lantz, machte sich mit seiner »eindeutig geistesgestörten« Lache (Duve/Völker) bekannt. Der Schopfträger mit der großen Klappe leidet an einer extremen Ausprägung des Zappelphilipp-Syndroms und fegt fast ausschließlich im Sturzflug über die Leinwand oder durch Heftchenseiten.
Ähnlich wie Donald in seinen frühen Jahren, wurde auch Woody kräftig umgestylt. Sein Schnabel wurde breiter (entenhafter) und zahnlos, sein roter Bauch weiß, rote Schmuckfedern blau.
Was Woody vielleicht am meisten fehlte, um zum All-time-worldstar à la Donald oder Mickey zu werden, waren starke Nebenfiguren; die wirkten meist wie verkleinerte oder leicht verfremdete Doppelgänger von Woody. Außerdem neigt der Specht zu Brutalitäten und nervt durch einen Nonstop-Aktionismus, der zur Hammerschlag-Dramaturgie der Woody-Filme wurde.

Zauberkundig und emanzipiert

Die Fähigkeit der Spechte, etwas Verborgenes unter der Baumhaut zu finden, war offenbar bemerkenswert genug, um diverse »Finde-Legenden« hervorzuzaubern. Eine der ältesten und bekanntesten ist die von der so genannten Springwurzel, einer zauberkräftigen Pflanze, die der Specht (in Abwandlungen auch der Wiedehopf) zu finden im Stande ist.

Was tun, um sich in Besitz dieser Wünschelrute zu bringen? In einfachen Fällen soll es geholfen haben, den Vogel zu erschrecken, sodass er das Kraut fallen ließ. Wer indes auf Nummer sicher gehen wollte, musste ein rotes Tuch unter dem Brutbaum des Vogels ausbreiten. Kommt der zurück – das Kraut im Schnabel, das ihm dazu dient, die zu harten Eier seines Nachwuchses zu öffnen –, dann erschrickt er ganz höllenmäßig, hält er doch das Tuch für Feuer. Wenn er dann folgerichtig einen Schreckensschrei ausstößt, muss er das begehrte Etwas fallen lassen.

Eine schöne Variante der Geschichte muss wohl vom Kleiber inspiriert worden sein, der seinen Baumhöhlen-Eingang zu einem kleinen Einschlupfloch »zumauert« (Kleiber = Kleber). Plinius, der hier sicherlich nicht scharf genug hingeschaut hat, schreibt, der Vogel verpflöcke in Abwesenheit sein Nest und öffne es jeweils neu mit besagter Springwurzel. Die Beobachtung, die der Legende zugrunde liegt, könnte so aussehen: Fütternde Kleiber reichen essbare Gegenstände durch das enge Einschlupfloch.

Es fällt auf, dass Spechtmänner engagierter bei der Jungenaufzucht wirken als die Mütter. Sie drängen sich geradezu auf: Man hat bei Schwarzspechten beobachtet, dass er immer als Erster ausgiebig füttert, wenn beide gleichzeitig zur Höhle zurückkehren. Spechtmänner schieben Nachtdienst bei oder auf der Brut. Und noch etwas sehr Emanzipiertes lässt sich über sie sagen; Ledige lassen sich von Witwen mit Kindern bisweilen voll in die Pflicht nehmen, was umgekehrt männlichen Alleinerziehern nicht passiert.

Taube

Columba livia forma domestica

Der Heilige Geist schwang sich auf Taubenflügeln zur Erde, was die Menschen nie daran hinderte Tauben zu rupfen und zu braten.

Die Taube markiert einen wesentlichen Punkt in meiner Sprachentwicklung; wenn ich mich recht erinnere, habe ich an ihrer Gestalt erahnt, was ein Symbol ist. Und das kam so: Im Kindergottesdienst war kurz vor Pfingsten vom Heiligen Geist die Rede, also einer Wesenheit, die unendlich schwer zu begreifen ist und Muslime dazu reizt, dem Christentum den Status einer monotheistischen Religion abzuerkennen: Ein dreieiniger Gott ist eine Gruppe, aber kein Gott, sagen sie.

Und auch Fräulein Tietze, Kindergottesdienst- und zugleich meine Volksschullehrerin, bemerkte sehr wohl, dass der Heilige Geist im Grunde genommen eine heftige geistige Überforderung darstellt. Ein kindgemäßes Bild musste her. Und da fügte es sich günstig, dass der Bildhauer Max Schegulla hinter unserer Dorfkirche ein Kunstwerk eingepflanzt hatte: ein weißes Steinkreuz, in dessen Umrissen eine Taube abwärts stürzt. Diese Taube, so sagte Fräulein Tietze, symbolisiere den Heiligen Geist, zugleich aber auch den Gottessohn, der durch seinen Tod am Kreuz – also den Opfertod des menschgewordenen höheren Wesens – Erlösung auf die Erde gebracht und den Tod besiegt hat.

Ich bezweifle, dass ich all das damals begriffen habe. Aber immerhin so viel: »Symbol«, sagen Lehrer und andere Erwachsene, wenn sie etwas Schwerverständliches so behandelt wissen wollen, dass sich keiner mehr zu fragen traut.

Das Symbol des Guten

Die Taube ist, neben dem Lamm, vermutlich die Tiergestalt, die am häufigsten in der christlichen Ikonographie auftaucht. Jesus selbst nennt sie den Vogel der Arglosigkeit: »... darum seid ohne Falsch wie die Tauben« (Matthäus 10, 16). Im Alten Testament (1. Moses 8) wird berichtet, wie Noah gegen Ende der Sintflut verfuhr: »Er ließ eine Taube von sich ausfliegen, auf dass er erführe, ob das Wasser gefallen sei auf Erden.«

Die Taube, Symbol des Heiligen Geistes, stürzt in Christi Dornenkrone. Kreuz von Hans Schegulla auf dem alten Friedhof in Hanstedt/Nordheide.

Picassos Friedenstaube von 1961 (Entwurf für ein Plakat zu einem Kongress der französischen Friedensbewegung am 10./11. Mai 1962) wurde zu einem der bekanntesten Piktogrammen der Kunstgeschichte.

Im Neuen Testament, wie gesagt, erscheint der Heilige Geist in Taubengestalt (Markus 1,10): »Er sah, dass sich der Himmel auftat, und der Geist gleichwie eine Taube herabkam auf ihn.« Ein Motiv, das schon früh Maler und Dichter fasziniert hat. »Thiu duba war ther gotes geist«, dichtet Otfried (um 790 bis ca. 875). Und der fromme Lamprecht von Regensburg schrieb rund vierhundert Jahre später: »Mit den tuben allermeist / ist der heilige Geist / in der Schrift gemeinet.«

Der noch immer berühmteste Tierbeschreiber deutscher Sprache, Alfred Brehm, war wohl der Erste, der auf die Unstimmigkeit zwischen Tauben-Image und Tauben-Wesen hingewiesen hat. Er bemerkte: »Das Betragen der Tauben hat so viel Bestechendes, dass sie schon seit altersgrauer Zeit als Sinnbilder aller denkbar guten Eigenschaften betrachtet und sogar der Ehre gewürdigt worden sind, übersinnlichen Begriffen Gestalt zu verleihen. Dem unbefangenen Auge stellt sich ihr Wesen in minder günstigem Lichte dar.«

Brehm spielt auf das ruppige Balzverhalten turtelnder Täuberiche an, die ihre Auserwählte penetrant bedrängen und – in Kopula – heftig zausen. Ähnlich unfriedfertig die martialischen Verdrängungskämpfe konkurrierender, balzender Täuberiche.

All das hat den männlichen Volksmund nicht daran gehindert, von verliebten »Täubchen« zu gurren, wenn Frauen und Mädchen gemeint waren, und der Weimaraner Reinhold Köhler (1830–1890) schwelgte in diesem Sinne: »Ich empfinde dieses Engelsbild so sittsam und sanftmütig als eine Taube, die ohne Galle ist.«

Taubendarstellung auf einem Bauernschrank in Oberammergau mit der Schriftzeile »Wir armen Vögel / in Wald und Feld / wie wird uns nach / dem Leben gestellt.«

Tauben, vorzugsweise unschuldige weiße, gehörten fest zum Metaphernbestand deutscher Dichter. Schiller lässt die Jungfrau von Orleans rufen: »Es geschehen noch Wunder – eine weiße Taube wird fliegen und mit Adlerskühnheit diese Geier anfallen, die das Vaterland zerreißen. Die Polarität guter Vogel – böser Vogel findet sich auch bei Emanuel Geibel (1815–1884): »Der Zweifel ist ein Falk, mit scharfen Klauen; / des Glaubens weiße Taube sieht er kaum, / so beizt er nieder durch den luftgen Raum, / die Krallen in ihr zitternd Fleisch zu haun.«

Die Taube als notorischer Gut-Vogel wurde durch keine neuere Erkenntnis zum Absturz gebracht. Und Picassos Friedenstaube ist bekanntlich ein weltumspannendes Piktogramm geworden.

So gut wie vergessen scheint demgegenüber eine Nebenbedeutung, die in vergangenen Jahrhunderten relativ verbreitet war: Taube = alberner Einfall, Grille, Phantasterei. Hans Sachs reimt in diesem Sinne von einem verwirrten Mann: »Der Vatter hat so seltzam Tauben, wers nit hört, der kans nit glauben.« Und Grimmelshausen, der Ich-Autor des Simplicissimus, bekennt: »Wundersame dauben und kauderwelche Grillen stiegen mir damals ins Hirn.«

Ebenfalls verschollen: die Redensart »unter die Tauben schießen«, in der Bedeutung von aufschneiden und prahlerische Lügengeschichten zum Besten geben; dem Taubenschießer/Erzähler geht es offenbar nur um den kurzen Effekt, wie ihn klatschend auffliegende Tauben machen.

Ein anderer Effekt, der sozusagen kulturübergreifend und dauerhaft mit Tauben verbunden scheint, ist der speicheltreibende. Die Taube war – einerlei, ob sie als quasi-heilig galt oder eher nicht – über die Jahrhunderte der Inbegriff des Wohlgeschmacks. Römer entwickelten ausgefeilte Techniken der Taubenmast, vergleichbar der tierquälerischen Unsitte des Gänsestopfens. Damit die erwünschte Totalverfettung des Fleisches nicht durch hektisches Getrippel der gefangenen Tiere verlangsamt wurde, brach man ihnen die Beine.

Und was den Menschen schmeckte, würden die Götter wohl nicht verschmähen: Taubenopfer sind aus Rom und aus dem Tempel in Jerusalem verbürgt. Tauben haben freien Zuflug zum höchsten Heiligtum des Islam, zur Kaaba in Mekka. Tauben flatterten als göttliche Symbole und Fahnenbilder den assyrisch-babylonischen Heeren voran.

Die Assyrer liebten die »Vögel der Königin« geradezu abgöttisch. Bei Gattiker findet sich die Kurzfassung der Ursprungslegende dieser Liebe: »Eine arme Frau sah sich einst genötigt, ihr Mädchen in einer öden Gegend sich selbst zu überlassen. Die in der Nähe in den Felsen nistenden Tauben hatten Erbarmen mit dem weinenden Kind und brachten ihm Brosamen von dem Mahl, das Hirten in der Nähe hielten. Als diese, durch das An- und Abfliegen der Vögel aufmerksam geworden, das Mädchen fanden, brachten sie es dem Aufseher

Der Mythos vom guten Menschen mit der Tauben-Futtertüte

Man hat erfahrungsgemäß keine Chance, einer gut meinenden »Taubenmutti« die Futtertüte auszureden. Argumente wie »volkswirtschaftliche Schäden durch Taubenkot an Gebäuden« halten sie für infamen Eigennutz. Hinweis auf »Tierquälerei in guter Absicht« verstehen oder glauben sie nicht.
Dennoch, hier noch einmal das inzwischen bekannte Argument: Normalerweise würden Futterangebot (das in der Stadt für Tauben sowieso schon unnatürlich hoch ist) und das begrenzte Brutplatzangebot die Populationsdichte – mehr schlecht als recht – regeln. Wenn jetzt das Futterangebot nochmals durch den Segen aus zahllosen Futtertüten erhöht wird, nisten Tauben aus purer Wohnungsnot auch in dritt- und viertklassigen Quartieren. In Basel hat man festgestellt, dass 45 Prozent der Jungvögel umkommen, meist aufgrund von Unterkühlung in zu wind- oder regenexponierten Nestern. Ein großer Teil der Todeskandidaten wurde bei lebendigem Leibe aufgefressen: von Parasiten ausgesaugt und Mäusen zernagt – die ideale Bedingungen haben, wenn sich Nest an Nest drängt.

Zu viele Tauben auf zu engem Raum – das Problem vieler Städte. Eines, das etliche Tierfreunde nicht wahrhaben wollen.

»*Mein Herz, das ist ein Taubenhaus ... die Schönen fliegen ein und aus*« – *gemäßigte Männer-Phantasien im deutschen Schlager. Das Täubchen als Liebesvogel wurde zu allen Zeiten gern besungen.*

der königlichen Herden. Dieser adoptierte das Kind, das später zur Königin der Assyrer aufstieg.« Vielleicht die Urform der Aschenputtel-Legende: Ein verstoßenes Mädchen aus dem Volk wird Königin; eine Ex-Kindergärtnerin (Diana) wird Königin und »Queen of Hearts«.

Tauben scheinen auch sonst – zumindest in der Legende – die Fähigkeit zu haben, immer im entscheidenden Moment zur Stelle zu sein. So auch im Dreißigjährigen Krieg vor der Stadt Höxter. Die katholischen Kaiserlichen wollten sich gerade anschicken, die Weserstadt sturmreif zu schießen, als sich eine Taube auf die Hand des ersten Kanoniers senkte. Der erkannte darin eine göttliche Botschaft, die ihn zögern ließ, die Kanonade zu beginnen. Darüber wurde es Nacht, und mit dem Morgengrauen rückten die protestantischen Schweden an mit überlegenen Truppen. Die Kaiserlichen mussten abziehen.

Mittler zwischen Lebenden und Toten

Tauben als Retter sind häufig verbürgt, und wenn schon nicht immer als Lebensretter, dann als Seelen-Transporteure. Sie liften auf katholischen Frömmigkeitsbildern die Seelen selig Verstorbener himmelwärts (ein ähnliches Tätigkeitsfeld hat die Lerche), und schon an den Katakombengräbern der Urchristen im Alten Rom finden sich Abbilder von Noahs Taube, die hier nicht trockengefallenes Land, sondern das Land nach dem Tod finden soll. Und – fast möchte man sagen: natürlich! – findet sich die Taube auch am entgegengesetzten Begrenzungspfosten des Lebens: am Taufbecken. Der Vogel symbolisiert Gottes Segen, der durch die heilige Handlung dem Täufling zufliegt.

Die Taube erscheint immer wieder als Mittlerin, als fliegendes Verbindungsstück, zwischen der Hier-Welt und dem Jenseits. Als weißer Totenvogel, und damit als Gegenstück zu den schwarzen, den Raben und Eulen. Kurzum: ein Vogel der das Heil und die Heiligkeit anzeigt. Kaum ein Heiliger von Rang konnte auf ihn verzichten. Irlands nach Patrick zweitberühmtester Mönch, Columban, hieß sogar nach der Taube (lateinisch: *Columba*). Die heilige Katharina, der heilige Kunibert, die drei Jünglinge im Feuerofen, die heilige Ida, der heilige Remigius – alle waren sie mehr oder minder taubenumflattert. Und falls im Himmel Haustiere zugelassen sind, es muss von Taubenschlägen und Taubenhäusern nur so wimmeln!

So heilig Tauben auch immer waren, einigen scheint das egal zu sein. Habichten zum Beispiel. Die verschiedenen Abwehrmaßnahmen gegen den Taubenschreck offenbaren meist einen wilden Mix aus plattem Aberglauben und christlicher Beimengung. Ein Beispiel (nach Gattiker) für viele: »Tauben werden vom Habicht nicht geholt, wenn man in den Taubenschlag einen Zweig von einer Haselnussstaude legt, den man sich am Karfreitag vor Sonnenaufgang in der Weise verschafft, dass man rückwärts zu der Haselstaude hingeht und die Rute mit drei Schnitten hinter dem Rücken schneidet.«

Die vielfach verbürgte Sorge um den heimischen Taubenschlag steht in einem gewissen Widerspruch zum Nutzwert der Vögel, der, gemessen etwa an Huhn, Gans und Ente, nie besonders hoch gewesen sein kann. »Wer sein Geld will fliegen sehen, muss sich Tauben halten«, lautet denn auch ein altes deutsches Sprichwort. Was sich davonmacht, ist übrigens die Zuchtform der Felsentaube *(Columba livia)* Süd- und Westeuro-

Die weisse Taube

Normalerweise ist die Taube der Vogel der Erlösung. In einem weniger bekannten Volksmärchen der Brüder Grimm (also einem mündlich überlieferten, von den beiden Sprachwissenschaftlern aufgeschriebenen Märchen) erscheint das Schema leicht verschoben: Die Taube erlöst nicht, sie wird erlöst.

Vor eines Königs Palast stand ein prächtiger Birnbaum, der trug jedes Jahr die schönsten Früchte, aber wenn sie reif waren, wurden sie in einer Nacht alle geholt, und kein Mensch wusste, wer es getan hatte. Der König aber hatte drei Söhne, davon wurde der jüngste für einfältig gehalten und hieß der Dummling; da befahl er dem ältesten, er solle ein Jahr lang jede Nacht unter dem Birnbaum wachen, damit der Dieb entdeckt werde. Der tat das auch und wachte jede Nacht, der Baum blühte und war ganz voll von Früchten, und wie sie anfingen reif zu werden, wachte er noch fleißiger, und endlich waren sie ganz reif und sollten am nächsten Tag abgebrochen werden. In der letzten Nacht aber überfiel ihn ein Schlaf, und er schlief ein, und wie er aufwachte, waren alle Früchte fort und nur noch die Blätter übrig.
Da befahl der König dem zweiten Sohn, ein Jahr zu wachen, dem ging es nicht besser als dem ersten; in der letzten Nacht konnte er sich des Schlafes gar nicht erwehren, und am Morgen waren die Birnen alle abgebrochen.
Endlich empfahl der König dem Dummling, ein Jahr zu wachen, darüber lachten alle, die an des Königs Hof waren. Der Dummling aber wachte, und in der letzten Nacht wehrte er sich den Schlaf ab. Da sah er, wie eine weiße Taube geflogen kam, eine Birne nach der anderen abpickte und forttrug. Und als sie mit der letzten fortflog, stand der Dummling auf und ging ihr nach.
Die Taube flog aber auf einen hohen Berg und verschwand auf einmal in einer Felsenritze. Der Dummling sah sich um, da stand ein kleines graues Männchen neben ihm, zu dem sprach er: »Gott segne dich!«
»Gott hat mich gesegnet in diesem Augenblick durch diese deine Worte«, antwortete das Männchen, »denn sie haben mich erlöst. Steig du in den Felsen hinab, da wirst du dein Glück finden.«
Der Dummling trat in die Felsen, viele Stufen führten ihn hinunter, und wie er unten ankam, da sah er die weiße Taube ganz von Spinnweben umstrickt und zugewebt. Wie sie ihn aber erblickte, brach sie hindurch, und als sie den letzten Faden zerrissen, stand eine schöne Prinzessin vor ihm, die hatte er auch erlöst. Und sie wurde seine Gemahlin und er ein reicher König, und er regierte sein Land mit Weisheit.

pas. Die uns geläufigen Straßentauben sind wiederum verwilderte Haustauben, die nicht mehr den hochgezüchteten Taubenschlag-Bewohnern ähnlich sehen, sondern mehr oder weniger der Wildform gleichen.

Kosten und Zeitaufwand haben die Ruhrpott-Kumpels nie gescheut, deren Brieftauben als »Rennpferde des kleinen Mannes« berühmt wurden. Und es liegt wohl so etwas wie innere Logik darin, dass Männer, die in Enge und Bedrängnis einen Großteil ihres Lebens unterirdisch verbringen müssen, mit der Liebe zu Tauben, zu den kleinen Weit- und Schnellfliegern, für ihre Freizeit die Gegenwelt gewählt haben, das Reich der Freiheit in den Lüften.

Bei so viel Erhebung tut es fast weh, dass Tauben auch in den Niederungen von Aberglaube und Wunderheilern vorkamen, als Mittel gegen Sommersprossen, gegen Gicht, gegen Brustfellentzündung (geöffnete Taube blutfrisch auflegen!), gegen Krämpfe (das Blut einer schwarzen Taube unter die eigene Zunge streichen). Und so weiter und so weiter. Taubenmist nicht zu vergessen, der in diversen Zubereitungsformen buchstäblich gegen alles half. Hier nur eine Kostprobe nach Gessner: »Taubenmist tag und nacht in Essich gebeitzt, und hernach dem Essich durch ein Tüchlein davon gesiegen, so dem so den Stein hat zertricken gegeben werden: dann man sagt, dass der Stein in diesen Essich geworfen zerbreche.«

Kuckuck

Cuculus canorus

Der geklebte »Kuckuck« ist ein Pleitegeier – genauer: ein veralberter Hoheitsadler. Und auch sonst kommt der »Brutschmarotzer« häufig schlecht weg, wenn der Volksmund zubeißt.

Es ist zweierlei, was den Kuckuck bekannt gemacht hat. Zum einen der geniale Trick, sich um die Aufzucht des eigenen Nachwuchses herumzumogeln, zum anderen die markante Art, sich selbst beim Namen zu nennen.

Dabei ist der Kuckuck nur der auffälligste aus einer ganzen Reihe von Vögeln, deren Namen – mehr oder minder eindeutig – lautmalend Vogelrufen nachgebildet sind. Einhard Bezzel, ehemaliger Leiter der Vogelwarte Garmisch, zählt auf: Uhu, Krickente, Knäkente, Kiebitz, Turteltaube, Krähe, Rabe, Zilpzalp, Fits, Stieglitz, Girlitz, Fink, Schwirl, Pirol. Und auch die lateinischen Namen *Crex* (Wachtelkönig), *Upupa* (Wiedehopf) und *Lullula* (Heidelerche) verbergen ihren Ursprung nicht.

Unter all den Aufgezählten nennt sich der Kuckuck sicherlich am aufdringlichsten beim Namen. *Cuculus canorus* trägt einen Populärnamen, von dem Grimms Wörterbuch sagt, dass er »frisch bleibt, weil er sich in jedem Frühjahr neu auffrischt, [und] weil er sich an den Ruf des Vogels anschließt«. Sein anderer, »uns nur auf gelehrtem Wege« bekannter altertümlicher Name lautet: »Gauch« oder (mittelhochdeutsch) »gouch«. Auch »Gauch« soll lautmalenden Ursprungs sein und liegt dicht am nordenglischen »gawk«.

Das Nebeneinander von Kuckuck und Gauch bestand über Jahrhunderte und führte bisweilen zu Synthesen wie »kukengauch« oder »guckengauch« (altschwäbisch).

Frühlingsbote, aber mieser Sänger

Kuckucksrufe galten von alters her als Glockenschläge der Natur, mit denen die warme Jahreszeit eingeläutet wurde. In einer von Luthers zahlreichen Tischreden heißt es: »Der Kuckuck zeigt an, dass der Sommer nahe sei.« Und von einem Alten, der im Februarfrost hustend und schwächelnd daniederlag, sagte man, in freundlicher, aber eindeutiger Umschreibung seiner Genesungs-Chancen, er werde den Kuckuck nicht mehr rufen hören.

Neben Schwalbe, Nachtigall und Storch – alles Vögel, die beliebter sind als der Kuckuck – ist der elegant blaugrau gewandete Vogel der Frühlingsbote schlechthin. Wer seinen Ruf erstmals im Jahr hört, darf sich etwas wünschen. Wenn er während der Rufe mit Münzen klimpert, wird er das Jahr über immer genügend Geld haben. Die Anzahl der »Schläge« waren beliebte Abzähl-Hilfen: Acht Schläge gleich acht Wochen warten, ehe man das Aufgebot bestellt, und so ähnlich und so weiter.

Der Kuckucksruf gab aber wegen seiner Einfältig- und Eintönigkeit auch immer wieder Anlass zu Spott. Der »alte guckkug bleibt beim guckkugsgesang«, sagte man von einem, der sich als unfähig erwies, notwendige Neuerungen zu lernen. »Kuckucksgesang« (viel, lang und eintönig!) galt als niederschmetterndes Urteil über einschlägige Bühnendarbietungen von niederer Qualität, und in einem populären Volkslied wird der Vogel auf eine Stufe mit einem Vierbeiner gestellt, der womöglich noch schlechter bei Stimme ist:

Der Kuckuck und der Esel
die hatten einen Streit,
wer wohl am besten sänge,
wer wohl am besten sänge,
zur schönsten Maienzeit,
zur schönsten Maienzeit.

In verschiedenen Volksmärchen und Fabeln fordert der Kuckuck (als Symbolfigur der lächerlichen Selbstüberschätzung) die Nachtigall zum Sängerwettstreit heraus.

Bei Bartholomaeus Ringwalt (1532–1598) heißt es von einem liebestollen Toren:

Denn sih, gar mancher wil nicht hörn,
leszt sich die blinde lieb erthörn
und sieht an im finstren thall
ein guckuck für ein nachtigall.

Im Plattdeutschen sagte man: »De Kuckuck ropt sinen Namen ut«, wenn man jemanden meinte, der nur ein einziges Gesprächsthema kennt, sich selbst.

Der Nest-Tyrann

Einen anderen Quell unrühmlicher Kuckucks-Metaphorik charakterisieren die Brüder Grimm folgendermaßen: »Namentlich sein eheliches

Täuschende Harmlosigkeit – möchte man diesem »Nistschmarotzer« aus dem vorvorigen Jahrhundert attestieren

und Privatleben gab schweren Anstoß. Viel ist davon die Rede, dasz er seine Eier nicht selbst ausbrütet, sondern anderen Vögeln in die Nester legt, besondes der kleinen Grasmücke [Kuckucksamme], und dasz die jungen Kukuke gleich wieder mit anmaßlicher Selbstüberhebung ins Leben treten, ja mit schwerstem Undank gegen ihre Pflegeeltern.«

Diese Nest-Rüpelei lud zu Dramatisierungen ein, und eine besonders schöne, wiewohl sachlich falsche stammt vom Tischredner Dr. Martin Luther, der in diesem Zusammenhang oben schon zitiert wurde: »Der Kuckuk hat die Natur und Art, dass er der Grasmücken ihre Eier aussäuft und legt seine Eier dagegen ins Nest, dass sie die Grasmücke muss ausbrüten. Danach, wenn die jungen Kuckuk aus den Schalen gekrochen und groß sind, so kann die Grasmücke sie nicht bedecken. Davon werden die Kuckuk aufsätzig, und zuletzt fressen die jungen Kuckuk ihre Mutter, die Grasmücken ...«

Schön schauerlich und offenbar eine verbreitete Annahme; Heinrich Voss (1779–1822) bezichtigte den Vogel noch 250 Jahre nach Luther, er sei »ein Frühlingsvogel, der die Amme würgt«. Wahr ist allerdings, dass der frisch geschlüpfte Kuckuck sich sogleich daranmacht, im Nest befindliche Eier hinauszubefördern – oder die bereits geschlüpften Jungen der Wirtseltern.

Wo er nicht gleich als Muttermörder verschrien wurde, blieb ihm zumindest der Makel der unordentlichen Geburt. Gouch findet sich in der Nibelungendichtung als Synonym für Bastard (uneheliches Kind). Und Jakob Ayrer (1544–1605), im 16. Jahrhundert eine dichtende Lokalgröße in Nürnberg, reimte einer lebensfrohen Dame zu: »So wird sie mich doch nur auslachen / und aus mir einen Guckuck machen« – was so viel wie Hahnrei heißen sollte oder Hörnerträger.

Wobei die Assoziation »Kuckuck gleich Hahnrei«, recht betrachtet, in

Ein Kuckucksweibchen entfernt ein Ei eines Sumpfrohrsänger-Paares (oben links).

Das Kuckucksei ist erkennbar größer als die legitimen (oben rechts).

Beachtlich ist die Rückengrube des frisch geschlüpften Kuckucks (Mitte links).

Er braucht sie, um das verbliebene, störende Ei über den Rand zu stemmen (Mitte rechts).

Ist das Nest zu eng geworden, lässt sich der Jungkuckuck noch bis zu 2 Wochen auf dem Ast füttern. In diesem Fall wurde das Kuckucksei von einem Fitis ausgebrütet (unten links).

sich unlogisch ist, wie schon früh bemerkt wurde: »Eigentlich ist ja der Grasmückenhahn der Hahnrei, dem sein Weib fremde Kinder ausbrütet« (Grimms Wörterbuch). Aber so genau nimmt es der Volksmund selten. Mit dem Zuruf »Kuckuck!« – oder im Englischen »cuckoo!« – pflegte man einen gefährdeten Ehemann zu warnen, was ja noch ein Akt der Nächstenliebe gewesen sein könnte. Anders als das mecklenburgische Spottlied »de kukuk up den tune sat«, mit dem man so genannte gefallene Mädchen traktierte.

Und ungut auch, was vom schlechten Image des Kuckucks auf die nach ihm benannte Kuckucksblume (Weiße Waldhyazinthe – *Platanthera bifolia)* abtropfte: »Die Liebe ist gemeiniglich blind und fällt so wol auf eine stinkende Kuckucksblume, als auf eine Centefolie« (1687).

Dunkel und wüst erscheint eine andere gedankliche Verknüpfung, die sich bis in den aktuellen Sprachgebrauch gehalten hat: »Weiß der Kuckuck« ist eine der vielen Umschreibungen, die man in alten Zeiten gebrauchte, um den Teufel nicht beim Namen nennen zu müssen (siehe auch: »Weiß der Geier!«) – der »Gott-sei-bei-uns!« könnte sich ja sonst bemüßigt fühlen, tatsächlich und leibhaftig zu erscheinen. Heinrich Zachariä (1806–1875) schickte eine nichtswüdige Dame mit folgenden Worten zum Teufel:

Seline spricht, dass sie mich schätzet,
und über alle Menschen setzet.
Allein, der Guckuck glaubt ihr das.

Im Jahre 1812, nach dem gescheiterten Winterfeldzug gegen Russland, stürzte der imperiale Adler Europas, Napoleon I. Bonaparte, ab und wurde – so jedenfalls sahen es die zeitgenössischen Spötter – zum gezausten Kuckuck. Das Bild zeigt den Rückzug aus Russland.

Und auch das uns noch heute vertraute »in Teufels Küche kommen« hat auf Plattdeutsch etwas anheimelnder geheißen: »He kümt in'n kukus Köök«. Die Summe ist bedrückend. Der Kuckuck als Ehebrecher und Hahnrei (als von Ehebruch Betroffener), als Narr, als Teufel ... kann ein Vogel tiefer sinken? Ja! Er kann in die Politik geraten.

Gegen Ende der napoleonischen Zeit, als der große Korse wie ein gerupfter Adler aus Russland abziehen musste, reimten ihm die Franken – schlecht, aber markig – hinterher:

Der Adler kam ganz nackt und bloss [gerupft]
zum Glücke noch nach Haus ...
Fort, fort, du stolzer Vogel, fort,
hier hast du keine Ruh.
Du jetzt kein Adler nicht mehr bist.
Jetzt bist du ein Kucku!

Napoleon ein Kuckuck – ein Schmarotzer also? Einer, der das Nest Europa überfallen und überall versucht hat, seine Eier (die französische Kultur) unterzuschieben, dabei aber endlich ertappt und zurückgeschlagen wurde?

Das richtige Nest für's Ei

Auch der wirkliche Kuckuck ist keineswegs ein unangefochtener Eroberer. Die Wirtsvögel scheinen ihn zu kennen und hassen auf ihn, das heißt versuchen ihn – sofern sie ihn rechtzeitig entdecken – durch Scheinangriffe abzudrängen. Möglicherweise hat das auch damit zu tun, dass seine Silhouette etwas Falkenhaftes hat.

Man hat sogar gemischte Flugverbände beobachtet, bestehend aus verschiedenen Singvogelarten, die sich in gemeinsamer Feindabwehr versuchten. Besonders heftig setzt man dem Brutparasiten zu, wenn er sich in der Nähe potenzieller Wirtsvögel sehen

Die in Folge erlauschten Kuckucksrufe ergaben die Zahl, mit der man den Geldbetrag, den man bei sich führte, multiplizieren durfte: als Wunschprojektion, versteht sich!

lässt. Da fliegen dann auch schon mal die Federn.

Der Kuckuck stellt sich in mehrfacher Hinsicht auf die Gegenwehr ein. Zum einen bevorzugt er für die Eiablage die frühen Nachmittagsstunden, wenn die Eltern in spe irgendwo abseits des Nestes Siesta halten. Zum anderen kommt er mit frappanter Hartnäckigkeit zum Ziel: Ein-, zwei- oder dreimal vertrieben, versucht er es immer aus Neue. Man hat sogar vermutet, dass der Kuckuck-Mann die Aufmerksamkeit der empörten Grasmücken, Rohrsänger und anderer auf sich zieht, während seine Frau sich eilig in ein leeres Nest zwängt.

Geradezu raffiniert wirkt das Täuschungsmanöver, das Davies/Brooke beschreiben: Das Kuckucksweibchen überwacht das passende Nest eines Teichrohrsängers. Kaum ist das Brutpaar fort, hockt es sich in das Nest, nicht ohne zuvor ein Teichrohrsänger-Ei in den Schnabel genommen zu haben. Hat sie gelegt – das geschieht innerhalb von 10 Sekunden –, fliegt sie davon, das gestohlene Ei im Schnabel. Für die Eltern ist die Eierzahl gleich geblieben.

Bestimmte Kuckucke sind auf bestimmte Wirtsvögel spezialisiert; das leuchtet ein, denn ein Kuckucksweibchen kann sich ja nicht von Fall zu Fall am Nestrand der projektierten Zieheltern entscheiden, ob jetzt ein Teichrohrsänger- oder ein Bachstelzenei gelegt werden muss, eine Wiesenpieper-Ei-Attrappe oder besser das Double eines Heckenbraunellen-Eies.

Eine generelle Anpassung besteht darin, dass Kuckuckseier im Verhältnis zur Größe des ausgewachsenen Vogels verhältnismäßig klein sind; in der Farbe können sie – je nach Spezialisierung auf bestimmte Pflegeeltern – weiß bis gelblichgrün sein, lehmgelb, blau und rötlich, gemustert oder einfarbig.

Man vermutet, dass der junge weibliche Kuckuck, der ja die Farblinie von seiner Mutter fest vererbt mit ins Ei bekommen hat, auf seine Wirtsvögel geprägt wird; das jedenfalls würde erklären, warum ein weiblicher Kuckuck, der selbst in einem Teichrohrsänger-Nest aufgewachsen ist, später zielsicher ein grünliches Ei bei Teichrohrsängern ablädt. Und nur dort. Unter den braun-weiß gescheckten Eiern des Drosselrohrsängers oder den tiefbraunen des Wiesenpiepers wäre das (Teichrohrsänger-)Kuckucksei ein Fremdkörper und würde wahrscheinlich über den Nestrand expediert.

Von den insgesamt 128 Kuckucksarten weltweit sind nur 52 Brutparasiten, unser Kuckuck zählt allerdings zu den extremen Schmarotzern. Andere sind da moderater. Der Afrikanische Häherkuckuck legt sein Ei der Blauelster ins Nest; und sein untergeschobener Nachwuchs wächst friedlich neben einer legitimen Elster heran. Das klappt, weil Kuckuck und Pflegeeltern in etwa gleich groß sind.

Warum klebt man den Kuckuck?

Der Kuckuck auf alten Pfändungssiegeln ist eigentlich nur ein geschmähter Adler. Weil es politisch nicht immer opportun war, das kaiserliche, königliche oder fürstliche Hoheitszeichen direkt anzugreifen oder auch nur zu verspotten, nannte man den heraldischen Vogel einfach Kuckuck – ähnlich wie man eine hoheitliche Fahne schon mal als »Lappen« abtat. Über einen Kuckuck oder einen Lappen durfte man sich ein paar abfällige Bemerkungen erlauben, die einem im Klartext teuer zu stehen kommen konnten.
Ein Pfändungsbescheid, im Volksmund: ein Klebekuckuck, ist also nichts als der Versuch, eine schlimme Sache ironisch wegzudrücken. Der nächste Verwandte des Kuckucks ist vermutlich der Pleitegeier.

Rabe und Krähe

Familie *Corvidae* (Krähen)

Kolkrabe

Er steht zum einen für Weisheit und zum anderen für Unglück/Tod – in dieser Ambivalenz den Eulen nah verwandt. Und an Raben- und Krähenfedern kleben die meisten Mythen und Märchen.

Damit sich der Rabe – sprachbildlich-poetisch gesehen – so richtig einfügt und entfaltet, muss es düster sein, grau in gräulich, nebelig, am besten: novembrig. Der Rabe als Gegenmodell der Lieblichkeit. Am Skalen-Nullpunkt der Lebensfreude, an dessen Gegenpol vielleicht die Nachtigall tiriliert oder eine Schwalbe schwebt. Das Ungemütliche, das Melancholische ist der angestammte Platz der Übelkrähe und des Unglücksraben.

In einem der schönsten Schubert-Lieder (Frühlingstraum, Text von Wilhelm Müller) kommt klassisch zum Ausdruck, wofür der »schwarze Gesell« steht und wofür nicht:

Ich träumte von bunten Blumen,
so wie sie blühen im Mai.
Ich träumte von grünen Wiesen,
von lustigem Vogelgeschrei.

Und als die Hähne krähten,
da ward mein Auge wach.
Da war es kalt und finster,
Es schrien die Raben vom Dach.

Und eindeutig Wintervogel ist der Rabe (bzw. die Krähe) auch bei Friedrich Nietzsche:

Die Krähen schrein
und ziehen schwirren Flugs zur Stadt:
Bald wird es schnei'n.
Weh dem, der keine Heimat hat!

Das düstere Orakel

Und weh dem, dem Raben weissagen! Besonders hier qualifizierten sich die Corviden als Unglücksboten. Bei Plutarch (um 50 n. Chr. – etwa 125 n. Chr.) wird der Tod des Großen Alexander in Babylon von einem Raben verkündet und beim selben Autor amten Raben generell als Verkünder militärischer Niederlagen. Gattiker gräbt bis zur tiefsten Schicht der Rabenmythen: »Kleitodemos, der älteste der klassisch griechischen Chronisten, ... der über die Begebenheiten in Athen geschrieben hat, berichtet in seiner attischen Geschichte: Als die Athener eine Flotte gegen Sizilien ausrüsteten, ließ sich ein ungeheurer Schwarm Raben auf Delphos nieder. Sie stürzten sich auf das Daidalon der vergoldeten Athene, auf dem erzenen Palmenstamm, und hackten das Gold mit den Schnäbeln ab. Auch den Spieß ... und die erzenen Früchte der Palme zertrümmerten die Unglück anzeigenden Raben.« Interessant wäre es zu erfahren, ob die Griechen nach so einer augurischen Voraus-Hypothek noch ausgelaufen sind oder gleich die Segel gestrichen haben.

Raben spielten im antiken Vogelorakel eine herausragende Rolle, wobei es wohl besonders auf ihre Lautäußerungen ankam. Ganz rabenschwarz war es um die Zukunft bestellt, wenn die schwarzen Gesellen

Wotan und seine gefiederte Flugaufklärung, die beiden heiligen Raben. Batik-Schmuckteppich, im Besitz der Hanstedter Alt-Pfadfinder »Wodans Ger«.

mit gepresster Stimme Laute hervorwürgten, die an menschliches Röcheln erinnerten. Fast ebenso missliebig war ihr Überflug von links nach rechts. Bei Vergil (70 v. Chr. bis 19 v. Chr.) heißt es:

Oft schon sagte Unglück vorher
die Krähe zur Linken,
schreiend von der Eiche herab,
die das Alter gehöhlet.

Die vergilsche Sentenz mag einem nachgerade als Beispiel lateinischer Kürze erscheinen, wenn man sich vergegenwärtigt, wie ausufernd indischer Krähen-Aberglaube gewuchert hat. Wiederum bei Gattiker findet sich eine Aufstellung von schwarzgefiederter Vorbedeutung, die über Tibet und St. Petersburg ihren Weg nach Westen gefunden hat.

Wenn am Rande des Grabens oder Wassers oder auch einem Baum, auf einem Ameisenhaufen und an einem Kreuzweg zur rechten Hand eine Krähe einen Laut von sich gibt, so wisse man, dass man bei dem Gang Glück haben wird.

Wenn zur Zeit, wo man auf dem Wege vorwärts geht, im Rücken eine Krähe einen Laut von sich gibt, wird vollendet werden, was man beginnt.

Wenn zur Zeit, wo man auf dem Wege geht, eine Krähe die Flügel schlägt und schreit, so wird man auf große Hindernisse stoßen.

Wenn zur Zeit, da man sich auf den Weg macht, eine Krähe mit dem Schnabel Haar ergreift und dabei schreit, so ist es ein Zeichen baldigen Todes.

Wenn zur Zeit, da man sich auf den Weg begibt, eine Krähe Unreines verzehrend, einen Laut von sich gibt, so ist das ein Zeichen, dass Speise und Trank kommen.

Wenn zur Zeit, da man sich auf den Weg begibt, eine Krähe, auf einem Dornbusch sitzend, einen Laut von sich gibt, so weiß man, dass Feindesgefahr da ist.

Und so weiter und so fort über 18 Positionen. Aber Raben-Orakel waren auch im Abendland verbreitet. Ein hockender Rabe bedeutete in Altengland durchaus Glück, drei dagegen verhießen nichts Gutes. In Dänemark zeigte es den nahen Tod des Gemeindegeistlichen, wenn ein Rabe in ein Dorf einflog. In Schweden hörte man in Rabenschreien, wenn die Vögel im Dämmern aus Sümpfen oder Wäldern in Menschensiedlungen vordrangen, die Geisterstimmen Erschlagener, die so auf den Ort aufmerksam machen wollten, an denen ihre Leichen auf ein christliches Begräbnis warteten. In Island können Raben über den Horizont in die Zukunft schauen.

In Cornwall geht noch immer die Legende um, dass König Arthus nicht tot ist, sondern in Rabengestalt auf seine Wiederkehr wartet; wer also einen Raben tötet, begeht Königsmord und riskierte im benachbarten Wales über lange Zeit die Todesstrafe. In Languedoc müssen üble Priester und böse Nonnen nach ihrem Tod in Rabengestalt herumflattern. In Deutschland glaubte man, dass ein Rabe, der sich auf das Dach eines Sterbenden setzt, damit anzeigt, dass dessen Seele der Verdammnis preisgegeben ist. In Tirol dagegen galt das St.-Florians-Prinzip: Rabengeschrei am Haus verkündete Unglück in der Nachbarschaft. Im Kanton Bern mussten die Bauern bei Rabengeschrei mit Kuhkrankheiten rechnen.

Den Kirchenvätern galt der schwarze Gesell als Symbol des Sün-

Der Rabe, da wo ihn übelwollende Menschen von jeher sahen: auf Aas und Verwestem. Kurzum: ein Sinnbild des Todes.

ders, besonders als er noch lateinisch krächzte, rief der Rabe doch unentwegt »cras, cras« (morgen, morgen)! Die typische Antwort des Sünders, den man hier und heute zur Umkehr bewegen will.

Die Leichenbestatter

Rabenschwarze Geschichten allesamt. Wobei die bekannte Tatsache, dass Rabenvögel Aas meist schnell entdecken (mitreißend spannend der Forschungsbericht über corvidische Entdeckerqualitäten in: Bernd Heinrich, Die Seele des Raben) und verzehren, offenbar zu dem Pauschalurteil inspirierte, die dunkel Gewandeten seien Herolde des Todes. In Wirklichkeit sind sie Toten-Finder. Dass man nach offenen Feldschlachten Opfer (eine Weile) liegen ließ – sehr zum lärmigen Wohlbehagen der Krähen und Raben – wird ein Übriges getan haben, um den schlimmen Ruf der Vögel zu festigen.

Wobei die (Un)Sitte – verbreitet besonders bei den alten Germanen –, erschlagene Feinde am Ort ihres Todes gänzlich verwesen zu lassen, ursprünglich eine religiöse Grundierung hatte: Die Tiere, die sich der sterblichen Überreste annahmen, handelten nämlich gewissermaßen im höheren Auftrag. Raben und Wölfe waren die heiligen Tiere Wotans, und man stellte sich vor, dass sie dem Obergott, dem man vor Schlachtbeginn ein Opfer aus toten Gegnern gelobt hatte, die versprochene Gabe überbrächten.

In einem litauischen Volkslied kommt die Verbindung Schlachtfeld – Todesbote – Unheilprophet klassisch zum Tragen:

Kaum einer ist so ambivalent wie der Rabe: Vogel der Weisheit, wie das Prachtexemplar aus der Zeichenfeder von Bodo W. Klös oder Totenvogel, Aaskrähe, Kadaverhocker.

Her flog ein schwarzer Rabe / Trug eine weiße Hand her / Und einen goldnen Ring daran. / Dich frag' ich, lieber Vogel, / Wo hast du, schwarzer Rabe, / die weiße Hand erhalten, / und wo das goldne Ringelein? //
Ich war im großen Kriege, / Da schlug man große Schlachten, / Da flocht man Zäune aus Schwertern, / da grub man Gräber mit Flinten, / da floß das Blut in Strömen, / da liegt nicht nur ein Söhnlein, / da weint nicht nur ein Vater. //
O weh! Das ist mein Ringlein, / nun kehrt mein Jüngling nicht wieder. / Es fließen meine Tränen.

(Zitiert nach Karl Knortz)

Der große Shakespeare hat häufig Raben flattern lassen, wenn es galt, düstere Vorbedeutung auszumalen. So raunt die bis in die tiefsten Seelenabgründe rabenschwarze Lady Macbeth in der Erwartung, dass sich ihre Mordpläne gegen den alten König Duncan erfüllen: »Selbst der Rab' ist heiser, der den verhängnisvollen Einzug Duncans in unsre Mauern ankrächzt ...«

Und erst in Zeiten, als die Pest ganze Landstriche entvölkerte! Da sah man den schwarzen Tod bisweilen auf Rabenschwingen einschweben (siehe auch Kapitel Seidenschwanz). Seeleute, von alters her die Gläubigsten unter den Abergläubischen, gerieten außer sich, wenn sich Raben oder Krähen in die Takelage setzten. In einer altenglischen Ballade heißt es:

Schlingernd lag das Schiff im Meer,
kein Lüftchen mag uns laben.
Von oben trifft uns schwarz und schwer
die Todesverheißung der Raben.

Wo Tod und Verderben nahe waren, konnte der Teufel seiner Natur gemäß nicht fern sein. In einer Frühfassung der Dr.-Faust-Legende (Straßburger Puppenspiele) flattert Satan in Rabengestalt mit dem blutgesiegelten Vertrag davon.

Und ähnlich wie schwarze Katzen oder Fledermäuse waren Raben und Krähen beliebte »Ersatzzeugen«, wenn es galt, eine unschuldige Frau der Hexerei zu überführen. In einem im Raum Chur gesammelten Katalog von Scheußlichkeiten im Zeichen des Aberglaubens heißt es: »Eine gewisse

Saatkrähen nisten gern gesellig. Viele Krähenaugen sehen mehr als die vier eines Paares.

Anna Thöny, gebürtig von Seewis war es, die im Jahre 1656 der Hexerei angeschuldigt, vor dem Gericht in Maienfeld stand. Man habe gesehen, dass sich ihr als sie auf einem Bauhaufen gesessen, ein Rabe, der vorerst um ihren Kopf geflogen, auf ihre Schulter gesetzt, sei aber sofort wieder aufgeflogen und habe ein wüstes Geschrei vollführt« (zitiert nach Gattiker). Die Angeschuldigte wurde gefoltert, zum Geständnis erpresst und schließlich – vom Feuertod begnadigt – geköpft.

Den Raben, so scheint es, klebt Pech an den Federn, das – mehr oder minder dramatisch – über die Menschen kommt. Im Alten Testament gilt der Aas fressende Vogel als unrein, und bezeichnenderweise war er Noah schlecht zu Diensten, als der ihn nach 40 Tagen im treibenden Kahn zur Landsuche aus der Arche entließ. Er labte sich lieber an dem Aas, das auf dem Wasser trieb. Und erst die daraufhin aufsteigende Kundschafter-Taube brachte gute Kunde.

Im Koran mischen sich Raben in die berühmte Brudermord-Geschichte von Kain und Abel. Adam wusste nicht, was er mit dem toten Abel machen sollten, als sich zwei Raben zu ihm setzten. Der eine Rabe erschlug den anderen, grub mit seinem Schnabel eine Vertiefung und bestattete den Toten. Da wusste Adam, wie er mit dem toten Sohn zu verfahren habe.

Lang ist auch die Liste griechischer und römischer Größen, denen Raben ihren Tod oder zumindest erhebliche Widrigkeiten ankündigten, und verhältnismäßig kleinen Raum nehmen Berichte über glückliche Vorbedeutung ein.

Klug, findig und intelligent

In der nordischen Mythologie dagegen, wo das blutige Dreinschlagen und Abschlachten sozusagen zum guten Ton und zur Manneszier gehörte, kamen die Raben alles in allem besser weg als in der weit zivilisierteren Antike oder im zentraleuropäischen Mittelalter. Raben waren im nordischen Kulturkreis durchaus Siegervögel. Der berühmte Bilderteppich von Bayeux zeigt Wilhelm den Eroberer, einen Nachfahren der Wikinger, siegreich nach der Schlacht von Hastings mit einem Banner, das einen Raben zeigt. Rabe und Königswürde gingen offenbar gut zusammen; immerhin bediente sich selbst Wotan zweier Raben als Kundschafter und Späher: Hugin und Munin. Die beiden waren eine Art Flugaufklärung, die auf raschen Schwingen alles an Neuigkeiten zurückbrachte, was kriegs- oder sonstwie wichtig war.

Hier zeigt sich – zumindest ein Stückchen weit – etwas von der anderen Seite des Raben. Seine Klugheit, Findigkeit, Intelligenz. Verschiedene römische Quellen sprudeln von sprechenden Raben, und ein Chronist verbürgt sich sogar für ein Exemplar, das 64 verschiedene Laute hervorbringen konnte.

Auch wenn man das bezweifelt, man mag solchen Zeugnissen entnehmen, wie inspirierend der Vogel zu allen Zeiten gewirkt hat. Seine im deutschen Sprachraum populärste Gestalt nahm er mit Wilhelm Buschs Hans Huckebein an. Im Lexikon der berühmten Tiere von Karen Duve und Thies Völker findet sich ein schö-

Und Übermut kommt zum Beschluß,
Der alles ruinieren muß.

Wilhelm Busch, der Erfinder des Comics, erfand auch den tragikomischen Raben Hans Huckebein.

ner Kurz-Steckbrief des tragikomischen Helden: »Hans Huckebein, ein noch nicht flugfähiger Jungrabe mit Stummelflügeln und einzelnen Borsten auf dem Schädel, wird vom Knaben Fritz gefangen und gibt ein kurzes, aber beeindruckendes Gastspiel im Haushalt von Fritzens Tante. Als Erstes dämpft er Tante Lottes Sympathien, indem er sie in den Finger beißt, dann triumphiert er im Kampf um ein Schinkenbein über Spitz und Kater, stempelt die Bügelwäsche mit Fußabdrücken und Heidelbeerkompott, beißt die Tante auch noch in die Nase, leert ein Glas Likör und erhängt sich im Suff an einem Strickzeug.«

Sehr menschlich-allzumenschlich. Und es ist sicher kein Zufall, dass es Rabenvögel waren, die den großen Verhaltensforschern des letzten Jahrhunderts viel über tierisches Verhalten flüsterten (siehe Kasten auf Seite 142). Raben, die eigentlich als die Aasfresser schlechthin gelten, haben es auf den Färöer-Inseln gelernt, einzeln, zu zweit oder zu dritt fliegende Eissturmvögel zu erbeuten. Auch die geknechteten Bewohner von Mastenten-Massenzuchtanlagen haben Kolkraben dazu inspiriert, hier leichte Ernte zu halten. In Interlaken/Bern wurde beobachtet, dass es einem Kolkraben gelang, eine vorbeifliegende Zuchttaube aus seinem Felsversteck heraus anzufliegen und zu töten.

Von der Flugtauglichkeit her muss man Kolkraben, die unzweifelhaft zu den besseren Fliegern der Vogelwelt zählen, so etwas allemal zutrauen. Kolkraben-Balzflüge, mit Rückenflug-Einlagen und Schraubensalti, gehören zu den phantastischsten Spektakeln, die auf zwei Schwingen geflogen werden können.

Ein schwarzer Paradiesvogel

Wer sich taxonomisch mit den Rabenvögeln – die übrigens wirklich zu den Singvögeln gehören – beschäftigt, stößt auf eine überraschende Verbindungslinie: Nahe Verwandte der Corvidae sind ausgerechnet die Paradiesvögel auf Neuguinea und in Nordost-Australien. Und deren herausragend buntes Gefieder mag daran erinnern, dass lange nicht alle weltweit rund 115 Rabenvogelarten schwarz daherkommen. So gilt unser Eichelhäher durchaus und zu Recht als heimischer »Paradiesvogel«. Neben dieser auffälligen Vogelgestalt und dem Kolkraben zählen hierzulande noch 6 weitere Arten zur Gruppe der Corviden: Elster, Tannenhäher, Dohle, Saatkrähe, Aaskrähe (aufgeteilt in die Unterarten Nebel- und Rabenkrähe) und Alpendohle.

Der Ornithologe Dr. Klaus Richarz benennt die Stärke der Rabenvögel: Sie sind »Spezialisten fürs Nichtspezialisiertsein«. Fast-Allesfresser: Insekten, Beeren, Aas, Speisereste in Müll und Abfall – was nahrhaft ist, ist gut genug.

Da kann kein menschlicher Futterneid aufkommen, sollte man denken. Und irrt sich. Die Legende von den Lämmer mordenden Kolkraben und Aaskrähen ist vermutlich nicht auszurotten. Sie kommt immer dann wieder mit neuem Schwung in Umlauf, wenn sich Raben und Krähen – wie das seit Menschengedenken der Fall ist – über tot geborene Lämmer oder Zicken hermachen. Dann muss eben der »Leichenbestatter« zum Mörder werden. Die Versicherung der Vogelexperten, dass Raben- und Krähenschnäbel sowie -krallen zum Beutemachen (in der Regel, von Ausnahmen war schon die Rede) ungeeignet sind, nützt wenig. Es ist, als ob der alte schlechte Ruf von neueren Erkenntnissen unberührt bleibt.

»Mindestens ebenso heftig wie die Mär vom Lämmertöten«, so Richarz, »hält sich die Vermutung, dass Rabenvögel den stummen Frühling brächten.« Weil sie sich im menschlichen Siedlungsraum innerhalb weniger Jahre kräftig vermehren, ist für die meisten Jäger und viele Vogelfreunde klar, dass Rabenvögel durch ausufernde Nestplünderei »die guten Vögel« dezimieren.

Auch hier nützen Untersuchungsergebnisse, die diese These widerlegen (siehe auch Kapitel Eichelhäher und Elster), nur wenig. So wie der Mensch des Mittlelalters stets nach Verursachern des Bösen suchte (nicht nur in puncto Pest lag er voll daneben, nicht die Raben, die Ratten hätte er verfolgen sollen!), so neigt mancher Jäger unserer Tage zum Frust-Schuss auf Rabenvögel.

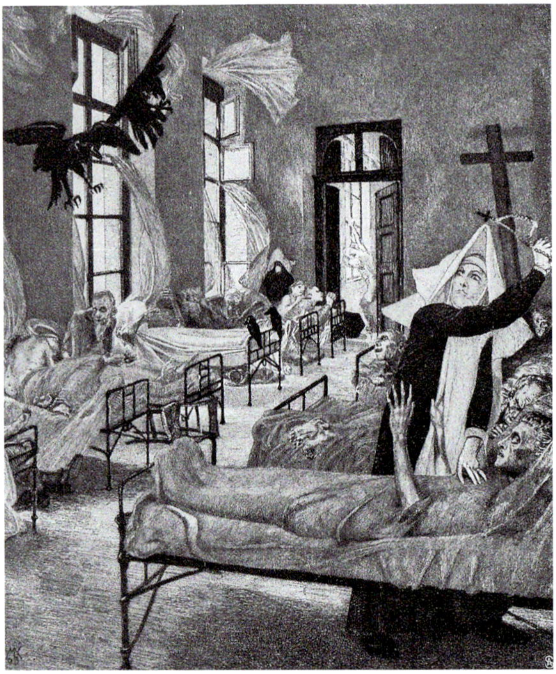

Auch für den schlimmsten Schrecken in Mittelalter und Neuzeit, für die Pest, mussten Rabe und Krähe als Verursacher und Symbol herhalten.

Gifte in der Nahrungskette? Entwertete Lebensräume ...? All diese prinzipiell bekannten Ursachen für die Bedrohung der Singvogel-Fauna sind ja so wenig greifbar. Viel bequemer ist da doch ein konkretes Feindbild, auf das man, im Wortsinne, das Feuer konzentrieren kann.

Die Jagdlobby und seltsamerweise auch einige »Naturfreunde« wollen den Schutz der Rabenvögel (bestehend seit 1.1.1987) mit aller Macht wieder zu Fall bringen. Opfertiere müssen sein. Wer behauptet da noch, das Mittelalter sei überwunden? Schwarze Sündenböcke müssen Federn lassen.

Literarische Läuterung

Dennoch! In neuerer Zeit hat sich die Reputation des Raben verbessert. Er darf schlau, ja weise sein. Zum Beispiel in einem Kindergedicht von Brecht:

Es war einmal ein Rabe,
ein alter weiser Knabe.
Dem sagte ein Canari,
der in seinem Käfig sang:
»Schau her, von der Kunst
hast du keinen Dunst!«
Da sagte der Rabe ärgerlich:
»Wenn Du nicht singen könntest,
wärst Du so frei wie ich.«

Das berühmteste und mit Abstand längste Rabengedicht stammt ohne Frage von Edgar Allan Poe, das in der Übersetzung von J. Bruck auch in deutscher Sprache etwas vom mystischen Dunkel des englischen Originals bewahrt. Hier der Anfang:

Einst um Mitternacht, gar schaurig,
Als ich da saß, müd' und traurig,
Grübelnd ob des dunklen Sinnes
Mancher längst vergess'nen Mär –
Da, vom Schlummer schier bezwungen,
War es mir, als ob gedrungen
Leises Pochen, schnell verklungen,
Von der Tür des Zimmers her.
»Ein Besucher«, so sprach ich flüsternd,
Schritt zur Tür des Zimmers her.
Dies allein und sonst nichts mehr.

Wirklich sonst nichts mehr? Allein mit Rabengeschichten, -mythen, -märchen, -legenden ließe sich locker ein Buch vom Unfang des hier vorliegenden füllen. Die »Sieben Brüder« zum Beispiel, die in Raben verwandelt wurden, sind nur die im deutschen Märchenlanden bekanntesten Repräsentanten einer unübersichtlich weitläufigen Gattung von Verzauberungsgeschichten. Die britischen Inseln quellen über von »raven tales«. Raben-Comics, Raben in der Werbung, Raben in Kinderbüchern.

Und verblüffender als alles Mythengeranke vielleicht der Pragmatismus, zu dem ein knurrender Magen den Menschen befähigt. Menschen fanden durchaus Geschmack an Krähen. Man salzte die »entbalgten« Vögel (Haut mit Federn abziehen, Rupfen allein reicht nicht!), rieb sie zusätzlich mit Pfeffer ein, umwickelte sie mit Speckscheiben und legte sie in heißes Öl. Binnen einer halben Stunde – Vogel fleißig im Bratrohr übergießen! – soll etwas Wohlschmeckendes dabei herausgekommen sein. Den entfetteten Saft, so rät Bernhard

Edgar Allan Poe, rabenschwarzer Poet der Finsternis, des Grusels und des Abseitigen, schrieb das berühmteste Rabengedicht der Weltliteratur: »Once upon a midnight drary ....«

Kathan (Verschwundene und seltene Gäste der Speisekarte. Ein Kochbuch) könne man mit 2 Esslöffeln Rahm veredeln. Na dann, guten Appetit!

Konrad Lorenz und die Dohlen

Wo immer man von Versuchen liest, die Intelligenz von Vögeln zu klassifizieren, findet man die Dohlen – knapp hinter den Papageien – auf Spitzenplätzen.

Wäre Konrad Lorenz nicht der Leuchtturm der aufstrebenden Verhaltensforschung geworden, sein Schreibtalent hätte allemal ausgereicht, um eine Karriere als Erzähler zu machen: »Der Frühlingssturm singt im Rauchfang, und die alten Fichten vorm Fenster meines Arbeitszimmers winken aufgeregt mit den Armen und rauschen. Und plötzlich schießt von oben her ein Dutzend schwarze tropfen- und stromlinienförmige Projektile in das Stück Wolkenhimmel, das im Rahmen meines Fensters steht.« Lorenz hat sie geliebt, die Dohlen – man hört es seinen Worten an. Die ungewöhnliche Lernfähigkeit des Vogels mit der suggestiv-hellen Iris erreichen nur ganz wenige Vögel (andere Rabenvögel, Kakadus und Papageien); und in diesem Zusammenhang fällt auf, dass Jungdohlen vieles lernen müssen, was offenbar nur unpräzise vorgeprägt ist. So haben sie anscheinend nur ein sehr grobes Bild von dem, was ein gefährliches Tier ist, ein Bild, das die Eltern für den Nachwuchs durch ihr Fluchtverhalten präzisieren müssen.

Konrad Lorenz fand heraus, dass jedes Wesen, das etwas Dohlengroßes trägt, das noch dazu schwarz ist und sich bewegt (ein Tuch), für Dohlen ein Dohlentöter ist. Mit lautem Schnarren und heftigen Angriffen wird der Feind vor allen Schwarmmitgliedern bloßgestellt. »Löst man zwei-, dreimal hintereinander den Schnarr-Angriff einer noch so zahmen Dohle aus – man hat es sich mit ihr für immer verdorben. Von Stund an schnarrt sie schon, wenn sie dich bloß sieht, man trägt für immer das Kainszeichen. Mehr noch: Es gelingt dieser Dohle ohne weiteres, auch alle anderen von deiner Schlechtigkeit zu überzeugen.« Das erfuhr Konrad Lorenz am eigenen Leib.

Dohlenmänner untereinander geben sich eher gelassen. Während, so analysierte der große Verhaltensforscher, in einem Hühnerhof ein ranghohes Huhn seine Stellung immer wieder beweisen muss, beschränken sich »angesehene« Dohlen darauf, lediglich diejenigen in die Schranken zu weisen, die knapp unter ihnen rangieren.

Sozialer Aufstieg bei Dohlen kann aber auch ganz friedlich verlaufen: Frisch angeheiratete Weibchen erwerben den Rang ihres Gatten, ohne sich kämpfend profilieren zu müssen. Das klingt wie aus einem Familienroman des 19. Jahrhunderts: Aus der angeheirateten Kaufmannstochter wird eine Frau Geheimrat.

Und noch ein Dohlen-Detail bringt einen in die Gefahr der wohlmeinenden Vermenschlichung: Nicht das kühnste oder stärkste Schwarmmitglied ist die Nummer eins, sondern wohl eher das Tier mit der größten Erfahrung.

Elster

Pica pica

Diebisch soll sie sein. Und manch einer will mit Schrotschüssen in Elsternester unsere Singvögel schützen. Viel fauler Zauber um einen eleganten Vogel.

Die Elster hat ein Attribut, das wie Pech an ihrem Namen klebt: »diebisch«. Der Grund ist bekannt. Der Vogel hat ein Faible für blinkende und glitzernde Gegenstände, die er gelegentlich (selten übrigens!) in sein Nest entführt.

In meinem Heimatdorf in der nördlichen Lüneburger Heide gelang Anfang der Sechziger – als das Ausschießen von Elsternestern noch üblich war – einem Jäger der goldene Schuss. Genauer: der silberne.

Er hatte sich unter eine Weide gestellt, die Schrotflinte angebackt und draufgehalten auf das unordentliche Nest im Kronenbereich, das ein wenig an einen Hexenbesen erinnert. Ein Mus aus Eiern, Kleinholz, Lehm und Borke rieselte und leckte zu Boden. Und an einem Ast in doppelter Mannshöhe hing festgehakt ein Silberdiadem.

Natürlich hatte sich die Elster nicht für Silbergehalt und Verarbeitungsqualität interessiert, Silberpapier aus einer Zigarettenschachtel wäre ihr auch recht gewesen. Das Blinken, das Spiegelnde des metallenen Gegenstands faszinierte sie.

Beachtliche Denk-Leistungen

In einer vergangenen Zeit, in der man Tierverhalten nicht wissenschaftlich befragte, sondern einfach menschlichen Verhaltensmustern zuordnete (stolzer Hahn, feige Ratte ...), reichten solche Auffälligkeiten allemal, um ein Tier zu stigmatisieren.

Heute versucht man sich von menschelnden Analogien freizuhalten und beforscht Tiere vorurteilsfrei. An der Ruhr-Universität Bochum zum Beispiel kamen die Elster-Forscher Helmut Prior und Onur Güntürkün zu Erkenntnissen, die verblüffen. »Die Vögel können«, so resümiert der »MorgenWelt Science-Ticker« (Internet) die Bochumer Experimente, »auch Objekte wiederfinden, die man vor ihren Augen versteckt hat. Dies erfordert eine Vorstellung von dem Objekt, die auch dann bestehen bleibt, wenn das Objekt plötzlich nicht mehr sichtbar ist – eine Fähigkeit, die sonst nur Menschen, Menschenaffen und Hunde besitzen.«

Das spricht dafür, dass Elstern nach begehrten, auch nach für sie neuartigen Gegenständen suchen können, weil sie sich ein Suchbild einzuprägen vermögen (zum Wiederfinden der selbst versteckten Beute später). Die kleinen Rabenvögel sind also nicht nur auf Zufallsfunde angewiesen. Zum gezielten Diebstahl allerdings fehlt ihnen ein Gefühl für menschliche Rechtsverhältnisse.

Ich-Bewusstsein dagegen ist ihnen zuzutrauen. »In Spiegelexperimenten«, so MorgenWelt Science weiter, »zeigten die Vögel ebenfalls intellektuelle Fähigkeiten: So konnten sie sich

Diebisch soll sie sein, die Elster – dieses Exemplar aus dem von Schubert'schen Volksbuch schaut in der Tat etwas verschlagen.

selbst im Spiegel erkennen – anders als zum Beispiel Wellensittiche, die ihr eigenes Spiegelbild selbst nach Jahren noch für einen Artgenossen halten. Die Elstern gingen prüfend vor dem Spiegel auf und ab und trugen dabei Gegenstände im Schnabel. Und hatte man ihnen einen roten Fleck auf den Schnabel gemalt, den sie nur im Spiegel sehen konnten, putzten die Vögel sich häufiger.«

Doch auch früher schon und ohne wissenschaftliche Systematik hat man sich die Eigenheiten von Vogelgestalten betrachtet und eingeprägt. »Der Elster renkt den Steisz und lässt das Hüpfen nicht«, heißt es in einem Gedicht aus dem 18. Jahrhundert. Oder: »... ein Landknecht springt daher im kurzen Rock wie ein Alster.«

Auch die Beinamen der Elster zeugen von genauer Beobachtung: Gartenrabe oder Tschaderer – letztgenannter Name der Versuch, die schnarrende, plaudernde Stimme des Vogels zu umschreiben.

Gebräuchlicher blieb bis in die Neuzeit die Bezeichnung »Alster«. Noch heute ist sie in Ortsnamen wie Alsterweiler und Alstertal enthalten. Hamburgs großer Stadtmitte-Teich, die Binnenalster, ist weit über die Grenzen der Hansestadt bekannt.

Auch nach der Vokalverschiebung von »a« auf »e« blieb die Elster allgegenwärtig, wie bei Gattiker nachzulesen: »Das Vogtland kennt einen Badeort Elster, die Weiße Elster ist der Hauptfluss des westlichen Sachsens, die Schwarze Elster ein Nebenfluss der Elbe. Elsterberg ist eine Stadt im Bezirk Gera. Zwischen Erz- und Fichtelgebirge liegt das Elstergebirge.«

Ein denkbar schlechter Ruf

Es kann nicht verwundern, dass ein Vogel, der in so vielen Flur- und Landschaftsnamen präsent ist, auch im wüsten Feld des Aberglaubens nistet. Zum einen war es wohl seine schiere Häufigkeit, die dazu einlud, ihm einiges anzuhängen, zum anderen die »Geschwätzigkeit«. Und nicht zuletzt die auffällige Schwarz-Weiß-(Gut-Böse-)Zeichnung.

Schwarz ist – was denn sonst! – die Farbe finsterer Mächte oder gar des Teufels. Im alten Frankreich glaubte man, der Vogel trüge 7 Teufelsfedern auf dem Kopf, und Paul Sébillot (Le Folklore de France) erwähnt den Volksglauben, im Elsterkopf stecke ein Knochen vom Teufel, der das Tier zu bösem Tun verdamme. Im Zürcher Oberland hielt man die »Ägersten« für Erscheinungsformen der Hexen, in Böhmen verkündete lautes Elster-Gezeter todsicher das Herannahen von Zank und Streit.

Einerlei, in welcher Kulturlandschaft man sich umschaut: Elstern sind – und das eindeutiger noch als andere Unglücksbringer wie Eulen oder Krähen/Raben – auf Unannehmlichkeiten abonniert. Nach Ausnahmen muss man suchen, und auch die wenigen sind eher im neutralen Bereich der Gut-Schlecht-Skala angesiedelt als eindeutig im Plus: In Böhmen sagen Elstern, die ein Haus umfliegen, dass besondere Neuigkeiten oder die Ankunft von Briefen aus der Fremde bevorstehen.

Normalerweise war ein Tag zum Teufel, an dem sich eine Elster auffällig bemerkbar machte. Aber man war nicht völlig wehrlos. Der Ruf »Elster, Elster, weiß und schwarz, wenn du eine Hexe bist, dann flieg auf deinen Platz!« brach den bösen Zauber – zumindest in der protestantischen Schweiz. In streng katholischen Landschaften wird das übliche Allheilmittel »Ave Maria« geholfen haben.

In England erzählte man sich eine fromme Begründung dafür, dass Pech an den Schwingen von »magpie« klebt. Der Vogel wollte, als sich die Sintflut schon erhob, nicht in Noahs Kasten. Er setzte sich frech auf das Dach der Arche und schwatzte über die untergehende Welt. Und obwohl er ja im Prinzip damit Recht hatte, blieb ihm der Nimbus eines Unheilverkünders. Der Bote des Unglücks – man weiß das aus der Menschheitsgeschichte – ist noch unbeliebter als der Verursacher.

Wie dem auch war; wahrscheinlich gab es überall zu viele Elstern, als dass man ihre Vorbedeutsamkeit ohne Wenn und Aber aufrechterhalten konnte oder wollte. Man musste das Böse, das Unglückverheißende, relativieren. Ähnlich wie bei den schwarzen Katzen kam es deshalb vielerorts darauf an, wie einem die Vögel begegneten. Von rechts nach links war günstig oder neutral, »von links nach rechts bedeutet's Schlecht's«. Und manchmal entschied auch der Ort: »Schäkert eine Elster zur Rechten des Weges, den man gerade geht, kündet sie im Kanton Bern Unglück, in Frankreich aber etwas Gutes an« (Gattiker). Einen anderen Ausweg, der schieren Überzahl von Unglücksbringern zu entgehen, bot die Zahlensymbolik: 4 Elstern galten im alten Frankreich als äußerst bedenkliches Zeichen, 2 dagegen eher als Glücksverheißung. Und in Namur vereinfachte man die Sache noch radikaler: Elstern in gerader Zahl: bon! In ungerader: terrible!

Eine gute arzeney

Es mag verwundern, dass ein so schlecht beleumundetes Tier ausgerechnet in der volkstümlich-magischen Medizin eine bemerkenswerte Rolle spielt. In Johannes Jühlings «Die Tiere in der deutschen Volksmedizin« von 1900 findet sich dieses Rezept: »Eine gute arzeney für den Schlag unnd fallenden Siechtag. Nim eine lebendige Alster und reiss die mitten voneinand unnd thue es dann mit federen und allem in den Helm und brenne wasser davon und setz in danach tage in die Sonne. Das ist auch gut zu der schwerenn kranckheitt zum schlag unnd allerlei kranckheit.«

In Mecklenburg half, so heißt es, aufgekochte Elster gegen Wassersucht, in Oldenburg geröstete Elsterleber gegen Verstopfung; an der Côtes du Nord soll es fiebersenkend gewirkt haben, wenn man Elsternteile auf ausgewählte Körperpartien legte; in Posen gab es ein aufwendiges Rezept, um Elsternpulver herzustellen. Aber Vorsicht: Elsternhirn in der Bretagne genossen, führt zu Schwachsinn.

Nachzutragen bliebe zu diesem Komplex (Schlimmes mit Schlimmem austreiben!) nur noch, dass sich der Vogel auch in der Veterinärmedizin bewährt haben soll: Im Schweizer Archiv für Volkskunde fand man den Hinweis, dass rote Milch kranker Kühe nicht zwingend den Verlust der wertvollen Tiere anzeigen muss, vorausgesetzt, dass Elstern die ins Freie geschüttete Milch verzehren. Und ähnlich wie bei Eulen sollen tote Elstern einen Tierbestand vor Krankheit schützen, sofern man die Vögel in der Pose der Kreuzigung an die Tür nagelte. Sie in den Stall zu hängen, also in größerer Nähe zu den bedrohten Nutztieren, konnte ebenfalls zweckmäßig sein – jedenfalls verfuhr man in Belgien und Thüringen so.

Nach so viel Schauerlichkeit tut es gut, sich zu vergewissern, dass Elstern – wenn auch, siehe oben, auffällig selten! – Erfreuliches anzeigen konnten. Eine mecklenburgische Bauernregel besagte: »Wenn sich die Elstern zanken, so brechen die eisigen Schranken.« Elstern als willkommene Künder des Winterendes. Oder noch schlichter, Elstern als Wetterfrosch: Putzen Elstern bei den Siebenbürger Sachsen besonders auffällig und sorgfältig ihr Gefieder, verheißt das Wetterwechsel.

Wie bei vielen markanten Vogelgestalten mischt sich irgendwann Christliches ins Mythen-Geranke. Ein Beispiel für viele aus der Saintgogne, zitiert nach Gattiker: Jesus setzte sich einst im Wald auf den Rasen, um sich nach einem langen Weg im Schatten auszuruhen. Den Weg war er gegangen, um den Juden zu entrinnen, die ihn töten wollten. Da kamen die Elstern des Waldes und stachen eine Menge Dornen in die unbekleideten Füße und das entblößte Haupt des Heilands. Die mitleidige Schwalbe aber machte sich daran, die Dornen zu entfernen. Da sprach der Herr: »Du Elster wirst dein Nest in den höchsten Gipfeln der Bäume bauen und von allen verachtet werden, aber du freundliche Schwalbe, wirst deine Brut sicher vor Gefahren aufziehen, und die Menschen werden dich lieben.«

Überleben in der Kulturlandschaft

Jesus ist nicht rachsüchtig; und so ist es anders gekommen. Die Rauchschwalben finden kaum noch sichere Brutplätze in offenen Viehställen, und die Elstern haben keine Probleme, sich über die heutige Kulturlandschaft auszubreiten. Und die Elster hat sich auch im Detail nicht ganz an die Strafzumessung gehalten: Normalerweise – aber eben nicht immer! – nistet sie hoch. Doch von Fall zu Fall beginnt sie im Februar auch in filzigen Brombeerhecken mit dem Nestbau. Das Bauwerk wirkt kunstlos und schlampig, ist aber mit seinem wirren Dach aus dornigem Reisig perfekt gegen Nesträuber geschützt. Das Patent zu diesem Wehrnest ist der Elster eingeprägt. Der Vogel tut unbe-

wusst das Bestmögliche für den Bruterfolg.

Intelligent wirkt auch der Umgang mit Beute. Wespen werden, bevor sie verschlungen werden, ausdauernd gequetscht, größere Blindschleichen meist passend zerstückelt, kleinere am Stück verschlungen, Kleinsäuger geköpft, Schneckenhäuser auf Steinen zertrümmert. Außerdem legen Elstern bei überreichlichem Nahrungsangebot Depots an – aber nicht aufs Geratewohl. Man hat beobachtet, wie eine Elster, die gequollene Weizenkörner in Sicherheit bringen wollte, nach der neidigen Verwandtschaft – Krähen vor allem – Ausschau hielt, ehe sie ein Loch in die Grasnarbe schlug, ihren Vorrat bunkerte und alles wieder perfekt einebnete. Stadt-Elstern lernen es, menschliche Bauwerke – etwa Dachrinnen und Traufen – als Verstecke zu nutzen. Aber anders als Eichelhäher nutzen Elstern ihre Vorräte kurzfristig, meist innerhalb von 10 Tagen. Wiederfinden ist für sie offenbar kein Problem, selbst erfolgreiche Ausgrabungen unter 20 cm hoher Schneedecke sind bezeugt.

Solche Umsichtig- und Findigkeit ist den Menschen schon früh aufgefallen. Charles-Georges Leroy, ein Vorläufer der modernen Verhaltensforschung aus dem Frankreich des 18. Jahrhunderts, bemerkte sogar, dass Elstern zählen können. Verstecken sich 5 Menschen in Nestnähe – auffällig unauffällig, sodass die Elster es bemerkt – und 4 ziehen wieder ab, bedeutet das für den Vogel keineswegs Entwarnung: 5 – 4 = 1.

In Zeiten, in denen der Glaube an Vorbedeutsamkeit und schwarzmagische Kräfte nachließ, müsste sich – so sollte man zumindest meinen – auch das Image der Elster allmählich gebessert haben. Dem ist aber wohl nicht so. In einer lokalen Züricher »Heimatkunde« aus dem Jahre 1883 (zitiert nach Ineichen) findet sich eine Klage zu Gunsten der armen, verfolgten Elster: »Das direkte Eingreifen des Menschen hat einen schönen Vogel unserer Umgebung, die Elster vertrieben. Seit man begann, ihres Schadens wegen dieselbe systematisch zu vertilgen, meidet der geistig begabte Vogel sorgfältig die Nähe von Zürich«.

Möglicherweise bedient sich die Elster tatsächlich einer gewissen arteigenen Intelligenz, von der im Zusammenhang mit den Bochumer Forschungen schon die Rede war. Dr. Hans Löhrl, ehemaliger Leiter der Vogelwarte Radolfzell des Max-Planck-Instituts für Verhaltensphysiologie, schildert ein Phänomen »kluger« Anpassung: »Seit wenigen Jahren haben Krähen und Elstern die Gewohnheit angenommen, ihre Nester auf hohen Gittermasten zu errichten. Zunächst geschah dies auf weiten baumlosen Flächen. Der Erfolg war offenbar so gut, dass man heute solche Nester inmitten baumbestandener Flächen, ja sogar unmittelbar an Waldrändern findet, obwohl die Elektrizitätswerke alljährlich sämtliche Masten reinigen lassen.« Die mögliche Erklärung: Auf elektrische Einrichtungen schießt keiner, und auch Nesträuber trauen sich nicht ins kalte Gestänge. Löhrl vermutet, dass Junge, die ihre erste Prägung in solchem Stahl-Ambiente erhalten, später auch wieder solche Brutplätze bevorzugen. Es begründet sich eine Tradition der »Eisen-Brüter«.

Vielleicht sollte ich doch – etwa um einem Fluch zu entgehen oder einer Elsternhexerei – die anfangs begonnene Geschichte aus meinem Heimatdorf zu Ende erzählen. Der Jäger, der mit einem Schuss ins Elsternest ein Diadem freilegte, angelte mit einem langen, verdorrten Ast das Schmuckstück aus der unteren Äste-Etage, wo es sich nebst zerschossener Nestreste verfangen hatte. Als ihm das Edelmetall buchstäblich in die Hände fiel, schlug seine Verblüffung in helle Begeisterung um. Er hat sich aber vermutlich nicht bekreuzigt, unser Heidedorf war in den Nachkriegsjahren fast durchgängig evangelisch.

Der Mann trug den Zufallsfund nach Hause und setzte eine Anzeige in die Lokalpresse, in der er das wertvolle Stück nur ungefähr beschrieb. Tatsächlich meldete sich wenig später die »Bestohlene«, die das Diadem detailgenau skizzieren konnte, samt Gravur auf der Rückseite.

Der erhebliche Finderlohn wurde am Jägerstammtisch bei Schmeen's Berta versoffen. Aber als man die dritte Runde Bier und Kööm antrank, geschah etwas Seltsames. Über der Jägerecke, nächst der Theke, fußte auf einem trockenen Kiefernast – neben einem ausgestopften Keilerkopf, einem von Zigarrenrauch gebeizten Birkhahn mit grellrot gefärbten Augenbrauen und inmitten eines staubigen Waldes aus Gehörnen und Geweihen – auch eine ausgestopfte Elster. Die soll deutlich mit dem Schwanz gewippt haben, als man ihr zuprostete.

Na gut! Die Sache lässt sich heute nicht mehr überprüfen. Das hindert mich aber nicht eine Sekunde lang daran, Stein und Bein zu schwören, dass sie wahr ist.

Eichelhäher

Garrulus glandarius

In Frankreich brüllt man nicht »wie am Spieß«, sondern wie ein Häher. Und auch sonst hat der laut rufende Vogel keinen allzu guten Ruf.

Eichelhäher schmecken gut. Allerdings gilt das Lob des Fleisches überwiegend den jüngeren Vögeln. Das jedenfalls war die Erklärung, die mir vor etlichen Jahren ein Jäger auf die Frage gab, warum er frisch geschossenen Vögeln den Daumen auf den Kopf setzte. »Jungen Vögeln kann man ganz leicht den Schädel eindrücken, alten nicht, die bekommt der Hund!«

Verzehr ist das, was jagdkritische Menschen meist noch am ehesten akzeptieren, wenn Jagd kontrovers diskutiert wird. Ansonsten hat die Diskussion um den Schuss auf Rabenvögel – zu denen neben Elstern und Krähen auch der Eichelhäher gehört – der Jagd heftigen Imageschaden zugefügt. Die Behauptungen, Elstern, Krähen oder Häher würden seltene Singvögel durch Eierraub und Kindsmord sozusagen zum Absturz auf die Roten Listen bringen, hielten keiner wissenschaftlichen Prüfung stand. Dass die Jägerschaft größtenteils dennoch die altbekannte Anklage aufrechterhält, unterminiert ihre Glaubwürdigkeit. Und das dummerweise auch dort, wo sie seriöse Befunde unters nicht jagende Volk bringen will. Ein klassischer Schrotschuss, der nach hinten losgeht.

Die Wahrheit ist wohl ein wenig banal. Der Waidmann möchte ab und an mal unbeschwert, ungehindert und reinen Gewissens auf bewegliche Ziele schießen – und Eichelhäher bieten sogar eine kleine Trophäe: die markanten blau schillernden Flügelfedern, die sich so gut am Jägerhut machen.

Es gab einen Jäger – für manche ist er der deutsche Jäger schlechthin – der dem Eichelhäher auffällig viel Beachtung geschenkt hat. Der Heide- und Jagddichter Hermann Löns konnte kaum schriftlich vor sich hinpirschen und waidwerkeln, ohne dass »Markwart der Häher« warnend oder sonstwie bemerkenswert dazwischen huschte.

Der schrille, rätschende Warnruf des Eichelhähers – der übrigens über alle Artgrenzen hinweg von waldbewohnenden Tieren ernst genommen wird – täuscht leicht darüber hinweg, dass der Holzhäher (so einer seiner vielen Nebennamen) weit mehr draufhat als nur sein auffälliges Gezeter. Richard Gerlach hat dem Vogel genauer auf den Schnabel geschaut: »Er singt wirklich. Sogar das brütende Weibchen schwatzt auf dem Nest. Die Männchen lassen, wenn sie gerade einmal in Stimmung sind, das ganze Jahr über ein Gepfeif und Gegurgel hören, ein ganz zärtliches Geplauder und Bauchrednergemurmel. Es trägt nicht weit, man muss schon unter dem Baum stehen, um es zu hören. Zwischen allerlei zwitscherndem Geraspel und Geschnalz miaut

Der Augenschein sagt anderes, aber es ist wahr: Tannen- (oben) und Eichelhäher zählen zu den Rabenvögeln.

der Eichelhäher plötzlich wie eine Katze, flötet wie ein Pirol, ruft das ›Hiah‹ des Bussards, gackert wie eine Henne ... wetzt wie eine Säge.«

Eichelhäher waren wohl schon immer verhältnismäßig häufig. Was Wunder also, dass sich uralte Märchen und Legenden mit seiner Gestalt verbinden, zumal sich der Vogel auffällig benimmt.

In Schweden zum Beispiel machte man sich vor langer Zeit Gedanken über die Eigenart des Vogels, Wintervorräte, Eicheln, Nüsse oder anderes zu verstecken und bisweilen nicht wiederzufinden. Angeblich merkte sich der Vogel – törichterweise – die Wolkenformationen über den ausgewählten Verstecken, was dann zwangsläufig dazu führte, dass er mehr Pflanzer als Lagerist wurde. Eine haltlose Unterstellung.

Das Bad im Ameisenhaufen

Von einer bemerkenswerten Eigenart des Eichelhähers findet sich keine Spur in den Volksmärchen und Legenden, obwohl sich gerade hier erklärende Geschichtchen anböten. Die Rede ist vom so genannten »Einemsen«. Der Häher lädt erfolgreich Ameisen ein, in sein Gefieder zu steigen, um sie dann zu verspeisen. András Keve beschreibt den Vorgang so: »Der Körper wird zitternd aufgereckt, der Kopf niedergelassen; auch die Flügel werden niedergereckt und ausgespreizt, so dass die ersten Handschwingen bis zum Boden reichen. Die Bauchseite wird auf den Boden gezogen, sodass sie mit den Ameisen in Berührung kommt. Ständig versucht der Vogel, seinen gesenkten Schwanz nach vorn zu bringen, wodurch er zwischen die Beine gerät. Dadurch kommt der Vogel oft in eine Position, bei der er buchstäblich auf seinem Schwanz sitzt.

Im fortgeschrittenen Stadium der Einemsung wimmelt das ganze Gefieder von Ameisen. Wenn der Vogel zufällig etwas Ameisensäure in die Augen bekommt, schließt er sie, springt einige Schritte vor, kehrt aber schnell zu den Ameisen zurück.«

Auch andere Auffälligkeiten im Verhalten des Eichelhähers machen den Vogel interessant. So finden sich in der Literatur immer wieder Beschreibungen, die man als Spielverhalten deuten könnte. Häher werfen bisweilen kleine Gegenstände hinter sich. Der britische Ornithologe Goodwin deutete das – etwas kühn und rätselhaft – als den Versuch, eine neue Ernährungstechnik zu finden.

Der aparte Flügelspiegel des Eichelhähers mag daran erinnern, dass Rabenvögel, besonders in wärmeren Weltgegenden, keineswegs auf düsteres Gefieder abonniert sind.

Und auch die spektakulären Sturzflüge von Baum zu Busch, mit anschließenden furiosen Sprints zurück auf Wipfelhöhe, wo sie dann mit gesträubter Haube sich selbst schrill anzufeuern scheinen, hat man als Testläufe gedeutet: Der Häher will sich für den Ernstfall, etwa jagende Greife, fit machen.

Früher hatte man andere Erklärungen, etwa für die Lärmentfaltung. In Rumänien lebten die Eichelhäher unter einem König, von dem sie Streitsachen entscheiden ließen. Als sie eines Tages einen königlichen Ratschluss für wenig salomonisch hielten, stimmten sie lautes Protestgeschrei an. Der König verfluchte sie daraufhin. Den uneinsichtigen Untertanen blieb ihr Geschrei gewissermaßen als akustisches Erkennungsmerkmal, und fortan zogen sie nicht mehr in Trupps, sondern meistens einzelgängerisch durch die Wälder. (Letzteres übrigens eine märchenhafte Wendung, die mit der Wirklichkeit nicht so richtig in eins geht. Eichelhäher ziehen durchaus gesellig durch Wälder und patrouillieren zu fünft oder mehr. Richtig ist allenfalls, dass sie sich auch im Pulk nicht näher kommen als nötig.)

Der blau-weiße Schönheitsfleck des Eichelhähers erklärt sich folgendermaßen: Einst trug der Eichelhäher am ganzen Körper den aparten blauweißen Federschmuck. Aber der Treulose verriet Jesus an seine jüdischen Häscher. Deshalb wurde ihm strafweise sein schöner Rock bis auf einen Rest genommen. Und den trägt er gewissermaßen als flickenhafte Mahnung an seine Missetat.

In Frankreich scheint der Vogel sprichwörtlicher geworden zu sein als im deutschen Sprachraum. Linksrheinisch brüllt man nicht »wie am Spieß«, sondern wie ein Häher, man schwatzt wie »la gay« und ist, wenn man Pech hat, hässlich wie ein gerupfter Eichelhäher.

Obwohl Eichelhäher, anders als der verwandte Tannenhäher, in ganz Europa verhältnismäßig häufig vorkommen und durchaus Parks in belebten Gegenden besiedeln, sind sie nicht leicht zu beobachten. Zu ihren evolutionären Erfolgsgeheimnissen gehören nämlich Wachsamkeit und Fluchtbereitschaft. Und die Fähigkeit – Eicheln und Nüsse sind ja nur saisonales Futter –, eine große Auswahl an Kleingetier zu verdrücken. Darunter, zugegeben, bisweilen auch Vogeleier und Nestlinge.

Ein Foto mit Seltenheitswert: Eichelhäher beim »Einemsen«: Der Vogel lädt Ameisen ein, in sein Gefieder zu steigen, um sie sich dann genüsslich vom Leib zu sammeln. Möglicherweise profitiert er aber auch davon, dass die Ameisen sich über Federparasiten hermachen.

Amsel, Schwarzdrossel

Turdus merula

»Die Amsel schwelgt auf der Flöte«, schwärmte Hans Sachs, zu dessen Zeit die Schwarzdrossel noch ein scheuer Waldvogel war.

Ein Blick in die Namenskataster lässt nur einen Schluss zu: Die Amsel ist eine Französin: »La merle« ist namensgebend für eine Vielzahl von Orten und Städten: Le Merle, Le Merlet, Merlaut, Les Merlets, Le Merlou, La Merlatière, Les Merlonges, Le Bois au Merle, Rocher des Merles, Combe du Merlet, Mont-Merle usw.

Und weil man von Glück eigentlich nie genug bekommen kann, lag es nahe, einen häufigen Vogel zum Glücksbringer zu erklären: Eine Amsel, die einem Franzosen über den Weg fliegt, verheißt Günstiges. Zum guten Leumund der Schwarzdrossel hat natürlich ihre beachtliche Singstimme beigetragen, seit alters her gelobt. In Pay de Tréguier, so bei Gattiker nachzulesen, bedeutet eine singende Amsel in einem Baum definitiven Frühlingsanfang, aber wehe, sie lässt sich vor dem 2. Februar hören. Dann muss sie zur Strafe 6 Wochen den Schnabel halten. In Franche-Comté rechnet man für diesen Fall noch mit heftiger Winterhärte und spätem Frühjahrsbeginn.

Ähnlich sieht man das beim rechtsrheinischen Nachbarn: Singt die Amsel vor Märzanfang, wird das Getreide teuer, weil die Aussaat erfriert. Und in Bechtold-Stäublis »Lexicon des Aberglaubens« ist nachzulesen: Baldiger Schneefall sei zu erwarten, wenn Amseln 3 Tage an derselben Stelle auftauchen.

Das Regenlied der Amsel verheißt Fortdauer oder gar Verschlimmerung des nassen Wetters, wobei sich der Vogel bei Unwetter angeblich reichlich blöde verhält: Der Legende nach beherrsche die Amsel nicht die Technik aller anderen Vögel, mit eingezogenem Kopf dem Wind zu trotzen, sondern lasse sich von hinten durchblasen, was Erkältungen und zu kurzes Leben bewirke.

Die Amsel – ein Paradevogel der Dummheit? Wohl kaum. Im Französischen und Italienischen überwiegen die Versuche, »la merle« oder »merlo« zu intelligenten oder listigen Persönlichkeiten zu machen. Das italienische »Canta merlo!« – Sing nur Amsel! – entspricht in etwa dem Deutschen »Nachtigall, ich hör dir trapsen!« – will sagen: Ich habe deine List durchschaut. Eine hinterlistige Frau ist in Frankreich eine listige Amsel, aber eine »beau merle« (nach Logik sollte man da besser nicht fragen) ein hübsches Dummchen, sozusagen eine »amselschwarze Blondine«.

Und als Hagamsel gilt in der Schweiz ein »scharfer Feger«, eine Weibsperson mit erkennbar nymphomanischem Einschlag. Wobei im Kanton Appenzell, wo man immer schon und bis weit über die Mitte des zwanzigsten Jahrhunderts hinaus Männermoral für die allgemein Gültige ansah, Hagamsel auch schlichtweg Schlampe bedeutet. Treu der Devise, dass in der Schweiz von Kanton zu Kanton alles verschieden ist, versteht man in Schaffhausen unter Hagamsel eine aufgeweckte weibliche Person. Wenige Kilometer entfernt in Stein am Rhein schlägt die Amsel abermals von gut auf reichlich fragwürdig um: Hagamseln sind dort wiederum Frauen mit zweifelhaftem Ruf. Chammer-Amseln, verrät uns Gattiker, sind im Kanton Zürich schreiende Kleinkinder, die einen durch ständiges Gejammer im Haus (in der Kammer) festhalten.

Amselgesang mit Säuglingsgeschrei zu assoziieren scheint – bei aller Weitherzigkeit, mit der man volksmündlichen Zeugnissen wohl begegnen muss – doch sehr hart daneben. Mag sein, dass der Volksmund dabei eher an den durchdringenden Warnruf gedacht hat. Das Amsellied jedenfalls gehört zum Besten, was aus mitteleuropäischen Bäumen und Gebüschen zu hören ist.

Die Kunst des Gesangs

Wir schätzen den Gesang, weil er, weit mehr als der anderer Singvögel, tonal klingt, oft in tiefen Flötentönen schwelgt und echte Melodiefolgen erkennen lässt. Schon 1953 hat man mit einigem Erfolg begonnen, Amsel-Liedfolgen in Notenschrift niederzuschreiben. Schwer zu glauben, dass auch Schwarzdrosselsang im Wesentlichen Kampfgeschrei ist, Amselmann ermahnt Amselmann: »Bleib gefälligst, wo du bist, hier bin ich!«

Man sagt das unter Amsel-Revierinhabern und -Reviereroberern übrigens so, dass es *von Anfang an* klar ist. Das jedenfalls fand der Verhaltensforscher Günther Tembrook heraus. Die Schlüsselfunktion für das Gegeneinander-Ansingen (Kontersingen) der Amselhähne liegt auf den ersten »Noten« der Strophenanfänge. Diese Kennung erlaubt es dem Antwortenden, in seiner jeweils ähnlichsten Strophe gegenzuhalten. Wird im Tonband-Experiment diese Anfangskennung weggelassen oder verändert, kommt es zu keinem hochklassigen Sängerwettstreit.

Amseln müssen sich lediglich den Nachtigallen geschlagen geben. Hans Sachs (1494–1576) gibt den Ton an im allgemeinen Amsel-Lob: »Die amschel schwelget auf der fleten.« Der dichtende Ornithologe Wilhelm Schuster und langjährige Leiter der Rheinischen Forschungswarte Mainzer Becken schwelgt ebenfalls:

Nun ist das Abendrot verschäumt
Violenblau der Himmel träumt …
Nur noch ein leis Geflüster
der Amsel, die ihr Schlummerlied
vor meinem Gitterfenster spielt.
Dann ruht die Welt im Düster.

Wenn der Amsel-Monograph Burkhard Stephan nicht irrt, dann ist den Schwarzdrosseln die Musik gewissermaßen schon ins Ei gelegt. Amselküken sollen sich »klickend« aus dem Ei mit den brütenden Eltern verständigen, was das Männchen dazu veranlassen soll (endgültige Beweise stehen noch aus), schon kurz vor dem Schlupf Futter zu bringen. Eindeutig dagegen der erste Laut einer geschlüpften Amsel: »hip!!« (Sollte ein großer Babynahrungshersteller davon gewusst haben?) Und sobald der Ruf mit einer Mahlzeit beantwortet wird, sagt der sperrende Jungvogel in seiner Sprache: »Mehr hip!«. Auf Amselsch: »hip hip hip hip« – schnell und laut hervorgestoßen. Die Jungen lernen schnell; ab dem 16. Lebenstag

Die Amsel zählt zu den begabtesten und sangesfreudigsten Vögeln der mitteleuropäischen Vogelfauna. Und da sie ausgerechnet relativ ärmliche Rasen-Gartenlandschaften schätzen, ist ihr Erfolg gesichert.

Ein Amsel ohne Füß.

ES soll diese Amsel von Natur keine Füß haben/ wann Malocchio bey Aldrovando zu glauben/ in der Größ ist sie einer Spannen lang/ und 3. Finger breit: auff dem Rücken/ Bauch/ und Kopff ist sie hoch Scharlachen Farb; an den Flügeln und Schwantz aber schwartz/ sie hat einen Schnabel wie die gemeine Amseln/ außgenommen daß er an der Spitz gekrümmet und schwartz/ oben aber an dem Kopff weiß ist.

In Gesners Züricher Vogelbuch findet sich in aller Unschuld auch blühender Unsinn. Aber immerhin: blühender!

fordern sie mit den Worten: »dschö zi zi döt« Nahrung von den Altvögeln. Übersetzt: »Nun aber bitte etwas plötzlich!«

Zum Äußersten, was menschliche Lautschrift vermag, wagen sich Ornithologen vor, wenn sie die Erregungslaute der Amsel in den (Be)Griff zu kriegen versuchen: »Duck ... duck ... dag tag« besagt schwache Erregung oder beginnende Skepsis, vielleicht am ehesten zu übersetzen als: »Moment mal, da war doch was, oder?« »Djük« scheint ein Synonym von »duck ... duck ... dag tag« zu sein. Aber, aufgepasst: »Dug dug dug dug, tschewi, tschewi, tschewi, tschewi, dug, dug«, der gellende Warn- und Abflugruf, kann nur heißen: »Rette sich wer kann!«

Bei sexueller Erregung »wiehert« der Hahn, sagt Amsel-Experte Heyder, und sie »tixen«, wenn es um die morgendliche Reviermarkierung geht oder ein Bodenfeind, zum Beispiel eine Katze, sich sehen lässt. Dieser sich steigernde Laut lockt Artgenossen an, die ebenfalls tixen, sodass eine entdeckte Katze nach intensivem »Ausgetixt-Werden« entnervt abdreht.

So liest man es. Aber so muss es nicht sein. Ich kannte persönlich einen einäugigen Schwergewichtskater, den auch 5 kobolzende Amselhähne, die sich die Vogellunge aus dem Hals schrien und in Scheinangriffen fast zu Tode stürzten, nicht einen Zentimeter von seinem Pirschpfad abdrängen konnten.

Zeternde Amseln sind natürlich die Ausnahme, singende die schöne Regel. Und das ist auch der Grund, warum unseren Altvorderen immer nur »Gotteslob« einfiel, wenn sie den Gesang bewerteten. Platt-ornithologisch betrachtet dient er, wie schon gesagt, der Revieranzeige, der Revierverteidigung, dem Anlocken eines Weibchens und der »Synchronisation des künftigen Paares«: Man will seine Stimmung in puncto Fortpflanzung in Gleichklang bringen. Diese speziellen Gesangsstrophen – menschelnde Vergleiche drängen sich auf! – sind leise und sensibel.

Experten wissen noch wesentlich mehr. Sie unterscheiden: Vollgesang, Jugendgesang, Herbstgesang, Frühlingsgesang, Nestbaugesang, Balzgesang, Brütgesang, Jungen-Aufzuchtsgesang sowie eine ganze Reihe regionaler »Dialekte«.

Das erstaunliche Repertoire ist zu einem Gutteil angeboren, wie man an isoliert aufgezogenen Käfigvögeln studieren konnte. Aber in puncto Tonhöhe und Strophenabfolge braucht der Lehrling zwingend Lehrmeister; eine Kaspar-Hauser-Drossel erreicht also höchstens Badewannen-Brumm-Niveau, nie die Höhen einer geschulten Stimme.

FLEXIBLE ALLES-NUTZER

Komplett angeboren ist dagegen das perfekte Auge für Bewegungssehen. Amseln sind in der Lage, winzigste Erschütterungen der Gräser oder Veränderungen im Erdreich zu bemerken. Früher vermutete man, dass sie wühlende Regenwürmer erlauschen. Heute ist man sich sicher, dass sie Insekten, Spinnen und Regenwürmer »erkennen«. Unsere kurz geschorenen Normrasen – öde Wüsten für die meisten Vogelarten – kommen offenbar ihrer Jagdtechnik entgegen.

Auch die »Blattwende-Technik« ist angeborene Fähigkeit. Fleißige Ornithologen haben das sogar quantifiziert: An einem sommerlichen Jagdtag wendet eine einzige Amsel bis zu 10 Quadratmeter Laub. Die Blätter werden meist ruckartig zur Seite geworfen, dann kurzes Warten, weil etliche Insektenarten zu ihrem Schutz in Bewegungsstarre verfallen, schließlich blitzartiges Zustoßen.

Die Garten- und Parkspezialisten sind flexibel; ein Bad mit Imbiss ist zum Beispiel dann angesagt, wenn nach der Erfrischung Kaulquappen im Flachwasser greifbar sind, und gelegentlicher Mundraub an anderen Singvogel-Gelegen soll auch vorkommen.

Man hat Amseln beobachtet, die die Unterseite von Wasserpflanzen abernten oder schlüpfende Libellen abgreifen. Ja, auch Molche, die zum Atmen an die Teichoberfläche kommen, sind vor Amseln nicht sicher. Und Katzenfutter-Klau ist ebenfalls verbürgt.

Karriere eines scheuen Waldbewohners

Der markante Vogel ist heute allgegenwärtig. In älteren Vogelbüchern dagegen wird die Schwarzdrossel als »scheuer Waldvogel« beschrieben. Zu Recht. Dörfer gehörten anfangs nicht zu ihrer Heimat. Der Quedlinburger Prediger Goeze war 1795 vielleicht der Erste, dem auffiel, dass sich im Mai/Juni Amseln in seinem Garten einstellten. Anfang des 19. Jahrhunderts häuften sich dann – meist im süddeutschen Raum – entsprechende Beobachtungen: Bamberg 1820, Augsburg 1830, Stuttgart und Frankfurt am Main um 1850.

In England beobachtete man die Stadt-Invasion erst ab Mitte des 19. Jahrhunderts, in London fiel sogar erst vor rund 70 Jahren das Vorrücken der heutigen Charaktervögel der Vorgärten aus den großen Parks in die kleineren Grünflächen auf. Die Schwarzdrossel schien fast ein Pionier zu sein, dem andere Neusiedler wie Grünfink, Gartenrotschwanz, Meisen und Trauerschnäpper folgten.

Natürlich war für ein Amselleben in Stadtluft Voraussetzung, dass der Vogel zunächst einmal seine Scheu ablegte: Zwischen Häusern lassen Amseln Störenfriede zehnmal näher heran als zwischen Waldbäumen. Als die hinderliche Scheu erst einmal überwunden war, stand dem Wohlbefinden in den neuen Lebensräumen nichts mehr im Wege. Die Überlebensaussichten im Winter sind dank verlässlich gefüllter Futterhäuschen in Stadt und Dorf weit besser als im Wald.

Und die Temperaturen fallen in der Stadt nie auf so tiefe Werte wie in der offenen Landschaft. Stadtamseln müssen anders als ihre im Wald lebenden Artgenossen keine energiezehrenden Winterfluchten antreten, sie bleiben hocken. Dank wärmespeichernder Hauswände und windgeschützter Winkel können sie es sich erlauben, früher im Jahr zu brüten als ihre ländliche Verwandtschaft.

In der Wahl ihrer Nistplätze sind die Amseln keineswegs zögerlich; der scheue Waldvogel von ehedem hat sich zu einem sehr erfolgreichen Kulturfolger gemausert.

Aus ihrer alten Heimat, dem Dämmerdunkel tiefer Waldschluchten, ist der Amsel ihre vorzügliche Dämmerungs-Sichtigkeit geblieben.

In manchen Jahren überlebt zwar nur jede fünfte geschlüpfte Stadtamsel ihre Kindheit zwischen Berufsverkehr und streunenden Hauskatzen, aber das genügt immer noch, um den so genannten »Amselteppich« (flächendeckende Besiedlung) über menschliche Ballungsräume zu legen: 20–25 Reviere pro 10 Hektar gegenüber nur 2 im Wald.

Es gibt noch ein paar weitere Eigenarten (oder Begabungen), die Amseln zu Kulturfolgern qualifizieren: Sie stellen bei der Wahl ihres Nistplatzes kaum Anforderungen; oder anders ausgedrückt: Wenige Vögel wählen derart »dumme« Nistorte wie Amseln, sei es nun in Fahrradpacktaschen, defekten Neonreklamen, Ventilationsschächten, abgestellten Flugzeugen, betriebsbereiten Kränen, fast am Boden oder – wie man in Wien nachgemessen hat – in durchschnittlich dreieinhalb Meter Höhe.

Neben »Fast-Allesfresserei«, Genügsamkeit in puncto Nistplatz und relativer Unempfindlichkeit gegen Dichtestress gibt es noch etwas, das die Amsel zum erfolgreichen Städter macht. Man hat festgestellt, dass sie Verletzungen – etwa durch fahrende Autos – in der Regel erstaunlich gut ausheilen kann.

Kurzum, die Amsel ist einer der wenigen Gewinner im Reich der Vögel. Sie lebt auf: im Schatten von Betonmischern und Hochgeschwindigkeits-Trassen, in Hinterhöfen und auf begrünten Seitenstreifen.

Und die Tatsache, dass sich so auffällig wenig Mythologisches, Märchenhaftes, Magisch-Medizinisches an Schwarzdrosselschwingen heftet, wird wohl mit ihrem späten »Coming out« zu tun haben. Zu Zeiten, als die meisten Vogelmythen entstanden, war die dunkelste Drossel zugleich die unsichtbarste: schwarz im tiefen Wald versteckt.

Geblieben aus dieser Zeit ist ihre Anpassung an schlechte Lichtverhältnisse: Sie sieht auch in der Dämmerung noch ausgesprochen gut. Wer also im Fastdunkel eine Amsel zentimetergenau über den Oberrand der Gartenmauer schießen sieht, sollte nicht annehmen, der Vogel sei tollkühn. Wer weiß, vielleicht ist er in puncto Anpassung ja schon auf dem Weg zum Nachtschmetterlingsjäger, und wir wissen es nur noch nicht.

Down under – ganz oben!

Man ist sich einigermaßen sicher, warum es die Amsel, die auch in die Neue Welt eingeschleppt wurde, in Nordamerika nicht so richtig geschafft hat: Die Konkurrenz der gut angepassten einheimischen Wanderdrossel war erdrückend.

Ganz anders in Neuseeland. Die Exemplare, die zwischen 1860 und 1870 von Auswanderern rund um den Globus von England ans Ende der Welt verfrachtet wurden, nisteten sich schnell und nachhaltig ein. Ihr Erfolg steht dem von Haus- und Feldsperling in nichts nach. Und die »umgedrehten« Jahreszeiten waren wohl nur anfänglich ein Problem. Heute finden die neuseeländischen Amselpaare im Juli zueinander. Im späten August ist Legezeit, auf den Eiern sitzen die Vögel in der Zeit von Ende August bis Ende Dezember.

Allerdings scheinen auf der Südhalbkugel die Verhältnisse nicht ganz so amselfreundlich zu sein wie in der alten Heimat. In Neuseeland schlüpfen aus 34,5 Prozent der bebrüteten Eier Junge, in England aus 45 Prozent. Dafür scheint die Sterblichkeit nach dem Ausfliegen »unten« geringer zu sein als »oben« in Europa – vermutlich wegen der geringeren Zahl jagender Feinde.

Wacholderdrossel

Turdus piloris

Neben Lerchen galten Wacholderdrosseln als die wohlschmeckendsten Singvögel – und schon früh meinte man, sie würden ihr Fleisch selbst würzen.

Was an dem Vogel von alters her am meisten geschätzt wurde, war sein Wohlgeschmack. Der Naturkundler Oken (1779–1851) nennt den Vogel bei seinem volkstümlichen Namen: »Krammetsvogel, der sich besonders von Wachholderbeeren nähret, von denen auch sein Fleisch ein eigen gewürzigen bitteren Geschmack erhält.«

Und dem großen Schweizer Pionier der Tierbeschreibung, Konrad Gesner (1516–1565) muss beim Schreiben das Wasser im Munde zusammengelaufen sein, als er sich ihrer Lieblichkeit, der Wacholderdrossel zuwandte: »Dieser Vogel is seer lieblich und wohlgeschmackt, darumb wirt er, als ein besonderer Schleck, zur Speyss ausserkoren ...Galenus zelt dise Vögel under die Speysen, so nit ein dicke doch zarte, sunder ein mittelmässige Feuchte im Menschen gebärend.«

Zu ihrem Wohlgeschmack kam die Vergünstigung, dass die verhältnismäßig großen Singvögel mit der scheckigen Brust gern in Trupps reisen. Die Vogelfänger hatten also durchaus gute Chancen, auf einen Sitz gleich Beute für eine ganze Hochzeitsgesellschaft zu machen. Galt die Drossel früher als nordischer Vogel (ihre Ursprungsheimat ist die Taiga), der sich nur auf Winterflucht gen Südwesten bewegt, so ist ihr auffälliges, fast aggressives »Schack-Schack« heute in ganz Mitteleuropa zu hören. Nur noch alte Bauernregeln erinnern daran, dass die Wacholderdrossel der Kälte voranfliegt: »Wenn es Schnee hat auf dem Ballon (ein elsässischer Berg), ist die Wacholderdrossel nicht mehr fern.« In der Oberpfalz erwartete man den Wintereinbruch, sobald sich Wacholderdrosseln zwischen den Vogelbeeren zeigten.

Diese Wetter-Prophetie erscheint durchaus einleuchtend. Ganz anders als diese: Die Krammetsvögel, heißt es, hätten, wo sie in großen Scharen einfielen, die Pest angekündigt. Die Unterstellung gehört natürlich einmal mehr in die Abteilung »böser Volks(leu)mund« – siehe dazu auch das Kapitel Seidenschwanz.

Immerhin scheinen die Beerenspezialisten – trotz oder wegen der ihnen angedichteten Gabe zur Vorbedeutsamkeit – eine gewisse Reputation genossen zu haben. Im Kanton Bern hatte ein Bauer mit Blut in der Kuhmilch zu rechnen, wenn er junge Wacholderdrosseln im Nest störte.

Luftraumsicherung und Zielbombardements

Gegen gefiederte oder vierbeinige Störenfriede verlassen sich die wehrhaftesten Drosseln nicht auf magische, sondern auf die eigenen Kräfte. Zwar sammeln sie sich in Brutkolonien nicht – wie manchmal behauptet – zur kollektiven Feindabwehr, aber sie pflegen eine Technik, die womöglich noch wirksamer ist: Ein Flugfeind, der sich in das sensible Territorium vorwagt, wird gewisser-

WIE DIE WACHOLDERDROSSELN NACH GRÖNLAND KAMEN

Auch Vögel haben ihre Pioniergeschichten. Die der Wacholderdrossel klingt fast lügenhaft und ist doch gut belegt. Am 19. Januar 1937 startete ein Schwarm von der norwegischen Küste Richtung Südwesten nach England, ein Routineflug, der seit Generationen programmiert war. Aber dieses Mal kam es anders. Ein Südoststurm drückte mit bis zu 10 Windstärken die Flugschar nach Nordwest. Es begann ein wahrer Kraftakt: Die Vögel hielten durch und erreichten nach einem 15–20-stündigen Irrflug im Stockfinstern die Insel Jan Mayen – 1200 Kilometer von ihrem Startpunkt entfernt. Und noch am selben Tag erreichten sie die Nordostküste Grönlands. Zu der Zeit herrschte Polarnacht. Sie erholten sich von dem Gewaltflug und orientierten sich wieder in ihre normale Flugrichtung: Südwest. Diesmal packte sie ein Nordostwind und drückte sie über Schneefelder und Inlandeis, bis sie am 27. 1. 1937 die Südspitze Grönlands erreichten. Die Vögel »beschlossen«, dass es nun genug sei und blieben.
Seither gibt es Wacholderdrosseln als Standvögel an der Südostspitze der größten Insel der Erde.

Ihre Winterhärte ist bemerkenswert. Wacholderdrosseln, die es durch extreme Windverhältnisse nach Südgrönland verschlagen hatten, konnten sich dort als lebensfähige Population halten.

maßen von einem zum anderen Verteidigungstrupp weitergereicht. In wilden, lärmigen Scheinangriffen rücken ihm immer nur die unmittelbar bedrohten Elternvögel zu Leibe; ist er aus deren Gebiet abgedrängt, übernehmen die Nachbarn. Im Übrigen wird nicht blind drauflos verteidigt. Potenzielle Angreifer werden erst eine Weile halbwegs freundlich eskortiert. Zur Sache geht es erst, wenn der Unerwünschte nicht abdreht.

Die gestufte Alarm- und Angriffstaktik erinnert ein wenig an die Luftraumsicherung der Luftwaffe. Kampfjets nötigen potenzielle oder versehentliche Eindringlinge in der Regel auch erst zum Abdrehen, bevor die Stahlfetzen flliegen.

Würde dagegen die ganze Drosselkolonie geschlossen angreifen, wären viele Gelege oder Kinderstuben entblößt, sodass sich womöglich Gelegenheitsräuber bedienen könnten.

Spektakulärer noch als die arbeitsteilige Kolonie-Verteidigung ist die Erfindung des Zielbombardements. Wacholderdrosseln können Habichte, Turm- oder Baumfalken, Eichhörnchen, Fischadler oder Waldohreulen gezielt mit Kot behelligen. In seltenen Fällen bezahlt ein derart Zusammengeschissener – flugunfähig wegen des verklebten Gefieders – die Begegnung mit dem Hungertod.

Man darf sich vorstellen, wie man den Vogel aufs Schild gehoben hätte, wenn die kollektive Verteidigungsleistung der Wacholderdrossel (die scheinbar Wehrlosen sind stark!) schon vor ein paar hundert Jahren bekannt gewesen wäre. Statt drohender Teufelsfratzen und martialischer Ungeheuer hätte man Drosselbilder an die Verteidigungsmauern der Städte und in die Wehrkirchen gemalt und gemeißelt.

Das Filetstück der Vogelküche

Neben Lerchen waren Krammetsvögel (Wacholderdrosseln) die gesuchtesten Leckerbissen. In Bernhard Kathans Zusammenstellung »Verschwundene und seltene Gäste der Speisekarte. Ein Kochbuch« schwelgt der Autor im Verbotenen – Tipps zu Lasten der »Überlebenden« vergangener Feinschmeckerküchen. Zwei Beispiele:
Man rechne auf jede Person einen Krammetsvogel. Dieselben werden mit etwas Salz in reichlich Butter fest zugedeckt langsam weich gebraten. Das Brustfleisch wird in feine Scheiben geschnitten, das Kochgerippe im Mörser zerstoßen, letzteres mit einigen Scheiben Sellerie, Möhren und Zwiebeln in der Krammetsvögelbutter gedämpft, Mehl darin eine Weile gerührt und mit guter Fleischbrühe oder Wasser eine Stunde langsam gekocht. Dann wird das Fett abgenommen, die Suppe durch ein Sieb gegossen, wieder aufgekocht. Schwamm- oder Grießmehlklöße darin gar gekocht und mit dem Brustfleisch und Muskat angerichtet.
Und: »Man brät mehrere Krammetsvögel an einem Spieß – mit Speck, Salbeiblättern und Semmelschnittchen abwechselnd gesteckt. Von allen Vögeln nimmt man jedoch nur die Kragen, einen ganzen Vogel, den Speck, Salbei und die Semmelschnitten, stößt alles im Mörser zusammen, gibt das Gestoßene sodann in eine Kasserolle zu Wurzelwerk, lässt es dünsten, stäubt einen Löffel Mehl daran, lässt es braun werden, passiert dies durch ein Sieb, gibt das Passierte wieder in eine Kasserolle, läßt es dann samt den tranchierten Vögeln aufkochen und richtet das Ganze in einem gedünsteten Reisreif an.«

Darstellung des Vogelfangs aus dem Jahre 1653.

Star

Sturnus vulgaris

Ob es an seiner Geschwätzigkeit liegt? Früher glaubte man, ein Starenherz unter dem Kopfkissen bewirke, dass die so gefoppte Person alles ausplaudern müsse.

Was macht einen Star aus? Das gute Aussehen, eindeutig! Damit kann *Sturnus vulgaris* durchaus punkten: Schlank, im diamantenplissierten Ballkleid vielleicht etwas overdressed, so trippelt er daher.

Als Star, das weiß schon jedes Sternchen (Starlet), muss man den bedingungslosen Mut zur Popularität haben und sicherlich eine gewisse Dreistigkeit. Die hat der Star, er klaut sich (frech!) das Repertoire von anderen: Bussard, Rebhuhn, Pirol, Katze.

Mehr noch: Seine betörende Stimme ist immer gut, um Stimmung zu verbreiten. Mann-Frau-Duettgesang vor der Paarung – man kennt das ja aus klassischen Opern – ist ebenfalls Starenart. Wobei die Bühne von *Sturnus vulgaris* zum Beispiel eine Dachrinne oder – moderner – eine Fernsehantenne sein kann.

Ein Star, so öffentlich sein Leben auch immer sein mag, muss ein wenig rätselhaft sein; in diesem Sinne: Der berühmte Chorgesang ruhender Starenschwärme gibt in der Tat – in Funktion und Bedeutung – den Ornithologen noch immer Rätsel auf.

Ein richtiger Star lebt gern in einer Luxusvilla. Natürlich! Was anderes sind die Kästen, die man Staren überall aufhängt und aus denen der Vogel mindere Sänger wie zum Beispiel Meisen bei Bedarf gnadenlos entmietet. Es gilt das Recht des Stärkeren.

Und ein Star muss natürlich rasant sein: Fluggeschwindigkeiten bis zu 80 km/h sind da schon eine andere Sache als die 30, 40 km/h der Nicht-Stars, der Finken, Ammern, Gimpel.

Ein Star hat es nicht immer leicht, er muss zum Beispiel mit dem Voyeurismus, der Gier nach Nacktheit, umgehen können. Aber das konnte er vielleicht schon immer – aktiv und passiv.

In Oskar Dänhards vierbändiger Sammlung von Natursagen (Leipzig, Berlin, 1907–1912) findet sich der Bericht eines Stars, der sich quästenden (sich mit Ruten schlagenden) jungen Mädchen in der Badestube zugeschaut hat:

Ich hockte, ich hockte
Unter den Sparren der Badestube,
Unter den Sparren der Badestube.
Ich sah, ich sah
die Mädchen sich quästen;
Nackt, nackt
Der Mädchen Busen.
Sie schlugen kreuz und quer über
die Brüste.

Der Bericht muss wahr sein. Man merkt es am authentischen Tonfall:

Typisch die Neigung der Stare, jede Aussage, jede Strophe zu wiederholen.

Star-Auftritte waren es auch, die uns Dorfkinder der Lüneburger Heide in den Fünfzigerjahren zu einer Art Natur-Quiz inspirierten. Man stellt sich in einer Gruppe unter einem schmetternden Star auf, der – vorzugsweise von der Dachrinne herab oder aus frei stehenden Bäumen – seinen Kraftgesang hören ließ. Dabei unterstützt der Vortragende sein Geschnarre, Pfeifen, Gurgeln und Schnurren mit energischen, kurzen Flügelschlägen, wie ein A-capella-Sänger, der sich selbst den Takt schlägt. Jeder der Zuschauer sagte nun eine Zahl, einer schaute auf die Armbanduhr, und gewonnen hatte, wer die Zahl der Takt-Flügelschläge pro Minute genau vorhergesagt hatte. Das war nicht so leicht, wie es sich anhören mag, denn der Solo-Star wechselte, je nach Intensität seines Vortrages, auch die Schlagfrequenz.

Staren scheinen, wenn sie singend so richtig auf Touren kommen, sich mit den Flügeln den Takt zu schlagen.

Weissagungen und Starenherzen

Star unter den Singvögeln oder nicht, es liegt wohl an den Fans, wie hoch man wen jubelt. Sicher aber ist: Der Vogel fällt auf. Zum einen ist er der sechsthäufigste Brutvogel Mitteleuropas, zum anderen sind die rasanten Formationsflüge ganzer »Starenwolken« in ihrer Präzision ziemlich konkurrenzlos im Reich der Singvögel. Kein Wunder daher, dass der Gruppenflug immer wieder die Aufmerksamkeit der Deuter auf sich gezogen hat. In Frankreich verheißt es Frost, wenn Stare einen Baum fluchtartig und auf einen Schlag verlassen, fliegen sie dagegen tröpfchenweise ab, wird es bald regnen.

Frankreich müsste lange schon menschenleer sein, wenn etwas dran wäre an dem, was in Eugène Rollands »Faune populaire de la France« (1877–1915) von Staren gesagt wird, die auf Hausdächern singen: Sie künden schnarrend und zischelnd Todesfälle an. Unmittelbar einleuchtend dagegen die Annahme, dass Stare, die wegen des Ungeziefers scharenweise den Schafen nachsteigen, deren Wohlbefinden vergrößern.

Bei Gattiker finden sich Hinweise, dass Staren-Aberglaube bis fast in die Gegenwart überlebt hat: »So wird ein Kind in der Oberpfalz ohne Mühe alles lernen, wenn man ihm ein Starenherz zu essen gibt. Das Herz des Vogels unter den Kopf eines Schlafenden gelegt, bewirkt – wenigstens in den Ostkarpaten –, dass dieser mit lauter Stimme auf alle Fragen antwortet.« Eine andere obskure Rezeptur empfiehlt: Starenherz in Brunnenwasser, dem zusätzlich Wiedehopfblut beigemengt ist. Gegen oder für was auch immer!

Solche Medizin verlacht man beinahe schon reflexmäßig; und heute würde natürlich jeder ein kräftigendes, Vitamin-C-haltiges Aufbaupräparat vorziehen, wenn er sich, beispielsweise, gegen eine Grippewelle immunisieren will. Aber dabei verkennt man leicht, dass moderne Medizin ganz selbstverständlich gute Heilerfolge mit Placebo-Präparaten erzielt; schon der Glaube an Heilung unterstützt sie. Warum also sollte der gläubige Schauer, mit dem früher »Starenherz-Medizin« geschluckt wurde, nicht auch gegen Fieberschübe geholfen haben?

Eine verlässlichere empirische Grundlage hat demgegenüber die Wohlfahrtswirkung des Rosenstars *(Sturnus roseus)*. Man hatte nämlich schon vor mehr als zweitausend Jahren richtig beobachtet, dass der Seleukidenvogel des Altertums ein Heuschrecken-Spezialist ist. (Das Seleukidenreich wurde 312 v. Chr. von Seleukos I. östlich des Euphrats gegründet.) Bei Tataren und Armeniern verfiel man in Bittgesänge, wenn der Schwarmvogel als Vorbote einer Heuschreckenplage plötzlich auftauchte.

Bei den Türken galt (laut Gattiker), dass der Vogel erst 99 Heuschrecken tötet, ehe er eine frisst, was ja im Interesse der Schädlingsbekämpfung eine ausgesprochen begrüßenswerte Neigung wäre.

Die Sache hatte aber einen Haken. *Sturnus roseus* verspürte nach so viel fleischlicher Kost starken Appetit auf Pflanzliches. Er blieb gern hocken, wenn die Schädlinge weitergezogen waren, machte sich über Obstgärten und Weinberge her. Deshalb galt er bei Smyrna im Mai als »Heiliger«, aber schon im Juli als »Teufelsvogel« – so nachzulesen bei Tiervater Brehm.

Vom Leben als Star

Als ganzer Teufelskerl mag unser *Sturnus vulgaris* auch Beobachtern gelten, die seinen schnellen – Onithologen sagen: »reißenden« – Geradeausflug bewundern. Allerdings scheint die Spezialisierung zum Geschwindigkeits- und Weitflieger mit einem kleinen Nachteil erkauft zu sein: Geringe individuelle Manövrierfähigkeit führt bisweilen und besonders bei fluchtartigen Massenaufbrüchen zu Aufflug-Unfällen.

Stare haben der Zugvogelforschung gute Dienste erwiesen, als es darum ging, das Verhältnis von erlernter und angeborener Zugrichtung zu bestimmen (siehe das Kapitel Vogelzug). Und sie demonstrieren seit drei, vier Jahrzehnten, dass globale Klimaerwärmung direkte Auswirkungen bis in der Welt der Avifauna hat: Ganze Starenpopulationen verkürzen, verändern oder streichen komplett ihre Winterflucht-Programme. Der Vogel, den man nach Augenschein und alter Gewohnheit meist als sonnenhungrig einstufte, scheint weit kältehärter zu sein als angenommen.

Verbürgt ist der Fall von 80 Staren, die nach einem scharfen Kälteeinbruch bei minus 25 Grad Außentemperatur die Nacht in einem Taubenschlag überlebten. Wie sich die Vögel generell, sobald sie nach ihrer Rückkehr aus dem Süden vom Spätwinter überrascht werden, als sehr findig erweisen, wenn es darum geht, die Kälte auszusitzen: Entlüftungsschächte, leer stehende Schuppen, ja sogar in Erdlöchern hat man sie angetroffen.

Und das führt uns abschließend zum Kapitelanfang zurück: Ein echter Star muss auch mal schlechte Zeiten ertragen können, sonst gibt es kein Comeback.

Mozarts Star

Am 27. Mai 1784 erwarb Wolfgang Amadeus Mozart einen Star. 3 Jahre später begrub er ihn höchst zeremoniell. Tief verschleierte Trauergäste sah man in der Prozession. Sie sangen Hymnen und lauschten am Grabrand einem Gedicht, das Mozart zu Gehör brachte.

Hier ruht ein lieber Narr,
Ein Vogel Staar.
Noch in den besten Jahren
Musst er erfahren
Des Todes bittren Schmerz.
Mir blut't das Herz,
wenn ich daran denke.
O Leser! Schenke
Auch du ein Thränchen ihm.
Er war nicht schlimm.
Nur war er etwas munter,
Doch auch mitunter
Ein lieber loser Schalk
Und drum kein Dalk.
Ich wett'er ist schon oben,
Um mich zu loben
Für diesen Freundschaftsdienst
Ohne Gewinnst.
Denn wie er unvermuthet
Sich hat verblutet,
Dacht er nicht an den Mann,
der so schön reimen kann.

4. Juni 1787

Diese Gedicht kann nur eitel Freude auslösen: Ganz besonders darüber, dass Mozart seinen Kunstsinn der Musik und nicht etwa der Beurteilung von Reimkunst weihte.

Damals wurde die Beerdigung unterschiedlich aufgenommen. Einige fanden zwar, in dieser Geste drücke sich ernsthafte Tierliebe aus, andere taten sich schwer mit der Vorstellung, dass Mozarts Trauer einem toten Vogel galt.

Das Unverständnis speiste sich vor allem aus Unkenntnis. Mozarts Zeitgenossen wussten nicht, was das Genie erfahren hatte und in seinen Tagebüchern notierte: Wie verblüffend gut pfiffige Stare im Allgemeinen – und sein Star im Besonderen – Töne und kleine Melodienfolgen nachahmen konnten und können.

Schwalbe

Familie *Hirundinidae*

Rauchschwalbe

Zwar macht eine Schwalbe bekanntlich noch keinen Sommer, aber zum Sommervogel schlechthin konnte sie sich überall aufschwingen. Der Vogel mit dem fast blütenreinen Image.

Eine Schwalbe macht noch keinen Sommer. Aber was macht sie dann? Dreck.

So jedenfalls sah es der Frührentner und Hausmeister, den ich als sehr junger Mensch – und deshalb noch ohne natürliche Autorität – dabei überraschte, wie er mit einer Latte zwei dreiviertel fertige Mehlschwalbennester unter einem Dachvorsprung wegkratzte: »Die machen nur Dreck, und das Ungeziefer kommt ins Haus!«, knurrte er, hatte aber wohl eine Spur von Schuldbewusstsein. Jedenfalls schob er die Verantwortung auf irgendwelche anonymen Mieter: »Ich würd ja nix sagen, aber wegen so was klagt schon mal wer auf Wohnwertminderung, und die Schwalben, na ja, die haben ruckzuck woanders gebaut!«

Falsch. Sie werden vermutlich noch zwei-, dreimal an selber Stelle versucht haben, die Ruinen zu flicken, ehe sie aufgaben.

Das Erlebnis vor mehr als 30 Jahren gehört in meine Kiste, auf der in imaginärer Schrift »persönliche Mythologie« steht. Der Mann mit der Latte wurde für mich zum Archetypus des schöpfungsvergessenen, dumm-brutalen Rohlings, die Sorte von Mensch, an der die Natur zugrunde geht. Das Bild belichtet sich in alter Frische neu in meinem Kopf, wann immer ich irgendwo Mehlschwalben beobachte, wie sie ihre Mörtelarbeit verrichten. Es tritt vors innere Auge, wann immer ich von Lebensraum-Vernichtung zu Lasten von Vögeln oder anderen Tieren höre. Immer ist das wieder der Typ mit der Latte – und die kreischenden Schwalben. Und das Grinsen des Mannes, der nur seine Pflicht tut.

Bezeichnenderweise hatte mich die Rohheit gegen Schwalben empört; das achtlose Ausräumen eines Spatzennestes unter den Dachpfannen des gleichen Hauses wäre mir vermutlich nicht in Erinnerung geblieben. Denn eines ist klar: Schwalben sind beliebt, sind dem Menschen nicht nur räumlich nah. Kein Geringerer als Shakespeare findet in Macbeth – zwischen Mord, Intrigen und Bluträuschen – noch Atem genug, um den Schwalben zu huldigen.

Und dieser Sommergast, die
Mauerschwalbe,
die gern der Kirche heilges Dach
bewohnt,
beweist durch ihre Liebe zu dem
Ort,
dass hier des Himmels Atem
lieblich schmeckt.
Ich sehe keine Friesen, sehe keine
Verzahnung,
kein vorspringendes Gebälk,
wo dieser Vogel nicht sein hangend Bette
zur Wiege für die Jungen aufgebaut.
Und immer fand ich eine mildre
Luft,
wo dieses fromme Tier zu nisten
pflegt.

Mehlschwalbennester klebten früher zu Zigdutzend an jedem Bauernhaus. Das ist lange Vergangenheit.

Beliebte Hausbesetzer

Die Liebe zu Rauch- *(Hirundo rustica)* und Mehlschwalbe *(Delichon urbica)*, den beiden in Mitteleuropa häufigen Schwalbenarten, ist weit verbreitet, und sie ist vermutlich schon alt. In Schwaben galten Schwalben als Herrgottsvögel, in Tirol und Böhmen als Marien- oder Muttergottesvögel. Und schon im Alten Rom wurde überwiegend Gutes mit den eleganten Fliegern assoziiert. Sie durften in Tempeln und wichtigen Gebäuden der Staatsverwaltung nisten und brüten. Wo sie zahlreich waren, da durfte man einen Segen, ein gutes Omen vermuten.

Ihre Beliebtheit mag auch daher rühren, dass Schwalben – ähnlich wie Star, Storch und Kuckuck – für Frühlingsboten gehalten wurden. Auf Rhodos überlebte lange der Brauch, am 1. März (das war meist der Tag, an dem der erste Fernflieger zurück war) eine geschnitzte Schwalbe singend von Haus zu Haus zu tragen. In Hessen wurde mancherorts die Ankunft der ersten Schwalbe vom Kirchturm per Hornstoß vermeldet. Zogen dann Rauchschwalben in die Kuhställe ein, musste man sich um die Viehgesundheit fast keine Sorge mehr machen.

Allerdings war das Schwalbenlob nie ganz ungeteilt. Bei Gattiker finden wir ein beredtes Zeugnis einer ganz anderen Sichtweise: »Wenn die Schwalben in ein Hauss nisteln, bedeutets Armuth, die Sperlinge aber Glück und Reichthum. Die armen Schwalben sind solche Voegelein, welche sich nur mit Hinweghaschung der Fliegen und dergleichen Ungezieffer behellffen, und ihre Nester von Koth und Schlamm bauen, daher finden sie auch nirgends bessere Herberge als bey ihres gleychen, denen armen Leuten. Denn reiche und vornehme Leute koennen nicht wohl leiden, dass diese arme Voegel ihre Drecknester in oder an ihre große ausgezierete Palaeste anbaueten, und ihren Koth und Mist in die schoenen Saele fallen liessen. [Denn es heißt...] wo die Schwalben nisten, da ist Armuth. Und muessen demnach die armen Schwalben Herberg bey denen armen Bauern suchen.«

Schwalben als Anzeiger von Armut erscheinen noch verhältnismäßig harmlos, gemessen an all dem, was man ihnen sonst noch so an die Schwänze gebunden hat. In Schlesien sollen sie als üble Brandstifter Kohle aus dem Ofen entwenden und ins Heu werfen. In einigen Gegenden Norddeutschlands saugt die Rauchschwalbe den Kühen Blut und Milch aus dem Euter und heißt deshalb auch Blutschwalbe – ihr rostroter Latz verrät ihre Missetat. Wirft ein Schwalbenpaar sein Junges aus dem Nest, so ist es bald um ein menschliches Familienmitglied geschehen. Eine tote Schwalbe in einer Straße kündet unweigerlich einen Todesfall in dieser Gasse an.

Doch solche rabenschwarzen Vorzeichen sind eher Ausnahmen, verglichen mit der übergroßen Mehrzahl freudiger Vorbedeutung – wobei Schwalben häufig dem Menschenglück nachhelfen mussten, was ihnen selbst nicht immer gut bekam. Bei Gattiker steht: »Wollte man im Mittelalter um Liebe werben, musste man ein Schwalbennest mit Jungen, ehe diese Federn trugen, in einen Topf legen und diesen in der Erde vergraben, sodass die Vögel erstickten. Mit jenen, die mit aufgesperrtem Schnabel starben, konnte man Liebe erwecken, mit anderen aber, die den Schnabel geschlossen hielten, erzeugte man Hass.«

Freundlicher klingt da allemal eine aus Frankreich überlieferte Beschwörung: Ein Ring, der mindestens 9 Tage in einem Schwalbennest gelegen hat, erzwingt die Liebe einer beschenkten Frau. (Heute muss ein solcher Ring, um Ähnliches zu bewirken, eine gewisse Zeit im Safe eines Juweliers gelegen haben.)

Billiger, aber etwas umständlich kommt die Alternative zum Ring-Zauber: Der Mann auf Freiersfüßen musste ein Schwalbennest in der Tasche tragen, wenn er sich der Angebeteten in eindeutiger Absicht näherte. Ernsthaft? Wer sich an diese Regel hielt, wird wohl auf eng anliegende Sonntagskleidung verzichtet haben müssen, und Brösel aus Kot, Lehm, Stroh und Erde werden nur schwerlich die Balzstimmung einer Angebetenen erhöht haben.

Hierin den Menschen vieler Kulturepochen ähnlich: Mehlschwalben brauchen Lehm, um sich ein einigermaßen solides Zuhause zu bauen.

Fauler Schwalben-Zauber

Da Schwalben früher auf dem Land so gut wie überall zu haben waren, kann es nicht verwundern, dass sich die Magier und Volksheiler an ihnen reichlich vergriffen haben. Im 17. Jahrhundert war eine recht gängige »Aufputsch-Pille« eine Schwalbenzunge, die man sich allerdings nicht unter die eigene Zunge, sondern ins Bett legte. In den Vogesen erfüllte ein Schwalbenei – ebenfalls auf Linnen gebettet – den gleichen Zweck.

Im Simmental erhöhte man als Schütze seine Treffsicherheit, wenn man pulverisierte Schwalbe unters Schießpulver mischte. Und in Johannes Jühlings »Die Tiere in der deutschen Volksmedizin alter und neuer Zeit« von 1900 findet sich der Tipp, man solle sich die erste Rauchschwalbe des Frühlings pulverisiert einverleiben, auf dass das ganze Jahr gut werde.

Kaum ein Vogel wurde so oft in den Zaubertiegel gehauen wie die Schwalbe. Ebenfalls Jühling überliefert ein Mittel gegen Fallsucht: Bei zunehmendem Mond schneidet man jungen Schwalben im Nest die Köpfe ab. Das Blut wird mit Weihrauch vermischt, sodass es eine Salbe ergibt, die seltsamerweise nicht verrieben wird, sondern bei abnehmendem Mond in drei Portionen über einen Tag verteilt einem Leidenden eingegeben wird.

Selbst das Wasser, in dem man Schwalben gekocht hat, soll krampflösende Wirkung bei Kindern gehabt haben – sofern die Schwalben noch sehr klein waren. Die Suppe aus fast flüggen Exemplaren half gegen schwere Gebrechen.

Die aus heutiger Sicht unbedenklicheren Dienstleistungen der Schwalben finden sich im Bereich Wettervorhersage. Hoch fliegende Schwalben verhießen schönes, tief fliegende schlechtes Wetter. Eine nachvollziehbare Prophetie, denn tatsächlich fliegen Insekten, die Schwalben bekanntlich im Flug erbeuten, bei Hochdruck höher als bei Tiefdruck – oder genauer: Sie werden von der Hochdruck-Thermik weiter nach oben getragen. Auch Windvorhersage – in Frankreich schloss man aus tief fliegenden Schwalben auf nahende Stürme – kann man aus heutiger Sicht gelten lassen. Schon zu Beginn der modernen Ornithologie, Anfang des 20. Jahrhunderts, ging man dem Phänomen nach. Heinz Menzel schreibt in seiner Monographie »Die Mehlschwalbe«: »Stresemann konnte im August 1917 in Frankreich vom Ballon aus bei Windstille und starker Bewölkung viele Mehlschwalben zwischen 400 und 600 Meter zum Teil dicht unter der Wolkendecke nach Insekten jagend beobachten. Bei zunehmender Gewitterneigung gingen die Mehlschwalben rasch tiefer, und einige stürzten sich förmlich aus den Wolken herab.«

Legende sind allemal die zahlreichen Schwalben-Legenden. Die Schwalbe fliegt sozusagen ganz vorne in der Spitzengruppe der Vögel mit, die der Muttergottes lieb waren. Aus den Niederlanden ist die Vorstellung überliefert, die Schwalben seien die Fluchtbegleiter der Heiligen Jungfrau gewesen; auf Sizilien heißen Schwalben die Vögel der Madonna; in Dänemark ist die Schwalbe der Vogel, der den unter Jesu Kreuz Stehenden »Sval ham, sval ham!« (Erfrische ihn!) zurief.

Schwalben, die keine sind

Die zu Herzen gehende Geschichten sind in der Regel alt, daran haben wir uns gewöhnt. Aber manchmal entstehen neue, schrille und gleichwohl anrührende. Die Geschichte von der Schwalbe, die nicht sterben sollte, ist gerade mal etwas mehr als ein Jahrzehnt alt – und eigentlich handelt es sich dabei um eine Kuh, die Schwalbe hieß. Im Lexikon der berühmten Tiere von Karin Duve und Thies Völker findet sich diese

Tränen treibende Passage: »Von allen Rinderdarstellern, die je für Milka geworben haben, ist ›Schwalbe‹ am bekanntesten geworden. 1990 hatte sie zum letzten Mal Modell gestanden und sollte 1991 aus Altersgründen geschlachtet werden. Journaille und Steak mampfende Öffentlichkeit waren erschüttert. Schwalbe durfte am Leben bleiben. Suchard spendierte jährlich 6000 Schweizer Franken fürs Gnadenheu. Zwei Jahre später bekam Schwalbe Arthrose und musste doch noch unters Hackebeil. Diesmal krähte kein Hahn danach.«

Und wenn schon von einer berühmten Schwalbe die Rede ist, die eigentlich keine war, darf die Schwalbe nicht fehlen, die jeder deutsche Mann sicherer erkennt als den Unterschied zwischen Rauch- und Mehlschwalbe. Die Schummel-Schwalbe, die Betrugs-Schwalbe, die Elfmeter-Schinde-Schwalbe – sprich: der Versuch, sich als Stürmer im Strafraum so geschickt fallen zu lassen, dass der Schiedsrichter ein Foul zu erkennen vermeint und einen Strafstoß verhängt.

Man muss unwillkürlich daran denken, dass ja Schwalbenteile gegen Fallsucht helfen sollten! Die seltsame Namensgebung wird wohl damit zu tun haben, dass Schwalben pfeilschnell dahinschießen können und für allerlei artistische Trick-Flugfiguren berühmt sind.

Mit allen Wassern gewaschen

Es scheint so, dass Schwalben zwar als Flieger geboren werden, sich die nötigen Finessen für das kleinräumige Manövrieren sowie die Kraft für den Ausdauerflug erst antrainieren müssen. Im Spätherbst werden Telefonleitungen zu Start- und Landeschnüren für Jungschwalben, die ihren ersten langen Flug in den warmen Süden vor sich haben. Dieses Schauspiel muss schon immer auffällig gewesen sein, und die Menschen vergangener Jahrhunderte werden den Aufmarsch wohl – wie auch immer – mit dem plötzlichen Abzug der Vögel in Verbindung gebracht haben.

Wohin sich die Schwalben bewegten, blieb allerdings in Zeiten ohne schnelle Fernverbindungen rätselhaft. Aristoteles (siehe auch S. 35) hat noch vermutet, Schwalben flögen in die schilfbestandenen Uferregionen von Seen, um dort wie tot unterzugehen, nur um im Frühling neu geboren aufzutauchen.

Erst die Vogelberingung bestätigte die Ahnung der frühen Vogelforscher, dass Schwalben zu den Singvögel zählen, die weite Fluchten in Kauf nehmen, um eine Alternative zur fluginsektenlosen Winterzeit zu finden. Der Vogelwarte Radolfzell wurden Wiederfunde von Schwalben, die als Nestlinge in Mitteleuropa beringt wurden, aus Sambia und Kamerun gemeldet.

Mehlschwalben ziehen in großen Trupps; tausendköpfige Reisegruppen wurden gezählt oder besser: durch Extrapolation errechnet. Auch so genannte »Vergesellschaftung« von Mehlschwalben mit ziehenden Rauch- und Uferschwalben hat man immer wieder beobachten können.

Mehlschwalben gehören zum Typ der »Hochzieher«. Anders als viele fernreisende Singvögel, die dem Relief einer Landschaft auf- und absteigend

Kaum ein anderer Vogel gilt so eindeutig als Frühlings- (bzw. Sommer-)Bote wie die Schwalbe, zumal sich mit ihr die Vorstellung verband, sie brächte die Wärme mit aus dem Süden zurück.

Rauch- und Mehlschwalben sammeln sich im Herbst vor dem großen Massenstart in den Süden gern auf Telegrafenleitungen. Jungvögel üben hier Start und Landung.

folgen, halten sie bei ruhiger Wetterlage, die einmal erreichte Gipfelhöhe nach Alpenüberquerung lange bei.

Schwalben gelten zu Recht als gute Flieger. Aber auch für sie gilt, der Bessere ist der Feind der Guten. Baumfalken schaffen das fast Unvorstellbare: Sie toppen die Flugfinessen der Schwalben und sind in der Lage, sie in der Luft zu erbeuten. Dabei spielen wohl die Sprintgeschwindigkeit von *Falco subbuteo* von geschätzten 240 km/h und die atemberaubende Wendigkeit des kleinen Falken die entscheidende Rolle.

Mehlschwalben können – ziemlich einmalig – Teile ihres Gefieders in der Luft ordnen, können im Flug baden, wobei sie mit der Unterseite kurz aufs Wasser dippen oder sich sogar verhältnismäßig tief einsinken lassen, um sich, mit hochgestellten Flügeln hochfrequentig flatternd, auch von oben einzusprühen. Schwalbentypisch ist auch das »feuchte Luftbad«: Die Vögel lassen sich bei örtlichen Regengüssen kurz einfeuchten, um dann eilends über die Regengrenze zurück ins Trockene zu eilen.

Anders als Rauchschwalben, deren Nester manchmal durchaus in Reichweite von halbwegs guten Kletterern liegen, fliegen Mehlschwalben nur selten (Schein)Angriffe gegen Katzen. Gelegentliche Nest-Okkupationsversuche von Spatzen dagegen werden sehr heftig zurückgewiesen.

Unglücksschwalben

In diesem Buchkapitel über Schwalben ist viel von guter Vorbedeutung die Rede. Aber es gibt neben den »historischen« Schwalben auch solche, die – mit weit größerer Bestimmtheit als jemals zuvor – etwas bedeuten. Einen ausgewachsenen Horror nämlich. Die Schwalben von Tschernobyl sind weiß, Albinos – und Weiß ist ja eigentlich die Farbe der Unschuld und Reinheit.

Die verstrahlte Landschaft im weiten Rund um das Gelände des GAU vom April 1986 hat Mutanten hervorgebracht, Rauchschwalben, die fast rein weiß sind.

Wissenschaftler der Universität von Uppsala berichteten im britischen Fachblatt »nature«, dass im verstrahlten Gebiet um den Unglücksreaktor 84 Prozent der Jungschwalben als Weißlinge geboren werden, wenn ein Elternteil einen entsprechenden genetischen Defekt aufweist. Dänische Vergleichsuntersuchungen (Testzeitraum 1985–1996) ergaben, dass keine einzige Albino-Schwalbe 2 Jahre alt wird. Offenbar sind sie leichte Beute für Fressfeinde.

Die Forscher äußerten die finstere Vermutung, »dass sich die Ergebnisse hinsichtlich der Erbschäden auch auf andere Tierarten übertragen lassen«.

Wir wissen nicht exakt, wie sehr sich die Menschen vergangener Jahrhunderte – praktisch und alltäglich – von Vogelmagie, von Zeichen und Vorzeichen haben beeindrucken lassen. Wir wissen aber leider genau, dass das Menetekel Tschernobyl – so grausig es auch immer gewesen sein mag – nicht ausreichte, um die Menschheit daran zu hindern, weiterhin mit dem atomaren Feuer zu hantieren.

Lerche

Familie *Alaudidae*

Feldlerche

Sie stellt, gut sicht- und hörbar, die Verbindung zwischen Himmel und Erde her. Was Wunder, dass man ihr überwiegend Wohltaten und Angenehmes nachrühmte.

Der heutige europäische Durchschnittsmann kennt den Unterschied zwischen Kohlmeise und Buchfink nicht, kann allenfalls einen Spatz von einer Schwalbe unterscheiden. Schon der Unterschied zwischen Mehl- und Rauchschwalbe gilt als Spezialistenwissen. Natürlich gibt es Ausgleich: Der männliche Durchschnittsdeutsche kann noch bei Dämmerlicht, bei subjektiv getrübter Wahrnehmung und ohne Bestimmungsbuch alle BMW-Baureihen der letzten 15 Jahre richtig zuordnen!

Rudolf Pätzold (Die Lerchen der Welt, Die Neue Brehmbücherei, 1994) hat es nicht beim kulturkritischen Stoßseufzen gelassen. Er hat wissenschaftlich nachgefasst und stellte »im Herbst 1990 an 135 Schüler derselben Altersstufe in Radebeul bei Dresden die gleiche Frage. Das Ergebnis: 61 % der Schülerinnen und Schüler kannten die Lerche (nicht »Feldlerche«) dem Namen nach, 22 % wussten, dass der Vogel auf den Feldern vorkommt, und 9,6 % hatten eine Vogel aufsteigen sehen und singen gehört, den sie für eine Lerche hielten.«

Namen für alle Fälle

Früher einmal waren die Lerchen Gestalten des ländlichen Raumes, die zum Sommer gehörten wie Kornblumen und Libellen. Und Lerche war nicht gleich Lerche. Bei Ernst und Luise Gattiker ist eindrucksvoll aufgelistet, welche Lokalnamen den 3 hiesigen Lerchenarten – Haubenlerche, Heidelerche, Feldlerche – angeheftet wurden.

Haubenlerche *(Galerida cristata)*: Rupp-, Tschupp-, Chrüz-, Kobellerche. In der Schweiz: Kot-, Stroße-, Hus-, Dorf-, Schnee-, Grien-, Winter-, Stadt-, Bahnhoflerche. In Deutschland: Schopf-, Zopf-, Kamm-, Töppel-, Edel-, Weg-, Haus-, Kopf-, Mist-, Sträußel-, Rot-, Wein- und Saltlerche. Besonders schön: Kotmönch.

Heidelerche *(Lullula arborea)*: Nachtjodler, Jodler, Bergjodler, Jodlervogel, Baum-, Himmels-, Nacht-, Holz-, Chorn-, Bärg-, Allmendlerche. Ferner: Nacht- und Bergsänger, Lullerche, Wald- oder Heidenachtigall, Baum-, Wald-, Busch- und Steinlerche.

Feldlerche *(Alauda arvensis)*: Himmellerch, Himmerllörchli (Schweiz). Der lateinische Name »Alauda« scheint hier und da im Volk bekannt gewesen zu sein, verbreiteter aber: Feld-, Morgen-, Früe-, Sing- und Sturzackerlerche. Es folgen: Brach-, Acker-, Weg-, Korn-, Saat-, Luft-, Tag-, Sang- oder Holzlerche.

Die Namensfülle mag verwirren, aber die Namensfindung hat System: Sie bezieht sich entweder auf das Äußere des Vogels, auf seine Stimme, auf seine Lieblings-Aufenthaltsorte oder die Tageszeit, zu der man die besten Chancen hat, den Sänger zu sehen und zu hören.

Bei der Lerche, vor allem der relativ häufigen Feldlerche, fällt eine Besonderheit auf: ihre starke landwirtschaftliche Bindung. Und so kann es kaum verwundern, dass die Bauern ihren Wegbegleitern aufs Feld genau zugeschaut haben und zu ihren eigenen Schlüssen kamen. Rolland Eugène (»Faune populaire de la France«) berichtet, dass der sehr frühe Morgengesang der Lerche dem Landmann Glück oder gar kommenden Reichtum verheißt. Mindestens aber günstiges Wetter. Wenn sie allerdings zu früh im Jahr singt, gilt: »Wenn im Februar die Lerchen singen, wird's uns Frost und Kälte bringen.«

In wärmeren Landschaften dagegen zeigte der Vogel nur Segen an. Im klassischen Griechenland war er für die Erdgöttin Gäa der Kontaktknüpfer zwischen Himmel und Erde; und ähnlich positiv sahen ihn etwa zeitgleich die Kelten, die aus Lerchengesang das Versprechen einer guten Ernte heraushörten.

Bei so viel nützlicher Vorhersage und Nähe zu höheren Mächten verstehen sich die Drohungen gegen Lerchen-Frevler wie von selbst: Mecklenburger, die Lerchen töteten, kamen in die Hölle. Noch absonderlicher ein anderes Strafmaß. Laut Gattiker wurde es mit Nagelgeschwüren bestraft, wenn man mit dem Finger auf eine aufsteigende Lerche deutete. Doch genau das lag nahe angesichts der bemerkenswerten Flugleistung.

Mittler zwischen Himmel und Erde

Der jubilierende, in der Vogelwelt herausragende Senkrechtflug war es denn auch, der zu vielen fabulierenden Deutungen einlud. Die Bretonen glaubten, der aufsteigende Vogel transportiere die Seele eines gerade Verstorbenen auf kürzestem

Der Reim schäppert, aber das Lied klingt: »Die Lerche, die Lerche, die führt die Braut zur Kirche«.

Weg in den Himmel. Und in verschiedenen christlich inspirierten Texten wird der Lerchengesang als Gebet oder Lobpreisung des Höchsten beschrieben. Auch die Geistlichkeit erkannte den eminenten Symbolwert eines Vogels, der jubilierend die Verbindung zwischen Himmel und Erde herstellt, sich also vorzüglich als Sinnbild des Priesteramtes eignete; und im lateinischen Namen der Feldlerche, »Alaud«, hörte man gern ein: »Lauda Deum!« (Lobe Gott!).

Gotteslob war natürlich ein unanfechtbarer und hinreichender Grund für so ungewöhnliches Vogelverhalten wie den melodiösen Vertikalflug. Doch in der Neuzeit reichte er nicht mehr. Warum, fragte man sich, steigt eine Lerche in kräftezehrendem Flatterflug senkrecht in die Höhe? Was macht das für Sinn, wo doch Energiesparen eines der ehernen Gebote der Natur ist?

Man vermutet, der Vertikalgesang sei eine Anpassung an die Steppe und passe daher auch zur (künstlichen) Agrarsteppe: Wo kein Baum ist, von dem herab man gesanglich sein Revier markieren kann, muss man sich eben auf spektakuläre Weise über sein Gebiet erheben, um konkurrierende Artgenossen, im Wortsinne, abzuschmettern.

Doch damit ist es nicht getan. Was nützt Verteidigung, wenn man das Verteidigte aus den Augen verliert? Wissenschaftler haben herausgefunden, dass sich Lerchen aus luftiger Höhe an kleinsten Details orientieren können; nur so sind sie in der Lage, ihr gut getarntes Nest wiederzufinden. Wo Experimentatoren im Dienste der Wissenschaft auch nur Minimalia änderten – Steine, Erdklumpen, auffällige Grasbüschel in Nestnähe –, zeigten sich die Senkrechtstarter verwirrt.

Goethe, der seine naturwissenschaftlichen Erkenntnisse bisweilen über seine literarischen Leistungen gestellt hat (fälschlicherweise, wie wir seit langem wissen), mochte solche eingreifenden Experimente überhaupt nicht. Er fragte sich zwar auch, wieso eine Lerche punktgenau im verwechselbaren Einerlei ihr Nest wiederfindet, aber sein Verhältnis zu dem bemerkenswerten Vogel blieb das eines Augenmenschen:

Wenn über uns, im blauen Raum verloren
ihr schmetternd Lied die Lerche singt ...

Ähnlich Schiller:
Mit freudig melodisch gewirbeltem Lied
begrüßen erwachende Lerchen die Sonne.

Und schließlich Kleist:
Die Lerche, die in Augen nicht
doch immer in den Ohren ist,
singt aus den Wolken Freud herab
dir in die Brust.

Spitzflügeliger Senkrechtstarter: Generationen von Naturfreunden und Poeten haben sich an dem charakteristischen Vertikalflug der Feldlerche erfreut.

Ein rechter Gaumenschmaus

Ohrenschmaus ist eine Sache, richtig beliebt machte einen Vogel aber wohl eher der Schmaus an sich. Und nichts schützte die Lerchen davor, in Töpfen, auf Bratspießen, -rosten und Tellern zu enden. In Conrad Gesners berühmtem Vogelbuch von 1557 (zitiert nach Gattiker) schreibt der Mann aus Zürich dem Vogel nicht nur Wohlgeschmack, sondern auch Wohltaten zu: »Die Lerch ist warmer und trockner natur im end dess andere grads. Von diesen fleisch schreybt Galenus, dass es den bauch zusosaem ziehe, sein bruey aber denselbigen aufloese, und den stuolgang bringe. Jr fleisch ist seer lieblich und wolgeschmackt. Dise in der speyss genützt, wermend und verstopffend: so aber yemants die brauchen wil, so der ein brueyen von essich, coriander und senffsafft darzuo thuon. Man soll aber allzeyt die jüngsten und feissigsten auserlaesen.«

Gesner war nicht der Erste, der die Bekömmlichkeit und Heilkraft der Lerche lobte. Plinius schrieb vor rund 2000 Jahren: »Das Gebrechen des Unterdarms wird am kräftigsten durch eine gegessene, gebratene Hopflerche geheilt. Einige wollen, man solle ihr Herz an den Schenkel binden: andere, dasselbe frisch und noch rauchend essen.« Man darf vermuten, dass auch schon in klassisch römischer Zeit der Wohlgeschmack von Lerchenfleisch die Idee nach sich zog, der leckere Happen könne auch gesund und heilkräftig sein.

Jedenfalls starben über die Jahrhunderte unschätzbar viele Lerchen im Dienste der Volksmedizin – oder sogar der Logopädie: Kindern, die sich mit dem Sprechen schwer taten, setzte man Lerchenzungen vor. Im Vogtland sollte, wohl aus gleichem Grund, die erste feste Fleischspeise, die ein Kind zu sich nimmt, Lerchenfleisch sein. Im Erzgebirge glaubte man, seine Kinder zu guten Sängern zu machen, wenn man ihnen in jungen Jahren eine Lerche im Käfig schenkte. Aber man musste sie sich natürlich erst einmal beschaffen.

In allen europäischen Landstrichen und Kulturepochen, quer durch die Jahrhunderte, quellen die einschlägigen Fachbücher über von Fang- oder Jagdhinweisen. Johannes Karl Gottfried Jacobbson riet Ende des 18. Jahrhunderts, die Lerchen entweder mit den Nachtnetzen zu fangen oder »vermittelst einer langen Leine in die Klebgarne[zu] jagen«. Und Gottfried Wilhelm Rabener (1714–1771) lobt einen Meister des Vogelfangs überschwänglich: »... Lerchennetze strickt er als ein Meister, und in der ganzen Gegend ist keiner, der den Vogelheerd so geschickt anrichten kann.«

Man hatte sie eben – wie heute noch in Italien und Südfrankreich – zum Fressen gern. Und man schätzte sie, vorzugsweise auf dem so genannten Lerchenrost angerichtet, als himmlisch schmackhafte Speise. »Eine ausgebeinte, feiste, schmucke Lerche ist allerdings nur ein Bissen, aber ein Bissen von wunderbarer Saftfülle und geradezu köstlichem Wohlgeschmack, der den ganzen Schmeckapparat in namenloses Entzücken versetzt«, tirilierte 1894 ein Lerchen-Enthusiast; und selbst der berühmteste Ornithologe seiner Zeit, Johann Friedrich Naumann (1780–1857), schwärmte, dass Lerchen »zur Speise für uns geschaffen seien«.

Wo so viel Liebe durch den Magen geht, kann der Kopf nicht ganz leer ausgehen; jedenfalls schwang sich der Mensch zu allerlei Lerchen-Sprichwörtlichkeit auf: »Vom Himmel Lerchen regnen lassen« besagte so viel wie: Egal, wie dicke es auch immer kommen mag, es soll geschehen, wie Gott befiehlt.

»Eine Lerche schießen« bedeutete kopfüber stürzen – so wie die Lerche aus luftiger Höhe abwärts saust. Zwei schöne Belegstellen für dieses gänzlich aus der Sprachmode verschwundene Bild finden sich im Deutschen Wörterbuch der Brüder Grimm: »Wie wir hören, schosz das Pferd, ohne eigene Schuld und ohne Schuld des Reiters, in ein nicht erkennbares tiefes Loch mit dem Vorderfusz treffend, eine vollständige Lerche, d.h, es ging kopfüber und schlug mit seinem Rücken voll und ganz auf den Grafen« (Neue Preußische Zeitung aus dem Jahr 1868). Ein weitere Beleg aus der Tagespresse (Leipziger Nachrichten 1871, Nr. 346): » Ein hiesiger Musiklehrer wurde im Thomasgäszchen von einem anderen studierenden Heldenjüngling in einer Weise angerempelt, dass unschwer die Absicht zu erkennen war, den biedern Musikus eine Lerche schieszen zu lassen.«

Trittbrettfahrer des Menschen

Die Häufigkeit und Originalität, mit der Vögel sich im deutschen Sprach- und Sprichwörterschatz einnisteten, ist wohl damit zu erklären, dass die Gefiederten früher zahlreicher, artenreicher und folglich auffälliger um uns herum vertreten waren. Das stimmt tendenziell, aber nicht in jedem Einzelfall. Von der Haubenlerche zum Beispiel glaubt man zu wissen, dass sie erst im Mittelalter vom Balkan aus nach Zentraleuropa vordrang. Stefan Ineichen (Die wilden Tiere in der Stadt) legt dar, dass der auffällige Vogel sogar erst 1550 in Basel und anderen Städten am Oberrhein bemerkt wurde. Die Haubenlerche wird in Vogelbüchern meist als Liebhaberin offener, bewuchsarmer Ödlandflächen vorgestellt. Und als die Landwirtschaft den Feldern noch regelmäßige Erholungspausen gönnte (unbebaute Felder = Brachen), profitierten davon zuallererst die Haubenlerchen. Die Industriebrachen, die im 19. und frühen 20. Jahrhundert gewaltige Ausdehnungen annehmen konnten, nahm das typische Bodentier (die Haubenlerche setzt beim Laufen Fuß vor Fuß, während die auf Büsche und Bäume geprägten Singvögel mehr zum Hüpfen neigen) gern in Besitz.

Es waren dann die Hauptvehikel der Moderne, mit denen die Haubenlerchen zum Erfolg reisten: mit Eisenbahn und Auto entlang der ersten fest ausgebauten Verkehrswege. Die »künstlichen Wüstenstreifen« (Stefan Ineichen) wurden ihre Fern- und Einwanderungsrouten. Und in Oldenburg stellte ein Chronist fest, dass sich der Vogel 1824, pünktlich mit der Fertigstellung der Bremer Chaussee, einstellte. Die Schweiz besiedelte der Zuzügler mit der charakteristischen melodischen Flöte geradezu mit der Landkarte unter den Flügeln: strikt entlang dem dichter werdenden Straßennetz.

Eine andere Lerche, die ebenfalls offene Flächen und spärlichen Bewuchs schätzt, hat es nie zu Höhenflügen über ganz Europa geschafft. Die Heidelerche führt ihre Vorliebe im Namen: Landschaften, die nur noch punktuell vorhanden sind, zumal sie neben ausgedehnten offenen Flächen auch noch angrenzende Gehölze (englischer Name: »Woodlark«) schätzt.

Was alle europäischen Lerchen (Feld-, Heide-, Ohren-, Hauben-, Thekla-, Kurzzehen- und Kalanderlerche) in ähnlicher Deutlichkeit charakterisiert, ist der so genannte Lerchensporn: die ausgeprägte, gestreck-

Haubenlerchen haben irgendwie den Absprung in urbane Gebiete geschafft. Die Öde ödet sie nicht an – im Gegenteil.

Heidelerchen – die beim Heide-Dichter Hermann Löns immer »dudeln« – gehören innerhalb der Lerchenfamilie nicht zu den erfolgreichen Anpassern. Ihre Bestände sind verstreut und wenig kopfstark. Die Darstellung zeigt das auffällige Herabstürzen nach dem Singflug.

te Kralle an der nach hinten gestellten Daumenzehe.

Und dieses Charakteristikum gab auch einer Blume den Namen, die – ähnlich wie der namensgebende Vogel – als Frühlingskünder gilt. Lerchensporn wächst schon Ende März an sonnigen Hängen – mancherorts sogar in dichten, strahlend lilafarbigen Matten.

Gespräch über Lerchen – eine kurze Kurzgeschichte

Einer dieser Zufälle, die man nicht als Zufall durchgehen lassen will! Es ist der 2. September, ich schreibe gerade an diesem Lerchen-Kapitel, und ein Freund ruft mich aus Cardiff/Wales an: »Erinnerst du dich noch an unser Lerchen-Gespräch? Ist auf den Tag genau 10 Jahre her!« Ich erinnere mich. Mein Freund, ich nenne ihn hier einfach Phil, war und ist in der beneidenswerten Situation, dass er keine Zeit mit dem Gedanken an Arbeit verschwenden muss. Vor etlichen Jahren gönnte er sich einen ganzen Sommer in Südfrankreich und lud mich zum 5. Jahrestag einer Patentbewilligung ein, die sein Berufsleben aufs Angenehmste beendete.
Er sagte damals, einer der Gründe für seinen Frankreich-Sommer sei das Essen; hier speise man in jeder Dorfkaschemme besser als in einem sauteuren Spitzenladen auf der gottverdammten nebeligen Insel zu Hause.
Um das zu demonstrieren, gab es ein mehrgängiges Essen in einem Städtchen am Rande der Camargue. Beim dritten oder vierten Gang kuppelte ich mich aus. »Was ist das da an den Spießen, Phil?« – »Iss und genieß!« ,befahl er, aber ich ließ mir von der Wirtin meinen Argwohn bestätigen: »Alouette [Lerche], très délicieuse, Monsieur!«
Ich war ein wenig empört: So viel ökologische Korrektheit sollte man doch auch als walisischer Millionär haben, dass man sich nicht an dieser barbarischen Vogelvernichtung »für nichts und wieder nichts« beteiligt, belferte ich, alle Gebote der Höflichkeit missachtend.
Für nichts und wieder nichts stimme nicht, meinte er in dieser enervierend trocken-britischen Art: Lerche schmecke eben superb!
Es gab eine hektische Diskussion. Ich sagte, glaube ich, der Mensch, die Drecksau, fräße die ganze Erde auf, nur für sein Luxusgefühl; ich kam auf die Froschschenkel in Südostasien zu sprechen, die fehlenden Frösche bewirkten dort schon Mückenplagen, oder so ähnlich, eine Affenschande; und der Vogelfang in Italien und anderswo ganz besonders!
Er sprach von den Koreanern, die Hunde äßen, was auch nicht verwerflicher sei als Schweine, noch dazu wo Hunde nicht so intelligent und menschenähnlich seien wie Schweine. Man müsse sich ein paar kleine Sünden aussuchen, damit man die Kraft habe, die wirklich großen zu vermeiden.
Ich sagte: Mieser Vergleich, Schweine seien so wenig bedroht wie Hunde, »the woodlark« (Heidelerche) aber stellenweise schon.
Wir kamen zu keiner freundlichen Formel. Phil orderte in gutem Französisch Ersatz für meine verschmähten Lerchen, eine Terrine (so-und-so), die übrigens vorzüglich mundete.
»Mit gutem Gewissen schmeckt es besser, right?«, fragte er, und zupfte auf seinem Teller die letzte Lerche vom Spießchen. Ich nickte, zumal die Terrine wirklich hervorragend war.
Daraufhin Phil: »Lerchen-Terrine, mit einem Sud aus Karottengemüse, glaube ich. Nirgends gibt es das besser ...«

Seidenschwanz

Bombycilla garrulus

Der »Invasionsvogel« aus dem Norden war plötzlich da. Wie Pest und Krieg. Und das genügte offenbar, um ihm zum Pest- und Kriegsboten zu machen.

Ihm klebt Unglück am seidigen Schwanz, und das schon von alters her. Plinius Secundus schrieb im ersten nachchristlichen Jahrhundert: »Unheilvolle Vorbedeutung hat auch der Brandvogel; seinetwegen entsühnte man, wie wir in den Jahrbüchern finden, die Stadt (Rom) zu wiederholten Malen, so unter dem Konsulat von L. Cassius und C. Marius (107 v. Chr.), in einem Jahr, in dem sich auch wegen Beobachtung eines Bubo (Uhu oder Rohrdommel?) entsühnt werden musste. Was dies für ein Vogel sei, wird weder in schriftlichen noch mündlichen Quellen gefunden. Einige deuten es dahin, dass jeder Vogel brandstiftend sei, den man Kohle von Opferherden oder Altären wegtragen sehe, andere nennen ihn spinturnix; ich habe jedoch niemanden gefunden, der zu wissen vorgab, welcher unter den Vögeln eigentlich darunter zu verstehen sei.«

Dass der Seidenschwanz besagter »Brandvogel« oder »spinturix« (Funkenvogel) sei, ist eine Vermutung, allerdings eine stichhaltige; Ragnar Kinzelbach (Der Seidenschwanz in Mittel- und Südeuropa vor dem Jahr 1758, Technische Hochschule Darmstadt, 1995) ist sich sogar ziemlich sicher: Einzig der Seidenschwanz mit den »einzigartigen roten Hornplättchen im Gefieder konnte die Vorstellung anregen, er trage Flämmchen im Gefieder und könne damit Feuer anzünden«.

In den folgenden Jahren war immer wieder von »neuartigen Vögeln« die Rede, die, wann und wo auch immer sie auftauchten, Übles zu bedeuten hatten. Kaiser Otho soll am 14. April 69 nach der verlorenen Schlacht von Bedriacum Selbstmord begangen haben. Zu Beginn der Schlacht war »ein nie gesehener Vogel« aufgetaucht, der erst verschwand, als der Kaiser sein Leben aushauchte. Die Beschreibung des Vogels (auffällig, wenig scheu) und seine Vorliebe für einen Hain südöstlich von Bedriacum nähren auch hier die Vermutung, dass ein Seidenschwanz sich gezeigt hatte.

Bringer von Feuer, Pest und Krieg

Im Mittelalter kehrt die antike Legende von den brandstiftenden Vögeln, die mit Glut im Schnabel in großer Zahl einfliegen (Ähnliches lastete man auch schon mal Schwalben an!), wieder. Auf alten Holzschnitten sehen sie zwar mehr wie Raben oder Geier aus, aber Raben/Krähen waren zu häufig, um für außergewöhnliche Ereignisse die nötige Signifikanz zu haben; und die »Geier« auf einem zeitgenössischen Holzschnitt aus dem Jahre 1194 tragen alle die Haube des Seidenschwanzes.

Die älteste realistische Darstellung des Vogels zeigt ihn allerdings in sehr viel edleren Umständen: als Spielgefährten des Jesusknaben auf Mariens

Arm (Altarbild in Zbraslav/Böhmen, um 1360). Aber auch hier hat die Sache einen üblen Hintergrund. Man vermutet, der Seidenschwanz – zu dieser Zeit schon als Pestanzeiger verschrien – habe den Stieglitz von seinem angestammten, gottnahen Platz verdrängt; denn etwa 10 Jahre zuvor grassierte die Pest in Böhmen. Die Erlösung vom Schwarzen Tod und das wieder aufblühende Leben könnten dann durch Jesu schützenden Arm, der den Vogel hält, symbolisiert sein.

Warum ausgerechnet einer der schönsten europäischen Vogelgestalten das Schrecklichste im kollektiven Unterbewusstsein der Völker, die Pest, ankündigt, findet sich nirgends einleuchtend begründet. Am ehesten darf man einen einfachen Hingucker-Effekt vermuten: Seidenschwänze sind selten, dann aber plötzlich und unübersehbar da; und irgendwann wird eine Seidenschwanz-Invasion mit dem Ausbruch der Pest zusammengefallen sein.

Der italienische Arzt und Naturwissenschaftler Ulysses Aldrovandi (1522–1605) berichtete ausführlich über die unheimlichen Herolde. Er schrieb, dass schweren Pestepidemien auffällige Häufungen von Seidenschwanz-Einflügen vorausgegangen seien. Und schon rund hundert Jahre zuvor war die Legende im Umlauf: »Seit ich der Pest bin an dem Tanz / Darumb heisz ich Ritter Seidenschwanz«, singt im 15. Jahrhundert eine allegorische Schreckensfigur, die im Fasnachtszug mittanzt.

Aber schon bald meldeten die Chronisten solcher oder vermeindlicher Ereignisse ihre Zweifel an. In einem zeitgenössischen Bericht aus dem Jahre 1631 heißt es (zitiert nach Gattiker): »Es seyn viel Leute der sonderlichen [absonderlichen] Meynung, dass, wenn dieser Vogel bei uns gesehen werde, dass es jeder Zeit ein besonder Omen und Bedeutung habe, ja dass sie ... Krieg, Pest, Theuwrung oder Hunger mit sich bringen, wiewohl sie vielmahls in etzlichen Landsarten in vierzehn und mehr Jahren nicht gesehen.«

Aber trotz deutlicher Zweifel, das schlechte Image ließ sich nicht so leicht wegmausern. In Bayern schmähte man den Vogel als Pestdrossel; Sterbevögeli hieß er in der benachbarten Schweiz.

Einfallende Seidenschwänze sollen im Dreißigjährigen Krieg den Mordbrennern vorangeflogen sein – und für den Ausbruch des Dreißigjährigen Krieges (1618) ist tatsächlich ein Seidenschwanz-Invasionsjahr verbürgt. Seither hatte der Schönling, dem ja schon der Name »Pestvogel« anhing,

»Invasionsvogel« nennen die Ornithologen den Seidenschwanz, weil es ihn »invasionsartig« alle paar Jahre aus seiner nördlichen Stammheimat weit nach Süden treibt. Im Mittelalter deutete man das Massenauftreten als schlimmes Vorzeichen und stempelte das unschuldige Tier zum Pest- und Kriegsvogel.

auch die Bezeichnung »Kriegsvogel« zu tragen.

Eine große (schlimme) Sache, brauchte besondere Zeichen, und da bot sich der Seidenschwanz an. Er war selten und das hieß in einer Zeit ohne Vogel-Nachschlagwerke: so gut wie unbekannt. Fremdlinge waren immer gut als Unglücksboten.

Ein Pestarzt zu Rom, 1656. Es gibt ein paar Spekulationen darüber, welche magische Abwehrwirkung der Schnabel gehabt haben soll. Galt auch hier das Prinzip, Gleiches mit Gleichem zu bekämpfen? Schnäbel (die von Seidenschwänzen) verkündeten den Schwarzen Tod, und mit maskenhaften Schnäbeln lässt er sich wieder vertreiben.

Galante Beeren-Gourmets

Mittel- und Südeuropa erreicht der Skandinavier meist dann, wenn ihn ausgeprägte Kaltfronten vor sich her schieben. Denn eigentlich ist der Sänger mit der dünnen, hohen Stimme, mit der spektakulären Federhaube und dem seidenweichen Gefieder ein Geschöpf der nordischen Wälder. Und die Gefilde nördlich des 60. Breitengrades verlässt er nicht ohne triftigen Grund. Knappe Beerenausbeute zum Beispiel treibt ihn truppweise südwärts.

Beerenernte betreibt *Bombycilla garrulus* sehr differenziert. Die dünnhäutigen Früchte des Gemeinen Schneeballs können mit geradezu possierlicher Zartheit gegriffen werden. Seidenschwänze zerdrücken sie, ohne die roten Bälle dabei vom Strauch zu reißen, zwischen den Schnabelhälften, sodass die leeren Häute am Busch hängen bleiben. Härtere Früchte, zum Beispiel Hagebutten, werden kräftig zerquetscht und ruckartig verdrückt, wobei der Vogel den Kopf heftig in den Nacken wirft.

Dicke Brocken scheinen durstig zu machen, jedenfalls fällt auf, dass »die Böhmen« (früher meinte man, hier läge die eigentliche Heimat des Vogels) auffällig viel trinken; Haschen nach fallenden Schneeflocken ist nur einer der Programmpunkte, die den geselligen Vogel im Winter die Aufmerksamkeit interessierter Beobachter sichert.

Und gelegentlich schon im Frühwinter bezaubern Seidenschwänze durch ein Balzritual, das etwas ungemein Menschelndes hat. Das so genannte Balzfüttern könnte man als Austausch von Beschwichtigungs- und Werbegeschenken deuten: Schau her, Gnädigste, wer so gute Frucht, so prächtige Knospen und so eindrucksvolle Eichenrindenstücke und Eisstückchen abliefert, muss im Prinzip ein Prachtkerl sein! Die Geschenke werden zwischen Mann und Weib eine kleine Weile bedeutsam hin- und hergereicht und dann, sofern essbar, verschluckt.

Im Frühjahr, zur eigentlichen Balzzeit, wird aus dem ritualisierten Schenken ein echter Balztanz. Das Männchen hopst, meist mit einem Geschenk im Schnabel, den Ast entlang auf das Weibchen zu, entfernt sich wieder und scharwenzelt im Hüpftanz abermals heran. Die gesamte Balztanz- und Fütterungs-Choreographie kommt ohne Noten aus, bleibt stumm. Liebe ohne Worte. Und nur jede zehnte Zeremonie findet den naturgewollten Abschluss.

Das Kontrastprogramm heißt Drohen. Und dazu eignet sich vorzüglich die hoch aufgestellte Haube, mit der man Konkurrenten sagen kann, wer hier das Sagen hat. Unterstützend droht man(n) mit dem schwarzen Kehlfleck, der sichtbar wird, sobald der Schnabel hochgereckt wird. Und falls das alles nichts nützt, gehen sich Männchen durchaus auch mal an die Wäsche beziehungsweise hackend an den Kopf.

Aber alles in allem ist der Vogel friedlich, neigt zum Beispiel nicht dazu, sich gegen andere Vogelarten aggressiv durchzusetzen, und verzichtet sogar auf die Verteidigung von Lieblingsplätzen. Schon vor 70 Jahren notierten ungarische Vogelforscher: »Eine Mistel- oder Wacholderdrossel (kann) ganze Seidenschwanz-Trupps aus der von ihr beanspruchten Baumkrone oder -gruppe vertreiben und fern halten.«

Aber dass sich die Seidenschwänze, wenn ihnen dieses Ungemach widerfährt, die Pest ärgern, stimmt ganz sicher nicht.

Pirol

Oriolus oriolus

Wie kann aus einem Pirol ein »Bierholer« werden? Und warum schreit er so sehnsüchtig nach Regen? Früher reimte man sich so einiges zusammen.

Tiervater Alfred Brehm hat genau hingehört: »Ein einziges Pirolpaar ist fähig, einen ganzen Wald zu beleben; denn es ist im höchsten Grade unruhig und das Männchen lässt seine Stimme bald von diesem, bald von jenem Baum erschallen.«

Nur zu verständlich, dass ein optisch und akustisch so auffälliger Vogel auch volkstümlich wurde. Aber was macht ausgerechnet eine der schönsten Tiergestalten Europas zum passenden Trunkenbold, zum »Bierheld«?

Konrad von Megenburg (1309–1374) verdanken wir erste Orientierung darüber, warum und wie der Pirol zu seinem Namen kam: »Wir haizen in ze däutsch pruoder piro nach seiner stimm: wan er ruoft mit seiner stimm sam er sprech pruoder piro.« (Auf Deutsch nennen wir ihn Bruder Piro; denn wenn er ruft, klingt es, als spräche er: Pruoder Piro.) Natürlich klingt es nur ungefähr so; andere hörten es etwas anders: »Bierolf« und schließlich »Bierheld«.

»Bierheld« wäre demnach eine stark vernuschelte Variante für das lautmalende »piro«. Der Volksmund machte aus »Piro« oder »Bierof« schließlich »Bierholer« – und der Name blieb dem Prachtkerl mit dem gelben Latz fürs Erste erhalten.

In all dem mag man nicht mehr finden als ein sprachgeschichtliches Beispiel für die Hobelwirkung von Zunge auf Sprache. Doch noch etwas fällt auf: Frühsommer, die Ankunftszeit des Spätheimkehrers unter unseren Zugvögeln, ist ja traditionell die Zeit bierseliger ländlicher Feste; ein Anlass mehr, den Vogel »Bier hol!« rufen zu lassen.

Aber wie man es auch dreht und wendet: Dieses zu holende Bier scheint etwas weit hergeholt. Ein klarer Fall von Rückdeutung: Ein lautmalerisch aus dem Vogelruf abgeleiteter Name, »Piro« oder »Biro«, erinnert zufällig an eine konkrete Wortbedeutung und wird nachträglich entsprechend anekdotisch oder sagenhaft »begründet«.

Ein ähnlicher Fall ist aus Rumänien überliefert. Das Wort für Jude lautet: »Solgobiro«. Also wurde aus dem »Biro« (Pirol) flugs ein von Gott aus Strafgründen in eine Vogelgestalt verwandelter betrügerischer Jude, der jetzt im Sommerlaub versteckt sein Schicksal beklagt.

Kirschdieb und Regenvogel

Weniger ärgerlich als das Lieblings-Klischee der Christenheit, das des arglistigen Juden, ist die Anspielung auf eine offensichtliche »Straftat«: Die Namen »Kirschdrossel« (die Auwaldbrüter schwärmen für knackfrische Kirschen), Kirschpirol, Kirschvogel, Kirschdieb bezeugen die Vorlieben des Vogels. Und »der griechische Trivialname Sykophagus, Feigenfresser, deutet darauf hin, dass er sich in den wärmeren südeuropäischen Ländern die Feigen zur Lieblingsspeise erwählt« (Gattiker, Die Vögel im Volksglauben). Hildegard von Bingen (1098–1179) nennt den Pirol »De Vidderwalone« und schreibt ihm Wirksamkeit gegen Gelbsucht zu – nach dem alten Prinzip Gleiches (Gelb) gegen Gleiches.

Neben Bezeichnungen wie Goldamsel und Gelbvogel, die sich selbst erklären, zählt der Pirol in manchen Gegenden auch zur Vielzahl jener Vögel, die Regen ankündigen: »Regenkatte«, nennt man ihn in der Nähe von Grubenhagen, was wohl so viel wie »Regenkatze« heißen soll. Wenn der Pirol schreit, so wusste man in Schlesien, gibt es 3 Regentage in Folge: »So er singt wie ein Pfeyff, verkündet er einen Rägen.«

Oskar Dänhard notiert in seiner vierbändigen Sammlung »Natursagen« (1907–1912), was man dem Pirol in puncto Regen sonst noch so alles andichtete: Nach der Sintflut befahl Gott allen Tieren, flugs Flüsse zu graben, damit das Wasser ablaufen könne. Alle machten sich ans Werk, bis auf den Pirol, der befürchtete, sein schönes Federkleid zu beschmutzen. Faulheit und Drückebergerei (siehe auch das Kapitel Specht) gehören offenbar zu den kleinen Sünden, die der Herr sofort straft. Jedenfalls wurde der Pirol dazu verdonnert, künftig nur mehr Tau von den Blättern trinken zu dürfen. Deshalb hört man an heißen Tagen bis heute seine durstigschmachtenden Rufe.

Aber wenn der Himmel dann endlich ein Einsehen hat, wissen Pirole mehr aus Regen zu machen als andere Vögel. Zu den originelleren Badetechniken der Vogelwelt darf man das Regenbaden zählen: Der Vogel verharrt eine kurze Weile auf einen Ast gekauert im Regen und lässt sich dann unvermittelt vornüber kippen. In Fledermaus-Hängehaltung öffnet er die Flügel, um sich dann mehrere Minuten lang unterwärts befeuchten zu lassen.

Mit Wasser im festen Aggregatzustand, so hoffte man, hat der Pirol nichts am Federhut; eine alte Chronik vermerkt: »Wenn diser Vogel zu uns kumpt ... verhofft man, es werde kein Reyff (Reif) mer fallen.« Der Pirol als ultimativer Sommerbote.

Dazu eignet er sich in mehrfacher Hinsicht; schon deshalb, weil er ein Wärme liebender Vogel ist. Pirole gehören – mit der einzigen Ausnahme unseres Sommervogels – einer exklusiv-tropischen Singvogelfamilie an. Und auch unser Pirol verbringt den Großteil des Jahres im zentralafrikanischen Regenwald. *Oriolus oriolus* trifft als einer der letzten bei uns ein, in Mitteleuropa um den 10. Mai, und macht sich schon im August auf den Rückweg. Eine Sommer-Stippvisite. (Und als Angehöriger der Nation, die jährlich die internationale Reiseweltmeisterschaft gewinnt, fragt man sich

Pirole gelten als begabte Nestbauer, besonders ihre Materialbehandlung nötigt Respekt ab. Die stabil gebauten Kinderstuben, die den Winter meist gut überstehen, werden von den rückkehrenden Pirolen nicht wieder genutzt.

unwillkürlich: Wie kann eine so weite Reise lohnen, bei so kurzem Aufenthalt?)

Trotz der auffälligen Gelbfärbung des Männchens (das Weibchen ist unauffälliger, grünlich gewandet, kann aber im hohen Alter ebenfalls fast gelb sein) gilt der Pirol als heimlicher Vogel – wäre da nicht seine laute, namensgebende Flöte. Die ist allerdings nur ein Teil seines akustischen Repertoires. Sein eigentlicher Gesang ist dezent und leise, besteht aus zirpenden und quäkenden Tönen. Das Handbuch der Vögel Mitteleuropas spricht von einem »leise schwätzenden Subsong ... mit beträchtlichem Obertonreichtum«.

Und dann gibt es da auch noch – so als wäre der Vogel um Kontraste bemüht – einen laut rätschenden Ruf, den nur ausgesprochene Vogelstimmen-Kenner richtig zuordnen können.

Ein 1a Baumeister

Unverwechselbar dagegen, was vom Pirol auch dann zu erkennen ist, wenn er in Afrika oder auf Reisen ist. Das Pirolnest gehört zu den bemerkenswerteren Bauwerken im Reich der Vögel: ein fest gefügter Hängekorb von erstaunlicher Festigkeit. Solche Spitzenleistungen haben Voraussetzungen: Die Pirole beherrschen die Behandlung von Baumaterial weit besser als die allermeisten Singvögel. Sie speicheln Bastfäden, Teile von Schlingpflanzen und Grasbänder ein, um sie geschmeidig zu machen. Behandelt lassen sie sich leichter verflechten. Die Nester sind sorgsam und sturmsicher gearbeitet, sodass sie meist unbeschadet den Winter überstehen. Trotzdem: Das Paar besteht im nächsten Jahr auf Neubau – und sei es auch nur eine Astgabel daneben.

Verblüffend auch die Kletterkünste. Die Vögel können »hüpfkletternd« mit Flügeleinsatz steil gestellte und sogar senkrechte Äste erklimmen. Nach Kleiberart gelingt ihnen sogar der fast senkrechte Abstieg an Stämmen – Ornithologen sprechen von »Steigeisen-Technik«.

Ein seltenes – weil schwer zu beobachtendes – Schauspiel bieten Pirolmännchen, die um ein Revier kämpfen. Während die Droh-Phase mit Halsrecken, Schwanzsträuben, Flügelschlagen und lauten Rufen noch moderat verläuft, geht es beim Nahkampf, Mann gegen Mann, heftig zur Sache. Die Kontrahenten versuchen sich ausgesprochen ruppig bei den Schnäbeln zu packen. Ringkämpfe in der Luft können sogar mit Doppelabsturz tödlich enden.

Ähnlich heftig verteidigen Pirole ihren Nachwuchs, wenn sich ihre bevorzugte Strategie, Verstecken und Verheimlichen, nicht mehr bewährt. Fotografen, die dem ungemein fotogenen Vogel zu nahe kommen wollten, wurden bei Scheinangriffen berührt. Verbürgt ist auch das Schicksal eines verhinderten Nesträubers: Ein Eichelhäher verendete unter einem Pirol-Schnabelhieb. Im Nestos-Delta (Griechenland) beobachtete H. Heckenroth ein Pirolpaar, das einen Kurzfangsperber mit gezielten Kotspritzern abfertigte – eine Kampftechnik, für die Wacholderdrosseln berühmt sind (siehe auch Seite 157).

Der Pirol, eigentlich ein Afrikaner, ist nur sehr kurz auf Stippvisite bei uns im Norden; und diese Zeit ist ausgebucht mit Balz, Brut und Jungenaufzucht.

Nachtigall

Luscinia megarhynchos

Singen können wie eine Nachtigall heißt, die höchsten Stufen der Sangeskunst erklimmen. Aber Superstars haben Neider. Und so findet sich auch einiges an volkstümlichem Nachtigall-Schmäh.

Kein Vogelgesang ist so bewundert worden wie der der Nachtigall; er hat über die Jahrtausende hinweg empfindsame Menschen betört.

Vermutlich war Gaius Plinius Secundus, der im ersten nachchristlichen Jahrhundert in 37 Büchern so ziemlich das gesamte naturkundliche Wissen seiner Zeit verschriftlichte, der Erste, der ihr Lied poetisch *und (!)* exakt beschrieb: »Die Nachtigall ist der einzige Vogel, der Töne hören lässt, die vollkommen nach den Regeln der Musik miteinander abwechseln. Bald hält sie den Ton in einem Atem lang aus. Bald wechselt sie mit den Läufen, bald setzt sie kurz ab und verbindet die Tönes schleifend. Bald singt sie mit halbem Atem, bald mit gepresster Stimme. Der Ton ist murmelnd oder voll, stark, hell, rasch oder gedehnt, trillernd in Höhe, Mitte und Tiefe. Was die Kunst des Menschen auf den besten Instrumenten zu leisten vermag, ist in dieser kleinen Kehle beisammen.«

Ein würdiger Nachfolger des Plinius, der deutsche Zoologe, Philosoph und Lyriker Richard Gerlach (geboren 1919), suchte den Ort auf, an dem Plinius sich von Nachtigallen verzaubern ließ, und schrieb: »Ich kenne die Landschaft des Comer Sees, wo auf der Höhe mit dem Blick auf das schneebedeckte Gebirge der Forscher (Plinius) sein Haus hatte. Dort singen im Frühling wie damals unter Pinien und Reben die Nachtigallen. Plinius hatte einen Becher mit Wein vor sich stehen, hörte ihnen von der Frühe bis zum Mittag zu, und auch am Nachmittag und Abend ließ er die Feder ruhen, doch am nächsten Morgen schrieb er auf das Pergament ...«

Beliebt, verehrt, geschützt

Die Begeisterung für den unscheinbaren Vogel war im Alten Griechenland und im antiken Rom weit verbreitet – in wohlhabenden Kreisen wohlgemerkt. Wer seinen Landsitz repräsentativ ausstaffierte, verzichtete nicht auf diesen Tonträger, wobei es bei jenem Prestigeobjekt im Käfig so war wie bei vielen Luxusartikeln: Die Anschaffung konnte ganz schön ins Geld gehen. Nachtigallen-Liebhaber Plinius beklagte, dass die Vögel pro Stück teurer seien als Sklaven. Gleichwohl fand sich der kostbare Sänger – übrigens anders als im klassischen Athen – durchaus auch auf den Speisekarten der Oberschicht. Aber als zwei jugendliche Snobs, darunter der Sohn eines berühmten römischen Schauspielers, ein Festmahl aus Nachtigallen anrichten ließen, zeigte sich Rom empört. Appetithäppchen? Das mochte gerade noch angehen. Sättigungsportionen? Da zeigte sich die fehlende Lebensart der »homines novi«, der Emporkömmlinge, der Neureichen.

In aller Regel hatte man die Vögel der Philomena lieber um sich – in

Wer von Nachtigallensang immer nur aus zweiter Hand – beziehungsweise aus Dichtermund – gehört hat, sollte bei seinem nächsten Italienurlaub ein Nachtigallenkonzert einplanen und dafür, wenn's sein muss, die Mailänder Scala auslassen.

Hainen, Büschen und Bachauen – als auf Tellern. Und die teils strikte, teils wohl nur lax gehandhabte Schonung führte dazu, dass die Frühlingskonzerte von »Luscinicola« ohrenbetäubend schön und vielstimmig gewesen sein müssen.

Auch aus der Stadt Bamberg ist eine Pro-Nachtigall-Verordnung, datiert von 1532, überliefert: »Gebot der Nachtigall halb: soll nicht gefangen werden.« Dahinter mag kirchliche Protektion gesteckt haben. Nachtigallen wurden nämlich gründlicher christianisiert als manch anderer Vogel. War der Vogel in der Antike noch Sinnbild der Trauer oder melancholischer Schönheit, erhob ihn die christliche Volksfrömmigkeit zum »Vogel der Erlösung«. Mit dem Gesang schwingt sich die Seele der im rechten Glauben Verschiedenen gen Himmel.

Bei Gattiker findet sich eine anschauliche Zusammenfassung der Wundertätigkeiten, die der Vogelkehle entströmten: »Der Gesang der Nachtigall wirkt schmerzlindernd und bringt dem Sterbenden einen sanften Tod, dem Kranken aber eine schnelle Genesung, daher ruft man in Bayern gerne die Muttergottes an, sie möge die Nachtigall schicken und den Kranken ›zeichnen‹ – sei es zum Leben oder seligem Entschlummern. ›Wenn doch nur die Nachtigall käm und uns tät erlösen‹, klagt der des Lebens und eines Siechtums überdrüsse Bauer im bayrischen Lechrain.«

Man könnte vermuten, ein so wundermildes Tier wäre auch pulverisiert oder sonstwie zum Präparat verarbeitet im Angebot gewesen; aber es finden sich im deutschen Sprachraum keine Belege für Nachtigallen-Medizin oder -Zauber. Möglicherweise wirkten direkte Verbote und überlieferte Tabus schützend. In Frankreich dagegen sah man das nicht so eng: In Eugène Rollands »Populären Fauna Frankreichs« findet sich die Empfehlung, Nachtigallenherzen zu verspeisen, sofern man nachtigallengleich zu singen begehrte. Der Wunsch ist nachvollziebar. Und kaum ein Dichter hat es unterlassen, Anleihen bei dem Ausnahmevogel zu machen.

Gesanges Lobpreisungen

Im bekanntesten Lied des bekanntesten Minnesängers, Walthers von der Vogelweide (etwa 1170–1230), heißt es: »Schone sanc diu nahtegal«. Ausführlicher und sichtlich um poetischen Realismus bemüht, dichtet Barthold Hinrich Brockes (1680–1747):

Ich hör'te die Sirenen der Büsche,
Die wunder-süße Nachtigall,
Wie sie mit klingendem Gezische
Erfüllte Wälder, Berg und Tal;
Ich hörte sie bezaubernd streicheln
Mit holdem Gurgeln, Luft und Ohr;
Es brachte ihrer Kehle Schmeicheln
Die Leiter der Musik hervor:
Sie machte Fugen, Pausen, Sprünge,
Und Kontrapunkte, dass es hieß,
Ob sie mit tausend Zungen sünge,
Und in viel hundert Röhren blies.
Bald ist's, als ob sie jemand riefe;
Bald kräuselt sie den reinen Schall;
Bald senkt sie ihn in hohler Tiefe
Durch einen angenehmen Fall.
Es läßt, als wären im Geäder
Von ihrem eingeschränktem Schlund
Vom Wirbelwind getriebner Räder
So scharf, so reichlich und so rund
Formiert't ihr enger Hals die Töne,
Ja, selbst die schwer'ste ohne Müh',
Ohn'alles Zwingen, hell und schöne;
Bald zieht, bald dreht, bald schärft sie sie,
Kein Fechter schwingt so rasch den Degen;
Die Wellen wallen nicht so kraus;
Kein Pfeil kann sich so schnell bewegen,
Als sie die Noten bringt heraus.
Ist's möglich, dacht ich, wohn solch Klingen
So einem kleinen Seel'chen bei?
Ist's möglich, dass von solchem Singen

Die Quell' ein tönend Stäubgen
sei?
Ein Federchen, drin Ton und
Leben?
Ein Flügel-schwingender Gesang?
Ein Schall, ein Hauch, mit Haut
umgeben?
Ein singend Nichts? Ein bloßer
Klang?
In solchen forschenden Gedanken
Vertiefte sich mein muntrer Sinn.
Ich schloß, nach Hin- und Wider-
Wanken,
Es sei was Himmlisches darin.

Luise Voss, Königsberger Dichterin Anfang des 19. Jahrhunderts, lässt die Nachtigall »schmettern«; bei Klopstock singt sie »ihr seelenerschütterndes Lied«; bei Herder »schlug sie mit wundersüßem Schall«; bei Heine war »im Anfang die Nachtigall und sang das Wort: Züküht! Züküht«, oder etwas deutlicher bei Emanuel Geibel (1815–1884): »Zurück, zurück!«

Von Nachtigallen betörte Dichter griffen stets ganz tief in ihre Werkzeugkisten, wenn sie mit Worten nachempfinden wollten, was ihren Ohren widerfahren war. Angesichts all der Schöngeister, die ihre Schnäbel an der Nachtigall zu wetzen versuchten, flüchtete sich Joachim Ringelnatz in die romantische Ironie:

AM SACHSENPLATZ:
DIE NACHTIGALL

Es sang eine Nacht ...
eine Nachti ...
ja Nachtigall am Sachsenplatz
heut morgen. – Hast du in Berlin
das je gehört? – Sie sang, so schien
es mir, für mich, für Ringelnatz.
Und gab mir doch Verlegenheit,
weil sie dasselbe Jauchzen sang,
das allen Dichtern früh'rer Zeit
durchs Herz in ihre Verse klang.
In schöne Verse.

Nachtigall,
besuch bitte ab und zu
den Sachsenplatz;
dort wohne ich. – Ich weiß, dass
du
nicht Verse suchst von Ringelnatz.
Und hatten doch die Schwärmer
recht,
die dich besangen gut und
schlecht.

Hatten die Schwärmer wirklich immer Recht? Beim Dichterfürst Shakespeare findet sich im Kaufmann von Venedig sogar eine Relativierung der Nachtigallen-Sangeskunst:

Die Nachtigall, säng' sie am Tag,
wenn jede Gans krakehlt,
man hielt sie wohl für keinen
bess'ren Musikant
als einen Zaunkönig.

Den einen oder anderen reizte die auffällige Diskrepanz – hie überirdische Stimme, dort erdbraune Unscheinbarkeit – zu Vergleichen. So warnt Johann Riemer 1681 in seinen Ratschlägen »wie ein kluger Liebhaber, wie niedrig er auch sey, reich, schön und vornehm heyrathen kann« alle amourösen Schnäppchenjäger:

»Es war die Nachtigall und nicht die Lerche« barmt Julia in Shakespeares »Romeo und Julia« – voller Angst, dass die aufgehende Sonne ihre Liebesheimlichkeit enthüllen könnte. Durch Shakespeares umfangreiches Werk flattern immer wieder Vogelgestalten: vorbedeutend, mahnend oder einfach nur lieblich.

Der Sprosser nimmt in Skandinavien und Osteuropa die Stelle der mitteleuropäischen Nachtigall ein. In puncto Strophenlänge ist er der etwas heller gefärbten »Schwester« über, dafür fehlen in seiner Darbietung die gepfiffenen Crescendi.

Eine »beredte Dame aber ohne Gestalt und Anmuth ist wie eine Nachtigall, welche des Jahrs nur ein gewisse Zeit zu singen hat, im übrigen aber, wenn sie die Ohren vergnüget, wird sie denen Augen zum Verdrusz«.

Sängerinnen den Beinamen »die Nachtigall von ...« zu geben, bürgerte sich ein. Eine Jenny Lind zum Beispiel kannte man auf den Opernbühnen der Welt als »die schwedische Nachtigall«, und Goethe schrieb an Zelter: »So will ich denn auch vermelden, dass unsere wandernde Nachtigall [gemeint war Henriette Sonntag] angekommen ist.«

Darin mag ein Quäntchen Ironie gelegen haben – wie Nachtigallen auch in diversen Volksmärchen bisweilen etwas gezaust wurden, nach dem Motto: zu viel an vokaler Himmelsstürmerei muss man erden. So soll nach einer estnischen Sage eine Nachtigall mit ihrer überlauten Stimme einen pflügenden Ochsen buchstäblich tot in die Furche gesungen haben, worauf der Bauer die Täterin bei Gott verfluchte. Der hatte ein Einsehen und pegelte den Nachtigallenschall auf angenehme Lautstärke runter.

Und in diesem gefälligen Volumen, so die Quintessenz einer maltesischen Sage, war die Nachtigall dazu ausersehen, als Künderin der Himmelskönigin Maria zu sprechen beziehungsweise zu singen.

Üben für den grossen Auftritt

Nun wissen wir, dass auch der schönste Vogelgesang, den man in Europa hören kann, in seiner eigentlichen Bedeutung häufig nichts als Abschreckungs-Geschrei ist. Wissenschaft kann auch schon mal ernüchtern. Dennoch: Der Gesang verlor nicht an Faszination, als man begann, ihn für das zu nehmen, was er ist, die nachtigallisch formulierte Ansage: Hier ist mein Revier, Abstand halten!

Schon Mitte der 1970er-Jahre demonstrierte man das »Prinzip akustische Reviermarkierung« an schwedischen Nachtigallen (Sprosser, *Luscinia luscinia*). In 4 Revieren hatten Forscher die singenden Männchen weggefangen und an ihrer Stelle Tag und Nacht Sprossergesang vom Band ertönen lassen. 3 Reviere blieben unbesetzt, solange Sprosser-Konserven zu hören waren. Das heißt, potenzielle Revier-Eroberer akzeptierten das akustische Stopp-Schild; Sichtkontakt war entbehrlich. In vier Kontrollrevieren, in denen man ebenfalls die singenden Männchen eingesammelt hatte, stellte man keine akustischen Attrappen auf; diese Reviere hatten schon nach 4 Tagen neue Platzherrn.

Die Frage, ob gesanglicher Schmelz angeboren ist, erlernt oder beides, hat Nachtigallen-Forscher eine ganze Weile umgetrieben. Man neigt heute der Meinung zu, die Musikexperten auch dann vertreten, wenn es Stimmwunder wie »Callas« oder »Caruso« zu erklären gilt: hohe Veranlagung plus diszipliniertes Lernen.

Auf gut Ornithologisch (zitiert nach Handbuch der Vögel Mitteleuropas) hört sich das so an: »Die Männchen entwickeln den artspezifischen Vollgesang ab 9. Monat nur dann, wenn sie diesen in der Phase des auditorischen Lernens (Beginn ab 12. Lebenstag) von einem sozialen Tutor (z.B. Pfleger) zuvor gehört haben. Ohne Sichtkontakt zu einem Tutor angebotene Artgesangsstrophen wurden von den ›Scholaren‹ nicht oder nur unvollständig vokal reproduziert. Als Gesangstutor akzeptieren die Vögel nur solche Betreuer, die ihnen vor dem 10. Lebenstag visuell vertraut sind. Aus dem im ersten Jahr erlernten Strophenmaterial können durch Neukombination zusätzlich eigene Strophen entwickelt werden.«

Unterstellt, die Ergebnisse aus der Voliere lassen sich einigermaßen genau ins freie Nachtigallenleben übertragen, hieße das, die Veranlagung zum strophenreichen Lied-Repertoire entfaltet sich bei Nachtigallen-Jünglingen nur dann, wenn Vater (nach dem für deutsche Kinder gerade wieder entdeckten Prinzip des Frühlernens) dem Zögling schon in dessen ersten Lebenstagen vormacht, wie's geht. Merke: Auch Stimmwunder dauern etwas länger!

Goldammer

Emberiza citrinella

Sie war in ländlichen Gegenden immerhin so volkstümlich und beliebt, dass es zeit- und stellenweise als unschicklich galt, sie gerupft auf Vogelroste zu legen.

Wer in diesem Buch schon die Kapitel Pirol und Kohlmeise gelesen hat, wird wenig Mühe haben, folgende Frage zu beantworten: Gegen welche Krankheit half die Goldammer, die ja genau genommen nicht golden, sondern gelb gewandet ist? Richtig, Gelbsucht! Gelb gegen Gelb, Gleiches bekämpft, nach der bekannten Überzeugung alter Heiler, Gleiches.

Wobei die wohltuende Kraft des Vogels extra-stark gewesen sein muss. Laut einer Expertise aus dem Jahre 1689 »heilet sie (allein schon) durch Ansehen« – es musste also nichts, wie sonst üblich, pulverisiert oder blutwarm aufgelegt werden.

In Belgien empfahl man an Gelbsucht Erkrankten, eine Goldammer so lange fest zu fixieren, bis sie tot vom Zweig fällt und mit diesem Opfer sozusagen die Krankheit auf sich nimmt. Gattiker weist darauf hin, dass diese magische Technik, Gelbsucht durch gelbe Vögel zu bannen, auch in Indien bekannt war.

Vögel mit einem so hohen Magie-Faktor sind wertvoll. Und Christian Graf zu Stolberg (1750–1819) mahnt ganz in diesem Sinne seine Zeitgenossen, den Vogel nicht für den kleinen Hunger zwischendurch zu vergeuden: »Für den Tisch ... die kleine Goldammer zu töten, wird für unedel gehalten.«

Der Vogel konnte stets gute Sympathiewerte für sich reklamieren – etwa als Winterlerche oder (schwäbisch) Schneepfeifer, Namen, in denen etwas Dankbarkeit mitschwingt, weil die Goldammer auch im Winter dort anzutreffen ist, wo sie uns im Sommer auffällt.

Eine ganze Reihe anderer Lokalnamen spielt auf die Lieblingsnahrung des Vogels an: Chornvogel, Gerstenfresser, Drösch(Dresch)vogel und andere. Die auffällige Vorliebe für Halme wird zu dieser Namensfindung geführt haben. So ist die Goldammer bekannt für ihre »Halmbalz«: Das Männchen sucht sich ein paar Meter vom Weibchen entfernt eine freie Stel-

Goldammern galten stets als Vögel der Wegränder, dem Rastenden zwitscherten sie Aufmunterung zu oder untermalten seine Träume. Holzschnitt von Ludwig Richter.

Ihre strenge Standorttreue – auch im Winter – hat der Goldammer viele Sympathien eingetragen.

le auf dem Boden und nimmt einen oder mehrere lange Halme in den Schnabel. Wenn gerade keine rumliegen, werden sie in passender Größe gerupft. Auffälligerweise bevorzugt der »Eintänzer« trockene Pflanzen, Blattgrün scheint ihm weniger geeignet. Mit der Trophäe läuft das Männchen etliche Sekunden (bis zu einer Minute) herum, und um die Sache noch wirksamer zu gestalten, untermalt es die Darbietung bisweilen mit leisem Gesang. Dann scheint die »magische Wirkung« auf das Weibchen zu erlöschen, jedenfalls lässt er die Zauberrute unvermittelt fallen.

Aber ein kanariengelber Vogel fällt nicht nur durch seine höfische Geschenk-Balz auf, er gehört einfach zur Agrarlandschaft, sofern die noch ein paar Hecken, Feldgehölze und kleinräumige Strukturen bieten kann. Und so kann es kaum verwundern, dass er für allerlei Wetterprophetie in Dienst genommen wurde. Goldammern, die in Mecklenburg in Scharen auf einen Misthaufen einfielen, kündigten Schnee an. Anderenorts deutete man es als Warnung vor schlimmer Hitze, wenn sich viele Goldammern auffällig häufig am Boden zu schaffen machten.

Und das kommt verhältnismäßig häufig vor; der Vogel ist außerhalb seiner relativ strengen Paarbindung viel in Trupps unterwegs. Aber nur selten werden aus lockeren Flugverbänden ganze Schwärme – und das noch am ehesten an besonders ergiebigen Nahrungsqellen oder Schlafplätzen. Und obwohl der Zusammenhalt offenbar nur lose und auf Zeit angelegt ist, leistet sich der Trupp so etwas wie einen Anführer, der seine Stellung »mit ständigem Energieaufwand aufrechterhält« (Handbuch der Vögel Mitteleuropas).

Der Gilwerich (so einer seiner Schweizer Namen) badet gern in Pfützen, aber auch in feuchter Laubstreu, wobei er sich nach der Erfrischung wieder sorgfältig mit Bürzeldrüsensekret einfettet und – sofern es der Tag hergibt – ein Sonnenbad anschließt. Seine Rufe während dieser Wellness-Phase, gern auf sonnenexponierten Zweigen vorgetragen, sind – im Wortsinne – Legende geworden. Fast in jeder europäischen Agrarlandschaft hat man ihr Aufforderungen oder Ausrufe unterlegt. Hier nur eine kleine Auswahl: Wie ist die Welt so schöööön! / Bur, Bur, lat mi in dine Schüün! / Michel, Michel, friß Dreck! / Give me a little of bread, and no cheese! / Sünn, Sünn, Sünn schient, is, is, is noch viel zu früh! / Wie, wie, wie hab' ich dich liiieb!

Und so weiter und so fort. Man hatte ja, während eines Wachstumszyklus auf den Feldern reichlich Gelegenheit, dem Ackerrand-Liebhaber, der sein Revier meist linear an Feldern, Gräben, Waldrändern anlegt, zuzuhören. Heute hören die verbliebenen Landarbeiter auf den Traktoren schon deshalb nichts dergleichen, weil sie wuchtige Lärmschutz-Ohrklappen tragen.

Oder vielleicht: »Die... Die... Diesel is allwedder dürer«?

Goldammer mit Nistmaterial. Zeitweise soll der Vogel sogar so beliebt gewesen sein, dass er vor den Betreibern von Vogelherden einigermaßen sicher war.

Rotkehlchen

Erithacus rubecula

Rote Brust, was sagt uns das? In manchen Landstrichen glaubte man, der Vogel sei Feuermelder: Wo er auffällig auftaucht, wird es brennen.

Was ist niedlich? Oder: Warum ist etwas niedlich? Kaum ein Vogel provoziert diese Fragen so unmittelbar wie das Rotkehlchen. Rundliche Kopfform, kurzer Schnabel, relativ große schwarze Knopfaugen.

Biologielehrer vom alten Schlag haben es nie verabsäumt, ihren Schülern irgendwann einmal das Konrad Lorenz'sche Kindchenschema zu präsentieren. Der Nobelpreisträger und Stammvater der Verhaltensforschung hat in Wort und Skizze dargelegt, worin sich typischerweise Erwachsenen- von Kindergesichtern unterscheiden – und zwar artübergreifend: große, rund gewölbte Stirn, verhältnismäßig große Kulleraugen.

Diese Charakteristika, so Lorenz, lösen die Brutpflegereaktion der Elterntiere (und -menschen) aus. Die Niedlichkeit wäre demnach nicht Selbstzweck, sie hat einen lebenserhaltenden Nutzwert. Dem Rotkehlchen aber, so scheint es, bleiben die typischen Kindchen-Formen lebenslang ins Gesicht geschrieben. Sollte auch das einen versteckten Nutzen haben?

Feuriger Sympathieträger

Solche Fragen bewegen natürlich kaum jemand, der ein Rotkehlchen – einfach nur so – durchs Gebüsch schlüpfen sieht und dem wispernden Gesang lauscht. Hermann Löns hat ihn einmal mit »Silberglöckchenklang« verglichen. Eine solche Schmeichelei mag hingehen, wenn man sich vergegenwärtigt, dass zur nächsten Verwandtschaft des Rotkehlchens die Rotkehlnachtigall zählt.

Alles in allem und einerlei welche Tiefenschichten der Vogel in uns anspricht, er wirkt spontan einnehmend, weckt Sympathie – was nicht zuletzt auch an der auffälligen orangeroten Brustbefiederung liegt. Die war, wie Rudolf Pätzold ermittelt hat, in rund 30 Sprachen namensgebend:

Das Rotkehlchen passt vorzüglich in das berühmte Lorenz'sche Kindchenschema. Der Mensch findet Wesen mit großen Augen, hoher runder Stirn und kleiner Nase niedlich.

Readbreast (englisch) Rouge-gorge (französisch), Pettirosso (italienisch), Roodborst (holländisch), Barbu roja (spanisch), Waldrötli (Schwyzerdütsch).

Vogel und Mensch haben offenbar nicht immer dieselbe Signalsprache: Während uns die rote Vorderseite allerlei liebevolle Verniedlichungen und lautmalende Namen eingibt, erkennen Rotkehlchen-Männchen in einer vorgereckten Brust – zumal wenn aus ihr kreischende Töne entweichen – eine markante Warnung: Stopp, Vorsicht! Hier sitzt ein Revierinhaber!

Territorium-Verteidiger belassen es übrigens nicht beim Drohen, wenn sich der Konkurrent uneinsichtig verhält: Harte Attacken im Unterholz sind keineswegs die Ausnahme.

Verblüffen muss bei einem so auffälligen und keineswegs seltenen Singvogel, dass er in Kontinentaleuropa – anders als Schwalbe, Drossel und andere auffällige Singvogel-Gestalten – kaum Sagendichter und Literaten beflügelt hat. Ein wenig Aberglauben, etwas Vorbedeutung ... damit hat es sich dann auch schon.

So sollen Rotkehlchen angeblich den Blitz anziehen. Ein im Übrigen leicht nachvollziehbares Urteil: Das »Rotbrüstlein« nistet zum einen gern in Nähe von Gehöften und Ställen und es ist zum anderen auffällig. Beides zusammen genommen macht schon die halbe Erklärung der Schmähung: Es ist statistisch nicht unwahrscheinlich, dass man den »Pechvogel« bemerkt hat, bevor ein Sommergewitter Feuer an den Dachstuhl setzte. Und der Letzte, der vorm Flügelschlagen des »Roten Hahns« (poetisch für: Feuersbrunst) gesehen wurde, war der Brandstifter.

Das Rotkehlchen: »Standvogel« in vielen Kinderbuch-Illustrationen.

Allerdings wird kaum jemand, der auf den Volksmund hörte, es leichtfertig gewagt haben, deshalb den »Blitzmagneten« zu entfernen. Denn »plagt man ein Rotkehlchen, oder stört sein Nest, so geben die Kühe rote Milch ... oder das Wetter schlägt ins Haus«.

Solche Schuldzuweisungen – dräuende Vorzeichen in lieblicher Gestalt – sind eigentlich Repertoire der »schwarzen Romantik«. Das Rotkehlchen eine verkleidete Fledermaus, ein rot geschminkter Unglücksrabe?

Geliebter »robin«

Ein Vertreter der »lichten Romantik«, Clemens von Brentano (1778–1842), rückt das halbe Vorurteil mit einer kleinen Liebeserklärung zurecht:

Auf dem Zaun vor nicht gar lang
Rotkehlchen, Liebseelchen
fromm sein Morgenliedchen sang,
Köpfchen dreht und Schwänzchen schwang,
lustig hin und wiedersprang.
Rotkehlchen, Liebseelchen!

Beliebt ist »robin readbreast« seit eh und je in England; in einem der bekannesten Kinderverse heißt es refrainartig: »Who killed cock robin?« In der deutschen Übersetzung wurde mit Rücksicht auf das Versmaß aus »cock robin« (Rotkehlchen-Männchen) einfach »cock«, ein Hahn, und das Rotkehlchen bekam eine Nebenrolle als Bestatter:

Wer gräbt sein Grab?
Ich, spricht Rotkehllein,
Mit meinem Zehlein
Grab ich sein Grab.

In zahllosen englischen Volksliedern ist »robin« so gut wie allgegenwärtig. Ein weiteres Beispiel:

The north wind doth blow,
And we shall have snow,
And what will poor robin do
then? Poor thing!

(Es treibt, oh weh,
von Nord der Schnee.
Was wird aus Rotkehlchen, arm
Seelchen?)

Die Briten lieben »robin«. In altenglischen Mythen ist das Vögelchen an der kultischen Winteraustreibung beteiligt und damit – in auffälligem Gegensatz zu seiner unheimlichen Nähe zu Blitz und Feuer auf dem Kontinent – Bringer des Lichts.

Rotkehl auf Fischfang

Eine Schilderung aus neuerer Zeit legt den Schluss nahe, der Vogel sei intelligent, oder besser: lernfähig.

Die Begebenheit hört sich münchhausisch an, ist aber durch Fotos verbürgt. Der Fotograf R. Gross bemerkte 1992, als er, die Kamera im Anschlag, einem Eisvogel auflauerte, dass er nicht der einzige Beobachter war. Ein Rotkehlchen schaute dem Stoßtaucher aufmerksam zu. Anfangs hielt Gross das für eine eher zufällige Dreierkonstellation: erstens der schillernde Beau der heimischen Vogelwelt, zweitens er, der Fotograf, und drittens ein gefiederter Zuschauer. Aber das Rotkehlchen blieb wochenlang. Und schließlich versuchte es, den geborenen Stoßtaucher zu kopieren und stieß von seinem Ansitz-Zweig aus nach Fischen. Ohne Erfolg, eine rote Kehle macht noch keinen Eisvogel.

Wäre die Geschichte hier zu Ende, könnte man sie unter Schmonzette oder Kuriosa abheften. Aber das Rotkehlchen ließ sich nicht frustrieren. Der Vogel hatte bemerkt, dass die Kleinfische nach jedem Eisvogel-Tauchgang in die flache Randzone des Gewässers flohen. Und hier gelang es dem Lehrling, im Wasser stehend, Beute zu machen.

Damit flog der Kleine mit dem riesigen Nahrungsspektrum (alle Arten von Insekten, aber auch Kaulquappen, kleine Eidechsen, Kleinfische und bei saisonalem Angebot: Waldbeeren) 10 Meter weit ins Ufergebüsch und schüttelte den Fisch nach Eisvogelart tot.

Spätestens hier sollte ein auf seine Seriosität bedachter Ornithologe oder Autor die Schilderung abbrechen – oder? Aber der Fotograf berichtete, sein Rotkehlchen entwickelte – soll man sagen: von Anfangserfolgen »ermutigt«? – eine eigene, neue Methode. Es stand im Rüttelflug über der Wasseroberfläche und die Schattenwirkung trieb die Beute ins Flachwasser.

Diese Geschichte wird dem Laien in dem Maße glaubwürdiger, wie er sich die länger schon verbürgten Jagdmethoden des Rotkehlchens vergegenwärtigt: Rotkehlchen, hart am Rand des ins Erdreich stechenden Spatenblattes hockend. Oder: Rotkehlchen auf Ansitz, dabei wühlende Wildschweine und Maulwürfe im Blick. Der Lauerjäger neuen Typs lässt andere für sich die grobe Arbeit machen und ist dann punktgenau und präzise zur Stelle, wenn es etwas abzugreifen gilt.

Rotkehlchen haben es auch gelernt, dass Autoreifen offenbar dazu geschaffen sind, Eicheln aufs Angenehmste zu zermahlen. Eine nicht ganz ungefährliche Ernte. Wenngleich wohl nicht so riskant wie die Jagd im Gartenteich. Ertrunkene Rotkehlchen im Feuchtbiotop dürften im Regelfall verunglückte Wassergetier-Jäger sein.

Ornithologen haben für solche Auffälligkeiten ein paar Wörter, mit denen sich das Phänomen einkreisen lässt: »großes Beutespektrum«, »hohe Plastizität, was die Jagdmethoden anbelangt« und so weiter. In alten Zeiten, in denen man zwar auch schon scharf beobachtete, aber nicht nach wissenschaftlicher Erklärung suchte, waren Tiere, die mehr und anderes konnten als andere, immer gut für Legenden.

Was hätte sich da in puncto Rotkehlchen nicht alles angeboten! Der Rotrock als ständiger Begleiter des Grünrocks, wobei der Jäger von der Umsicht und Beobachtungsschärfe

Ohne diesen fotografischen Beweis wäre sie wohl unglaubhaft geblieben: die Befähigung des Rotkehlchens, sich vom Eisvogel zum Fischfang inspirieren zu lassen.

des Wundervogels profitiert! Etwa so: Vor langer, langer Zeit, als die Tiere noch sprachen, wollte ein Jäger einen mächtigen Kronenhirsch erlegen. Das Rotkehlchen versprach, den Nimrod zum Versteck des kapitalen Tieres zu führen, wenn der Jägersmann dafür verspräche, dass er ... (bei Bedarf bitte selber zu Ende dichten, lieber Leser!)

Die Mythenweber, der Volksmund, die Jägerlateiner haben das Rotkehlchen wohl einfach übersehen. Sie haben es unterschätzt. Vielleicht weil der Vogel (siehe oben) eher süß als schlau wirkt?

Und ab und zu wirkt er ein wenig menschlich, allzumenschlich. Das Rotkehlchen besitzt, so scheint es jedenfalls, die menschliche Sekundärtugend der Ausdauer: Der etwa 14 cm große Sperlingsvogel singt von Januar bis Mitte Juni. Ja, mehr noch: Wenn schon fast alle Vögel den Schnabel halten, im Herbst, legen Rotkehlchen-Männchen bisweilen noch mal so richtig los – vorzugsweise an warmen Tagen. »Perlend verträumte« Darbietungen, die zu den »schönsten Vogelliedern überhaupt« zählen, schwärmt Josef Reichholf.

Grasmücke

Gattung *Sylvia*

Gartengrasmücke

Der stimmbegabte Vogel wurde als Standard-Opfer des Kuckucks und seiner Eier-Schummelei sprichwörtlich; aber auch ein wenig anrüchig: Das Weibchen macht den Gatten zum betrogenen Ehemann.

Das Auffälligste an diesen Vögeln (Familie Grasmücken oder Sänger, *Sylviidae)* ist vielleicht ihr Name. Ein Sänger, der im Gras Mücken fängt? Wohl kaum! Das Dänische »græsmutte« heißt so viel wie »Grasschlüpfer«; das Schwedische »grädsmyg« (ursprünglich »grasasmucka«) hatte die Nebenbedeutung von »sich heftig ins Gras schmiegen«.

Demnach wäre der Vogel einer, der sich ins Gras duckt oder durch die Büschel windet, was allerdings nicht so ganz zur typischen, gewandten Schlängelbewegung des Vogels durch Busch und Gestrüpp passen will.

Wie dem auch sei, der Vogel fand reichlich Einschlüpfe in die Welt der Literarität. Die der Kochbücher zuallererst. Schon in Geßners Vogelbuch von 1557 heißt es, »der grasmucken fleisch ist gar guter narung«, was 1681 in einem »Jagd und Weid-Büchlein« mit der Nahrungsvorliebe des Vogels erklärt wird: »Schaffmiltbletten« (»Bletten« = Blätter).

Dieses (Fehl)Urteil stützt sich wohl auf die Beobachtung, dass sich Grasmücken pickend an Blättern zu schaffen machen. Doch nicht in vegetarischer Absicht; sie klauben nach Laubsänger-Art die Blätter verschiedener Sträucher und Bäume nach Insekten ab. Blattläuse sind sehr gefragt.

Populär hat die verschiedenen Grasmückenarten ihr differenzierter Gesang gemacht. Die mediterrane Art *Sylvia hortensis* heißt mit Populärnamen sogar nach dem größten Sänger der Antike Orpheusgrasmücke. Der in ganz Westeuropa heimischen Mönchsgrasmücke *(Sylvia atricapilla)* bescheinigt man musikalische Originalität: leise dahinplätschernder Vortrag und dann plötzlich eine kräftige oktavierende Flöte (»Überschlag«). Der Naturfreund und Dichter Wieland stoßseufzte 1766, vielleicht im prächtigen Schlossgarten zu Weimar: »Wer hört nicht lieber den Gesang der Grasmücke als das Geheul der Nachteule!« Und in Weinbaugegenden wusste man (1682): »Wenn die grasmucken singen, so sey es zeit, weinstöcke zu schneiden.«

Ein Opfer des Kuckucks

Der unauffällige Vogel durfte auch auf den Mitleidsbonus rechnen, ist er doch ein Lieblingsopfer des Kuckucks. Konrad von Megenberg (1309–1374) bezeugt das nicht ohne Anteilnahme: Der Kuckuck »legt sein air ins ains andern vögelleins nest, daz haizt ain grasmuck, und nimt im als vil air her auz als er im hin ein legt.«

Fast richtig! – der Kuckuck parasitiert immer nur mit *einen* Ei, sonst würde sich ja sein Nachwuchs gegenseitig zu Tode konkurrieren. So sah es schon Hans Sachs:

Zu seiner zeyt ein ay er [der
Kuckuck] legt [...]
und legt in der graszmucken nest,
welche brutige eyer hat
und nembt ir eyr eins.

Mönchsgrasmücken verdanken ihren frommen Namen der schwarzen Kopfbedeckung. Mönchisches Leben trifft aber für den agilen Vogel nicht zu.

Die Grasmücke wurde sprichtwörtlich als der Vogel, dem Gutes (Aufzucht der Jungen) mit Bösem (Eierdiebstahl und Verdrängung der eigenen Brut) vergolten wird – siehe auch das Kapitel Kuckuck. Bereits in einer Sprichwörtersammlung aus dem Jahre 1541 heißt es, in heutiges Deutsch übertragen: Übel ist jemand, »der Gutes mit Bösem vergilt ... wie der Kuckuck, den die Grasmücke lange ausbrütet und aufzieht. Zu guter Letzt frisst er sie auch noch, und gibt ihr so der Welt Lohn«, der bekanntlich Undank heißt. Dass die Riesenbabys ihre schmächtigen Eltern fressen, stimmt natürlich nicht; aber es sieht fast so aus, etwa wenn eine klapperdürre Klappergrasmücke Futter in den weit sperrenden Schnabel eines Kuckucks stopft.

Luther hat den Kuckuck oft bemüht, wenn er eine seiner gefürchteten Verbalkeulen schwang, etwa gegen Andreas Bodenstein, genannt Karlstadt, dessen Abendmahlslehre der Mann aus Wittenberg vehement bekämpfte: »Der allmächtige Teufel [Karlstadt] will unser Nest besudeln und verderben, so wie der Kuckuck mit der Grasmücke spielt!«

»Grasmuckeneyen« und leichte Mädchen

Grasmücke als geborener Opfer-Vogel? Symbol für jemanden, dem ständig Unrecht angetan wird? Der Befund ist nicht eindeutig. Es gab wohl schon früh das Verfahren, das im Englischen »blame the victim!« heißt: Schieb die Schuld auf das Opfer! Und muss ein Vogel, dem man so leicht ein fremdes Ei unterschieben kann, nicht ein unsolides Leben führen? – nur bei Rumtreiberinnen, die selten zu Hause sind, kann das gelingen. Und warum ist ein Weibsbild selten zu Haus? Na also!

Jedenfalls macht Christian Friedrich B. Augustin (1771–1856) aus der übel Gefoppten ein gefallenes Mädchen: »Grasmücke ist ein liederliches Mädchen, welches den Sommer über in den Pulverweiden, oder an andern öffentlichen Spaziergängen umherschleicht, um sich für ein geringes Geld auf kurze Zeit zu vermiethen.« Und als »Grasmuckeneyen« galten die Taten unrühmlicher Schürzenjäger, vor denen »weder magd noch frawen sicher sind«.

Noch dem Dichter Gottfried Keller war in der zweiten Hälfte des 19. Jahrhunderts die Assoziation »Grasmücke = leichtes Mädchen« geläufig. In einem Text aus seiner Feder (1874) ist von einem »leichtfüßigen Mägdelein« die Rede, einer »Grasmücke; so schön sie singt, ist doch kein rechter Ernst dabei«.

Dass man Leichtfüßigkeit zu Leichtfertigkeit umdeutete, muss uns heute willkürlich erscheinen; ein unbefangener Blick zeigt etwas anderes. Mönchsgrasmücken und auch andere *Sylvia*-Arten haben einfach den perfekten Stil entwickelt, sich hüpfend und per Kurzflug im Dickicht der Zweige zu bewegen. Selbst Sperber und Baumfalke, die Flugartisten unter den Singvogeljägern, haben wenig Chancen, eine flüchtige Grasmücke in ihrem Ideal-Biotop zu erwischen.

Grasmücken sind gewandte Flieger. Wenn die Insektenernte an Blättern saisonal unergiebig ist, kann die Mönchsgrasmücke durchaus erfolgreich Jagd auf fliegende Insekten machen. Und Beeren sowie Obst (Äpfel, Birnen, Datteln, Kirschen) sind, besonders bei Mönchsgrasmücken ebenfalls gefragt.

Gefragt war auch der Vogel selbst – nämlich bei der Wissenschaft. An gefangenen Gartengrasmücken *(Sylvia borin)* wurden wesentliche Erkenntnisse über die Zugunruhe gewonnen: Wann und wie setzt das Bestreben ein, in eine bestimmte Himmelsrichtung ins Winterquartier aufzubrechen? (Siehe hierzu auch die Fotos S. 38.)

Zaunkönig

Troglodytes troglodytes

Der Vogel »Gernegroß« wurde zum Symbol der Kleinen, die gern über ihre Verhältnisse leben. Und in Großbritannien dichtete man ihm sogar Zauberkräfte an.

Es ist, als hätte sein Kleinheitsrekord – kein europäischer Vogel ist winziger – auch andere Rekorde eingefordert. Wohl keinem Vogel wurden in Europa mehr Namen angehängt als ihm. Ernst und Luise Gattiker haben dutzendweise Rufnamen der unscheinbaren Majestät zusammengetragen, und die meisten klingen royal, zumal eine der sprachlichen Stammwurzeln sicherlich im althochdeutschen »kuningilin« steckt, deutlich erhalten im schweizerischen »Chüngli, Königli, Königsvögeli, Chingli«. Im Elsass wird der Winzling zum »Königle«, in Luxemburg zum »Kineksvilchen«. »Königsvögerl« nennen ihn die Steiermärker, »Roitelet« die Franzosen, »Re degli ucelli« die Italiener.

So weit das reine Königtum. In vielen Landschaften hat man der halbspöttischen Verleihung der Herrscherwürde ein erklärendes Beiwort hinzugefügt, das auf typische Aufenthaltsorte oder andere Umstände abzielt. Zaunkönige fallen im kahlen Wintergezweig eher auf als im Sommer, vielleicht kamen sie deshalb zu ihrem in Teilen Deutschlands gebräuchlichen Namen »Schneekönig«. Ähnlich auch in Oberösterreich (Schneekinigerl), Böhmen (Schneekinich) und Holland (Winterkonig). Andere Attribute sind nicht ganz so einleuchtend: Mäusekönig (Westdeutschland), Müserli (Schweiz) und Meisekinnik (Luxemburg).

Zaunkönig war und ist im deutschen Sprachraum der geläufigste Name, erstmals belegt im 15. Jahrhundert – wobei Zaun wohl meist in seiner natürlichen Form als Hecke gemeint war. Geßner, der den Zaunkönig noch Turmkönig nennt, schrieb: Er ist das »aller kleinst spaetzlin, welches sein narung in den mauern und hegen suocht ... er macht sein naest in wenden (Mauern) ... auss miess (Moos)« und legt »fäderen dareyn«.

In der Schweiz wird der Vogel zum Hagnschlüpfer, in Anhalt zum Zaunschnurz, im Elsass zum Zaunschnärz. Den kräftigsten Namen bekam der ungeschickte Flieger mit dem Stummelschwanz in der Nassauer Gegend: Nassarsch – angeblich weil der Zaunkönigs-Gesang Regen ankündigt. Da allerdings scheint Zweifel angebracht – Zaunkönige haben kein Extra-Regenlied wie Amseln. Aber da mitteleuropäische Landschaften prinzipiell regenreich sind, ist es statistisch wohl einigermaßen abgesichert, dass Tropfenfall dem Zaunkönigs-Gezischel folgt.

Bei dem Miniformat des standorttreuen Vogels liegt es nahe, dass ein Gutteil seiner Namen genau diese arttypische Kleinheit betont: Dumenzwitscherle (Elsass), Tummeliten (Schweden), Tommeliten (Dänemark), Zitzerl (österreichisch-mundartlich für Stückchen) oder schlicht Zwergvogel (Steiermark).

Am originellsten aber erscheinen die Lokalnamen, die von genauer Beobachtungsgabe zeugen. Sein backofenförmiges Nest hat dem Zaunkönig Namen wie Backöfelchen, Backofenkröffer (Hessen) und Backofenschlüpfer (Pfalz) eingetragen.

Gernegross und Unglücksbote

Was aber nun genau die Königswürde begründet hat, lässt sich nicht mit letzter Bestimmtheit sagen. Allerdings fällt auf, dass die »Wettflug-Fabel« vom König der Lüfte und vom Möchtegern-König in vielen Variationen über ganz Europa verbreitet ist wie kaum ein anderes Vogelmärchen. Die Standardversion lautet so: Der Zaunkönig, der damals noch anders hieß, schummelte sich anlässlich eines Wettfluges aller Vögel ins Adlergefieder. Als der wahre König der Lüfte meinte, den Höhenrekord aufgestellt zu haben, der ihm die Vorherrschaft unter der Sonne sichern sollte, entschlüpfte der Betrüger und zappelte sich ausgeruht noch ein paar Flügelschläge höher. Der Betrug wurde offenbar. Entlarvt und zur Rechenschaft gezogen, floh er vor dem gefiederten Volkszorn in ein Mauseloch (Mausekönig!), von wo aus er tapfer und in alle Ewigkeit zetert: »König-bin-ich-König-bin ich!«

Und eng verzahnt mit dieser Gernegroß-Legende ist sicherlich auch der Sammel-Spottname »Zaunkönige«, mit dem man zu Hoch-Zeiten der deutschen Kleinstaaterei die zighundert Mini-Fürsten und Lokalpotentaten bedachte. Wie Zaunkönige saßen sie aufgeplustert, revierverteidigend und ein wenig komisch im Dickicht deutscher Unregierbarkeit.

Aber immerhin, Zaunkönige sind das, was die Kleinfürsten immer sein wollten: einzigartig. Seltsamerweise gibt es nämlich nur einen einzigen Vertreter dieser markanten Familie in Europa, während sich in der Neuen Welt mehr als 70 Arten tummeln. Und auch unser Zaunkönig könnte ein Amerikaner sein, der über die Beringstraße nach Asien und von dort nach Europa gefunden hat – natürlich im Laufe von etlichen tausend Jahren.

Die sprichwörtliche Kleinheit war und ist durchaus ein Überlebensvorteil: Zaunkönige können sich auf der Jagd nach Kerbtieren und Spinnen in Ecken und Winkel zwängen, die für jeden anderen Vogel unerreichbar sind. Ich habe verschiedentlich beobachtet, dass *Troglodytes*, wenn Schnee und Eis liegt, das Jagdmonopol auf überwinternde Insekten und Spinnengelege zwischen unseren Kaminholzscheiten hat.

Dass man Zaunkönige zu den Vielsängern zählt, liegt unter anderem daran, dass sie sich in geeigneten Revieren die Mühe machen, ihr Gebiet das ganze Jahr über stimmlich zu markieren. Ansprüche kann man offenbar auch lieblich formulieren. Der Ornithologe Manfred Dallmann hat die Sangeswut des kleinen Vogels folgendermaßen charakterisiert: Einleitung – Schmettertour – zweite Schmettertour – Zwischentöne – Roller. Der Durchschnittswert des Kraftgesanges liegt bei 4000 Herz, das entspricht dem höchsten Ton eines Klaviers.

Düsterer klingt indes eine alte Zaun«könig«-Geschichte. Gaius Sueton, geboren um 70 n. Chr., macht den Minivogel in seiner Biographie der Caesaren zum Künder des berühmtesten Kaisermordes der Antike: »Am Tage vor dem 15. März soll

Früher liebte man es, Vögel in symbolischen Bezügen darzustellen: Der Zaunkönig interpretiert seinen Namen.

sich ein solches Vögelchen mit einem Lorbeerzweiglein im Schnabel auf die pompejanische Kurie gesetzt haben und dort von verschiedenartigen Vögeln, die ihn aus dem nahen Haine verfolgten, zerrissen worden sein« (zitiert nach Gattiker).

Zweifellos haben wir hier eine der beliebten »Post festum«-Geschichten vor uns: Wo Ungeheuerliches geschehen ist, muss es bedeutsame Vorzeichen gegeben haben. Und wenn es ums Verrecken nichts gab, das sich vorbedeutsam ausnahm, müssen unscheinbare Ereignisse vergrößert oder erfunden werden.

Eine andere Unheilsgeschichte sieht den Vogel nicht als Unglücksboten, sondern – schlimmer noch – als Agent des Bösen. Auf der Isle of Man verwandelte sich in grauer Vorzeit eine männermordende Fee – ihre Spezialität war es, kraft ihrer Schönheit Männer über den Klippenrand zu locken – in einen Zaunkönig, um so der Rache der Insulaner zu entgehen. Vergeblich: Am Namenstag des St. Stephan soll es auf dem Eiland in der Irischen See noch heute rituelle Rachezüge »against the wrens« (gegen die Zaunkönige) geben.

Anderenorts dagegen tut man gut daran, sich nicht an dem Tier zu vergreifen. In einigen Gegenden Frankreichs verkrüppeln Nestzerstörern die Finger, oder aber der geschädigte Zaunkönig straft unschuldiges Vieh anstelle derer, die ihm Schaden zugefügt haben.

Kein Zweifel, der Vogel hat das gewisse Etwas. Ebenfalls in Frankreich klebt das Glück an den Fingern von Spielern, sofern sie Zaunkönigsfedern mit sich tragen. In Tirol muss es dagegen der ganze Vogel sein, soll eine günstige Wirkung erzielt werden: »Brenn den Zaunkönig zu Pulver und nimm eine Messerspitze voll mit Ehrenpreiswasser ein und dörre Froschleber und nimm sie in Steinbrechwasser wider den Stein« – also gegen Blasen-, Nieren- und Gallensteine. In Oberwölz schwor man auf Zaunkönighirn – natürlich frisch vom getöteten Vogel – gegen den Schwindel.

Verderber oder Retter? Die Gut-Böse-Ambivalenz, die für den Volksglauben so typisch ist, lässt sich auch am Zaunkönig belegen: Er soll, so glaubte man in der Haute Bretagne, das Feuer aus der Hölle gestohlen haben, wobei er sich die Federn rötete. Andererseits war er privilegiert genug, um in der Heiligen Nacht in Christi Krippe zu Bethlehem sein Nest bauen zu dürfen, bei welcher Gelegenheit er auch Moos und Flaum zur Polsterung der Christenheits-Wiege ablieferte. Und der Zaunkönig ist es auch, so sagt man in der Gegend um Dinand, der am Auferstehungstag das »Halleluja« singen wird.

Der Zaunkönig und nicht die Nachtigall, die man lieber mit dieser Aufgabe betraut wüsste? Aber wer weiß denn schon, wie lange (vor Gott sind tausend Jahre wie ein Tag) der Auferstehungstag dauern wird? Angesichts dieser Unsicherheit vielleicht doch lieber der ausdauerndste unter unseren Sängern.

DIE KLEINSTEN, GRÖSSTEN, WEITESTEN ...

Der Zaunkönig bringt es auf ein paar Rekorde. Er soll der ausdauerndste Sänger sein in Mitteleuropa, und er ist, neben den Goldhähnchen, der kleinste. Er zählt ohne Zweifel zu den legendären unter den Vögeln. Kaum einer bringt es auf so hohe Präsenz in Märchen und Sprichwörtern wie der Mäusekönig. Hier noch ein paar weitere Rekordmarken aus seiner näheren und weiteren Verwandtschaft.

Der größte, schwerste (flugunfähige) Vogel ist der **Strauß** mit einer Höhe bis zu 2,74 m und einem Gewicht bis zu 156,5 kg. Mit 1,7 kg Gewicht und 17,8 cm Länge sind seine Eier auch die größten.

Der schwerste flugfähige Vogel ist die **Großtrappe** mit 18 kg.

Die größte Flügelspannweite hat der **Wanderalbatros** (bis 3,63 m).

Der schnellste Vogel soll der **Wanderfalke** sein. Die Spitzengeschwindigkeiten, die man ihm (im Sturzflug) zutraut, variieren aber nach Autor und Quelle so heftig (um mehr als 100 Prozent), dass allenfalls eine »Von-bis«-Angabe angeraten erscheint: schneller als 170 und langsamer als 350 km/h.

Die meiste Zeit in der Luft verbringt der **Mauersegler**. Er bleibt bis zu 3 Jahren kontinuierlich in der Luft und schläft auch dort, bevor er – nach dieser Jugend- und Vagantenzeit im Flug – mit dem Nestbau beginnt.

Die längste Zugstrecke legt mit jährlich 36 000 km die **Küstenseeschwalbe** zurück.

Der kleinste Vogel der Welt ist die kubanische **Bienenelfe** (ein Kolibri), 1,6 g leicht und 5,7 cm lang.

Das größte Baumnest baut der **Weißkopfseeadler** (Durchmesser: fast 3 m).

Die meisten Eier legt das **Rebhuhn** (15–19).

Anmerkung: Diese Liste (http://www.vogelruf.de/rekorde.htm) ist sicherlich anfechtbar und in einigen Punkten wohl eher eine Sammlung von Orientierungsdaten als letzt-gültig.

Weltmeister im Langstreckenflug: Die Küstenseeschwalbe fliegt fast von Pol zu Pol.

Meise

Familie *Paridae*

Kohlmeise

Ihre Neugier wurde oft mit dem Tod in Netzen und auf dem Vogelleim bestraft; deshalb galt sie früher als dumm. Das Gegenteil ist richtig.

Eine der wenigen Vogel-Redensarten, die noch im heutigen Sprachgebrauch sehr lebendig ist, spricht von der »kleinen Meise«, die jemand hat – dem kleinen Spleen oder Dachschaden. Schon in einem Züricher Vogelbuch aus dem Jahr 1557 wird die Meise zum Dummerchen gemacht: »Ich höre, dasz die Meisen ... seer torächt vögel seiend, und deshalb leichtlich gfangen verdind, dasz sy ... von Stund an das Ort kommend, davon der Vogler erst gewichen ist.«

Für das Verhalten der Meise, die sogleich an den verhängnisvollen Ort kommt, den der Fallensteller gerade fängig gestellt und verlassen hat, gibt es allerdings eine andere, wohl zutreffendere Erklärung als Dummheit. Meisen gelten als neugierig, und Neugier ordnet man – so auch bei Schimpansen und Delfinen, den Referenztieren animalischer Intelligenz – dem Bereich höherer Gehirnleistungen zu. Jene Kohlmeisen, die in englischen Vorstädten gelernt haben, vor die Tür gestellte Milchflaschen zu öffnen und den Rahm abzutrinken, zählen inzwischen zur neueren Wissensschaftsgeschichte – Rubrik: Kaum glaublich, aber wahr und belegt! Und jeder Futterhäuschen-Beobachter wird bestätigen können, dass Kohl- und Blaumeisen zu den findigsten Vögeln gehören, wenn es darum geht, neue Gegebenheiten, Futterspender usw. auszuprobieren.

Und so wie die Greifhand bei den Primaten sicherlich eine strukturelle Voraussetzung für die Intelligenzentfaltung war, wird man die meisentypische Wendigkeit, den sehr gut entwickelten Gleichgewichtssinn, die Begabung zum Turnen, Balancieren und Klettern als natürliche Mitgift benennen müssen, wenn man die Meise in puncto »Köpfchen« über andere Singvögel stellt.

Für wie groß man den Vorsprung auch immer hält, er scheint deutlich genug zu sein, um wissenschaftliche Anerkennung zu finden. »Meisen sind bekannt für ihre Lernfähigkeit«, urteilt das Handbuch der Vögel Mit-

Wer sie im Garten hat, kann sich leicht ein Bild von der (Flug)Gewandtheit der Blaumeise machen: Direktflug ohne Zwischenstopp ins Meisenkastenloch ist offenbar kein Problem.

Diese Darstellung in einem Vogelbuch des 19. Jahrhunderts zeigt die wichtigsten Vertreter der Meisen-Verwandtschaft (von links oben nach rechts unten): Blaumeise, Haubenmeise, Sumpfmeise, Tannenmeise, Kohlmeise.

teleuropas und lobt besonders die Fähigkeit von Kohlmeisen *(Parus major)*, einmal Erlerntes auch zu behalten. Und – ganz im Gegensatz zur eingangs zitierten Expertise aus dem Jahr 1557 – fand man 1986 mit Hilfe farblich gekennzeichneter Kohlmeisen heraus, dass einmal im Netz gefangene Exemplare künftig die Köder abernten konnten, ohne sich erneut zu verfangen. Und noch ein weiteres Indiz für Schläue, das mehr aus dem Meisenalltag gegriffen ist: Kohlmeisen wussten schnell und sicher Walnussbäume mit hartschaligen von solchen mit weichschaligen Früchten zu unterscheiden.

Bei uns zu allen Jahreszeiten

Geliebt wurden Meisen zu allen Zeiten dafür, dass sie den nach Sommer und Wärme darbenden Menschen auch im Winter treu bleiben. Wobei dem Anschein von »Treue« auch eine Täuschung zugrunde liegen kann. Die Kohlmeise, die uns am Futterhaus Winterhärte demonstriert, kann sehr wohl selbst ein Winterflüchtling aus Westrussland sein. Kälte ist relativ: Ein Vogel, der harten Kontinentalwintern mehr als tausend Kilometer ausweicht, kommt in der dunklen Jahreszeit sozusagen zu uns auf Sommerfrische. Aber für den dichtenden Volksmund sang die Meise natürlich immer eine deutsche Winterweise. In einer Winterklage heißt es:

Ach, kein Vogelsang
tönet süßen Klang
als die Winterweise
mancher kleinen Meise,
die am Fenster schwirrt
und ihr Liedchen girrt.

Dem Meisenlied, besonders aber den bekannten Frühlingsrufen, wurden in verschiedenen Landschaften unterschiedliche Zeilen untergeschoben: »Spitz die Schar, spitz die Schar!« – die Aufforderung an den Landmann, im Frühjahr die Pflugschar einzurichten. In der Altmark warnten Meisen allgemein: »Si di vöör! Si die vöör!« (Sieh dich vor!) Und in derselben Gegend erging die Aufforderung an Spinnerinnen: »Spinn dicke, spinn dicke, alle Tag drei Stücke!«

Alt scheint auch die Beobachtung zu sein, so nachzulesen bei Gattiker, dass Meisen ein Faible für Fleisch und Speck haben. Im Altnordischen nannte man sie daher »spiki« (Speck), im Schwedischen »talgoxe« (Talgochse), im Dänischen »kijedmeis« (Fleischmeise).

Alles ziemlich ehrenrührige Namen. Respektvoller ging man mit der Kohlmeise da schon in Frankreich um. Ähnlich wie die Mönchsgrasmücke sich mit ihrer schwarzen Kappe als Kleriker ausweist, durfte die Kohlmeise sich im Altfranzösischen »nonette« (kleine Nonne) rufen lassen.

Kohlmeisen waren wohl zu allen Zeiten auffällig und entsprechend häufig boten sie sich für den üblichen Vogelzauber an. In den Ostkarpaten konnte man seinem Nachbarn einen üblen Streich spielen, indem man eine tote Meise in den Obstbaum hing; er trug dann nämlich keine Früchte.

In Gesners Vogelbuch aus der Mitte des 16. Jahrhunderts wird der Kohlmeise – wohl wegen ihrer gelben Brust – gute Wirkung gegen Gelbsucht zugeschrieben, treu dem alten Grundsatz, Gleiches hilft gegen Gleiches. Und wenn es dann doch nicht half, waren vermutlich stärkere, böse Kräfte im Spiel, gegen die allenfalls eines half: die Dosis erhöhen; noch mehr Gelb, ein Pirolmännchen vielleicht.

Gattiker verdanken wir die amüsante Erklärung einer Kemptener Redensart: »Meisen fangen« bedeutet dort bis heute, gründlich nach etwas suchen. »Als einst dem Bürgermeister von Kempten eine Meise fortgeflogen war, wurde sofort Befehl gegeben, alle Tore zu schließen, und die Bürger mussten alle Straßen und Häuser der Stadt durchsuchen, ob der Vogel zu finden sei.«

Immer wieder war es das lebhafte Wesen vor allem der Kohlmeisen, das zu Übertragungen ins Menschlich-Allzumenschliche einlud. Ein quirliges Mädchen verglich man in der Schweiz mit *Parus major,* wobei in der beschränkten Wahrnehmung enger Seelen Lebhaftigkeit schnell in Liederlichkeit umschlagen konnte: Entsprechend konnte »Meise« auch leichtes Mädchen heißen. Und jemand mit Meisenaugen war in Estland alles andere als geheuer.

Individualität und Gruppenleben

In Wirklichkeit gebrauchte und gebraucht die Meise ihre Augen natürlich einfach nur zum scharfen Hinschauen – etwa um auch kleines und verstecktes Getier treffsicher von der Vegetation aufzulesen. Kohlmeisen schaffen es sogar, kleine Löcher in Baumrinde zu hacken, um dort Nahrungsquellen zu erschließen, und allgemein gilt – siehe oben: Der Vogel ist ungemein findig, wenn es gilt, sich auf Nahrungsressourcen einzustellen. Und – fast so, als gäbe es eine allgemeine Meisen-Übereinkunft für Notfälle – man darf, wenn es zu Hause knapp wird, problemlos fremde Reviere durchqueren.

Ansonsten muss man unter Kohlmeisen bestehende Reviergrenzen durchaus ernst nehmen. Es gibt in Schwärmen zwar so etwas wie hierarchische Strukturen – Ober- und Untermeisen –, aber dringt der Pulk in das Stammrevier eines Schwarmmitgliedes vor, ist unweigerlich der jeweilige Revierinhaber die Nummer eins, gefolgt von den nächsten Nachbarn.

Reviere werden, wenn es sein muss, heftig und lebenslang verteidigt, was, wie gesagt, nicht bedeutet, dass Kohlmeisenschwärme keine Einreise erhalten. Auch tut sich der Revierinhaber offenbar leicht, mit dem Schwarm weiterzuziehen und sein Gebiet für einige Zeit unbesetzt zu lassen. Bei Rückkehr kann das allerdings heißen, dass man seine Rechte wieder gegen einen Lückenfüller durchsetzen muss.

Die Kohlmeisen-Drohgebärde, wie sie etwa unter Futterkonkurrenten üblich ist, lässt an Deutlichkeit nichts zu wünschen übrig: Aus geduckter Haltung wird der Gegner fixiert, dabei hält man den Schnabel leicht geöffnet und die Flügel weit nach hinten geschoben. Meist reicht solch gestische Ansage einer tätlicher Auseinandersetzung, und wenn nicht, entscheidet ein heftig vorgetragener Angriffsflug den Fall. An Futterstellen hat man beobachtet, dass die Meisenstreitigkeiten mit der Zeit abnehmen. Offenbar legt man rasch fest, wer die großen und wer die kleinen Rechte hat.

Streit schwächt. Und es zeugt von Stärke, ihn zu vermeiden. Dennoch: Meisen können abgrundtief hassen. Das ist kein thematischer Schwenk in Richtung Tierfabel, gemeint ist die Neigung, potenzielle oder akute Feinde im Pulk zu bedrängen (die Engländer sprechen von »mobbing«) und ihnen so die Lust auf Meisenfleisch oder auf Nestplünderung auszutreiben. Wie überhaupt das flexible Kohlmeisensystem, der Mix aus Individualität und Gruppenleben, ein Erfolgsmodell zu sein scheint. Einfach klug im Endeffekt.

Und um doch noch einmal auf die gegenteilige Unterstellung, auf die »dumme Meise«, zurückzukommen, abschließend noch ein kurzer Griff in die Kiste mit der Aufschrift »persönliche Mythologie/Selbst-Erlebtes«.

Donata Lissner, die meisenhaft agile, fünfjährige Tochter von Freunden, kam aus dem Kindergarten nach Hause und beschwerte sich: »Du, der Basti hat gesagt, ich hab wohl 'ne kleine Meise!« Mutter Adelheid: »Hoooh! Das hast du dir aber nicht bieten lassen, oder? Was hast du dem Basti denn da gesagt?«

»*Große* Meise!«

Meisen können sehr beherzt zu Werke gehen, wenn es darum geht, Futterplätze zu verteidigen.

Buchfink

Fringilla coelebs

Der Fink der Finken. Im Mittelalter waren »Vogel« und »Fink« manchmal sogar bedeutungsgleich; Heinrich der Vogler wird auch als Heinrich der Finkler zitiert.

Er ist der Fink schlechthin. Und häufig noch dazu. Im heutigen Deutschland kommt auf drei Menschen ein Buchfink. Damit ist er Spitzenreiter unter den Brutvögeln Mitteleuropas.

Sein Name ist schon seit dem 13. Jahrhundert gebräuchlich, wohl wegen der auffälligen Vorliebe des Buchfinks für die eckigen Früchte seines Namensbaumes. Im Herbst, wenn Territorialkämpfe kein Thema mehr sind, hat man schon Hundertschaften von Buchfinken gemeinsam bei der Bucheckern-Ernte gesehen. Da der Vogel sich aber auch nie scheute, in die schmutzigen Niederungen menschlicher Umgebung herabzuflattern, musste er sich die Namen Kot-, Dreck-, Schmutz- und Mistfink gefallen lassen. Besser war da schon: Garten-, Wald- oder Dorffink.

Bemerkenswert auch sein lateinischer Name »coelebs«, was so viel wie »ehelos« heißt. Strohwitwer wäre richtiger. Der berühmteste unter den Systematikern der Tier- und Pflanzenwelt, Carl von Linné, hatte beobachtet, dass in seiner schwedischen Heimat Buchfinkenmännchen im Winter ausharrten, während Weibchen in wärmere Gefilde abzogen. In Irland scheint es eher umgekehrt zu sein. Warum? Man weiß es nicht.

Der deutsche Name »Fink« soll lautmalerischen Ursprungs sein. Aus dem häufig zu hörenden »ping, ping« soll »Fink« geworden sein (holländisch: »kwinker«, englisch: »to chinck«).

Seit Menschengedenken ist der Buchfink populär, vor allem als Käfigvogel, kam bei ihm doch zweierlei zusammen: kräftig frischer Gesang, das so genannte Finkenschlagen, und dezent buntes Äußeres. Ja, er war so sehr im Bewusstsein der Menschen, dass Fink und Vogel manchmal synonym gebraucht wurden. Der berühmte Sachse Heinrich I. war sowohl als »Heinrich der Vogler« als auch als »Heinrich der Finkler« bekannt – angeblich deshalb, weil er gerade bei seiner Lieblingsbeschäftigung, dem Vogelfang, war, als man ihm im Jahre 919 die Nachricht überbrachte, dass er zum deutschen Kaiser gewählt worden sei. (Ein anderer Heinrich der Vogler zog um 1275 als fahrender Sänger über Land.)

WAS IST DRAN AM REGENRUF?

Wie etliche andere Vögel auch, tut sich der Buchfink in Sachen Wettervorhersage hervor, namentlich in der Kurzfrist-Vorhersage. »Wenn die Finken des Morgens frueh auff den Daechern singen, deutet das auf Regen«, heißt es in der »Kleine, doch curieuse und vermehrte Bauern-Physik« aus dem Jahre 1706. Und das ungefähr mit der statistischen Wahrscheinlichkeit, mit der es sowieso regnet an einem Tag in Mitteleuropa, möchte man spötteln. Aber nein! Man darf dem Buchfinken etwas mehr Regen-Prophetie zutrauen als manch anderem Vogel. Stichwort: Regenruf.

Dieser Begriff, dem in der Ornithologie immer ein gewisses Maß an Vagheit anhaftet, fehlt in keiner Buchfinken-Beschreibung. Man ist sich heute zwar im Großen und Ganzen einig, dass es regentypische Vogelrufe gibt. Aber »weder die Auslösung noch die Bedeutung des Regenrufes ist vollständig klar«, stellt Hans Heiner Bergmann, Autor einer Buchfinken-Monographie, fest.

Statistisch gesichert ist aber wohl – und so viel zur Verlässlichkeit der Vorhersage –, dass sich die Regenrufe vor und zu Beginn eines Regens häufen und während des Regens den eigentlichen Gesang verdrängen. Andererseits hat man ermittelt, dass so genannte Regenrufe an trockenen Tagen genauso häufig sind wie an nassen. Und der renommierte Ornithologe Einhard Bezzel äußerte die Vermutung, beim Buchfink könnten die Umschreibungen seines Rufes mit »schütt« oder »trief« die Zuweisung eines Regenrufes bewirkt haben.

Die Verwirrung ist also einigermaßen komplett, um nochmals Bergmann zu zitieren: »Oft hört man Regenrufe mit dem ›pink‹-Alarmruf … vermischt, wenn sich ein Bodenfeind im Revier aufhält. Nicht selten treten sie auch scheinbar spontan in undefinierbaren Situationen auf. Wenn man aus allen diesen Situationen einen gemeinsamen Schluss ziehen will, so kommt man zu dem Ergebnis, dass der Regenruf eine Art Gesangsersatz

Buchfinkenschlag hat schon immer Faszination ausgelöst – ein Grund dafür, dass sich der häufige Vogel oft in Käfigen wiederfand.

Der Vogel-Wettkampf der Belgier

Gefangene Buchfinken»hähne«, die besondere Strophen – etwa den so genannten »Lichtausbläser« – besonders rein singen konnten, brachten früher erstaunliche Liebhaberpreise.
In Belgien trifft sich noch heute an einem verabredeten Tag zu Beginn der warmen Jahreszeit eine verschworene, von Tierschützern hart bedrängte Gemeinde von Wettkämpfern: Sie lassen im ersten Morgengrauen gekäfigte Buchfinkenmännchen gegeneinander anbrüllen.
Die Vögel singen natürlich nicht ihren Besitzern zur Freude und schon gar nicht um Sieg und Plätze.
Ziel aller akustischen Kraftentfaltung ist es, Revierkonkurrenten buchstäblich abzuschmettern. Die belgischen Wettkämpfer – also die Vogelbesitzer – schaffen eine unnatürliche Konzentration territorialer Vögel und erhöhen so den Konkurrenzdruck für ihre Gefangenen bis ins Unerträgliche. Keiner kann sich geschlagen geben und den Platz räumen, daran hindert ihn der Käfig. Jeder muss bis über den Rand seiner Möglichkeiten »Hau ab, hier bin ich!« singen, auch wenn er – unter normalen Umständen – schon lange aufgegeben hätte. Der Vogelbesitzer mit dem ausdauerndsten Brüller gewinnt.
Was für ein »Sport«!

Wahr oder nur nett erfunden? Heinrich der Finkler, bzw. Heinrich der Vogler, soll zu seinem Spitznamen gekommen sein, als ihn eine Fürstendelegation 919 beim Vogelfang überraschte. Den Sachsenfürst ereilte bei seiner Lieblingsbeschäftigung die Nachricht, dass er in Abwesenheit zum Kaiser gewählt worden sei. Die Kreidelithographie aus dem Jahre 1854 zeigt eine arg gedrängte Darstellung der Ereignisse: Es ist ja im Ernst nicht vorstellbar, dass die Delegation die Krönung gleich zwischen Baum und Borke vornehmen wollte.

darstellt. In Situationen, in denen durch äußere oder innere Faktoren der Gesang gehemmt ist, werden die weniger aufwändigen Regenrufe produziert.« Also eher eine Schlechte-Laune- als eine Schlechtwetter-Ankündigung?

Um die Sache vollends zu verrätseln: Man will festgestellt haben, dass einige Buchfinkenmännchen ihren Gesang nur selten für einen Regenruf unterbrechen und andere wieder ausgesprochene Wassermelder sind.

Eindeutiger als Wetterankündigungen sind die Schweigegebote: Während des Nestbaus hält man bei Buchfinks fast durchweg den Schnabel – das betrifft Gesang und Regenruf. Und im Herbst stellt man die Niederschlagsmeldungen ganz ein.

Buchfinken neigen aber auch dazu, sich einen Regenruf auszuleihen. Bergmann berichtet von einem Käfigvogel, der den Kontaktruf eines benachbarten Wellensittich übernahm und zum Regenruf umfunktionierte. Der Regenruf – eine erlernte Lautäußerung?

Jedenfalls ist diese Tonfolge exakt diejenige im Repertoire des Vogels, die am stärksten regional variiert. Mit anderen Worten: Der Hang des Buchfinken, je nach Landstrich in einem anderen Dialekt zu singen, schlägt beim Regenruf besonders stark durch.

Wobei »Landstrich« ein zu grobes Raster ist: Im Osnabrücker Stadtgebiet registrierten Dialektforscher in einem 10-Kilometer-Radius 6 Regenruf-Dialekte mit jeweiligen Vermischungs- und Übergangszonen: »huitdschäd«, »huit, huit« .... »dschäd, wrüd«, »dschäd« und »flip«.

Ein unermüdlicher Sänger

Aber nicht nur dieser kleine Teil des Buchfinken-Repertoires zog die Aufmerksamkeit der Ornithologen auf sich. Was den Vogel zu einem ergiebigen Forschungsobjekt macht, ist die mustergültige klare Gliederung seiner Rufe. Experten unterscheiden: Flugruf, Pinken (häufig zu hören, wenn der Vogel landet), Schmerzruf (kreischend, etwa bei Verletzungen im Kampf), Angstruf, Angriffsruf, Luftfeind-Alarmruf, Erregungsruf des Männchens (»ksip« oder »zink«), Frühlingsruf des Männchens, Begat-

Sein lateinischer Name, COELEBS, *weist ihn als Junggesellen aus. Dem liegt die Beobachtung zugrunde, dass in vielen Gegenden nur die Weibchen auf winterliche Kälteflucht gehen und die Männchen zu Teilzeit-Singles machen.*

tungs-Aufforderungsruf des Weibchens. Dazu kommen noch juvenile Stimmen: Nestlingsruf, Ästlingsruf und Jungvogel-Alarmruf.

Die Vielfalt allein schon des Buchfinken-Normalliedes wurde zu einer Art volkstümlicher Geheimwissenschaft. Bei Gattiker findet sich eine Aufzählung von Namen, die allesamt Variationen von Finkenschlägen bezeichnen. Ein Fink, der die Endsilben in einer charakteristischen Weise betonte, war ein Schitzekebier. Dann gab es: Nutschgebier, Deutschgebier, Würzgebier, Hochzeitbier, Gerichtsgebühr, Weizenbier, Sparbarazier, Musketierer und so weiter. Dem charakteristischen Strophengesang wurden unzählige Kurzverse unterlegt: »Itz, itz, itz, itz hei mer hie es prächtigs Quartiiiiier«, schwäbelt der Buchfink im Land der Häuslebauer. »Michele, Michele, ich komm in dein Haus, ich komm in dein Haus«, verspricht er im Nassauischen. Dem Morgenwanderer ruft er zu: »He, he, he, bis du schon wieder früüüüh.«

Einem einzigen Buchfink hat man an einem Tag 4500 Strophen nachgezählt und Durchschnitt sind immerhin noch 2000.

Schon Tiervater Brehm fand die Vielzahl der Publikationen über den Finkenschlag ermüdend. Er sprach von einer Wissenschaft, »die ihre eigenen Priester verlangt und einem nicht in deren Geheimnisse eingeweihten Menschen immer dunkel bleiben wird«.

Die stimmliche Spezialbegabung des Buchfinken blieb natürlich auch in vorwissenschaftlicher Zeit nicht verborgen. In der nördlichen Lüneburger Heide erzählte man sich im plattdeutschen Milieu noch zu meiner Kinderzeit in den späten Fünfzigern eine nette Buchfinken-Geschichte. Ein Dorfpastor war von der Stimmbegabung des Buchfinken beeindruckt und meinte, der Vogel sei doch eine lebendige Demonstration der Wunderherrlichkeit des Schöpfergottes und könnte zum Beispiel die alljährliche Predigt zu Moses 1 (Schöpfungsgeschichte) akustisch begleiten. Als man ihm versicherte, in Bispingen lebe ein Mann, der Buchfinken das Sprechen und Absingen kirchlichen Liedgutes beibringen könne, fasste der Gottesmann einen kühnen Entschluss. Er zahlte einem pfiffigen, aber nicht sehr fleißigen Glied seiner Gemeinde eine gute Summe dafür, dass er einen gefangenen Buchfinken, der schon einen Sommer und einen Winter vor dem pastörlichen Schlafzimmer im Käfig zugebracht hatte, nach Bispingen zur Schulung brächte.

Der Mann erbat einen Vorschuss, welcher der Schwere der Aufgabe angemessen sei, und blieb dann lange fort. Der Pastor wurde unruhig. Umso größer seine Freude, als der Emissär schließlich doch noch eintraf. Allerdings mit einem leeren Käfig.

»Wat, keen Vogl?«

»Doch ... äh ...nee ...«

Der Mann versicherte, er habe sich mit dem sprachkundigen Buchfink den ganzen langen Rückweg über die

Heide fließend unterhalten, auch über die Schöpfungsgeschichte. Aber schließlich habe der Fink, schon in Sichtweite des heimatlichen Kirchturmes, gefragt: »Slöpt de Paster noch mit sien Köksch [Schläft der Pastor noch mit seiner Köchin]?«

»Un doa häv ick eehm dovon dschaacht [Und da hab ich ihn davongejagt]!«

»Gout, gout, gout [gut] so!«, hechelte der Pastor.

Und so kam es, dass ein trinkfester und etwas arbeitsscheuer Mann den Dorfkrug betrat und die denkwürdigen Worte in den Schrankraum rief: »Een Runn' Kööm un' Beia, dat geit hüt up uus Paster [Eine Runde Kümmelschnaps und Bier, das geht heute auf unsern Pastor]!«

Der Buchfink, so scheint es, war stets und ungetrübt ein Gute-Laune-Vogel. Das Schlimmste, was er ankündigte, waren heftige Regengüsse. In Frankreich ist man »fröhlich wie ein Fink« und »finkeln« soll im Schwyzerdütschen so viel wie »spielerisches Einfangen« einer Geliebten in neckisch-erotischer Absicht bedeutet haben.

WAS KANN DER UNSCHULDIGE VOGEL DAFÜR?

»An was schreibst du gerade?«
»An so einem Buch über ...Vögel und Mythen.«
»Aha ... ist zum Thema ›vögeln‹ nicht schon alles gesagt, wo steckt da noch Mythos?«

Das war immerhin noch eine halbwegs witzige Anspielung unter den zahlreichen, die ich während der Arbeit an diesem Buch zu hören bekam – Stichwort: »Vögel und vögeln«. Immerhin scheint das gezielte Missverständnis so aufdränglerisch zu sein, dass man den Casus in einem Buch mit dieser thematischen Ausrichtung nicht ganz unterdrücken kann.

Also, warum vögeln nicht nur Vögel?

Grimms Wörterbuch, das auch in schwierigen Fragen selten versagt, sieht den Ursprung des vulgär-umgangssprachlichen Wortes für »coire« und »begatten« tatsächlich im Reich der Vögel.
In einer Sprichwortsammlung aus dem Jahre 1541 heißt es vom Huhn: »Wie es vogelt, also legts eyr.« Aus einer Feldbau-Anleitung aus dem Jahre 1579 erfährt man: »Wann die Pfawen [Pfauen] nicht vogeln mœgen, so mus man inen soche speise geben, die sie hitzig mach.«

»Vögeln« und »Flügeln« wurde bisweilen bedeutungsgleich benutzt, so auch in einer alten Spruchweisheit:

es ist gar ain boese henn,
[die] wonen will bei ainem han
und sich nicht wil flügeln lan.
(angemessen frei übersetzt:)
Böse nenn ich jene Hennen,
die im Haus des Hahnes wohnen
und es ihm nicht mit Beischlaf lohnen.

Die Bedeutungsübernahme des auffälligen (bisweilen im Wortsinn) flatterhaften Getues der Vögel ins Menschlich-Allzumenschliche bot sich an. Valentin Schumann ließ um 1559 in seinem «Nachtbüchlein« eine ehrbare Frau darüber stoßseufzen, dass allein die gute Unterlage noch nicht für Befriedigung bürgt: »Wie werden die losen Huren so wol auf hartem Stroh gefoglet und wir frommen weyber so ubel und selten auf guten Betten.«
Und kein Geringerer als der Dichter der Dichter, der Geheimrat aus Weimar, der Fürst aller Literaten deutscher Zunge, soll gereimt haben:

Und hinten drein komm ich bey Nacht
und vögel sie, das alles kracht.

Schau schau, Johann Wolfgang!

Distelfink, Stieglitz

Carduelis carduelis

Das Blutrot (Jesu Blut) in seinem Gefieder und die Vorliebe für Dornen (Disteln gemahnen an Jesu Dornenkrone) erhoben ihn in den Stand einer gewissen Heiligkeit.

In ihrer umfassenden Darstellung der Vogelmotive in der frühen Malerei resümiert Gertrud Roth-Bojadzhiev ein langes Kapitel wie folgt: »Kein anderer Vogel wird in der Plastik und Malerei des Mittelalters derart häufig dargestellt [...] wie der Distelfink, auch Stieglitz genannt«.

Die größte Zahl der Madonnenbilder mit Kind und Vogel zeigt ihn; er fehlt in keiner Darstellung eines Paradiesgärtleins und findet sich auf Bildern zur Geburt Jesu, dem Zug der Heiligen Drei Könige, auf Passionsbildern, Heiligenbildern, Kinderportraits, Randleisten in Buchmalerei und Wirkteppichen mit Einhornjagd und Wildschweinen.

Wie kommt der Vogel zu dieser Ehre? Ein profaner Grund – nicht der wesentliche! – sei vorausgeschickt: Stieglitze mussten wegen ihres besonders bunten Federkleides schon früh in Käfigen und Volieren einsitzen. Wer also zur Illustration heiliger Bücher, für Altarbilder oder Ähnliches eine lebende Vorlage suchte, schaute mit einiger Wahrscheinlichkeit eher auf eine Rotkogelken (einer der vielen früher gebräuchlichen Stieglitz-Namen) als auf einen Grauschnäpper oder Zilpzalp.

Symbol auf Heiligenbildern

Der tiefere Bezug stellt sich natürlich über die Dornen/Disteln her. Die Affinität des Vogels zur Dornenkrone des Erlösers wird in frommen Legenden vielfach variiert. So soll der ehemals schlichtfarbige Fink, um die Pein des Gottessohnes zu lindern, einen Dorn aus dessen Haut gezogen und sich dabei mit heiligem Blut besprenkelt haben. Ein Distelfink ist also – vermutlich! (keiner kann behaupten, die mittelalterliche Ikonographie noch heute exakt lesen zu können) – ein Hinweis auf den Opfertod des Gottessohnes, einerlei ob der Vogel nun an der Krippe oder am Marterholz zu finden ist.

Die heilige Dimension von Tod wurde – sozusagen für den Hausgebrauch – profanisiert. Nach H. Friedmann kündet der Fink auch Tierseuchen, Krankheiten und Pest an beziehungsweise schützt davor.

Das klingt einigermaßen verwirrend beziehungsweise unpräzise; aber es wäre verfehlt, ausgerechnet von Legenden Akkuratesse zu verlangen. So ist der Distelfink wahrscheinlich auch neben Goldregenpfeifer, Triel und Lerche einer der Vögel, der unter dem Namen »Charadrius« in verschiedenen spätmittelalterlichen Schriften auftaucht, meist als heilender Wundertäter. Erst seit Ende des 13. Jahrhunderts soll er sich gegen alle Mit-Charadristen durchgesetzt haben. (Allerdings ist der wissenschaftliche Name *Charadrius* heute den Regenpfeifern vorbehalten.) Sein Renommee als Nothelfer Jesu übertrug sich auf die Disteln: Sowohl die Pflanzen als auch ihr Vogel galten als

Ins Paradiesgärtlein durften vorzugsweise Vögel mit Rot im Gefieder (Blut-Jesu-Anmutung) wie: Rotkehlchen, Dompfaff, Rotschwanz, Wiedehopf und vor allem Distelfink – den man zusätzlich mit Jesu Dornenkrone in Verbindung brachte.

Heilmittel beziehungsweise Heiler – im 13. und 14. Jahrhundert aus gegebenen Anlässen vorzugsweise gegen die Pest.

Mit Beginn der Neuzeit fällt der Distelfink scharenweise in die fromme Bildkunst ein. Ein paar Beispiele, zitiert nach Roth-Bojadzhiev: »Eine Kopie nach Hans Holbein d.Ä. zeigt die Heilige Famile (Joachim, Anna, Maria, Josef, das Kind), darüber der Heilige Geist und Gottvater. Auf der abgetreppten Bodenplatte stehen zwei Distelfinken, von denen einer an einer Weintraube pickt.

Vom so genannten Meister der Habsburger Ahnentafel stammt eine Anna Selbdritt mit vier Aposteln und der Stifterfamilie Tänzl. Hier trägt das Kind den Vogel auf der Hand. Michael Wohlgemut malte um 1510 eine Anna Selbdritt. Hier sitzt der Distelfink direkt über einem Krug mit Schwertlilienblüten.« – Ein Hinweis auf den Krug, der nicht an Jesu vorbeiging, sodass er zur Richtstätte (*Schwert*lilien!) gehen musste. Und die Distelfinken als häufige Beisitzer auf Madonnenbildern scheinen der Mutter Gottes ebenfalls nichts anderes sagen zu wollen: Das Blut deines Sohnes wird fließen müssen!

Naturkundler Konrad von Megenberg (1309–1374) findet eine weniger düstere Bedeutung für den Vogel mit dem angenehmen Äußeren: Er sei, wie die »guoten lerer auf ertreich, die vil leidens habent und doch in den dornen dieser werlt froelich got dienent« – der Vogel ist wie hier auf Erden gute Lehrer, die zwar viel leiden müssen, aber doch durch die Dornen dieser Welt fröhlich zum Dienen gehen. (Vielleicht sollte man den Distelfink – versehen mit dem Megenberg-Zitat – zum Emblemvogel der engagierten, nicht ausgebrannten, nicht frustrierten Lehrer machen, die es ja auch noch geben soll.)

Einmal von den Altären und Heiligenbildern auf Augenhöhe heruntergebracht, ist *Carduelis carduelis* eigentlich ein normaler Vogel. Er flattert eher weniger durch Märchen und Legenden als andere. Und wenn, bleibt ihm immer noch ein Rest von Gottgefälligkeit. So in der Legende, wie er zu seiner Farbe kam. Als Gott beim Federfärben war, also vermutlch am fünften Schöpfungstag, ging ihm die Farbe aus. Ausgerechnet als fast nichts mehr da war zum Buntfärben, kam der Stieglitz. Da erbarmte sich Gott und kratzte aus allen Tiegeln die Reste zusammen. Und deshalb, claro, ist Distelfink/Stieglitz so bunt.

Dass der Vogel begnadet ist, findet sich auch in geistigen Vorstellungswelten, die das Erhabene weniger personalisieren als das Christentum. Vor tausend Jahren schrieb der tibetische Dichter Milaraspa: »Denn die ganze Natur, auf die ich schaue / ist mir ein Buch, in dem ich lese, /aus Weisheit und Erinnerung früheren Daseins bin ich geboren. / In der Bäume weitem Laubgezweig singet lieblich / bunter Distelfinken Schar, / Die vergängliche Erscheinungswelt / wird zum Gleichnis mir. / Speis ist mir der Himmelsraum.«

Während der eine Name von *Carduelis* mit des Finken Vorliebe für Disteln leicht erklärt ist, bemüht »Stieglitz« etwas die akustische Phantasie. In seinem Ruf könne man, so Tiervater Alfred Brehm, »iiglitz« hören. Das klingt ein wenig spekulativ. Sicher indes ist der Erst-Fundort des seltsamen Namens: Als »Girlin« taucht der bunte Vogel 1554 im berühmten Strassburger Vogelbuch auf. Ein Jahr später nennt ihn Geßner »Gyrle« und behauptet, dies sei der elsässische Name. In den darauf folgenden Jahren kam es zu der irreführenden Form »Grille« oder »Hirngrille« – ein Name, der laut Hugo Suolahti (Die Deutschen Vogelnamen) auch auf den Baumläufer angewendet wurde.

Verbreitet waren auch Kosenamen. Die Franzosen hören und sehen natürlich nichts als »l'amour«; bei Gattiker ist nachzulesen: »Mit dem immer lebhaften und zierlichen Vogel, dem in seinen Bewegungen etwas eigen ist vom Liebreiz und der Anmut eines Kindes oder Backfisches, vergleicht der verliebte Franzose seine Freundin und nennt sie deshalb mein ›Distelfinkchen‹. ›Cadoureux‹ gebraucht er als Kosename für ein Kind, und ›cardinà‹, vom Distelfink abgeleitet, bedeutet ihm das fröhliche, kindliche Schwatzen und Plaudern, indem er diese mit dem krausen, zwitschernden und schwatzenden Gesang des Vogels vergleicht.«

Ein Spezialist fürs Stachlige

Früher war es offenbar leichter, den Vogel in urbanen Bereichen zu sehen und zu hören. Stefan Ineichen (Die wilden Tiere in der Stadt) beschreibt am Beispiel Zürich eine Entwicklung, die man als Umkehr des Amsel-Phänomens begreifen könnte. Während die Schwarzdrossel sich vom scheuen Waldvogel zum allgegenwärtigen Park- und Gartenvogel

Der dornengekrönte Jesu (Figur aus der Krypta der St.-Ulrichs-Kirche in Eresing, Kreis Landsberg) wird in der mittelalterlichen Ikonographie häufig mit dem Distelfink in Verbindung gebracht. Die Vorliebe des Stieglitzes für Stacheliges wurde als Fingerzeig aufs Göttliche gedeutet.

Relativ langer Schnabel und überlegene Technik machen es möglich: Bestimmte Disteln hat der Stiegliz exklusiv für sich zur Samenernte.

Seine Schnabelform befähigt Distelfinken dazu, Samen zu ernten, die normalerweise durch Stacheln vor Verzehr geschützt sind. Eines von unendlich vielen Beispielen dafür, dass in der Natur Spezialentwicklungen (gestachelte Samen) Spezialisten auf den Plan rufen.

Auch als Lockvogel mussten früher – und heute in manchen Regionen teilweise immer noch – Distelfinken herhalten. Das Foto zeigt einen ausgestopften Balg zwischen Leimruten. Durch die Platzierung auf der Futterpflanze sollen Artgenossen angelockt werden.

gemausert hat, verhält es sich mit Distelfinken annähernd umgekehrt. »Distelfinken/Stieglitze [brüteten] in den ersten Jahrzehnten [des gerade vergangenen Jahrhunderts] noch in Parks und Alleen mitten in der Stadt, heute [sind sie] beschränkt auf ein paar Brutplätze am Stadtrand.«

Das liegt sehr wahrscheinlich daran, dass unsere Städte immer aufgeräumter wurden: Unkrautflächen verschwanden, Brachflächen wurden überbaut und tragen heute Mietskasernen oder Gewerbegebiete. Mit den Freiflächen verschwanden vielerorts die bunten Finken, die nicht amtlichen Vorbesitzer des Geländes.

Vielleicht können Distelfinken aber neuerlich von den Stilllegungsprogrammen der EU-Landwirtschaft profitieren: Auf Flächen, die nicht mehr unterm Pflug liegen, gedeihen recht schnell Distelfluren.

An den stacheligen Samenträgern entwickeln Stieglitze ein fast meisenhaftes Klettertalent mit extremen Schräglagen, Überkopfpassagen, fast papageienhaften Haltegriffen, um Futterobjekte zu fixieren.

Die Ernteeinsätze an stachelbewehrten Samenständen sind natürlich spektakulär – spektakulär, aber nicht gefährlich. Gefährlich ist etwas anderes. Man fand tote Distelfinken mit verklebten Schnäbeln. Getrockneter Pflanzen-Milchsaft hatte ihnen das Leben gekostet. Um solche Unglücksfälle zu vermeiden, reinigt ein Stieglitz in aller Regel nach jedem Nahrungsflug – manchmal sogar während der Mahlzeit – seinen Schnabel.

Die Gewandtheit des bunten Vogels war schon Plinius (23–79 n. Chr.) aufgefallen. Und an Käfigvögeln beobachtete man sogar so etwas wie handwerkliche Intelligenz, wenn es darum ging, Schlösser zu entriegeln oder mit veränderten Situationen schnell vertraut zu werden.

Zweifellos wissen die Finken mit der markanten roten Stirnmaske ausgezeichnet mit ihrem Werkzeug umzugehen. Den Zeisigen, mit denen sie sich zu lockeren Erntetrupps zusammenschließen, sind sie bei der Samenernte an Disteln konkurrenzlos überlegen. Das liegt natürlich nicht nur an der handwerklichen Geschicklichkeit der Stieglitze, sondern auch am Handwerkszeug selbst: Stieglitze haben besonders lange Schnäbel, und die Männchen haben im Schnitt noch einmal 9 Prozent längere Greifwerkzeuge als die Weibchen. Mit diesen Pinzetten können sie selbst so knifflige Happen wie Kardensamen aus ihren Futteralen pulen. Die Samen der Wilden Karde sind, so scheint es, fast ausschließlich Männerspeise.

Fichten-kreuzschnabel

Loxia curvirostra

Der gekreuzte Schnabel war schon göttliches Zeichen, bevor das christliche Kreuzsymbol weltbekannt wurde. Die alten Germanen erkannten in dem Spezialbesteck des Vogels den Thorshammer.

Im Kanton Solothurn heißt er Dannababegei (Tannenpapagei), und in der Tat ähnelt seine Art, auf Fichtenzapfen herumzusteigen, dem Bewegungsrepertoir der Papageien. Im alten Preußen hieß er Zapfenbeißer. Ansonsten aber waren die gekreuzten Schnabelhälften in vielfachen mundartlichen Abwandlungen namensgebend: Chrüzschnabl, Krützvogel oder Chrummschnabl.

Wobei das Kreuz offenbar nicht immer zwingend mit dem Symbol der Christenheit assoziiert wurde. In einem 1893 in München erschienenen Buch über »Volksmedizin und Aberglaube in Oberbayern« ordnet der Autor den auffälligen Fink der altgermanischen Sagenwelt zu: Die Silhouette der sich kreuzenden Schnabelhälften zeige die Hammerrune, die für den Gott Thor stehe.

Ein Indiz für diese mythologische Erblast, die auf den ersten Blick etwas weit hergeholt erscheint, mag man in der Kraft zur Blitz-Beherrschung sehen, die vom Blitzewerfer Thor auf seinen gefiederten Runenträger übergegangen sein soll. So ist zum Beispiel aus dem Sächsischen die tröstliche Gewissheit verbürgt: »Wer einen Krummschnabel, Kreuzvogel oder Grünitz im Hause hat, da schlägt das Wetter nicht ein.«

Dieser Schutzzauber soll auch in anderen deutschen Landschaften wirksam gewesen sein. Wobei die Abwehrfunktion zweckmäßigerweise gleich verallgemeinert wurde. In Tirol ist der Kreuzschnabel pauschal für den Haussegen zuständig. Allerdings muss eine entscheidende Vorbedingung erfüllt sein, wie Ernst und Luise Gattiker berichten: Glück ist angesagt, »wenn der Unterschnabel rechts herausgeht; wenn aber links, dann ist ihm nicht zu trauen«.

Nimmt Krankheiten auf sich

Wer das Glück zwingen will, hielt sich den Vogel gleich im Käfig in der guten Stube. In Thun (Schweiz) durfte sein Käfig allerdings innerhalb der Wohnung nicht mehr bewegt werden, sonst verkehrte sich die Segenswirkung des Gefiederten in

Thors Hammer soll sich im Mundwerkzeug des Fichtenkreuzschnabels versinnbildlicht haben. Legenden und Mythen brauchen manchmal nur minimale Aufhänger und Anknüpfungspunkte, um wirksam zu werden.

ihr Gegenteil. In Nürnberg glaubte man, der Käfig-Kreuzschnabel zöge üble Krankheiten auf sich, um so die Menschen vor deren Attacken zu schützen. In Kirchbühl soll er sogar Erbkrankheiten auf sich gezogen und getilgt haben. (Wie wäre es, wenn sich die Genetiker den Wundervogel zum Wappentier erkörten?)

In Bayern glaubte man, Zahnschmerzen entgehen zu können, wenn man vorbeugend eine Kreuzschnabel-Kralle mit sich herumtrug. Und weil man nie so genau wusste, wer einem derlei Ungemach geschickt hatte, half die Kralle auch noch gleich vorbeugend und pauschal gegen Hexen- und Teufelswerk.

Im Ötztal kannte man sogar die Begründung für die generelle Segenswirkung des Kreuzschnabels: Er soll es gewesen sein, der den leidenden Heiland vom Kreuz befreien wollte. Zwei Vögel sollen versucht haben, rechts und links die blutigen Eisennägel aus Holz und Händen zu ziehen. Vergeblich. Doch die Kraftanstrengung habe dem einen den Schnabel nach rechts, dem anderen nach links verbogen.

Aber die Segensversprechungen, die sich an den Schnabel heften, sind, wie schon gesagt, älter als das Christentum. Schon bei Plinius, einem Vielschreiber aus dem ersten nachchristlichen Jahrhundert, gilt der Vogel als Krankheits-Absorber. Wobei der Tod des Vogels – in antiker Zeit bis in die Neuzeit – als hoffnungsvolles Zeichen galt und gilt, hatte sich doch offenbar die Krankheit erfolgreich ablenken lassen. Man darf vermuten, dass in besonders ernsten Fällen dem eigenen und dem Vogelschicksal etwas nachgeholfen wurde.

In Hindelang bewährte sich der Fink gegen Epilepsie – sofern sein Schnabel links (!) gebogen war. In Tirol gab man Fichtenkreuzschnäbeln geweihtes Wasser zu trinken, den Rest jener Flüssigkeit, mit der zuvor Kranke bespritzt wurden. Auch hier erwartete man einen prompten Krankheits-Transfer vom Krankenbett in den Käfig. Ein Vogel für alle Fälle – besonders die hartnäckigen.

Das vergangene Jahrhundert hat, wie überall, den Glauben an Wunderheilung angekränkelt – aber bekanntlich keineswegs überwunden. Ein schönes Beispiel für das Schwanken zwischen Zweifel und Glauben findet sich in einem Werk, das 1900 erschien. Der Autor Johannes Jühling (Die Tiere in der deutschen Volksmedizin alter und neuer Zeit) berichtet aus eigenem Erleben: »Wir hatten zu Hause mehrmals in Bauern solche Vögel, dieselben lebten aber nie lange; denn sie zogen den Rheumatismus meines mit diesem Leiden sehr behafteten Vater an und starben. Ich begrub die Tiere selbst und bemerkte dabei an ihren Füßen knollige, krankhafte Anschwellungen, die ich in meiner Einfalt als Zeichen dafür deutete, dass die Vögel wirklich die Krankheit angezogen hatten. Jetzt bin ich allerdings geneigt, diese Erscheinung und den daraus resultierenden Tod der armen Tiere mehr den schwachen Sitzstangen zuzuschreiben.«

Auf der Suche nach Zapfen

Und auch der kreuzfömirge Schnabel selbst – das herausragende Signum der Magie – lässt sich schlichter, nämlich nach dem Prinzip der Nützlichkeit, erklären. Das relativ kräftige Spezialbesteck ist bestens geeignet, die Schuppen von Fichtenzapfen hochzuhebeln, um die Samen mit der Zunge herauszuwischen.

Der Vogel, der auf Fichten-, Kiefern- und Lärchensamen spezialisiert ist, hat Glück: »Seine« Nadelbäume sind häufig vertreten in europäischen

Nutzwäldern – wobei der Samenklempner durchaus seine Vorlieben hat. Eine Untersuchung aus dem Sauerland erbrachte eine bestimmte Rangfolge: Fichte, knapp vor Lärche. Es folgen Sitka- und Serbische Fichte, dann Douglasie, Hemlock, Kiefer und schließlich Erle. Aber man fand auch relativ gute Siedlungsdichten des Fichtenspezialisten in ausgesprochenen Kiefern-Gegenden. Und in Regionen mit hohem Lärchenanteil – die Samen dieser Koniferenart reifen erst im Herbst – zeigt sich der Gesamteuropäer variabel und schafft bisweilen eine Zweitbrut noch im August/September.

Der normale Zeitpunkt der Erstbrut muss den Laien verblüffen. Das ungleich gewandete Vogelpaar (er ziegelrot, sie olivgrün) beginnt die Brut zur vermeintlich ungünstigsten Jahreszeit, im Februar – abhängig vom jeweils verfügbaren Nahrungsangebot. Solche Extravaganz hat natürlich ihren Preis. So muss das Weibchen besonders sorgfältig hudern, das heißt die noch nackten oder schwach befiederten Jungen sorgfältig und konzentriert mit ihrem Körper abdecken. Für den männlichen Fichtenkreuzschnabel bedeutet die Winterbrut anfangs Totalausfall der Partnerin. Er muss nicht nur den Nachwuchs, sondern auch die Gattin füttern.

Fichtenkreuzschnäbel brüten im Hochwinter. Das erfordert erhebliche Brutdisziplin, denn die nackten oder schwach befiederten Jungen dürfen nicht auskühlen.

Verdauungsschwierigkeiten

Man hat darüber nachgedacht, wie einem Vogel die etwas einseitige, fette Ernährung – meist Samen von Fichte und Lärche – denn wohl bekommen kann. Die Experten neigen einer Erklärung zu, die beim ersten Hören fast bemüht-komisch klingt: Der Fichtenkreuzschnabel nimmt Medikamente! (Auch Natron wäre ihm vermutlich sehr willkommen, wenn er Zugang zu Apotheken hätte!) Häufiger als andere Finkenvögel begeben sich Kreuzschnäbel zu mineralhaltigen Bodenstellen, Mauerfugen, mörtelbedeckten Bauplätzen, picken auf alten Fensterkitt, und sogar jauche-, asche- und fäkalbedeckte Böden werden angeflogen. Ja selbst bestimmte Kunstdüngerreste und Ecken, an denen Seifenwasser versickerte, ziehen sie an. Vermutlich sind Kalk und Salze (Mineralien) genau das, was ihnen bei der Verdauung hilft.

In Lappland hat man Fichtenkreuzschnäbel dabei beobachtet, wie sie vermodertes Holz zu sich nahmen, in dessen äußerer Schicht sich ein hoher Calcium-Anteil befand. Im Gebirge sichtete man die Vögel an künstlichen Salzlecken für Schalenwild. Stattliche Kreuzschnabel-Ansammlungen in offen gelassenen Kalkbrennereien sind keine Seltenheit.

Solche Verdauungs-Spazierflüge, wie auch Baden und Sonnenbaden sind bei Fichtenkreuzschnabels beliebte Anlässe für Geselligkeit – wobei man sich am Boden oder in Bodennähe nur aufhält, wenn Bäume oder mindestens schützende Büsche in der Nähe sind. Kreuzschnäbel sind vorsichtig und fühlen sich eigentlich nur in den Gipfelregionen ihrer »Brotbäume« sicher – wohl der wesentliche Grund, weshalb Beobachtungen des kletterbegabten Vogels zu den selteneren Erlebnissen zählen.

Und um erst die Morgentoilette des Vogels studieren zu können, braucht man schon eine gute Portion Glück oder gute Ortskenntnis. Der Fink beginnt mit Putzen und Kratzen, dann wendet er sich mit dem Rücken zur Sonne, das Gefieder leicht gesträubt. Ist ihm dann so richtig warm geworden, kommt die Vorderseite dran, wobei er mit aufgesperrtem Schnabel und offenen Augen bis zu 5 Minuten verharrt.

Aus den USA stammt eine Beobachtung, die den Schluss erlaubt, dass Fichtenkreuzschnäbel sich bei Bedarf sogar gruppenweise einräuchern lassen, vermutlich um auf diese Weise Parasiten loszuwerden.

Man stelle sich einmal vor: Im deutschen Mittelalter hätte man Fichtenkreuzschnäbel beim Rauchbaden beobachtet! Auch ihr christlicher Kreuz-Schnabel hätte sie nicht vor der Anschuldigung gerettet, mit dem Teufel im Bunde zu sein.

Gimpel, Dompfaff

Pyrrhula pyrrhula

Unter seinem Zweitnamen »Gimpel« war er vogelfrei: Das heißt, jeder durfte Spottpfeile auf ihn abschießen. Gimpel gleich Simpel.

Der Dompfaff oder Gimpel ist ein privilegierter Vogel. Oder besser: Er könnte es sein. Denn ähnlich wie der Stieglitz zählt er zu den Vögeln des Paradiesgärtleins, das heißt, er ist häufig schmückendes Beiwerk auf alten Darstellungen des Garten Eden und darf sich am Rocksaum der Himmelskönigin Maria aufhalten. Die auffällig rote Brust des Männchens hat ihm auch die Namen Loh- oder Blutfink eingetragen, wobei man es in früheren Zeiten mit der Artenbestimmung nicht so genau nahm. Als Loh- und Blutfinken kommen bei Gesner auch andere Vögel vor, die Rot im Gefieder haben, etwa Rotschwanz oder Buchfink.

Wie dem auch sei, Vögel mit auffälliger Rotfärbung (der Bluthänfling wäre ein weiterer Kandidat!) waren in christlicher Ikonographie immer Anwärter auf den Stand der Gnade – Vögel, denen das Blut des Heilands das Gefieder benetzt hat.

Das Dummchen vom Dienst?

Aber seltsamerweise gilt diese Anbetungswürdigkeit für den Blutrotesten unter den Roten, für den Dompfaff, am unbestimmtesten. Er ist eher ein komischer Heiliger als ein Heiliger.

Der Name Dompfaff gab zu allen Zeiten Anlass zu Spottgeschichten wie dieser (zitiert nach Gattiker): »Im Aargau brachte einmal ein Mann einen Dompfaff zu einem Chorherrn. Dieser wollte den Namen des Vogels wissen. Auf die Frage, weshalb man ihn Dompfaff nenne, antwortete der Mann: Weil er nicht schön singe, aber desto mehr fresse.«

An der (ursächlich übrigens ungeklärten) Klerikalisierung des Vogels reibt sich auch der Stückeschreiber Cornelius Hermann Ayrenhoff (1733–1819):

> »*... nichts hab ich heute noch als einen Domherrn fangen können.*«
> (Der Mann zeigt einen Gimpel.)
> »*Schlechter Christ!*
> *Den plumpen Vogel kannst du Domherr nennen?*«

Plump und verfressen? Das mag für Käfig-Dompfaffen zutreffen. In Freiheit nährt sich *Pyrrhula pyrrhula* eher redlich, vielfältig und aufwändig: Er ist Knospenspezialist, weshalb man ihn in der Schweiz auch Bollenbicker oder Bollenbysser nennt. Sein Zweitname, Gimpel, soll von bayerisch/österreichischer Zunge geformt worden sein. Ein »Gümpel« ist ein Hüpfer (»gumpen« = hüpfen), vermutlich also eine Anspielung auf die auffällige, etwas plumpe Hüpfbewegung, wenn er sich auf der Erde fortbewegt.

Gimpel klingt fast wie Simpel – eine sprachgeschichtlich sicherlich unzulässige Assoziation –, obwohl sich, was Geisteskraft anbelangt, auffällig viele, wenig schmeichelhafte Zuordnungen finden lassen. Gimpel, so ist in alten Vogelfang-Anleitungen nachzulesen, lassen sich deutlich leichter fangen als andere Vögel.

... leicht bleibt der Gimpel an der Ruthe hangen,
doch schwerer ist es, Falken einzufangen.

ERNST RAUPACH (1784–1852)

»Gimpelfang« hieß früher so viel wie »leichtes Übertölpeln von jemandem, der/die nicht gerade mit Geistesgaben gesegnet ist«, schön bildhaft bei dem Romantiker Eichendorff nachzulesen: »... sie ging eben vornehm vorüber und sprach halbleis von wilden Waldbeeren, womit man Gimpel fange ...«

In dieselbe Metaphern-Schublade gehört wohl auch »einen Gimpel rupfen«; was so viel hieß wie, jemanden bei einem für ihn unvorteilhaften Geschäft ausnehmen. Er musste »Federn lassen« sagt man ja noch heute von einem, der ein lausiges Geschäft gemacht hat.

Beleibte Gottesmänner mussten sich schon mal Spottnamen wie »Gimpel« oder »Dompfaff« gefallen lassen: besonders wenn sie den Reichen Mäßigung predigten und selbst die Fülle des Lebens mit ihrer Leibesfülle symbolisierten.

»Der Gimpel gilt im Volke als ein minderer Vogel und wird unter Vögeln niederer Klasse mitaufgeführt ... er ist plump, einfältig«, steht im deutschen Wörterbuch der Brüder Grimm. Und tatsächlich, der Gimpel ist immer für eine Blamage gut:

So flattern auch die Junggesellen,
wenn sie vor Liebe näschig seyn,
und wenn sie sich am klügsten stellen,
so gehen sie wie die Gimpel ein.

HENRICI CHRISTIAN FRIEDRICH PICANDER (1700–1764)

Ganz in diesem Sinne sucht Georg Christoph Lichtenberg (1742–1790) sprachlich-ornithologische Entsprechungen für »genial« und »plump« und kommt dabei auf Nachtigall und »Gimpel«. Um Wieland (1733–1813) gegen die Angriffe mittelmäßiger Dichter zu verteidigen, schmettert

Frau Dompfaff trägt ein eher schlichtes Kleid. Kein Kardinalsrot.

Lichtenberg: »Nichts ist lustiger, als wenn sich die Nonsenssänger [die langweiligen Odensänger] über die Wollustsänger [Wieland] hermachen, die Gimpel über die Nachtigallen.«

Und Wieland selbst, der wohl nichts dagegen gehabt hätte, ebenfalls als Sänger der kultivierten, künstlerisch überhöhten Wollust gewürdigt zu werden, reimte:

Ist gleich die Schlinge zu sichtbar,
ein kluges Mädchen zu fangen,
so bleibt doch zuweilen
ein blödes Gimpelchen hangen.

Fangen lässt sich nun mal leichter, wer mit Geistesgaben unterversorgt ist:

Der Harte wird umgangen,
der Gimpel wird gefangen.

So lautet Goethes Version von »Die kleinen Gauner hängt man, die großen lässt man laufen«. Und, um beim Stichwort »Gauner« auch noch gleich den schrecklichsten Kriminellen der Weltgeschichte zu Wort kommen zu lassen: Adolf Hitler (Mein Kampf) dröhnte in einem seiner vielen Tiraden gegen den demokratisch verfassten Staat: »... denn wenn heute irgendein gimpelhafter höherer Beamter sich zu der Behauptung versteigt ...«

Wo immer man hinblättert, der Gimpel ist der Depp, der geistig Minderbemittelte, gern auch der herausgeputzte, hoch gestellte Dumme. August Graf von Platen (1796–1835) nennt Könige ohne Bildung »gekrönte Gimpel«. Und noch bei Theodor Fontane findet sich der arme Vogel in ähnlich unrühmlichen Zusammenhang: »Sie spielt mit dir, und anstatt dir das zu verbitten, küsst du ihr die Hand und lässest dich einfangen wie die Gimpel.« Gimpel – der übertölpelte Liebhaber, der nicht merkt, wie ihm geschieht.

Womit hat ein so ansehnlicher Vogel so viel Verachtung verdient? – übrigens nicht nur aus Dichter-, sondern auch aus Volksmund: Gattiker erwähnt die Eigenart, im Aargau ma-

WER IST HIER DER DUMME?

Horst Stern, Journalist, Autor und Schöpfer unvergesslich eindringlicher TV-Tierportraits («Sterns Stunde«), hatte Gelegenheit, sich ein Bild von der angeblichen Dummheit des Gimpels zu machen.
»In dem großen Flugkäfig, in dem mein Gimpel logiert, wohnt auch noch ein Kleiber (...), der von Natur aus gut bürgerlich veranlagt ist und nach dem Grundsatz ›Spare in der Zeit, so hast du in der Not‹ sich immer wieder einmal einen Sonnenblumenkern vom Mund abspart und irgendwo in einer Ritze versteckt, um ihn dann winters zu verzehren. Das tut er auch in der Gefangenschaft, obwohl er's hier gar nicht nötig hat. Doch mach einer was gegen die Triebe!
Mein Gimpel nun weiß diese Sparsamkeit des Kleibers sehr zu schätzen. Er hockt geruhsam hoch oben im Käfig und schaut mit schief gelegtem Kopf interessiert zu, wie der Kleiber von weit unten her, wo das Futter steht, Sonnenblumenkerne heauftransportiert und dann oben, ganz in der Nähe des faulen Gimpels, versteckt. Kaum aber hat der Kleiber ihm den Schwanz zugekehrt, ist mein roter Schlauberger auch schon mit einem Hupfer, der nicht der Rede wert ist, am Versteck und polkt den Kern heraus, um ihn geruhsam aufzumachen und zu verzehren!
Der Kleiber wird keineswegs durch Schaden klug; Kern um Kern bringt er hinauf, und mitunter treibt es der Dompfaff so weit, dass er nicht einmal mehr wartet, bis der Kern versteckt ist, sondern ihn direkt dem heraufkletternden Kleiber aus dem, fast hätte ich gesagt: verblüfften Schnabel nimmt.«

Das Ehepaar Gimpel, immer wieder als »Simpel« verschrien, ist natürlich in Wirklichkeit kein Deut dümmer als der Standard-Singvogel.

gere, langbeinige Menschen Gimpel zu nennen. Seltsam unpassend, der Vogel ist von seiner Erscheinung her alles andere als mager; wenn er im Winter sein Gefieder zu einem wärmenden Luftkissen aufgeplustert hat, hat er fast Kugel-Idealgestalt. Aber des Gimpels rote Brust zieht offenbar giftige Pfeile auf sich.

Eine Gimpelhure war im Elsässischen eine Gunstgewerblerin der untersten Kategorie, die am Gimpelmarkt (Lumpenmarkt) ihre Kundschaft auflas, wohl vorzugsweise gimpelhafte (also dumme, einfältige, törichte) Kerle. Und wenn man Oberschüler »Gümpel« beziehungsweise »Gympel« nannte – eine Anspielung auf Gymnasiasten – dann meinte man wohl, mit Blick auf den schöndummen Vogel, den Hang der noch nicht mal Halbgebildeten zur Selbstüberschätzung: Wer sich durch die Anfangsgründe des Lateinischen buchstabieren konnte, war deshalb noch kein Cicero.

Dompfaffen sind sehr geschickt und variantenreich bei der Knospen- und Fruchtstände-Ernte.

Gimpel-Schläue

Nach so viel schlechtem Image kann es nur wohltuend sein, noch ein paar unbefangene Blicke auf den Vogel zu werfen. Was ist – wenn man mal kurz dem Volks- und dem Dichtermund das Maul verbietet – dran am Lieblingsvogel aller Futterhäuschen-Freunde?

Gimpel können – um sogleich mit der Rehabilitation zu beginnen – etwas, das man bei anderen Samenspezialisten in gleicher Deutlichkeit nicht beobachtet hat. Sie vermögen profitable von weniger lohnenden Samen per Testbiss zu unterscheiden, ersparen sich also lästige Knackversuche am falschen Objekt.

Ihre Duldsamkeit spart Kraft – auch das zeugt nicht gerade von »Dummheit«. Sie brüten bisweilen in großer Nähe zum Nachbarn, und Territorialkämpfe sind offenbar überhaupt nicht angesagt. Auf 0,1–0,3 Hektar können 3–4 Paare ihre Jungen aufziehen. Nachbarn stören nicht.

Und auch bei winterlichen Nahrungs-Suchtrupps verzichtet man auf jedwede Rangordnung. Die Truppgröße, in der die apart gefärbten Vögel außerhalb der Brutsaison nahrungsuchend über Land ziehen, variiert nach Angebot und Versorgungslage. Ansammlungen von bis zu 100 Tieren hat man nur zur Zeit der Knospenernte beobachtet. Und Altvögel scheinen an Futterplätzen nicht automatisch bevorrechtigt zu sein, wie das bei vielen anderen Arten üblich ist.

Dompfaffen sind, was die Eigenversorgung anbelangt, ökologisch korrekte Vegetarier, das heißt, sie ernten immer da, wo etwas räumlich konzentriert, saisonal gut im Angebot ist: Im Oktober bis Dezember picken sie die Samen von Kräutern oder Stauden; wenn Schnee das Land zudeckt, halten sie sich an Baum- und Buschsamen (Vogel- und Mehlbeere zählen zu den bevorzugten Angeboten); die Zeit der schwellenden Knospen reizt sie zu großer Umtriebigkeit; Blütenkätzchen von Weide, Pappel und Eichel im Frühling werden gern genommen.

Für den Nachwuchs allerdings gibt es Fleischiges, die ganze Palette von Blattlaus über Käfer bis zu Spinne.

Und Gimpel lernen. Die Jungen schnappen auf, was ihnen Eltern (oder Ersatzeltern) vorsingen. Gefangene Dompfaffen, die Kanarienvögel zu Pflegeeltern hatten, imitierten die Ziehväter bis in die individuellen Strophenfolgen und Tonqualitäten. Handaufgezogene Gimpel sollen es auf bis zu 80 unterscheidbare Einzeltöne gebracht haben, was für drei kurze Volkslieder reichen würde.

Wer also weiterhin darauf besteht, dass der Gimpel ein Dummerchen sei, sollte sich eine intelligentere Begründung einfallen lassen als die bekannten.

Spatz, Haussperling

Passer domesticus

Ausgerechnet sein Bedürfnis, sich staubbadend von Parasiten zu reinigen, trug ihm den Schmähnamen »Dreckspatz« ein. Spatzen wurden ungemein volkstümlich, aber nie richtig beliebt.

Es gibt einen Vogel, der von ein paar Millionen Menschen mit dem alljährlichen Hitzegipfel assoziiert wird, mit trockenen, durstbringenden Winden, mit roten Staubschleppen über dem Land. Und so, wie man hierzulande bei bestimmten Wetterlagen keinen Hund vor die Tür jagen mag, so gönnt man in einem anderen Erdteil bei brütender Hitze dem Sperling seinen Schattenplatz unter dem Dachvorsprung.

The north wind is tossing the trees
The red dust is over the town
The sparrows are unter the eaves
And the grass in the paddock is brown,
As we lift up our voices to sing
To the Christ child, the heavenly king.

JOHN WHEELER

(Etwas frei übersetzt:)
Der Nordwind schüttelt die Kronen
der Bäume. Und rot weht der Staub.
Die unter dem Dachvorsprung wohnen,
die Spatzen, flieh'n Gräser und Laub.
Und wir legen dem Gottessohn
unser Lied und Gebet vor den Thron.

Im Dezember, wenn die Christenheit der nördlichen Hemisphäre auf eine weiße Weihnacht hofft, ist es in Australien, dem trockensten der fünf Erdteile, brütend heiß. Und während bei uns der winterfeste Sperling im klassischen Kindergedicht von den Drei Spatzen (»... sie rücken zusammen dicht an dich, so warm wie der Franz hat's niemand nicht!«) der Kälte trotzt, überlebt der Allerweltsvogel am anderen Ende der Welt die sommerliche Dezemberglut.

Das zeichnet ihn ja aus: seine Anpassungsfähigkeit an fast alle Klimate. Und viel von dieser sprichwörtlichen Härte, dieser Fähigkeit, sich durchzuschlagen, findet sich in den Zuweisungen, die in Fabeln, Märchen und Redensarten Richtung Spatz gemacht wurden.

Überlebenskünstler in Schwierigkeiten

Seltsamerweise aber gereicht dem Spatz oder Sperling seine Durchsetzungskraft nicht zur Ehre: »Frechheit siegt« ist eher schon die Assoziation, die mit Sperlingshaftigkeit einhergeht.

Spatzen – hier am Futterhaus Feldsperlinge – sind eine Macht: Besonders wenn sie im Winter lohnende Futterressourcen im Kollektiv verteidigen.

»Ja, ich bin ein alter Spatz!« bekennt der Schriftsteller Charles Sealsfield (1793–1864), eigentlich Karl Anton Postl, der sich lange im kriegerisch aufgewühlten Nordamerika durchgeschlagen hat. Spatz als der personifizierte Überlebenskünstler. Das ist aber auch schon das Äußerste an Lob, das man dem Passer (dritthäufigster Name nach Spatz und Sperling) zukommen lässt.

Meist dient »Spatz« als Chiffre für Häufig- und Gewöhnlichkeit. Doch genau damit ist es nicht mehr so arg weit her. Zwar ist der Vogel immer noch keineswegs selten, aber eben nicht mehr allgegenwärtig wie noch vor wenigen Jahren. Der Landesbund für Vogelschutz (LBV) und der Naturschutzbund (NABU) haben ihn zum Vogel des Jahres 2002 ernannt, und das aus einem Grund, der aufmerken lässt. Der Haussperling gilt zwar zu Recht als »Nahrungsopportunist« – jeder Brezen-Krümel, der in einem Biergarten zu Boden fällt, jede Krume auf einem Pausenhof zwischen Stockholm und Johannisburg ist eine Ressource. Aber für die Jungenaufzucht nützt dem Sperling seine »Frechheit« nichts: Spezielles Kraftfutter, das heißt Insekten, muss her, und davon gibt es hierzulande immer weniger. Ludwig Sothmann, 1. Vorsitzender des LBV, meint: »Musste vor zwanzig Jahren noch die Windschutzscheibe nach jeder längeren Fahrt von festgeklebten Insekten gesäubert werden, so ist das heute nur noch in Ausnahmefällen notwendig. Bedenkt man aber, dass die Insekten die Lebensgrundlage für einen großen Teil unserer heimischen Tierwelt ist, so mutet dieser Trend doch sehr bedrohlich an.«

Die Wahl zum Jahresvogel besagt: Wenn ein Lebenskünstler, ein geborener Durchsetzer schon Probleme bekommt, wie muss es dann erst um die Sensiblen bestellt sein!

Körner für den eigenen Magen, Insekten für die Brut.

DER SPATZ, EIN SCHÄDLING – ODER?

Dass Sperlinge Getreideschädlinge sind, steht für die Landwirtschaft fest; und manch Ziergärtner ist schon nervös geworden, wenn auf seinen frisch ausgesäten künftigen Rasen scharenweise Spatzen einfallen.

Es ist höchste Zeit für einen partiellen Freispruch. Eine dänische Ornithologin hat die Magenhinhalte von insgesamt 1657 Spatzen untersucht. Sie kam zu dem Ergebnis, dass Haussperlinge zwar pro Jahr im Durchschnitt 4680 Gramm Hafer oder 3900 Gramm Gerste verdrücken. Dem stehen aber andere Zahlen gegenüber. Zwischen April und August verfüttert ein Sperling 23 000 Insekten an seine Brut: Blattläuse, Schmetterlingsraupen, Zweiflügler, kleine Schmetterlinge, Maden. Außerdem Spinnen und Asseln.

Der Anteil der Blattläuse war besonders hoch. Es scheint so zu sein, dass Spatzen Blattlausplagen wenn nicht verhindern so doch zumindest eindämmen können.

SPATZEN IN DER HAND UND IM KOPF

Und mit denen – den tatsächlich oder nur vermeintlich sensiblen – wurde der Spatz allzeit gern verglichen. Wobei der Spatz meist für »minderwertig« und »gewöhnlich« stand. »Besser den Spatz in der Hand als die Taube auf dem Dach«, ist die geläufigste Spatzen-Redensart. Übrigens diente in der ursprünglichen Fassung nach Sebastian Francks Sprichwörtersammlung von 1541 auch das Rebhuhn als Gegenmaß zum Spatz: »... es ist besser ein spatz in hand, dann ein rephun im lufft.« In anderer Fassung heißt es: »Ist lieber ain spatz in der handt, dann ain storck (Storch) in lufft.« Auch der »kranch« (Kranich) war Vergleichsobjekt. Und besonders plastisch: »Besser ein Spatz im Hafen (Kochtopf) als gar kein Fleisch.« Wobei genau davon im Tirolerischen abgeraten wurde: Wer Spatzen isst, bekommt den Veitstanz.

Ähnlich verbreitet wie die Redensart vom Spatz in der Hand ist nur noch eine andere: »Die Spatzen pfeifen's von den Dächern.« Das Grimmsche Wörterbuch erklärt: Etwas »ist allgemein bekannt [obwohl es] ein Geheimnis bleiben sollte oder von jemandem für ein Geheimnis gehalten wird«. Diese unehrenhafte Künderrolle hat zweifellos damit zu tun, dass Spatzen in Scharen einen Höllenlärm veranstalten können, etwa, wenn sie an weinberankten Hauswänden ein Nachtquartier besetzen. Ihre Anwesenheit bleibt nie geheim, ist immer eine Spur aufdringlich oder unpassend.

Also wie geschaffen, wenn man kräftig verbal austeilen will: »Wo wir nur hinkommen, fliegen uns die vornehmsten Geistlichen wie die Spatzen ins Haus«, schreibt Moritz August Thümmel in seiner »Reise in die mittäglichen Provinzen von Frankreich« (1785/86).

Wobei nicht einmal sicher ist, ob besagter Herr Thümmel bei seinen Streifzügen durchs ländliche Frankreich auch wirklich den Dutzendspatz vergleichend im Auge hatte. Der Feldsperling *(Passer montanus)*, der Europa schon vor dem Haussperling unter die Fittiche nahm, ist ebenfalls gesellig und kann leicht mit seinem etwas größeren Verwandten verwechselt werden. Der Feld- lässt dem Haussperrling in urbanen Bereichen den Vortritt. Bei uns. In Ost- und Innerasien besetzt der Feldsperling genau die Nische des Städters, die hierzulande *domesticus* innehat. Und wer in Granada schon mal das Gefühl hatte, hier seien nicht nur die Frauen, sondern auch die Spatzen kontrastreicher gekleidet als bei uns, hatte sehr wahrscheinlich *Passer hispanialensis*, den Weidensperling, vor sich.

Jemand mit Spatzen in Verbindung zu bringen, geschah fast immer in abwertender oder gar schmähender Absicht: Friedrich Ludwig Karl Weigand, einer der fruchtbarsten Sprachforscher des 19. Jahrhunderts, glaubte eine Antwort zu wissen, wieso seine Zeitgenossen so häufig den Spatz bemühten, wenn es galt, ein Sprachbild für »lächerlichen Hochmut« zu finden. Er sah den Anstoß dazu in der alten Redensart »Spatzen im Kopf haben«. Und die wiederum könnte auf einer noch älteren Sprachwurzel sitzen: In der Berner Chronik von Anshelm (gestorben 1547) findet sich »Spatz« auch in der Nebenbedeutung von »Hohn«. Merkwürdig, krumme Sprachwege.

Immerhin streifte der Liebesdichter schlechthin, Ovid, den Spatz auch einmal liebevoll:

Den »Spatz von Paris« nannten die Franzosen ihre über alles geliebte Edith Piaf, eine Aufnahme aus dem Jahre 1961.

Ach, tot ist er,
der Sperling meines Mädchens,
jener Sperling, die Freude meines Mädchens,
den sie zärtlicher liebt als ihre Augen ...

Und dass die Franzosen ihre abgöttisch geliebte Edith Piaf nicht die Nachtigall, sondern den Spatz von Paris nannten, hatte dem Vernehmen nach damit zu tun, dass die große Chansonette aus der Gosse zur Berühmtheit aufgestiegen und, spatzengleich, ihr Lebtag nicht unterzukriegen war.

Der Spatzen Unerschrockenheit muss auch der deutschen Landbevölkerung imponiert haben, die ansonsten den Vogel als Getreideschädling gern der Katz überantwortet hätte. Aber Ortsnamen wie Mösch, Möösch, Lüning, Lüling oder Spunz (alles längst vergessene lokale Namen für Spatz) zeugen davon, dass der Vogel irgendwie dazugehörte zum Landleben.

Eine kulinarische Assoziation zu Spatz findet man im süddeutschen Sprachraum. Warum allerdings die Schwaben ihre in Wasser gekochten Mehlklößchen »Spatzen« nennen, eröffnet Raum für allerlei Spekulationen. Nicht ganz abwegig klingt diese: Das italienische »Pasta« könnte mundartlich zu »passer« (Spatz) geworden sein; und als »Passer« weitgehend von »Spatz« verdrängt wurde, schlug das auch auf das Teigbrett durch.

Wie dem auch sei, die Nationalspeise der Schwaben ist einer der seltenen Positiv-Posten, dem Allerweltsvogel zuteil wurden, mal abgesehen davon, dass »Spatz« – gern mit dem besitzanzeigenden Wort »mein« verbunden – sich für Kopfkissengeflüster eignet.

Spatz – Liebe – Sex und Ärgeres, diese Gedankenkette ist nicht so ganz neu. Schon Geßner vermerkte 1557 mit einiger Entrüstung (oder doch eher Bewunderung?): »Dieser Vogel ist über die Maßen unkeusch / also dass er in einer Stunde zwantzig mahl auffsitzet / oder eines Tags dreyhundert Mahl.« Es lag also nahe, Spatzenhirn (die Erkenntnis, dass Sex im Kopf entsteht, ist allerdings neueren Datums!) als Aphrodisiakum zu verspeisen, gern mit Hühnerei und Honig angereichert.

Der universelle Dreckspatz

Neueren Datums – und verlässlicher – ist eine anderer Aussage zum Komplex Spatz und Sex. Der Australier Ian Owens wollte sich mit der bekannten Standard-Aussage nicht ungeprüft zufrieden geben, die da heißt: Jeweils der prächtigste Vogelmann darf sich vererben, und die Balz gibt den Damen die Möglichkeit, sich entsprechend zu orientieren. Owens fand mit dem unbestechlichen Instrument der Gen-Analyse heraus, dass sich die Spätzinnen zwar meist, nicht immer, von den breitbrüstigen Platzherren mit den kräftig gefärbten Lätzchen begatten ließen, als Partner und Erziehungsberechtigte am Nest aber Softies wählten – unscheinbarere Gestalten und fleißige Ernährer (siehe Kasten »Der Mythos von der klugen Zuchtwahl«). Vermenschlichende Assoziationen lassen sich in diesem Fall kaum unterdrücken.

Dreckspatz? – nur weil er sich an einem Pferdebollen bedient? Spatzen mussten sich im Laufe der Kulturgeschichte so manche Verleumdung gefallen lassen – hier ein Feldsperling.

Dass Spatzen nicht selten als »Dreckspatzen« sprichwörtlich wurden, liegt wohl an ihrer Vorliebe für Sandbäder, ein probates Mittel gegen zu viele Federparasiten. Genaugenommen schmäht man Sperlinge also für ihre Reinigungsversuche. So wie auch immer wieder ihre schiere Häufigkeit und ihr lautes Auftreten als Belege für Gewöhnlichkeit einerseits und Überheblichkeit zum anderen herhalten mussten: »Der Spatz will die Nachtigall singen lehren«, hieß es im 19. Jahrhundert noch häufig, wenn sich einer unqualifiziert und unbefugt zum Ratgeber aufschwang.

Dabei könnte der Haussperling schon ein Ratgeber sein. Er könnte das Symboltier der Globalisierung werden und aller Welt vor-tschilpen, wie man sich über Grenzen hinweg einnistet. Mit den Europäern kam er in fast jede Gegend des Globus. Und blieb. Nur Westaustralien, weite Teile Ost- und Südostasiens, die Äquatorgebiete und polnahe Gegenden sind haussperlingsfrei geblieben. 1851 wurde er in New York eingeführt: Heimwehkranke Auswanderer, heißt es, ließen ihn per Schiff nachkommen, damit ihnen ab und zu mal etwas Vertrautes vor die Augen flattert. 1888 hatte »the sparrow« – unterstützt durch weitere Freilassungen – »gods own country« schon fest im Blick.

A propos Blick: Nicht schon vom bloßen Hinschauen erschließt sich einem die spätzische Verwandtschaftsbeziehung. Sperlinge, die Vögel, die man im Englischen zu den »commons« zählt, also zu den Gewöhnlichen, haben eine extravagante, bunte Verwandtschaft: die Webervögel.

Der Mythos von der klugen Zuchtwahl

Bei Spatzen fand man dank unbestechlicher Genanalyse heraus, dass meistens, aber nicht immer die prächtigsten Burschen und die platzbeherrschenden Balzer bei den Spätzinnen zum Zuge kommen. Die Bio-Lehrbücher sind indes noch voll von Eindeutigkeiten: Das prächtigste Prachtrad des Pfaus, die schiere Übergröße der See-Elefanten, das übermäßig schwere Horn des Steinbocks, die überlegene Nestbaukunst des männlichen Laubenvogels – all das und vieles mehr signalisiert paarungswilligen Weibchen: »Der und nur der isses! – Der hat die bestmöglichen Gene für meinen Nachwuchs! Nix wie ran!«

Diese Zuordnung – Männchen signalisieren Weibchen optisch und/oder akustisch erfolgreich ihre Qualitäten – ist natürlich durch ein paar genetische Befunde nicht widerlegt. Aber Warnungen vor allzu schlichten Allround-Erklärungen scheinen angebracht. So weiß man zum Beispiel, dass die optisch und faktisch dominierenden Steinböcke den ausweichenden Damen nicht auf die sehr schmalen Felssimse hinterhersteigen können. Daran hindern sie ihr Gewicht und der ausladende Kopfschmuck. Die leichtfüßigeren Jungmänner nutzen ihren Platzvorteil, den sie nach der reinen Vererbungslehre gar nicht haben dürften.

Und auch der entwickeltste Säuger des Sonnensystems folgte nicht immer biologischen oder kulturellen Determinanten. In den über die Jahrhunderte extrem isolierten schottischen Hochmoor-Siedlungen hätte, so sagte sich ein skeptischer Wissenschaftler, die so genannte »Inzucht-Depression« eigentlich noch weit schlimmer wüten müssen, als das real der Fall war. Indiskrete genetische Sondierungen brachten es an den Tag: Der Platzvorteil der örtlichen Männer-Stammpopulation hat die Frauen vergangener Jahrhunderte nicht daran gehindert, ihren niederen (nein, höheren!) Instinkten zu folgen: immer wieder Entgegennahme kleiner, nur Grammbruchteil-schwerer Spenden von Durchreisenden. Seitensprünge aus der Inzucht-Falle.

Nicht immer der kühnste Balzer ist notwendigerweise der erfolgreichste Vererber seiner Gene. Moderne Forschung räumte auf mit unkritisch tradierten »Erkenntnissen«.

BÄCHTOLD-STÄUBLI, HANNS (Hrsg.), und HOFFMANN-KRAYER, EDUARD: Handwörterbuch des deutschen Aberglaubens. Verlag J. B. Metzler, Stuttgart, 1999

DER BAYERISCHE URVOGEL, Archaeopteryx bavarica, aus den Solnhofener Schichten. Hrsg.: Kulturstiftung der Länder, Bayerische Landesstiftung u. a. (ISSN 0941-7036; ISBN 3 931516 68 7)

BELLINGER, GERHARD J.: Lexikon der Mythologie. Bechtermünz Verlag, München, 1989

BENKER, GERTRUD: Eule und Mensch. Die Nachtgeister und ihre Symbolik. Eulen Verlag, Freiburg i.Br., 1991

BERTHOLD, PETER: Volgelzug. Eine aktuelle Gesamtübersicht. Wissenschaftliche Buchgesellschaft, Darmstadt, 2000

BERTHOLD, PETER: Das größte Streckennetz der Welt (Zugvögel). In: kosmos, August 1992

BEZZEL, EINHARD: Vögel beobachten. BLV München, 2002

BRANDSTÄTTER, ROLAND, und GWINNER, EBERHARD: Das Zeitgedächnis der inneren Uhr. In: Max Planck Forschung, 1/2001

BREHM, ALFRED: Kleine Schriften. Bibliographisches Institut, Leipzig, 1921

BURTON, ROBERT: Das Ei. Wunder der Natur. Befruchtung, Eiablage, Brutpflege. Kosmos Verlag, Stuttgart, 1989

CELLI, GIORGIO: Konrad Lorenz. Spektrum der Wissenschaft (Sonderheft Biografie), Weinheim, 1999

CHIANCHI, MARCO: Die Maschinen des Leonardo da Vincis. Becocci Editore, Florenz, keine Jahreszahlangabe

CHINERY, MICHAEL: Naturschutz beginnt im Garten. Otto Maier Verlag, Ravensburg, 1986

CURRY-LINDAHL, KAI: Vogelzug. Paul Parey Verlag, Berlin und Hamburg, 1982

DAVIES, NICHOLAS, und BROOKE, MICHAEL: Coevolution of the cuckcoo and is hosts. In: Scientific American, 1/1991

DEUTSCHES WÖRTERBUCH von Jacob und Wilhelm Grimm. dtv, München, 1991 (Reprint)

DUVE, KAREN, und VÖLKER, THIES: Lexikon der berühmten Tiere. Eichborn, 1997

DAS FALKENBUCH FRIEDRICH II. Glanzlichter der Buchkunst, Bd.9, Akademische Druck- und Verlagsanstalt, Graz, 2000

FISCHER, WOLFGANG: Die Habichte. Die Neue Brehm-Bücherei, A.Ziesemer Velag, Wittenberg Lutherstadt, 1980

FISCHER, WOLFGANG: Die Seeadler. Die Neue Brehm-Bücherei, Bd.221, Spektrum Akdademsicher Verlag, Heidelberg-Berlin-Oxford, 1995

GATTIKER, ERNST und LUISE: Die Vögel im Volksglauben. Aula Verlag, Wiesbaden, 1989

GEFIEDERTE BEUTEGREIFER. Ökologischer Jagdverband. Rotenburg ob der Tauber, 1998 (zu bestellen über Fax: 09861/935051)

GERLACH, RICHARD: Die Gefiederten. Claassen & Coverts, Hamburg, 1946

GOODFELLOW, PETER: Shakespeares Vögel. Overlook Press, Woodstock, N.Y., 1983

HALLER, HEINRICH: Ausbreitungstendenzen des Steinadlers im schweizerischen Alpenvorland. Ber. St. Gall. Naturwiss. Ges. 87: 111-120

HAMM, PETER: Welches Tier gehört zu dir? Eine poetische Arche Noah. Hanser, München-Wien, 1984

HANDBUCH DER VÖGEL MITTELEUROPAS. AULA Verlag, Wiesbaden, 1987

HEINRICH, BERND: Die Seele der Raben. List Verlag, München-Leipzig, 1989

HEINROTH, OSKAR: Aus dem Leben der Vögel. Springer-Verlag, Berlin-Heidelberg-New York, 1977

HELB, HANS-WOLFGANG: »Rabenvögel-Gutachten« der Universität Mainz, http://www.oejv.de/positionen/rabenvoegel.htm

HEPP, KONRAD, u.a.: Schutz dem Wanderfalken. 1995 (zu beziehen über Landesanstalt für Umweltschutz Baden-Württemberg)

HILPRECHT, ALFRED: Höckerschwan, Singschwan, Zwergschwan. Die Neue Brehm-Bücherei, Bd. 177, Spektrum Akademischer Verlag, Heidelberg-Berlin-Oxfrod, 1995

HUDEC, KAREL, und ROOTH, JAN: Die Graugans. Die Neue Brehm-Bücherei, Bd.429, Spektrum Akademischer Verlag, Heidelberg-Berlin-Oxford, 1995

INEICHEN, STEFAN: Die wilden Tiere in der Stadt. Waldgut-Verlag, 1997

IONS, VERONICA: Die Welt der Mythologie. Tosa Verlag, Wien, 2001

KATHAN, BERNHARD: Verschwundene und seltene Gäste der Speisekarte. Im Internet unter http://www.tirolkultur.at/tirolkultur/kochkultur

KLÄRNER, DIETMUT, U.A.: Rabenvögel – Pro und Contra, (internet-Adresse wie: Helb)

LÖHRL, HANS: Tiere und wir. Ullstein Verlag, Berlin, 1968

LORENZ, KONRAD: Das Jahr der Graugans. Piper, München, 1997

LORENZ, KONRAD: Er redete mit dem Vieh, den Vögeln und den Fischen. dtv, 1998

LOSCHEK, INGRID: Reclams Mode & Kostüm Lexikon. Phillipp Reclam jun., Leipzig, 1999

LUTHER, DIETER: Die ausgestorbenen Vögel der Welt. Die Neue Brehm-Bücherei, Bd. 424, Spektrum Akademischer Verlag, Heidelberg-Berlin-Oxford, 1995

MATUSCHAK, BERNHARD: Wo die Kraniche ziehen. In: WWF-Magazin, 2/2002

MELDE, MANFRED: Der Haubentaucher. Die Neue Brehm-Bücherei, Bd.461, Spektrum Akademischer Verlag, Heidelberg-Berlin-Oxford, 1995

MELDE, MANFRED: Der Waldkauz. Die Neue Brehm-Bücherei B. 564, Spektrum Akdademischer Verlag, Heidelberg-Berlin-Oxford, 1995

MENZEL, HEINZ: Die Mehlschwalbe. Die Neue Brehm-Bücherei, Bd 548, Spektrum Akdademischer Verlag, Heidelberg-Berlin-Oxford, 1996

MICHLER, GÜNTER (Hrsg): Noch mehr Wissen über Natur (Die Meere). Lingen Verlag, Köln, 1987

NEWTON, IAN: Population Ecology of Raptors. T&AD Poyser, Berkhamsted, 1979

NICOLAI, JÜRGEN: Vogelleben. Rowohlt, Hamburg, 1975

PÄTZOLD, RUDOLF: Die Lerchen der Welt. Die Neue Brehm-Bücherei, Bd. 617, Westarp Wissenschaften, Magdeburg, 1994

PERNAU VON, A.F.: Unterricht, was mit den lieblichen Geschöpfen .... Druckhaus Neue Presse Coburg, Coburg, 1982 (Reprint)

PIECHOCKI, RUDOLF: Der Turmfalke. Die Neue Brehm-Bücherei, Bd.116, A.Ziesemer Verlag, Wittenberg Lutherstadt, 1991

PÖSSIGER, GÜNTER: Die schönsten Vogelgeschichten der Welt. Delphin Verlag, München und Zürich, 1984

RAMÌREZ, JOSÈ MIGUEL: Easter Island. Edited privately by Carlos Huber, 2000 (ISBN 956-288-638-7)

RICHARZ, KLAUS, in: Bodo W. Klös: Der Rabe. Galerie und Edition >>noir<<, (ISBN 3-9805890-0 -5)

RÖNN, VON GEORG: Auf Kranichspuren durch Europa. In: Kosmos, 11/1986

ROTH-BOJADZHIEV: Studien zur Bedeutung der Vögel in der mittelalterlichen Tafelmalerei. Böhlau Verlag, Köln-Wien, 1985

SAXBY, JESSIE M.E.: Birds of Omen in Shetland. AMS Press, New York

SCHREIBER, RUDOLF L. (Hrsg.): Tiere auf Wohnungssuche. Deutscher Landwirtschaftsverlag, Berlin, 1993

SCHURDEL, HARRY D., und SCHÜRMANN, ALFRED: Wo die Löwen Flügel tragen (Heraldik). In: kosmos, 7/1988

SCHÜRMANN, ALFRED: Der Greifer (Mäusebussard). In: Kosmos, 4/1992

SCHÜRMANN, ALFRED: Die Feder – ein Wunder. In: kosmos, 2/1994

SCHÜRMANN, ALFRED: Hansdampf in allen Gassen (Spatz). In: kosmos, 10/1985

SCHWIPPS, WERNER: Schwerer als Luft. Die Frühzeit der Flugtechnik in Deutschland. Bernhard und Graefe Verlag, Koblenz, 1984

SIEDLER: Deutsche Geschichte (Stauferzeit und spätes Mittelalter). Sonderausgabe in der Sammlung Siedler

STERN, HORST: Stern für Leser. dtv, München, 1975

STRESEMANN, ERWIN: Die Entwicklung der Ornithologie von Aristoteles bis zur Gegenwart. Aula-Verlag, Wiesbaden, 1996 (Reprint)

SUOLAHIT, HUGO: Die Deutschen Vogelnamen. Eine wortgeschichtliche Untersuchung. Walter de Gruyter Verlag, Berlin-New York, 2000

THIENEMANN, JOHANNES: Vom Vogelzug in Rossitten. Aula-Verlag, Wiesbaden, 1996 (Reprint)

VARJU, DEZSÖ: Mit den Ohren sehen und den Beinen hören. Die spektakulären Sinne der Tiere. Verlag C.H.Beck, München, 1998

VEITSCHEGGER, KARL: Tiersymbolik in Bibel und christlicher Tradition. http://members.surfeu.at/veitschegger/texte/tiersymbole.htm

WECK, REINER: Der Habicht in der deutschen Dichtung des 12. bis 16. Jahrhunderts. Göppingen, 1993

WELLNHOFER, PETER: Befiederte Saurier! In: kosmos, 11/1998

WELLNHOFER, PETER: Plattenkalk: Urvögel und Flugsaurier. Hrsg: Dr. Theo Kress, Freunde des Museums beim Solenhofer Aktien-Verein e.V.

WELLNHOFER PETER: Der Urvogel aus Bayern. Hrsg: Freunde der Bayerischen Staatssammlung für Paläontologie, München, 1995 (Sonderdruck)

WEST, MEREDITH, und KING, ANDREW: Mozart's starling. American Scientist, 78/1990

YOUNG, DAVID: Die Entdeckung der Evolution. Birkhäuser Verlag, Basel-Boston-Berlin, 1994

Die Schlagwortliste verzichtet auf eine Reihe von Begriffen, die für das Thema so zentral sind, dass sie in fast jedem Einzelkapitel mittelbar oder unmittelbar vorkommen; sie in diese Liste aufzunehmen, verspräche demnach keine Orientierungshilfe. Es handelt sich um Begriffe wie Mythos, Mythen, Magie, Aberglaube, Volksmedizin, Religion, Zauberei, (Todes-, Glücks-, Wetter-)Vorhersage und ähnliche. Sowie: Brut(Pflege), Nest, Balz, Verhalten, Revier(Gesang), Vogel(zug) und ähnliche.

Die historischen Darstellungen im Text wurden folgenden Werken entnommen:

AITINGER, JOHANN VON: Kurzer und einfältiger Bericht vom Vogelstellen. 1653: Seite 157

BELON DU MANS, PIERRE: L' Histoire de la Nature des Oyseaux. 1555: Seite 93, 110u, 121u, 136u, 189, 219, 220

BENKER, GERTRUD: Eule und Mensch. Die Nachtgeister und ihre Symbolik. Eulen Verlag, Freiburg i. Br., 1991: Seite 61

BEZZEL, EINHARD: BLV Handbuch Vögel. BLV, München, 1995: Seite 116

BILDER-CONVERSATIONS-LEXIKON für das deutsche Volk. In vier Bänden. F. A. Brockhaus, Leipzig, 1839: Seite 42u, 92o, 102u, 119

FALKE, JACOB VON: Costümgeschichte der Culturvölker. Verlag von W. Spemann, Stuttgart, 1890: Seite 26

FRISCH, JOHANN LEONHARD: Vorstellung der Vögel Deutschlands und beyläufig auch einiger Fremden. Berlin, 1763: Seite 131, 208

ENGELMANN, EMIL: Die Frithiofs-Sage. Verlag von Paul Neff, Stuttgart, 1893: Seite 39

DIE GARTENLAUBE. Illustriertes Familienblatt. Leipzig: Seite 20 (1911), 25 (1913), 36 (1913), 86l (1890), 112u (1913), 140 (1911), 184 (?)

GESNER, CONRAD: Vogelbuch. Zürich, 1557: Seite 79u, 152

HEICHEN, WALTER (Hrsg.): Unser Märchenschatz. Neuer Jugendschriften Verlag, (o. J.): Seite 71

KOLLMANN-GÜMMER, ILSE: Schön ist's im Wald. Verlag Deutsche Volksbücherei, Goslar, 1948: Seite 187

MANGOLD, JÖRG: Jagdimpressionen. BLV, München, 1994: Seite 107u

PICHLER (Hrsg.): Das goldene Märchenbuch. Enßlin und Laiblin-Verlag, Reutlingen, (o. J.): Seite 84u

SCHUBERT, G.H. VON: Naturgeschichte der Vögel für Schule und Haus. Verlag I. F. Schreiber, Eßlingen und München, 1886: Seite 4/5, 64/65, 83o, 89, 96, 123, 144, 148o, 154, 192, 202l, Nachsatz

SCHUBERT, G.H. VON: Naturgeschichte der Vögel in Bildern. Verlag I. F. Schreiber, Eßlingen, (o. J.): Seite 23, 57, 85, 134, 170, 175, 211u

STADTGESCHICHTLICHE MUSEEN NÜRNBERG (Hrsg.): Die Welt des Hans Sachs. 400 Holzschnitte des 16. Jahrhunderts. Hans Carl, Nürnberg, 1976: Seite 207o

Autoren und Verlag danken den Inhabern der Rechte für die Genehmigung zum Abdruck der Abbildungen und Texte. Trotz aller Bemühungen waren für einige Abbildungen die Inhaber der Rechte nicht zu ermitteln. Rechtsinhaber solcher Abbildungen werden gebeten, sich an den Verlag zu wenden.

Die im Text zitierten (neueren) Gedichte entstammen folgenden Werken:

GUSTAFSSON, LARS: Der Haubentaucher. In: Die Stille der Welt vor Bach. Ü.: Verena Reichel. Carl Hanser Verlag, München, 1982: Seite 82

YEATS, WILLIAM BUTLER: Die wilden Schwäne von Coole. In: Englisch Horn. Angelsächsische Lyrik aus sechs Jahrhunderten. Ü.: Georg von der Vring. © 1953, 1962 by Verlag Kiepenheuer & Witsch, Köln: Seite 70

AKG: 8/9, 10, 19, 21, 33o, 41, 43o, 46o, 46u, 47, 49, 63o, 67u, 67l, 74, 75, 99u, 100, 104u, 115, 126o, 133, 173, 196, 200, 204, 213o
Associated Press: 94
Atelier Noir/B.Klös: 137, 141
Bayer. Staatssammlung für Palaeontologie und Geologie, München: 14
Biblioteca ApostolicaVaticana: 52, 91
Bittmann: 42o
Coppenrath Verlag: 120, 167
Danegger: 193
Disney: 79
Ensslin im Arena Verlag, Eningen: 84
Groß, R.: 185
Hecker: 2/3, 37o, 37u, 67o, 70, 84o, 110o, 127, 135, 142, 147, 150, 151, 155, 172, 182o, 183o, 188, 191o, 197
Karl-May-Verlag, Bamberg-Radebeul: 59o
König: 55, 153
Kunstsammlungen der Veste Coburg: 17
Limbrunner: 1, 31Mr, 33u, 48, 51o, 51u, 56, 78, 81, 82, 87, 122u, 125o, 128, 156, 158, 203, 211o, 213u
Lorenz, Konrad: 183u
Mangold: 107u
Mestel/Hecker: 90, 122o, 191u, 206, 207u
Middelhauve Verlags GmbH, München. Für: Der Kinderbuchverlag Berlin: 77, 111
Museum f. Naturkunde Berlin: 12
Naumann&Göbel: 80
Pforr: 24, 28, 29, 67r, 88, 95, 97o, 101, 114, 123o, 130, 161, 165, 166, 171, 178, 194, 201u
Pott: 31ol, 31oM, 44/45, 60o, 60, 69, 72, 92u, 97u, 103, 104o, 109, 138
Privatbesitz: 16, 86r, 115
Quedens: 210
Querner: 38o, 38M
Reinhard: 198
Rogl: 149
Sauer/Hecker: 34o
Schierz: 136o
Schmidt: 205
Stiftung Weimarer Klassik/Goethe-Nationalmuseum: 27
Straaß: 107o, 125u, 126u, 201o
Synatzschke: 66
Thielscher: 176
Trötschel: 132 (alle)
Trumpf: 98
Weigel: 118
Willner: 148u, 159, 195u
Wothe: 31or, 31Ml, 31MM, 34u, 50, 53u, 59u, 73, 76, 83u, 102o, 105, 106, 162, 168, 167, 182u, 190, 202r, 214
Zeininger: 22u, 35, 54, 99o, 118, 143, 163, 174, 177, 180, 181o, 186, 199, 209

Foto im Vorsatz: Pfauenfedern
Foto S. 1: Höckerschwan
Foto S. 2/3: klappernde Weißstörche
Abb. S. 8/9: "Die Tiere gehen an Bord der Arche Noah" von Jan Breughel dem Älteren
Foto S. 44/45: Steinadler

Umschlagfotos: vorn: AKG (»Sturz des Ikarus« von Carlo Saraceni, 1579-1620),
Zeininger (Pirol),
Trötschel (Steinkauz)
hinten: Wothe (Silbermöwe),
(Nachtigall und Weißstorch, Naturkundliche Darstellungen aus dem 19. Jahrhundert)

Die Deutsche Bibliothek – CIP-Einheitsaufnahme

Ein Titeldatensatz für diese Publikation ist bei Der Deutschen Bibliothek erhältlich

BLV Verlagsgesellschaft mbH
München Wien Zürich
80797 München

Umschlaggestaltung: Studio Schübel, München

Lektorat: Dr. Friedrich Kögel
Herstellung: Hermann Maxant

Satz: Studio Pachlhofer, Pinswang
Reproduktionen: Repro Ludwig
Druck: Appl, Wemding
Bindung: Conzella Urban Meister, Pfarrkirchen

Gedruckt auf chlorfrei gebleichtem Papier

Printed in Germany ·
ISBN 3-405-16108-8

Die Geheimnisse der Natur entdecken

Gertrud Scherf
Zauberpflanzen – Hexenkräuter
Die Kulturgeschichte der Zauberpflanzen: Mythos, Magie, Brauchtum; 70 Pflanzen im Porträt mit Biologie, Geschichte, Bedeutung, Verwendung als Heilpflanze.

Doris Laudert
Mythos Baum
Was Bäume uns Menschen bedeuten: die wichtigsten mitteleuropäischen Gehölzarten in Porträts sowie die Kulturgeschichte der Bäume mit vielen Abbildungen und Details; der Baum in Geschichte, Mythologie, Religion, Brauchtum usw.

Dietmar Nill / Björn Siemers
Fledermäuse – eine Bildreise in die Nacht
Die Welt mit den Ohren sehen – der große Bildband mit faszinierenden Fotos: alle Aspekte eines Fledermauslebens mit spannenden Geschichten und überraschenden Fakten; die wichtigsten Arten der Welt in Kurzporträts.

Veronika Straaß
Natur erleben das ganze Jahr
Zum Blättern und Staunen, zum Vor- und Nachlesen: die Natur im Jahreslauf bewusst wahrnehmen und aktiv entdecken. Mit Beobachtungstipps, Anleitungen zum Spielen und Experimentieren, Rezepten aus der Feld-, Wald- und Wiesenküche u.v.m.

Einhard Bezzel
BLV Handbuch Vögel
Bestimmungsbuch und umfassendes, kompetentes Nachschlagewerk in einem: alle Brutvögel Mitteleuropas mit vielen Farbfotos, Farbzeichnungen und Informationen zu Aussehen, Lebensweise, Biologie, Verbreitung, Gefährdung und vielem mehr.

Einhard Bezzel
Vögel beobachten
Die heimische Vogelwelt besser kennen lernen und verstehen – das kompakte, preiswerte Praxisbuch mit vielen Farbfotos, Fakten, Details und Beobachtungstipps; Vogelschutz, Nisthilfen.

Im BLV Verlag finden Sie Bücher zu den Themen: Garten und Zimmerpflanzen • Natur • Heimtiere • Jagd und Angeln • Pferde und Reiten • Sport und Fitness • Wandern und Alpinismus • Essen und Trinken

Ausführliche Informationen erhalten Sie bei:

BLV Verlagsgesellschaft mbH
Postfach 40 03 20 • 80703 München
Tel. 089/127 05-0 • Fax -543 • http://www.blv.de

a
b
c